U0878499

识干家

日进日新 学以致用

# 调味品经销商公司化运营

张戟◎著

沈阳出版发行集团
沈 阳 出 版 社

图书在版编目（CIP）数据

调味品经销商公司化运营 / 张戟著．-- 沈阳 : 沈阳出版社，2020.10
ISBN 978－7－5716－1348－8

Ⅰ.①调… Ⅱ.①张… Ⅲ.①调味品－经销商－销售管理 Ⅳ.①F724.782

中国版本图书馆 CIP 数据核字（2020）第 163689 号

出版发行：沈阳出版发行集团丨沈阳出版社
（地址：沈阳市沈河区南翰林路 10 号 邮编：110011）
网 址：http://www.sycbs.com
印 刷：河北宝昌佳彩印刷有限公司
幅面尺寸：170mm×240mm
印 张：27.5
字 数：396 千字
出版时间：2020 年 11 月第 1 版
印刷时间：2020 年 11 月第 1 次印刷
责任编辑：马 驰
封面设计：仙 境
版式设计：仙 境
责任校对：王玉位
责任监印：杨 旭

书 号：ISBN 978－7－5716－1348－8
定 价：88.00 元

联系电话：024－24112447
E－mail：sy24112447@163.com

# 导读

这是第一本专门针对调味品行业经销商所写的著作。

这是第一本系统阐述经销商公司化运营方法体系的著作。

这是笔者从十几年来丰富的营销咨询实践中提炼出来的专著，既有完整的理论框架，又有实操的方法体系；既能帮助经销商提升公司化运营能力，又能帮助厂家更好地帮扶经销商。

在调味品行业中，大量的经销商由于教育程度偏低，制约了他们实施转型的决心和成效，有时并不是经销商不愿意改变，而是找不到适合自己的方法，也不知道如何去判断哪一种方法适合自己，都是一边实践一边摸索，这样的进步肯定追不上时代的发展速度。

无论是厂家还是经销商自身，都到了要推动经销商实施转型的时候了！这个转型的核心，就是要从传统的“个体户”时代转向规范的“公司化”运营，不能始终徘徊在低水平重复的状态。虽然现在关于经销商如何运作市场、如何与厂家进行合作的书很多，但唯独欠缺了如何实施公司化运营的书，没有能够为经销商构建一整套完整的公司化运营方法体系，基本上都停留在理念上和碎片化的战术动作上。对于经销商来说，仍然找不到开启公司化运营的钥匙，这不能不说是一种遗憾。

本书是基于一个商贸公司从成立开始，按照公司化运营原则提炼出来的实施步骤和关键环节，涉及经销商“定战略、搭班子、带队伍”的方方面面。为了便于经销商理解，笔者将其提炼成了九大法则的“三字诀”，即“明规划、定模式、搭组织、塑文化、造团队、构体系、追执行、强激励、建联盟”，只要经销商记住这九个法则，对公司化运营就会产生比较直观的认识和理解，而且这九个法则之间有一定的逻辑顺序，经销商只要按照这个顺序一步一步推行，就可以将整个公司化运营的框架逐步构建起来，再通过几年的不断夯实和巩固，必然可以实现从“个体户”到“公司化”的成功转型。

需要说明的是，本书侧重于从公司化运营的整体框架进行阐述，并没有过多地涉及经销商在经营过程中的战术技巧，比如客户拜访、沟通谈判、价格制定、终端铺货及如何应对竞争等。笔者相信这对于拥有多年摸爬滚打经验的经销商来说，并不是难以应对的事情，笔者想帮助经销商解决的还是关系到未来持久发展的重大战略问题。

本书既适用于调味品经销商，也适用于广大的食品及快消品行业的经销商，毕竟调味品也是食品的一种，并没有太大的本质区别。同时，本书不但适用于经销商谋求自身的转型，也适合厂家用于了解经销商运营规律，并能作为经销商的培训资料，从而更好地实现厂家与经销商的紧密合作。

# 推荐序1

调味品行业到今天已经有了长足的发展，在充分顺应时代进步、满足更多消费者对美味健康需求的同时，涌现出了海天、厨邦、东古、太太乐、老干妈、恒顺等领先的企业和品牌，加重了调味品行业在整个食品工业中的地位，赢得了业内业外的广泛关注。

在这些卓越成就的背后，有一个群体是不能被忽视的，那就是调味品经销商。从现实来看，每一个品牌或厂家的成功都有着经销商的功劳，不夸张地说，有什么样的经销商，决定着厂家有什么样的市场运作水平。随着整个行业的发展，调味品经销商的经营水平也得到了很大提升，出现了一批大商、超商，不过由于调味品行业是一个传统产业，整个经销商群体还没有完全步入正轨，专业化程度、资金实力、综合能力、诚信度、抗风险能力还很薄弱，需要一个比较长的过程来发展进化。

中国调味品协会早在2006年就成立了经销商分会，开启了中国快消品行业第一个全国性商业协会的历史，其宗旨就是促进调味品产销结合、规范管理和进一步促进销售市场与生产企业的营销实现对接和双赢。多年来，中国调味品协会组织开展了厂商对接、经销变革的思想碰撞等活动，并开展了《调味品经销商经营管理规范》的组织制定等行业管理工作，对调味品经销商的发展及厂商良性合作起到了一定的推动作用，同时也感受到还有大量的工作要做。

渠道运作环节的专业化和熟练程度是经销商最擅长的地方，很多经销商对此十分满足，但是要长远发展，仅这些远远不够，还应该包括对调味品行业的专业理解、公司化运作的专业程度、经济与商业形态发展的准确把握、企业基业长青必备的领导人素质等，这些都是目前许多经销商欠缺的地方。现在，很多经销商采用的还是传统粗放化的批发经销模式，这已经远远不能满足市场精耕细作的要求，更不能适应现在新消费、新经济的时代，必须进行转型。在此基础上，经销商对渠道和产品的选择同样需要准确定位，改变原有粗放式的经营状态，拓宽渠道体系，创新经销模式，逐渐建立自己的核心优势和核心竞争力。

长期以来，针对提升厂家经营水平的书非常多，但是针对调味品经销商如何提高经营水平的书极少。这本书的出版将彻底改变这种局面！本书作者张戟是一位精研调味品行业的战略营销实战专家，在长期的咨询过程中帮扶过大量的企业和经销商，对调味品行业的特性非常熟悉，所以他精准地看到公司化运营是调味品经销商最需要突破的瓶颈，从而写作了本书。

在这本书中，张戟并没有从通常的销售技巧这些“术”的层面去切入，而是从“道”的角度展开，也就是如何通过公司化的运作来提升整体经营水平和核心竞争力。为此，张戟从九个方面提出了经销商公司化运营的法则，即“明规划、定模式、搭组织、塑文化、造团队、构体系、追执行、强激励、建联盟”，从而清晰地将如何一步一步地实施公司化运营摆在了经销商的面前。本书许多内容都是现在一些关于经销商的书中不曾见到的，而且非常具有逻辑性，经销商只要按照这些法则去做，就能够改变原来粗放化的“个体化”经营机制，实现健康持续地发展。

张戟在书中不但阐明了如何构建公司化的理论体系，还列出了具体的实施方法和工具，既可以打开经销商的经营思路，又提供了实践的路径，同时也有不少调味品经销商成功实施公司化的实例。这些内容既有整体框架，也有实施步骤，还有具体实例，抓住了经销商经营中的难点痛点，读来丝毫不觉枯燥。

这本书的面世，对于众多调味品经销商的转型升级有着重大意义。在全新的经济形势下，调味品经销商已经面临着新的挑战和发展的瓶颈，一定要客观认识自己，了解经济的发展形势，关注商业形态的演变，认识厂商需求的变化，然后调整好自身的战略，弥补自身的短板，开拓新的经营模式。

在张戟新书出版之际，特作此序，任重而道远，大家一起努力。

中国调味品协会秘书长

# 推荐序2

## 公司化运营，做个值钱的经销商

作为食品行业的一名观察员，品读《调味品经销商公司化运营》，首先要向张戟老师致敬：其一，深入市场，求真务实，把实践、思考、理念，转化为可参照、可复制的运营法则，惠及全行业；其二，对调味品行业和经销商满怀真情，研究调味品和经销商，很难成为当前“显学”，却是一门“实学”，和几千亿元规模的消费产业、逾百万人的经销商群体息息相关。

自2000年入行以来，关于经销商存在价值和未来走向的争论不绝于耳。每次商业变革，都会引发关于经销商命运的大讨论：企业深度分销，大家问直营会不会替代经销商；卖场扩容，大家问自有品牌会不会替代经销商；网络普及，大家问电商会不会替代经销商。20年沧海桑田，经销商还在顽强地活着，并且不乏经营额显著的“大商”“超商”，也不乏与卖场、电商、拼团等“替代者”融合发展的新商代表。

对于经销商，为什么会有这么多质疑和争论？主要原因是我们对经销商的本质缺少认知。认为经销商既上不着天，不像企业那样拥有品牌，又下不着地，不像零售商链接消费者，注定是个“过客”。可以对比思考一下，同样的品牌，同样的零售环境，为什么在这个市场畅销，而在另一个市场滞销？我想，其中很重要的一个原因在于经销商不同。经销商表面上赚的是“产品差价”，实质上赚的是“服务差价”和“服务增值”。服务差价：与厂家直营、电商到家等“替代者”相比，经销商效率更高、成本更低、服务更优，且具有本土化信任优势。服务增值：为合作企业提供市场推广等服务，为下游分销商和零售商提供产品组合、仓储配送、动销指导等服务，用服务提升上下游的市场收益。

和其他商业成员相比，经销商生存和发展的价值在于运营效率。那么，经销商如何保持效率更高、成本更低、服务更优呢？最主要的路径是公司化运营，形成高效运作的组织。张戟老师总结提炼的经销商公司化运营九大法则，其中有顶层设计，如何建立商业模式、构建企业使命和价值观；有体系建设，如何建立专业化的产品、渠道、资金管理体系，建设组织模型和业务流程等；还有对公共关系的思考，如何与企业建立联盟等。每项法则，既有理论体系，又有实际案例和实践方法，给广大经销商提供了公司化运营的行动指南。当然，在公司化运作的基础上，希望经销商未来还能够从战略和全局的层面考虑“新基建”，通过渠道的数字化管理、消费者的数字化服务，增强经销商和市场的链接能力。

在外界对经销商群体前景表示质疑的同时，市场也不断传来提振经销商信心的消息。2019 年年初，华致酒行成功上市，成为首家登陆 A 股市场的食品酒类流通商。华致酒行定位精品酒水营销和服务商，直供终端（烟酒店）近 1 万家。2020 年第一季度，在疫情影响下，华致酒行完成经营收入 12.95 亿元，净利润 9778 万元，同比均增长 10% 以上。过去，经销商的资产主要是柔性资产，如客情、服务、市场判断力等，通过公司化改造和冲刺资本市场，华致酒行不仅成为一个赚钱的经销商，还成为一个值钱的经销商，目前市值 130 多亿元，完成柔性资产的平台化改造。

调味品是个美好的行业，给消费者创造有滋味的生活；调味品经销商是个极具价值的群体，让消费者的美味生活更便捷。通过公司化运营，期待更多的调味品经销商，从“个体户”变成规范化“企业”，从“做贸易的商人”变成“做市场的企业家”。活在当下，经销商需要赚钱，赢得未来，经销商需要值钱！从赚钱到值钱，法宝就是“公司化运营”！

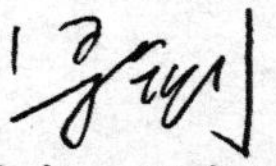

华糖云商董事、新食材杂志总编

推荐序3

## 调味品经销商的转型福音

继2019年3月推出《调味品企业八大必胜法则》之后，张戟先生另一本书《调味品经销商公司化运营》又将出版。他嘱我为之写序，虽自觉笔拙，但深感于他对中国调味品行业的热切关注和执着追求，就痛快地答应了。

从书名即可看出，前一本是写给调味品生产厂家的，而本书则是专门写给调味品经销商的。前者指导厂家如何依据行业发展规律正确制定战略先胜后战，后者则为广大的食品、调味品经销商指出了如何实现转型升级，走上公司化运营必由之路的不二法门。两本书互为呼应，堪称姊妹篇，均为填补行业空白，指导厂商制胜的真知灼见，故为厂家、商家必读之书。认真读过之后，厂家和商家如能结合实际做深入换位思考，必定大有收获。

疫情过后，各行各业都会面临一些大变化，调味品行业也不例外。企业原有的商业模式和营销方向及方式方法、经销商的上下游关系和经营体系，以及消费者的生活习性和购买途径，都有可能发生较大的变化。谁能洞察幽微主动应变，谁就能抢占先机。但中国从事调味品经销的群体，不少人的意识还停留在传统生意的“买与卖”这种肤浅的实质关系上，仍在凭一店之力甚至一己之力单打独斗。有的人也意识到了危机，但不知从何下手去做改变。张戟先生即将出版的这本新书，适值其时地为彷徨中的经销商们指明了前行的方向。

我将张戟先生通过微信发来的书稿大致浏览了一遍，深切地感觉到了他对调味品经销商们的关注、关切和爱护之情。本书从经销商们的现状分析入手，直截了当地指出了经销商们的短板所在。然后分析行业发展趋势，明确指出“公司化运营”才是各类调味品经销商们走向稳健发展的必由之路。至于具体应当如何做，作者用完整的体系和翔实的内容，条分缕析，带领读者从茫无头绪到渐入佳境：从怎样选对方向到如何做好规划；从规划业务、品牌、渠道、推广、目标、费用的详尽分类，到商业模式的重构；从公司化基石——组织建设的原则和类型，到企业文化的细分；从怎样设计企业的使命、愿景，到树立企业的核心价值观及团队的行为规范；从怎样选人、用人、留人，到如何培训人才，通过“内部赛马”等竞争机制让内部人才脱颖而出组建团队；从如何加强产品、渠道、销售需求及以“现金为王”的内部资金等各项管理，从而构建起企业完整的管理体系，到员工薪酬、绩效考核和厂商联盟的建立……洋洋洒洒二十余万字，对调味品经销商的转型升级做了详尽阐述。通览全书，既有高屋建瓴的理论体系，又有短兵相接的实战搏击；既统筹企业经营全局，又深入局部探幽索微；既有宏观战略布局，又有微观战术指导；既有行业趋势分析，又有真实案例解读，为经销商们如何顺利进入公司化运营的快车道，提供了完备并能实操落地的指导方案，可谓用心良苦！

读张戟的书，犹如与智者交流，让人不忍释卷。感觉他在写作上，有以下特点：

第一，论点鲜明，论据充分。无论肯定与否定，总是论点鲜明毫不含糊，并用大量行业中的实例，作为支撑其论点的论据，加以自然论证。

第二，内容翔实，自成体系。一章一节分门别类，理、例并用相得益彰，深入浅出娓娓道来，殊途同归自成体系。

第三，逻辑缜密，条理清晰。逻辑是谈话议事的轨道，离开了逻辑，清晰的道理也会变得杂乱无章难以服人，看张戟的书和听张戟的课，对他的逻辑思维都印象深刻。

第四，语言平实，不舍主题。语言平实是张戟两本书的共同特点，不夸张、无虚饰，言之成理，论之有据，纵横捭阖却始终紧扣主题。

第五，思维活跃，把脉行业。做事认真，观察细致，思维活跃，善于归纳，搜集成书，把脉并助推调味品行业健康发展，功莫大焉。

张戟先生长期持续关注中国的调味品行业，耳濡目染了不少厂家、商家的兴衰。作为行业专家，他比一般人的感受更为深刻。诚如他在自序中所说，这些感受已经到了“不吐不快”的地步，岂料他这一“吐”，就变成了书。这对正处于转型彷徨中的经销商们，无疑是夜行途中的马灯，不说指明了方向，起码能让夜行者少走许多弯路。

真心希望广大经销商朋友们能早日得到这本书，让它成为指导转型的福音！

管中窥豹仅得皮毛，仍乐于以此为张戟新书鸣锣开道，是为序。

四川省川联川菜调料商会秘书长
《中国川调》杂志主编

推荐序4

## 不积跬步，无以至千里

2018年年初，张戟先生应邀出席春糖期间我们举办的“第九届调味品行业创新发展论坛”，会后，我们一起吃便饭，席间我感慨：“调味品行业未来前景非常好，但是缺乏真正助力发展的研究者，凭我们一己之力想推动行业发展太难了。”张总笑说：“那我们一同来研究调味品行业吧。”彼时，我并未将这当一回事儿……

年底，我与张总相约在广州见面，张总提到根据服务调味品及食品企业的经验，筹划了一本针对调味品企业发展“理论+实战”的书，编撰已经接近尾声，期待能与祥云合作。我有些意外也有些犹豫：意外的是，张总当初并非笑谈，是非常认真的对待；犹豫的是，这些年与我们合作的机构或所谓的“专家”，沽名钓誉者多，实至名归者少，索取者多，付出者少。

此后，张总耐心与我沟通多次，逐步打消我及团队的多重顾虑，达成“共同努力，尽最大能力助推行业发展”的大方向约定，并于2019年3月18日签订了战略合作协议以及共同筹办了新书《调味品企业八大必胜法则》的新闻发布会。

携手一年多以来，大家通力合作，做了很多“微小”的事：做新书众筹；以书中内容为核心，办了首个调味品行业的“总裁研修班”；举办了多场行业的“经销商大会”；见证了《调料家》的成立；走访多个市场，拜访了数百名经销商以及企业……

在走访各地的经销商的过程中，看到经销商这一特殊群体的诸多不易之处：“上受制于企业，下受制于终端。”——大部分经销商做生意越来越难了！

内忧，从坐商到行商，再到配送商、品牌运营商的这一系列的思维转变方法？商贸公司如何形成人才培养的系统体系？如何管理人才？大部分经销商到了新老更替的交接班时期，新一代掌舵者上来就要背负着沉重的压力。

外患，从厂商直接因经费、人员之间产生的相互博弈，到经销商跟不上品牌发展需要而产生的市场割据，再到商超具备规模后想要利益最大化而产生的自有品牌定制，最后到经销商发展壮大后走上 OEM 自有品牌的“不归道路”。

……

以上种种，让经销商越来越困惑。他们生活在恐惧中，总是担心自己哪天被淘汰，所有的经销商朋友都深谙自己迫切需要转型升级，需要找到自己的商业模式和核心立足点，但是到底该怎么转型、怎么升级、怎么开辟新思路、找准新商机？

在此时，当我得知张戟先生这本《调味品经销商公司化运营》的著作即将完成，我内心是无比激动的，不仅仅是因为它的诞生，再次填补行业空白，关键是这还是一套通过实践得来的有效方法论。

2020 年年初，我与张戟先生一同制订了 2020 年度的“调料家·经销商大会”行走计划，将会以《调味品经销商公司化运营》内容为核心，聚焦经销商群体，深度展开以提升经销商发展为方向的线下论坛。初步规划，将从 7 月份成都站开始，持续在郑州、石家庄、济南、武汉等地开展活动来践行这套体系。

这是一个强强联合的时代，厂家在进步发展，经销商更需要进步。要想在这个时代做好经销商，需要有品牌运营、策划、管理的能力，所谓解决问题的根源，在于强大自身，只有自身强大了，才能以不变应对万变。

不忘初心，砥砺前行。只要坚持做正确的、对行业有意义的、对企业发展有帮助的事，在前行路上，一定会遇到越来越多志同道合的朋友，而我们与张戟先生，会一直在路上！

成都祥云文化传播有限公司总经理

《调料家》创始人、主编

# 推荐序5

随着市场竞争的加剧，提升自身竞争力是企业能够生存下去的唯一途径，对小微企业而言，如何提升自我竞争力，公司化运营是一个很好的选择。

任正非说："企业的所有问题都是管理问题。"小微企业之所以没有能快速发展成长起来，很重要的一点就是没有管理或者缺少管理，老板随心所欲，想管却又缺少科学的管理方法。本书的横空出世，给想提升企业竞争力，从而快速发展壮大的老板提供了一个强有力的武器和工具。

本书通俗易懂，非常详细地讲述了调味品经销商公司化运营需要注意的方方面面和各个事项，将经销商为何缺乏竞争力的现状和存在的问题一一剖析，同时又详细地给出了相对应的解决方法及注意事项。

本书对想进行公司化运营但又尚未进行公司化运营的经销商老板来讲是一大福音，按着作者给出的思路和章节，一步步地照葫芦画瓢实践推进，可以少走许多弯路，少犯初涉公司化运营过程中的许多错误，从而大大降低和减少公司化运营过程中的成本，快速提升经销商管理水平和效应。对已经实行公司化运营的调味品经销商来讲，本书也是一本难得的好著作，是良师益友，参照书中的九大法则，检查对照目前公司运营的现状，就会发现还存在着许多不足和可改进之处，从而帮助公司进一步改进企业管理，提高企业效率，使公司在激烈的市场竞争中全面提升竞争能力，取得更好的收益和健康发展，从而立于不败之地。

对希望进行公司化运营的调味品经销商来讲，本书是一本非常专业化的详尽指导书，因此在学习本书的过程中，我建议大家可先粗粗浏览一遍全书概况，了解公司化运营中有哪些法则，明白公司化运营的框架，这对于实操过程会有很大的帮助。

活下去是每一个经销商在当前特殊时期的首要选择，对想实施公司化运营的经销商老板来讲也是如此，不能想要发展、想要高效率，就把目前正常运转的工作全部摒弃或废止而全面公司化，这很危险。无数实践证明，改革也要循序渐进，尤其是管理过程的改变，牵涉到方方面面的因素。因此经销商可以根据本书中的章节法则内容，逐步进行，先易后难，先小改后大改，取得成效了再加快速度，相信对本书学以致用后会给您带来意想不到的丰硕成果！

上海荣进实业有限公司董事长

# 前言

## 调味品厂家发展离不开经销商

十几年来，国内的经销商始终处于焦虑的状态，即生意越来越难做，未来的发展之路到底在哪里？这种焦虑的存在源于外部环境的极大变化。2000 年年初，令经销商感到焦虑的原因有两个：其一，彼时不少厂家正在推行“深度分销”，也就是切割经销商的地盘，剥夺其业务拓展及市场推广的核心职能，令其成为单纯的物流配送商，只能发挥资金、仓储、配送等基本职能。在这种局面之下，经销商的话语权大为削弱，所以不少经销商对于未来都非常焦虑和悲观，担心自己成为厂家的棋子，说抛弃就抛弃。其二，2000 年年初也是跨国零售商和大卖场业态在中国市场突飞猛进的时候，以家乐福、好又多为首的零售商风光一时，利用全新的大卖场业态掌握了消费者的大型连锁零售商，又使经销商雪上加霜。因为大型连锁零售商往往要求和厂家直接合作，以减少中间环节的成本，同时提高供应链反应速度，而同意和经销商进行合作的大型连锁零售商，也要经销商承担大量的费用和给予较长的账期。在此背景下，经销商可谓是一块受气的“夹心面包”，上有厂家深度分销的施压，下有大型连锁零售商的盘剥，这未来的日子究竟该怎么过啊？

而 2010 年之后，经销商们面临的境况发生了一些变化，但是其生存环境仍然形势严峻。一方面，厂家实施的深度分销开始偃旗息鼓，刚开始的时候还可以，时间一长厂家就承受不了了，因为庞大的费用开支和管理成本令厂家难以享受到深度分销带来的边际效应，只好重新将业务运营的职能交还给经销商，自己只是对经销商进行管理。不过，原先所实施的切割经销商地盘的做法并没有取消，相反越演越烈，既然无法削弱经销商的职能，但是又需要对市场进行精耕细作，怎么办呢？只好不断缩小其经销的区域范围，使其能够将资源和精力集中在相对较小的市场范围内，从而达到厂家精耕细作的要求。这样一来，经销商的经营业绩自然遇到了极大的挑战，市场范围缩小了，还要不断实现业绩增长，就只好增加人员和投入，并且承担更大的压力，即便能够实现业绩增长，经销商也叫苦连天。另一方面，电商在2010年以后上演了一场“疯狂时速”，以天猫为首的电商平台异军突起，通过低价格和便利性，活生生地从实体商业手中抢夺走了一大块“奶酪”，不但经销商的生意受到了极大影响，就连原先不可一世的大型连锁零售商也非常狼狈，大卖场业态日渐衰弱，直至大润发、家乐福、麦德龙等原先的领头羊或被部分入股进行数字化改造，或被全面并购。不过，经销商丝毫没有变得轻松，线上电商的变化异常迅速，除了早期的平台电商之外，直卖电商、社群电商、微商、直播电商等新模式层出不穷，都在不同程度地蚕食着线下实体商业的份额。有的直卖电商打出了“没有经销商赚差价”的口号，这令经销商的生存环境日益恶劣，甚至连阿里巴巴、京东这样的互联网巨头，也推出了零售通、新通路这种专门针对小型零售商的分销模式，也瞄准了传统经销商的短板，意图通过大数据来为众多的小型零售终端赋能，从而再度从经销商手中把市场份额抢走。

在整个经销商群体普遍感到“焦头烂额”的时候，部分厂家也开始对经销商存在的意义产生了质疑，到底经销商有没有未来呢？经销商有没有可能被电商或者大型零售商所替代呢？

在整个商业世界里，决定参与者种类及数量的因素主要有两个，即效率与成本。从单一的要素来看，谁的参与可以令经营效率越高，或者可以令经营成本越低，那么谁就可以成为商业合作中的主导者。而如果哪个参与者可以同时兼顾效率和成本，能够做到效率最高和成本最低，那么他将毋庸置疑地成为整个商业世界的霸主。在效率与成本这两种因素的此消彼长中，就会导致商业合作参与者的种类变化和数量变化。当效率需求超过成本需求，能够为商业合作带来更高效率的参与者将会胜出，反之能带来更低成本的参与者将会胜出。

那么，经销商在商业合作中是什么角色和地位呢？

从效率的角度来看，像安利、完美、玫琳凯、雅芳这样的直销厂家就完全没有中间商，都是由厂家自身的销售人员直接面对消费者（目前这些厂家所说的经销商，只不过是为了规避法律限制而改变了销售人员与厂家的资金结算和利益分配关系，其本质上还是销售人员）。然而，直销厂家的销售额并没有因为效率高而持续提升，安利中国市场早在2013年的销售额就达到了293亿元，而2018年则下滑到了230亿元。再看如今的电商直销企业，也没有中间商，但是其业绩增长的空间也存在天花板，就连天猫平台自身的增长率都在逐年走低。

从成本的角度来看，没有中间商的厂家能否获得较低的成本呢？现实中应该还没有出现这样的厂家。安利虽然销售额很高，但经营成本同样不低，其直销人员有数十万人，人力成本相当高，这全要靠毛利极高的产品售价来消化；而电商直销企业同样如此．比如三只松鼠，虽然通过短短几年就将销售额做到了2019年的101.73亿元，但是其利润率只有2.35%，要想获得持续发展并非易事。这些没有中间商的厂家相对于那些有中间商的厂家，其销售额和利润水平实际上都要相差很远。比如乳品行业的伊利，其2019年的销售额高达900亿元，同比增长13.97%，净利润为69.33亿元，利润率为7.7%；而调味品行业的海天味业则更厉害，其2019年销售额为197.97亿元，同比增长16.22%，利润额为53.53亿元，利润率高达27.04%，且增长率仍然保持稳定。这种经营业绩都是厂家与经销商所共同实现的，相对于那些没有中间商的厂家来说要更为优异。

之所以如此，是因为中间商能够帮助厂家最大化地兼顾效率和成本，尤其是经销商。为什么会这样呢？因为中间商同时经销了诸多品牌，其可以帮助厂家分摊运营中的大量固定成本，从而在成本上获得优势。同时，厂家还可以利用中间商（尤其是经销商）的专业化经营能力和资源，在市场上产生远远高出厂家自身人员所带来的效益。在调味品行业中，千禾味业就是这样一个成功的案例，其拓展华东市场就充分借助了经销商的力量，通过与上海荣进实业建立紧密的战略合作关系，用六年的时间将销售额从260万元提升至接近8000万元（按出厂价计算），如果只是靠千禾味业自身的力量，在6年的时间很难达成这个销售业绩。更为现实的是，中国有超过600万家的零售终端，试问，如果没有大量的中间商，哪家厂家可以完全靠自己来达成覆盖呢？益海嘉里在中国市场掌控90万家终端，海天则能掌控70万家终端，如果没有中间商，厂家自身又如何能够实现掌控呢？

综上所述，经销商的存在自有其内在的客观规律，这是由整个商业生态决定的。厂家在拓展市场时很难离开经销商，如果没有经销商的高效配合，厂家再好的规划也无法落地！帮扶经销商，也就是帮助厂家自己！

从事了十几年的咨询工作，笔者和经销商打交道的时候很多。首先，在服务厂家的时候就要和许多经销商进行频繁接触。一是市场调研一定要和经销商进行深度访谈沟通，了解他们对市场的看法和对厂家运作市场的建议；二是在制定解决方案时，要确保转化成经销商能够操作的内容，并且还要培训经销商如何具体实施；三是在厂家举行的经销商会议上，还要为参会的经销商提供相应的培训，从思维意识和方法体系上进行宣导。其次，笔者每年都要参加行业内的各种论坛或峰会，会针对经销商提供相关的主题演讲或者培训，并和现场的部分经销商进行互动。

在这个过程中，笔者见证了大量调味品及食品厂商的兴衰，感触颇深，近年来到了不吐不快的地步。

对于厂家，无论制定的战略规划多好，在市场上离开了经销商的合作，也绝不可能将市场做好。无论厂家生产的产品质量多好，离开了经销商的配合，也很难让更多的消费者购买到产品。不少表面上看起来非常光鲜的品牌，其背后都有大量经销商付出的努力。一个合适的经销商，可以帮助厂家成功打开市场，获得更大的销售规模和品牌影响力；而一个不合适的经销商，非但不能帮助厂家创造价值，还会耽误厂家拓展市场的时机。找到合适的经销商，厂家的市场拓展就成功了一半；没有找到合适的经销商，厂家的市场拓展基本上就宣告失败。正是由于经销商如此重要，所以每年厂家都要耗费大量的资源和精力，希望能够得到经销商更多的帮助和支持。但是，尽管厂家想尽办法，和很多经销商的合作仍然不理想、问题重重，其中的难度在于，这是两类独立利益体的合作，很多事情都不是由厂家单方可以决定的。由于整个经销商群体在经营理念和专业程度上要弱于厂家群体，自然对于很多问题的理解和做法都有较大的差异；如果厂家不能和经销商在理念和经营上达成一致，就会影响市场的运作成效。所以，经销商的成长问题不仅仅是自身的事情，还牵扯到双方共同的配合，有时候厂家对经销商会提出诸多要求，甚至对经销商施加较大的压力，这也是没有办法的事情。

对于经销商，即便没有来自厂家的要求和压力，也到了需要转型的地步。到目前为止，国内的经销商群体已经走过了一到两代，正在向第三代转移，上一代辛辛苦苦打下的江山，怎样才能让下一代很好地接管呢？无论上一代经销商多么成功，也必须清醒地认识到，属于上一代的时代已经过去了，现在的时代已经发生了翻天覆地的变化——市场环境变了，人群结构变了，思维理念变了，方式方法也变了。如果经销商的经营模式还不发生变化，那就无异于“刻舟求剑”了。

由此，为经销商写一本关于系统实施公司化运营的书，几年前就在笔者心中种下了草。现在，笔者终于完成这本书，也算是了了几年前的一个心愿，希望本书能够给广大调味品经销商带来一些公司化运营的启示和具体实施路径。

当然，限于笔者的角度和见解，书中观点出现偏颇在所难免，不足之处还请广大厂商朋友见谅！同时，笔者想强调，本书并不想成为解决所有问题的“万金油”，而是围绕公司化运营这条主线，为经销商提供启迪，敲开未来成长壮大的成功之门。

衷心祝愿广大调味品经销商能从本书中有所收获，也祝愿调味品厂商都能紧密合作，加强互信，互帮互助，减少冲突，共同开创中国调味品行业的美好明天！

# 目录

# 第一章

# 调味品经销商的发展现状

## 第一节　调味品经销商两极分化

从经营特性看，调味品经销商和其他的食品类经销商相比没有什么区别，不过从经营的规模看，还是有自己的特点的，那就是两极分化的现象非常突出。所谓两极分化，就是指大的经销商经营规模很大，而小的经销商经营规模很小，前者年销售额可以达到1亿元以上，后者的年销售额只有数百万元。

虽然调味品行业比较传统，但是也涌现出不少经营理念先进、市场规划系统、渠道管理完善、团队建设有力的大商，在市场上有着很大的影响力，对于部分知名的调味品企业或品牌都做出了重大的贡献。（以下为部分调味品大商的简介）

- 上海荣进实业：以商超渠道为核心，经销范围覆盖华东地区，主要经销的品牌有千禾、东湖、高福记等，曾经与山东欣和进行过多年合作，成功帮助欣和六月鲜打开了华东市场，荣进实业经营实力强大，仅商超导购员就多达700人，年销售额数亿元。
- 大连大雷商贸：主要经销东古、六必居、丘比、鼎丰等品牌，覆盖辽宁省，以商超渠道为主，年销售额数亿元，并拥有自主品牌“中调”。
- 哈尔滨德盛干调：主要经销东古、李锦记、雀巢、家乐、嘉豪、熊猫、老恒和、双桥、富味乡芝麻香油、百利等品牌，覆盖黑龙江、湖北、福建等省，年销售额数亿元。

• 北京怡通余氏商贸：主要经销李锦记、东古、丘比等品牌，以流通渠道、餐饮渠道为主，经销范围包括北京及华北地区各大型批发市场、餐饮渠道连锁、各大商超系统、小终端渠道、机关团购等，年销售额近5亿元。

• 北京金源德丰：主要经销厨邦、雷诺兹、美家、广味源等品牌，以北京市场为核心，辐射华北周边的各省，部分产品销售网络延伸至全国，现有员工200多人。

• 武汉加祥商贸：主要经销加加、东湖、水塔、巧媳妇、辣妹子等品牌，以商超渠道为主，包括中百、武商、华联、可多、芙蓉兴盛、丽红等系统，覆盖范围遍布湖北全省，年销售额超过1亿元。

• 长沙四小龙商贸：主要经销李锦记、义丰祥麻油、王致和腐乳、长康麻油等，公司现有员工200余人，办公区域面积880平方米，配送车辆24台，仓储面积5000平方米，经销品牌60余个，终端网点3200余家，其中KA类卖场120余个，单品数量300余支，BC类商超1000余个，分销、农贸网点1200余个，地级市客户700余个；下设有零售营业部、商超营业部、流通营业部、门市营业部、餐饮组、人事行政部、市场部、财务部、物流部九大职能部门，并拥有衡阳、岳阳、常德、郴州四家分公司，长沙四县、株洲、湘潭、益阳、娄部、怀化六个办事处；采用OA办公自动化系统，无纸化办公；建立B2B网上交易平台，实现网上订货；配送采用标准化服务体系及车辆GPS调度监控管理系统，并全面实现了ERP系统管理。

• 郑州阳明食品：主要经销加加、草原阿妈、东湖、老恒和、恒顺等品牌，下设行政部、财务部、营销部、市场部、数据管理中心、仓储中心、物流配送中心七大职能部门，拥有正式员工200余人，年销售额超过1亿元，并且牵头成立了河南省调味品商会联盟，集结了108县市的大中小经销商，共同操盘市场。

• 昆明逢发商贸：主要经销海天、太太乐、恒顺、王致和、美乐、丹丹、乌江、天味、吉香居、广味源、李锦记等品牌，覆盖云南全省，以商超渠道为主，公司直供3000余家商超，是大型商超系统“家乐福”“沃尔玛”“麦德龙”“大润发”“吉玛特”的A类供应商。公司开辟电商渠道，在天猫、京东、1号店、阿里巴巴等开设10余家旗舰店，并在昆明七甸工业园区建立占地100余亩生产工业园和物流基地，年销售额3亿元左右，设置5个分公司，9大部门，员工600余人，商超导购员近百人，并拥有自有品牌“尼罗非”。

• 昆明兴湘商贸：主要经销老干妈、加加、味事达、太太乐、单山等知名品牌，现有员工200多人，线下销售网络遍布云南、广西两省，其中直接为终端超市供货达3000多家、大型国际卖场500多家、二批客户900多家、农贸市场客户2000多家，年销售额达2亿多元，现已发展成为云南、广西两省规模大、品类全、价格低的调味品商贸公司。

上述这些大商的特点就是销售规模超过亿元，经销的都是全国知名品牌，而且数量不少；这些大商的组织结构较为完整，部门设置专业化，员工数量超过100人，部分大商还建立异地分公司或办事处；这些大商对渠道的掌控力很强，不管是流通渠道还是商超渠道。在这些大商中，有部分所覆盖的经销区域能够到达全省，甚至还有一些大商将经销区域扩展到了多个省份，如上海美宝、哈尔滨德盛干调。这些大商对于厂家来说都具有很强的话语权，因为他们拥有强大的渠道掌控力，并且对市场具有深入的了解，对产品应该如何改进才能满足消费需求都很清楚，甚至部分大商还会入股厂家（如阳明商贸入股草原阿妈，浙江祥龙、济南光增入股百味佳等），以便更深入地强化厂商合作，所以厂家往往非常尊重他们的意见。

不过，这些大商的数量不多，绝大部分的调味品经销商还是实力薄弱。笔者在服务调味品企业的十几年间，每年都要接触上百家经销商，大部分经营的知名品牌不多，覆盖的渠道也有限，销售人员不多，甚至还有不少属于“夫妻档”，根本就无法对市场进行精耕细作。这些经销商的年销售额并不高，大多在数百万元到1千万元之间。如果一个地级市的调味品经销商能够做到年销售额2千万元左右，就算是当地不错的经销商了。

## 第二节　经营理念保守

从整体上看，调味品经销商的经营理念还比较保守，这也是许多经销商发展水平普遍不高的根源。当然，经销商所处的是商业流通领域，这个领域有其本质的规律，也就是追求资金的投入回报，任何人成了经销商都必须按照这个商业规律来办事，否则就会被淘汰。从这点来看，经销商群体整体上具有这一特性，但是在不同行业中，这个特性的表现有所不同。也就是说，同样是追求资金回报，在有的行业中，经销商仍然可以做到非常专业，理念也非常先进。但是像调味品这样的传统行业，经销商群体的经营理念确实普遍保守得多。如果能够有效转变这些理念，就有可能提升整个调味品经销商群体的经营水平，这对于整个行业的进步具有重大意义。

具体而言，调味品经销商的经营理念保守主要体现在以下几点：（需要说明的是，笔者下述观点并不是否定经销商商业行为的基本特性，只是表明经销商在理念上存在的保守思想，故此笔者在每个观点前都特别加上了“过于”两字，以免读者产生误解。）

## 一、过于注重单笔生意而非整体经营利益

调味品经销商普遍关注的是每一笔生意能否赚钱，这本身并没有问题，不赚钱就不会有经销商这个群体了。问题的关键在于，当经销商过于注重单笔生意能否赚钱时，就会忽视其整体的经营利益，这和经销商这个群体的基本商业法则无关，而是涉及经销商个体的经营水平高低。当经销商的这种经营意识根深蒂固之时，就会变成其固有的基因，从而导致其“只见树木，不见森林”。笔者在和经销商沟通时会特别注意其下意识的行为，当他们和厂家洽谈合作时，总是会关心“你给我什么价格”，经销商对于数字极其敏感，只要听到厂家销售人员报出产品的销售价格，几秒时间内就可以判断这个产品能否赚钱。自古道：“杀头的生意有人做，赔本的买卖没人干。”要想让经销商从每一单生意中不赚钱是很难的事情。问题在于，虽然经销商每单生意都能赚钱，但是从整体看就未必了，也就是其销售规模未必能做大，毛利和净利水平也未必能提高，这就与其经营水平高低有关了。

## 二、过于注重短期机会而非长期机会

经销商都非常善于抓机会，他们对市场上流行什么很敏感，一有风吹

草动就能马上察觉到，敏感且反应迅速，这几乎是他们与生俱来的能力。曾经有一位经销商就非常得意地对笔者说，在前两年小龙虾调料开始火起来之前，他囤了一批货，当小龙虾消费季过去之后，他一盘算，这一战足足赚了20多万元。多年来，这位经销商始终以此津津乐道，同时也期待着能够再一次重现辉煌。类似这样的经销商不在少数，这有点像炒股票，得到某只股票的消息，迅速进入又及时退出，就能够大赚一笔。但是笔者注意到，能够持续像这样短期内把握机会赚一大笔钱的例子并不多，相反，一些生意规模大且经营绩效持续增长的经销商，他们所关注的并非是这样的短期机会，而是判断未来品类发展趋势并深入进行市场拓展，最终赚取了更多的钱。笔者问过一些经营很好的经销商，一个品牌或者品类怎样才能做大？他们的回答中有一个共同答案：持续不断地拓展和积累。可惜，这样的经销商数量还是太少了。

## 三、过于注重生意而非公司建设

生意的本质就是赚钱，这谁都能明白，但并不是每个人都明白如何才能赚更多的钱，或者赚更久的钱。有的时候就是这样，你越想赚钱，越将心思放在生意上，赚的钱却不是最多的；有的时候你解决了一些与生意看起来无关的事情，比如把团队氛围搞得更活跃、把管理制度制定得更规范、把库房整理得更合理，结果却意外地发现，赚的钱比以前更多了。这就是做生意和搞企业的区别。大部分的调味品经销商都是做生意，但是一些经营很优秀的经销商是在做企业，调味品行业中的不少大商，都是以这种理念来实施经营的。这些大商并非天生的，他们也是从小生意逐步发展起来的，那为什么能做大的是他们呢？关键在于他们没有将眼光过于放在生意本身，而是放在了夯实生意背后的公司建设，这就是经营理念带来的巨大区别。

## 四、过于注重单品赚钱而非整体收益

从生意本身来看，经销商当然是非常擅长的，买的没有卖的精，他们总是可以找到方法赚钱。但是从经销商的整体业务结构来分析，就会发现绝大部分都是非常散乱的，从单个产品的角度来看可以赚钱，从整体来看未必能够赚很多钱，这种局面其实是在变相削减经销商的赚钱空间。所谓业务结构，涉及经销商经营的品类组合、品牌组合和渠道组合。在这些组合中，品类、品牌和渠道等都在互相产生着关联，其对经销商产生的利益都不是孤立的。某一个品类赚钱的多少，也会间接影响其他品类，品牌和渠道也是如此。所以，同样是赚钱，经销商关注的不应该是单品利益最大化，而是整体利益最大化。现实中，我们看到许多经销商的品类和品牌组合非常混乱，没有经过系统的整体规划，也没有搞清楚相互之间的关系，从而造成不同品类之间产生冲突，甚至因为品类的增加而降低了整体收益，这都是经销商的经营理念有问题造成的。

## 五、过于注重表面利益而非基础建设

很多调味品经销商注重的都是赚快钱，哪个品类的生意来钱快、投入少，就追逐哪一个品类，先把钱赚了再说，以后的事先放在一边。笔者和经销商沟通时都在强调，仅仅赚一时的钱是不够的，着眼于赚更多、更长久的钱，才是经销商应该关注的重点。要实现这个目标，经销商就必须为长远地赚钱多做考虑，也就是要将基础建设做扎实，包括：多渠道布局、终端客情强化、组织体系完善、营运团队建设、软硬件设施配套等。这些都是经销商要实现长久经营所必备的基础，建设好了才能承载更大的发展，如果这几个方面都非常薄弱，再赚钱也必定是短期的。

## 六、过于注重短期盈利而非战略投入

调味品经销商普遍都害怕风险，宁愿赚确定但并不多的钱，也不愿去赚不确定但可能空间更大的钱。这也是目前调味品行业还有不少经销商是坐商的原因，大家都依靠批发市场做生意，通过低价和一定的客情来赚钱，但是赚不多，因为经销商并没有为赚更多的钱而做铺垫。还有一部分经销商是物流配送商，虽然比坐商强多了，但做生意还是偏保守，因为他们的运营功能被削弱了，只具备资金、仓储、配送功能，在业务拓展方面不足，缺乏将品类或品牌的市场局面打开的能力。所以，他们基本上只能赚取少量但比较稳定的配送费，那些经营优秀的经销商则不同，他们都具有很强的业务拓展能力，虽然要为此投入不少资金和人力，却能够成功打开市场局面，在市场上占据领导地位的恰恰是这批敢于投入的经销商。

那么，造成调味品经销商理念保守的原因又是什么呢？主要有以下两个因素：

其一，和人有关系。调味品是个传统行业，上一代（即20世纪五六十年代）经销商的学历都不高，没有接受过系统的教育，尤其是关于如何经营公司，大家都是在“社会大学”自学成才，完全靠自己在生意场上摸爬滚打，只能按照最基本的生存需求来做事，经营理念偏向保守。但是目前二代经销商开始接班，他们接受过相对较好的教育，有的二代经销商还有海外求学的经历，他们对经营理念会形成全新的认知，这一代的崛起有助于改变传统调味品经销商的经营理念。

其二，和经营角色有关系。经销商这个群体常常会产生没有根的感觉，因为品牌都不是自己的，主导权都在企业的手中，他们不考虑赚钱还考虑什么呢？实际上，品牌也要分等级，一线品牌的主导权当然都在企业手中，但是大量的二三线品牌仍然依赖经销商。因此，经销商并非完全没有根，这个根就是渠道，就是自己的商号。笔者经常和调味品经销商说：“你们千万不要轻看自己，你们的商号就是品牌！”所以，许多区域市场经营较好的经销商，其名片背后都罗列着一串知名品牌，这都是商号带来的影响力。厂家到了区域市场，客户自然会找上门，希望能够与他们合作。经销商转变这种认识，将有助于更好地形成自身的核心竞争力。

## 第三节　靠经验经营

在商业或者企业经营过程中，存在两种类型：一种是靠经验来经营；另一种则是靠逻辑来经营。所谓经验式经营，指的就是以常识、惯例，以及过往的经历为依据来开展经营活动。这种模式对人的要求不高，只要能够多次反复地去做同样的事情，就可以从中积累足够的经验，就像欧阳修的文章《卖油翁》中说的那样：惟手熟尔！所谓的逻辑式经营，指的就是通过对规律的把握，根据事物内在的因果关联来开展经营活动。这种模式要求经营者具备一定的抽象思维能力，能够从大家所熟识的常识、惯例和过往经历中提炼出规律性的原则，再运用这些规律性的原则来解决未来的问题。

经验式经营和逻辑式经营在商业运营中都需要使用，但是在不同阶段、不同规模下存在差异。一般来说，在发展初期阶段和销售规模小的时候，是以经验式经营为主，而在发展成熟阶段和销售规模大的时候，则是以逻辑式经营为主。从调味品经销商当前的经营状况来看，普遍还是以经验式经营为主，主要体现在以下几个方面：

## 一、品类组合

大部分调味品经销商的品类组合没有规律，很简单，按照经验法则就是什么赚钱做什么。所以，笔者经常到经销商的仓库去看，里面堆放着五花八门的产品，但是能够具有内在经营逻辑的品类结构很少。为什么要形成这些品类组合呢？是基于某类消费群体，还是某类消费属性，或是某种消费需求呢？像酱油、食醋、鸡精、味精这类产品，属于消费者烹饪的基础需求，这些品类组合在一起就没有问题。如果是这些产品还和方便食品、休闲食品等产品组合在一起呢？可能就会有问题，因为其消费属性和需求是完全不同的。在发展早期，经销商是不可能对这些品类按照一定的内在逻辑进行规划的，只能按照大家都认同的经验法则来行事，但是发展到了较大规模之后，再按照以前的经验法则行事就有问题了。

## 二、品牌合作

传统调味品经销商在和厂家的品牌进行合作时，通常的经验法则就是有钱赚就做，没有钱赚就不做。这样做并没有什么不对，经销商存在的意义就是要赚钱。经销商在与厂商合作过程中也会逐渐发生分化，一部分经营理念和实力都领先的经销商，对于品牌合作的目的会逐渐从赚钱转变为更加综合的考虑。除了要赚取必要的差价利润来弥补运营成本外，这些经销商还会重视该品牌能否有助于更广泛的渠道覆盖、更强势的带货能力、更高效的运营水平等。如果能够得到这几个方面的帮助，经销商仍然会选择与这些品牌合作。自然，能够做到上述几个方面的基本上都是实力较强的领导品牌，而那些缺乏这些能力的企业则更倾向于为经销商提供直接的产品差价。现实中更多的情况是在产品差价和综合服务之间寻找平衡，这样对于经销商来说就会形成多样化的品牌合作组合，有的品牌能够提供更多的产品差价，有的品牌能够提供更强大的品牌影响力，有的品牌则能够提供更多的合作机会，有的品牌则可以提供更稳定的利润……在经销商传统经验式的经营中，基本上不会对品牌组合进行系统的规划，只是看重产品的差价是否足够。这在经销商初期发展时是没有问题的，但是随着经销商规模的不断扩大，如果不能系统构建合理的品牌组合，仅仅考虑眼前的利润，反而会造成经销商的竞争实力下降，削弱持续盈利能力。

## 三、业务模式

业务模式中本来就存在逻辑，只不过是简单或复杂而已。业务模式存在的意义，就是为了更有效地开展经营活动，并打造核心竞争力。能够对业务模式进行思考的调味品经销商很少，绝大部分都是按照经验或者惯例，这也是当前经销商极其薄弱的一点。按照传统的经验来看，经销商最普遍的业务模式就是低买高卖和跨区域销售，支持这种业务模式的平台就是遍布在各个地区的批发市场。通常来说，经销商要想经营生意，首先就要在批发市场租用或者购买至少一个档口，如此才能利用批发市场吸引客流。这种业务模式是经营成本最低的，经销商们所付出的租金，实质上就是为了获取流量而付出的成本。当然，现在经销商的业务模式并非只有这一种，除了这种传统的批发业务模式外，还有不通过批发而直接向终端送货或者进行业务合作的模式，这里所指的终端包括大大小小的卖场、超市、便利店、杂货店、农贸市场商户、餐饮终端及食堂等。这种直接面向终端的业务模式是自2000年以后逐步发展起来的，并不仅仅像以往那样是单纯的低买高卖和跨区域销售，还涉及经销商对市场拓展的投入，包括对资金占用的承担、与厂家共同分担费用及对稀缺的终端资源的占据，这些都考验着经销商顺势应变的能力。随着商业形态的不断丰富化，尤其是电商和供应链企业的快速兴起，给传统经销商的业务模式带来了极大的挑战，少部分具有先进理念和一定实力的经销商已经跳出了传统单一的批发业务模式，但是绝大部分的调味品经销商还是依赖于过往的经验，自然会影响其未来的发展。

## 四、渠道管理

从现实来看，大部分调味品经销商其实并没有渠道管理，按照过去的经验法则，经销商更多地依靠渠道政策来吸引其下级客户。这里所谓的渠道政策，基本上都是以进货返利的形式体现出来，包括进货搭赠、季度和年度返利及阶段性的销量达标返利等。这些渠道政策都是厂家为了推动经销商完成销售目标或抵御竞争对手而制定出来的。这种渠道政策实质上已经成了经销商业务模式的核心，是产业处于卖方市场阶段的产物，厂家只要能够通过政策抓住经销商，通过其将产品分销下去就能够实现销售，这就是我们通常说的“推力”。但是，随着市场的逐渐成熟和竞争越来越激烈，卖方市场必然会迈向买方市场，那么这种以政策推动为核心的业务模式将逐渐减效甚至失效。因为市场的主导力量开始偏向于终端和消费者，仅仅通过“推力”分销下去远远不够，要获得消费者的青睐，就必须将资源更多地用在消费者和终端上。目前，有少部分实力较强的经销商不再单纯依靠渠道政策，而是将渠道重心降低，强化对下级渠道商的管控，包括价格、订单、客情、配送、售后等。同时，他们比以前更关注终端生动化建设和对消费者的推广，从而在市场中获得更大的主动权。这些经销商成了榜样，但是对于大多数经销商而言，还需要一个逐步接受的过程。

## 五、团队管理

从传统的经验来看，调味品经销商普遍没有团队管理，这方面至今也是非常薄弱的。首先，许多经销商就没有“团队”可言。所谓团队，就是在一个组织中按照一定的规则、通过相互配合来实现运作目的的人员组合。而大部分经销商本来就没有构建起一个职能清晰的组织，自然也不存在合理的团队。从现实来看，不少经销商的“团队”是由老板两口子及一些亲戚朋友构成，这是可以理解的。一方面是由于人工成本不能太高；另一方面则是相对忠诚，用起来放心，不会有拆台的事情（尽管也并非绝对），但这很难谈得上是团队管理，基本上都是老板交代什么就做什么，大大小小的事情都由老板控制。其次，即便部分经销商组建了团队，在管理上却普遍处于粗放状态。何为管理？简单地讲，管理就是通过计划、组织、激励和制度来规范组织的运作过程。老实讲，真正能够做到这些的经销商屈指可数，在调味品行业中，可能只有部分大商做得到，绝大多数还是处于无计划、流程乱、激励弱、制度缺的状态。所以，当笔者和经销商沟通的时候，“招不来人、来了不好用、用了留不住”就成了他们普遍抱怨的难题。确实，现在很多经销商正处于二代接班的阶段，没有一套良好的团队管理体系，经销商未来的经营又如何能很好地持续下去呢？

## 第四节　新老交替

目前，调味品经销商正处于上一代与下一代交替之际，这是非常重要的时刻。上一代经销商大多是50后及60后，他们在中国刚开始实施经济转型的时候就进入了流通行业，靠着自己的辛勤付出打下了一片江山。现在，他们的下一代开始登场，一个新的时代来临了！

上一代经销商主要有以下几个特点：

**1. 学历不高**

1978年，中国正式开启了改革开放的历程，传统的集贸市场得以恢复，中国的第一批经销商登上了历史舞台。那个时候，经销商有两个极具时代特色的称号，一个是“个体户”，另一个是“倒爷”。所谓“倒爷”就是倒买倒卖。说白了，“倒爷”就是利用不同地区之间的产品价差，低买高卖，要靠着信息灵通、头脑灵活及能吃苦才能赚到钱。中国自古以来对各行各业的排序就是“士农工商”，商人是排在末位的，没有多高的社会地位。在上一代经销商中，获得一份学历并不容易，但凡有学历的人都愿意去国有企业或事业单位上班，那里有铁饭碗和丰厚的劳保待遇，谁愿意去干“倒爷”这样的经销商职业呢？中国在建国之初没有实施市场经济，那时学习的是苏联的计划经济模式，没有市场之说，全国的流通领域采取的都是计划调拨体制，产品都是没有交易的，全部都由国营商业机构统购统销，再通过各级采购供应站在不同的“口袋”里调来调去（一级站为省级，二级站为市级，三级站为县级）。在这种背景下，有学历的人很少懂得什么是市场经济，更不会抛弃正规的国企员工身份，只有那些没有上过学，也没有机会得到“铁饭碗”的辍学青年或者无业人士去干“倒爷”的活儿，结果就干出了经销商阶层。

**2. 吃苦耐劳**

上一代经销商能够吃苦，有一句玩笑话颇能说明他们的心境：睡得比狗晚，起得比鸡早！每天早上六点起床，七点装货，然后跑一天，晚上七八点钟收工，这是许多经销商一天的工作状态。我们只要到批发市场中，就能够看到经销商典型的忙碌状态，老板连同小工不停地在档口进进出出地搬货，老板娘则不停地接电话、收钱找钱，外加大声回答客户的询价，小型货车、手推车、三轮车在市场里左冲右突，不断地在仓库和档口之间输送货物，再拥挤的人群也挡不住他们前进的步伐。还有调味品批发市场的环境也难以令人舒适，往往刚进入市场，就会闻到一股刺鼻的香辛料味道，不过久驻此地的经销商早已不觉其味了。批发市场基本上处于“冬冷夏热”的状态，为了控制成本，经销商的档口有空调的并不多，大家都是处于室外的状态，享受的是纯自然的温度，一到夏天和冬天就非常难受。经销商的办公环境也无法令人恭维，逼仄得只能蜷缩其中。笔者在拜访经销商的时候，如果人数稍微多一点，老板就得给我们到处找凳子，市场跑得多了，对这种局面也都习以为常了。在这样的环境中干活，日复一日，年复一年，没有吃苦耐劳的精神能行吗？

**3. 经验丰富**

虽然上一代经销商的学历不高，但是他们具有丰富的做生意的经验，这都是常年在市场上摸爬滚打积累的。经销商们虽然没有经过系统的思维训练，但是他们天天都在经历实战，日子长了，自然就训练出了敏锐的市场直觉，什么产品好卖、什么价格能赚钱、什么客户好对付、什么客户难对付，这些生意技巧都在他们的头脑中沉淀了下来。笔者在对市场进行走访调研的时候，特别重视和经销商的交流，因为他们多年来积累的生意经验可以给我们不少的启发，包括对产品的认知、对消费需求的理解、对价格的判断、对渠道政策的看法及对市场操作手法的建议等，他们都可以提出有价值的观点，尤其是那些经营实力较强的经销商，他们的观点往往在一定程度上给我们启发和佐证，这不是单纯通过观察终端就可以得到的。一些实力不强的厂家，由于缺乏专业性的市场研究能力，往往极其重视经销商的意见，虽然这并非科学的方法，但是简单易行，这都是由经销商的丰富经验积累起来的市场判断能力。

**4. 精打细算**

上一代经销商有一个令人佩服的地方，那就是对数字非常敏感，那些带着零头的数字在他们的脑袋中转一转，很快就可以计算出一个正确的结果，这种长期的训练也让其有很强的精打细算能力。这种能力往往使经销商在和厂家的合作中占尽优势，原因就是厂家为了不断地刺激经销商进货想出各种方法，有的方法比较复杂，比如捆绑搭赠、进货积分（不同产品积分不同）等，这是厂家为了避免经销商利用销售政策来降低价格。一个很有意思的状况是，厂家费尽心思想出这些销售政策之后，经销商们都能够破解，最终将这些政策所对应的金额换算出来，由此判断厂家给予的这些政策到底具有多大的吸引力，值不值得投入资金来囤积一批货。这种精打细算的能力往往使厂家防不胜防，稍微缺乏一点经验，就有可能被经销商钻空子。这种状况曾经给想在矿泉水领域大展宏图的恒大集团带来了极大的困扰，当时恒大集团强势推出恒大冰泉，为了吸引消费者的广泛购买，恒大集团推出了一项微信扫码得红包的活动，这项推广活动最终以失败告终。为什么呢？原因就在于这些红包基本上都被经销商扫完了。看看，这就是经销商们强大的精打细算能力，"可怕"的是，当一个厂家在制定销售政策的时候，面对的可是数百甚至上千个经销商，一旦疏忽便会漏洞大开，这是经销商长期在生意经营中训练出来的核心能力。

**5. 看重眼前**

上一代经销商普遍重视眼前或者当下所能获得的利益，这使得他们表现出来的特点就是非常现实，不太会去想太远的事情，所以这一点总是令厂家感到不满。按照厂家的想法，经销商应该像他们一样，能够看得长远一些，不要过于计较眼下的利益，而是能够投入资源、精力和厂家共同将市场做大。厂家的这种说法是有道理的，在现实中也确实有部分经销商是按照这样的思路和厂家合作，并且也取得了不错的成效，但是从整个经销商群体来说，目前很难看得更长远。这是有原因的：一方面是经销商的商业模式决定的，因为品牌并非经销商所拥有，而且厂商合作关系也并非经销商能做主，所以其价值沉淀无法通过品牌体现出来，他们只能看重资金的投入回报，自然不可能像厂家那样更看重未来；另一方面也有历史的原因，上一代经销商是从短缺经济时代走过来的，那个时候只要有产品供应，只要能够将货铺到渠道中，自然就会有消费者来买单，长期在这种环境中做生意的经销商，自然看重眼前的收益。这种状况，其实现在比以前好多了，这十几年来由于大型连锁零售商和电商的快速发展，深深触动了传统的经销商，已经有不少经销商开始转型，只不过由于不同行业的发展阶段有差异，调味品行业的经销商在这方面表现得还是相对传统。

**6. 轻视学习**

上一代经销商普遍不太重视学习，包括看书、听课、培训等，大多数仍然通过实践来积累经验。这其实也和上一代经销商所经历的环境有关，他们之所以会做经销商，就是因为自身的学历不高，如果学历高，他们干的就不是这一行了。当然，在经销商中也会出现部分有学历的，甚至有的经销商还是从老师转行而来，这批经销商有不少是出现在20世纪末所发生的下岗大潮之后。一些国营企事业单位的职工因下岗而转行为经销商，从而为这个群体增添了新鲜血液，只不过这类经销商数量并不多，绝大多数还是那些学历本就不高的经销商，这也会影响其后来的学习能力。实际上，学习本身的意义并不在于提供现成的方法，而是思维模式的训练和思考能力的培养。上一代经销商已经错过了年轻时的最佳训练时期，长期的生意经历也会让他们非常注重实效，但是学习往往无法直接给出现成的答案，这也使得经销商认为学习没有太大的价值，既浪费金钱又浪费时间。

现在到了下一代经销商的时代，特点就和上一代不同，具体如下：

**1. 学历较高**

上一代经销商本身不太重视学习，但并不意味着对下一代的学习也不重视，他们会将自己当初未达成的愿望迁移到子女身上。当上一代经销商赚钱之后，就会让子女去接受教育，甚至花大钱将子女送到私立学校或者国外学习。这样一来，现在的二代经销商普遍都比他们的父辈学历高，在思维模式和思考能力上都受到了较好的训练，这和上一代经销商是不同的。

**2. 思维活跃**

目前的二代经销商大多都是80后和90后，他们所处的时代和上一代完全不同，这是一个变化迅速的互联网时代，接受的信息也更加国际化，这就注定了二代经销商和上一辈有本质的不同。郑州就有一家经营调味品及食材的经销商，其销售额可以做到 9 亿元左右，远远超过传统的老牌经销商，之所以有这样的业绩，在于其老板在这几年拓展了大量的餐饮定制业务，抓住了餐饮行业快速发展的红利，这种思维是传统的上一代经销商难以有效转换的。而在像休闲食品这样的行业，由于受电商的影响很大，那些二代经销商的思维更加活跃，更善于接受全新的理念，采用电商、微商、社群等多种模式来拓展业务。

**3. 不愿守旧**

相较于一代经销商，二代经销商通常都不愿按照传统的模式一成不变地经营下去，他们迫切希望有更多的创新，利用当前互联网时代的新模式来推进传统业务的快速发展。笔者发现，每年在不同组织举办的各种大型高峰论坛上，只要涉及电商、微商、社群、直播、餐饮食材、供应链金融等最新话题，下面就有大量的经销商予以关注，其中以年轻的二代经销商为主。这都是正常的现象，任何时代的年轻人都不会固守过去，尤其在当前这个变化迅速的时代，年轻人的学识和思维都要远超上一代，他们自然希望通过全新的方式来开创属于自己的全新局面。

**4. 经验缺乏**

不过，二代经销商在公司经营的层面还缺乏成熟的经验，这一点比上一代经销商薄弱。要知道，上一代经销商毕竟经历了多年的实践磨炼，销售过数不清的产品，经销过大量的品牌，与各种类型的企业进行过合作，见识过市场上风云变幻的成败事例，体验过激烈的竞争态势，感受过生意场上毫无感情的尔虞我诈，经历过与合作伙伴的分分合合，这些都是二代经销商所缺乏的宝贵财富。自然，二代经销商迟早都会经历这一切，但是目前的时间毕竟还短，他们还在摸索和体验之中，而且当前的市场环境又出现了大量连一代经销商都非常陌生的事物，这些都需要靠他们自己去经历、去体悟。

**5. 不愿太苦**

上一代经销商普遍能够吃苦耐劳，这是具有时代背景的。50 后和 60 后的经销商，基本上都经历了贫困，在改革开放的年代，谁都迫切希望抓住机遇脱贫致富。上一代的经销商，内心深处的愿望就是能够生存下来，让家人过得更好，为此他们拼命干活赚钱，不辞辛劳。但是二代经销商并没有这种经历，他们自小就受到上一辈的呵护，吃穿无忧，还能够接受更好的教育，因此他们没有那种迫切脱贫致富的心愿。相反，他们自小就看着上一代过着艰辛的日子，虽然这种状况已经一去不复返，但是他们绝不愿自己再次重复上一辈的那种经历。曾经有一个河南的二代经销商对笔者说，他的父亲在当地是做得最好的调味品经销商，数十年来靠着诚信赢得了当地客户的广泛认同，为此也吸引了大量的厂家来合作，目前也做到了上亿元的销售额。不过，这位二代经销商并不愿意接下这个摊子，因为做调味品生意太苦了，他甚至不明白为什么他的父亲要这么辛苦，为了厂家的销售增长而辛苦付出，所以他选择了另一个业务领域——租地建设冷库并开展租赁业务。他认为目前冷链的发展非常迅速，但是相应的冷库资源还不够，进入这个领域可以获得远远超过传统调味品的收益，而且还不会像他父亲那样辛苦。

**6. 愿意学习**

由于学历较高和思维活跃，二代经销商普遍表现出愿意学习的态度，这从笔者多次参加为经销商举行的论坛或者培训中就可以看出来。在2019年10月天津糖酒会的调味品经销商论坛上，笔者为经销商做了一次《调味品经销商公司化运营之道》的演讲，现场经销商表现出了极大的热情，其中一位大连的二代经销商尤为突出。他告诉笔者，以前是他的母亲在主导整个商贸公司的运营，现在换成了他，他们主要侧重餐饮渠道，目前已经在大连排名前列。以前他也参加过多次社会上的培训，但是都没有针对性，这次听到笔者的演讲非常兴奋，他问有没有针对经销商的培训，他非常有兴趣参加。还有，笔者在2019年年底江西省调味品协会的年会上为其会员厂商分享《调味品企业破局增长必胜法则》，演讲后立刻被好几个江西省规模领先的经销商围住，就他们所关心的若干问题进行探讨，其学习的迫切心理可见一斑。在笔者近几年来参与的项目和各种活动中，类似的场景非常普遍，其中最活跃的就是这些二代经销商，其学习热情远远超过上一代经销商。

# 第五节 分渠道经营

在早期的时候，经销商都是以批发市场为核心来经营生意的，当时国内的渠道和零售终端业态比较单一，主要是由传统的农贸市场、农村集市、副食品商店、杂货店和流动摊点等构成，经销商通过批发市场的集散地效应，将产品层层分销到这些渠道和终端网点。对于当时的经销商来说，其覆盖的渠道和终端网点是没有区别的，产品都是通过批发市场分销出去的，所以经销商总体的生意模式都一样，无论什么样的产品都是销售到同样的零售终端。但是从2000年年初开始，随着商超渠道的快速发展，那些大型连锁卖场或者超市以全新的售卖模式掌控了终端，由此也对传统的经销商提出了多样化的要求和极大的挑战，于是逐渐出现了专门经营商超渠道的经销商。后来随着市场的发展，商业形态不断裂变和丰富化，商业模式越来越复杂，不再是仅仅通过批发市场就可以做生意了，于是就出现了专门针对某种渠道的专业化经销商。

经过十几年的发展，目前调味品经销商也逐渐形成了这种分渠道经营的模式。笔者近几年通过对各地调味品经销商的调研发现，专门针对某一类渠道拓展业务的经销商不断增加，而且城市规模越大、市场发展越成熟，就越容易出现细分渠道经营的现象。具体而言，通常存在以下几种不同类型的经销商：

## 一、流通渠道经销商

所谓流通渠道，指的是批发市场、农贸市场、杂货店、交通口岸，以及大量零散的单体中小型超市，这些渠道需要经销商通过多个层级将产品分销下去。其中，经销商会直接覆盖一部分零售终端，通过自有车辆主动将货配送给下级终端网点。除此之外，就要通过二批商，以及规模更小的批零商将产品分销到广泛的零售终端，最终再由零售终端销售给消费者。流通渠道的特点就是覆盖终端网点众多，对批发市场非常依赖，其强大的集散地作用可以使产品实现最大化的分销，特别是专门针对餐饮渠道的餐批市场。由于餐饮终端的采购或者老板都会直接到餐批市场进货，所以餐批市场实质上就是针对餐饮渠道的卖场，其在调味品行业中占据非常重要的地位。流通渠道运作对经销商的专业化程度要求不高。一般而言，经销商只要在批发市场中拥有档口，同时也拥有仓库、若干送货车辆和少数业务人员，就可以将一摊生意做起来，甚至部分经销商没有送货车辆和业务人员也可以利用批发市场的流量来做生意。以流通渠道为核心市场的经销商，通常追求的都是投入少、成本低、风险小及资金周转快，对价格体系非常敏感，部分以配送为主的经销商则会注重对零售终端的直接覆盖，相对而言经营成本稍高，但其稳定性要好于单纯依靠批发市场的经销商。基于此，流通渠道经销商并不要求具有较高的专业化运营和管理水平，也不需要构建多么完善的组织体系，其所经营的产品大都偏向于中低端，针对的市场多以三四线市场为主，其毛利水平和运营费用投入及税收相对不高，经营较好的经销商也可以拥有不错的利润率。

## 二、商超渠道经销商

所谓商超渠道，指的是连锁性的大中型卖场、超市、便利店等零售商，包括国际性、全国性或者地区性三种类型，这类渠道都是直接和经销商或者厂家进行合作。这类渠道的特性就是专业化程度很高，因为这些连锁零售商都有着完善的组织架构和成熟的运营体系，无论是采购运作还是门店运营都是在一套 IT 化、数据化、系统化的体系中运行。更重要的是，由于这些零售商掌握了客流量，对上游供应商（包括经销商和厂家）拥有强大的话语权，总是要求承担回款账期和各种运营费用（如开户费、条码费、陈列费、DM 费、促销员工资、新店开张费、节庆费、返利、损耗等），因此要和这些零售商打交道，没有较高的专业化水平是完全不行的。针对商超渠道运作，需要经销商具备一般纳税人资格，能够开具增值税发票，同时还需要相对健全的组织架构，包括业务拓展、终端管理、财务管理等关键职能，而且人员配置也要较为完善，以很好地与零售商的组织体系进行高效对接。在这些管理方面完全是以零售商为主导，如果经销商不能满足要求，要以被罚款作为代价。另外，运作商超渠道对经销商的资金要求也很高。一方面零售商要占用较多的资金，包括零售商对于供应商的账期（一般都有 45 ~ 90 天），还包括协助厂家代垫部分市场费用，如条码费、陈列费、DM费、促销员工资等，而这些代垫费用要得到厂家的核销通常要半个月到一个月的时间，这也是对经销商资金的占用；另一方面经销商也要付出较多的运营费用，如针对零售商要付出开户费、促销员工资、新店开张费、节庆费、返利、损耗等费用，还包括自身运作的人员薪资、各项管理费用及市场费用，如果再加上要承担的税收，商超渠道经销商对资金量的需求是惊人的。基于此，运作商超渠道的经销商通常都以中高端产品为主，而且针对部分运作费用很高的零售商提高供货价，以此来确保产品经营的毛利率维持在30%～50%（成熟产品毛利率30%以上，新产品毛利率则需40%以上），否则很难承担高昂的资金代价。所以，商超渠道经销商尽管经营毛利较高，但是费用投入也很大，其利润率倒不一定比流通渠道经销商多。

## 三、餐饮渠道经销商

所谓餐饮渠道，指的是各类大中小型餐饮终端，包括连锁和单体。这个渠道的数量众多，而且渠道类型多样，包括中西式正餐、中西式快餐、火锅餐饮、休闲餐饮等，除了直接到批发市场采购外，他们也需要经销商直接为其供货。运作餐饮渠道需要较高的专业化程度，因为经销商需要同时为两类对象提供针对性的服务：一个是厨师，经销商需要提供恰当且较为丰富的产品，帮助其烹饪出一道好菜；另一个是餐饮店老板，经销商需要为其提供价格合适且有品质保障的产品，避免过度增加其经营成本。所以，餐饮渠道经销商面临着诸多因素的考验，比如增大产品的丰富程度令厨师更加便利，针对新产品实施推广令厨师更快接受，为餐饮店提供更好的服务增强客情，密切关注餐饮店的经营状况避免关店损失。要将这些事都做好，餐饮渠道经销商就必须完善自己的组织架构，配备更加专业的人员，强化内部的管理体系，同时在资金运作和管理上建立扎实的基础，提高资金的投入产出水平，以此来维护较高的利润率。

## 四、封闭渠道经销商

所谓封闭渠道，指的是单位食堂、航空铁路配餐、加油站超市、服务区超市、旅游景点超市、校园超市等。这些渠道不同于普通的大众商业形态，能够容纳的品种和品牌数量不会太多，而且部分渠道还需要具有特别的保障，比如幼儿园、学校或者一些企事业单位的食堂和超市等，所以要进入这些渠道的门槛较高。针对这类封闭渠道的经销商通常具有较广泛的社会关系，能够通过良好的人脉来获取进入这些渠道的资格。当然其，本身也需要具备足够的资金实力和一定的管理水平，尤其在涉及部分需要公开招标的渠道时才会具有竞争力。封闭渠道经销商的专业化程度不需要太高，其运营的关键就在于打通相关人脉，甚至投入资源来买断某些渠道的经营权，资源因素在其中具有举足轻重的地位。

## 五、新型渠道经销商

所谓新型渠道，指的是随着时代发展而涌现出来的新型渠道形态。比如平台电商、社群电商、微商、食材直配、外卖渠道、无人商店、互联网城配及新零售渠道等。这些新渠道的发展非常迅猛，而且各有其特色，其经营规则也是各不相同，即便是已经广为接受的平台电商，如天猫、淘宝、京东、苏宁、唯品会等各个系统的规则也不一样。在这些平台上，既有厂家直接开设的旗舰店，也有经销商直接开设的专卖店，还有众多网络分销商开设的专卖店，再加上平台自行设立的零售店（如天猫超市等），形成了非常丰富的电商渠道业态。而食材直配、外卖渠道也是近几年来发展迅速的新型渠道，前者如美菜网、美团网等都在拼命发力，后者则主要是在美团网和饿了么两者之间展开竞争，这些新型渠道都蚕食了传统渠道的市场份额。另外，城市配送这个领域也正在被互联网巨头占据，典型代表就是阿里巴巴的零售通和京东的新通路，其瞄准的都是中国数百万家的零售小店，发展势头非常迅猛，他们直接就成了这个渠道的经销商。目前这类新型渠道的经销商也在不断兴起，针对调味品行业的主要集中在平台电商、食材直配和外卖渠道这几个方面。这类渠道对经销商的运营水平也有较高的要求，关键在于大数据运用和高效供应链建设，这和传统经销商的运营模式不一样，要求必须运用互联网的思维来开展运营。

## 六、综合渠道经销商

除了上述各个专业形态的渠道经销商外，还有一类就是能够同时覆盖多个渠道类型的综合渠道经销商。比如有的经销商既可以运作流通渠道，也可以运作商超渠道；有的经销商既可以运作流通渠道，也可以运作餐饮渠道和部分封闭渠道。能够运作多个渠道对于经销商而言是有利的，可以利用不同渠道的特性来实现最大化的综合效益，比如商超渠道的费用很高，经销商赚钱不容易，但是可以通过商超渠道营造声势和树立形象，然后再通过流通渠道来实现广泛覆盖，并利用其运营成本低来收获利益。如果只是运作单一的商超渠道，要获得较多收益的难度则要大很多。当然，综合渠道经销商通常也只能同时运作2～3类渠道，并不存在全渠道型的经销商，这对于经销商的专业化实力和资金能力而言是个不可能完成的任务。从现实情况来看，综合渠道的经销商大都是以兼顾流通渠道和商超渠道为主，而且这类综合渠道的经销商通常都集中在地县级市场，在市场规模更大的省会城市或者发达地级城市则很少，就连上海荣进、大连大雷、昆明逢发这样的大商，也是以商超渠道为核心。

之所以会存在这种分渠道经营的现象，原因主要有以下几点：

### 1. 渠道的专业程度不断提升

每一种渠道都反映着消费需求的变化，当消费需求较为单一的时候，所对应的渠道类型也比较单一，这就像短缺经济时代，渠道主要就是批发市场、农贸市场、副食品商店和杂货店等少数几种类型。而在如今这个物质极大丰富的时代，消费者在不断分层，消费需求也在日益细分化和碎片化，不同的消费者有着各自的需求，相同的消费者也有着多样化的需求，由此也就发展出大卖场、综合超市、标准超市、社区超市、生鲜超市、便利店、电商等多样化的渠道业态。在这个过程中，经销商会发现不同渠道之间的差异很大，所针对的消费需求也在日益变化着，如果仍然像过去那样面对所有的渠道类型，就会面临非常大的挑战。无论是经营的经验、组织的能力还是资金的实力，都难以同时面对多个渠道类型。与其面面俱到，不如聚焦在某类渠道上精耕细作，形成自己的核心竞争力。

### 2. 新渠道不断涌现

当前正处于蓬勃发展的移动互联网时代，在这种大背景下，带有互联网基因的新型渠道竞相涌现，除了传统的平台电商外，还包括社群电商、微商、直播电商、食材直配、外卖平台、无人商店、城市直配及新零售业态（如盒马鲜生）等。这些新渠道针对不同的消费人群和消费需求，并且具有各自的运营特性。对于经销商而言，这都不是靠过去的经验可以应对的，要抓住新渠道带来的商业机会，就需要经销商实施专业化的运作，否则根本无从下手，这使得分渠道运作成为必然。

**3. 渠道运营成本日益增加**

当前的商业运营已经度过了传统的草莽时代，那个时候并不讲究商业规范，更没有社会保障。现在完全不同了，商业运作的规范程度不断提高，公司注册、财务合规、管理规范，同时经营成本也在不断提升，包括租金、薪资水平、社会保障等。在这种状况下，经销商像以前那样什么渠道都运作就很难了，搞不好不仅赚不到钱，可能连本都要赔进去。

**4. 厂家的要求日益提高**

经销商的发展和厂家的要求密切相关，经销商的发展过程就是和厂家的要求相互博弈的过程。实际上，这并非厂家一厢情愿的要求，而是市场竞争的要求。如果厂家不追求持续的增长和发展，必然会被市场淘汰，所以他们对经销商的要求也是逼不得已。如果厂家在竞争中遭遇淘汰，与其合作的经销商也会受到损失。于是，经销商每年都要面对厂家要求增长的压力，这就需要经销商不断强化运营，增加业务人员和车辆，提高渠道覆盖率，强化渠道拓展和服务，以追求对市场份额的更高占有。在这种局面下，经销商只能将精力聚焦在某一两类渠道上，将其做深做透，根本就没有能力再去拓展更多的渠道，否则多而不精，最终也是徒劳。

## 第六节　组织体系松散

从调味品经销商的整体状况来看，其组织体系的构建普遍处于松散状态，实际上这也是中国快消品经销商的典型状态。从几种不同类型的经销商来看，流通渠道型经销商的组织体系最松散，只有少数经营规模较大的经销商具有相对完整的组织架构，而大部分中小型经销商都具有非常简单的组织架构，基本上是由老板和老板娘直接指挥，一般都是老板主外，老板娘主内。如果老板和老板娘都不在家，很多事情便会无法开展；餐饮渠道型经销商的组织体系参差不齐。一般来说，针对大型餐饮渠道的经销商具有相对完整的组织架构，以有效对接餐饮终端的组织体系；针对中小型餐饮渠道的经销商的组织架构就很松散了，和流通渠道型经销商的组织架构差不多；商超渠道型经销商的组织体系是最完善的，因其主要针对的都是大中型连锁零售商，涉及的环节和内容很多，如业务沟通、门店配送、终端管理、促销推广、数据分析、仓库管理、财务管理、行政管理等，简单的组织体系是难以有效应对的。

从上述几种主要类型经销商的组织体系来看，我们可以从中发现一个规律，那就是经销商下级客户的组织体系决定了其组织体系的完善程度。比如流通渠道型经销商，其服务的客户主要是批发商、杂货店、中小超市和餐饮终端。这些渠道商或者终端商的规模都不大，基本上都是以个体户的形态存在，自然谈不上有多复杂的组织体系，与其打交道很简单，只要价格合适就行，没有繁文缛节，经销商也无须采取复杂的组织体系来应对其需求。但是商超渠道型经销商就不同了，其面对的大型零售商有着完善的组织体系和管理体系，职能部门多，专业化程度高，业务流程比较长。更关键的是，主导权都在这些零售商手中，所以经销商要与其进行合作就只能遵守其规则，于是就需要构建与之相匹配的组织体系来高效应对，这就是商超渠道型经销商的公司化运营程度普遍较高的根源。

从实际运作的状况来看，调味品经销商组织体系松散主要表现在以下几个方面：

## 一、缺乏清晰的职能

一个高效的组织体系首先体现在是否具有清晰的职能。所谓清晰，是指这些职能必须单独在组织中体现出来，而不是混杂在一大堆工作中。比如经销商要强化商超渠道拓展，就要构建商超渠道的规划和运营职能。如果要强化产品动销，就要构建产品推广的职能，否则，这些事情不可能做好，也很难充分体现出成效。当前许多调味品经销商的组织职能都是不清晰的，因为组织职能的确定和公司的规划有密切的关系，有什么样的规划就需要相应的职能进行配合，经销商普遍缺乏规划，自然也很难形成清晰的组织职能。

## 二、缺乏专业化部门

有了清晰的职能之后，还需要基于这些职能设置相应的部门，这样才能确保职能的充分发挥，而这也是目前经销商所缺乏的。目前经销商所设立的都是与业务运营直接相关的部门，如业务部门、物流部门、仓储部门、财务部门等，其他的辅助或支持部门则普遍缺乏，如渠道管理、促销推广、销售管理、信息管理、人力资源管理等，这往往会使经销商的核心业务职能受到制约，无法充分发挥出应有的作用。现在经销商普遍对于辅助性部门和支持性部门的构建是非常薄弱的，其中既有经销商缺乏意识的原因，也有难以找到专业化人才的原因。

## 三、职能与岗位错位

大部分经销商缺乏专业的组织构建知识，很多事情要么完全靠自己的认知，要么借鉴同行，所以组织运作中的问题很常见，其中一个就是职能与岗位错位。错位的意思就是有的职能不应该放在某个岗位或部门，如果发生了这样的事情，就会出现这个岗位难以胜任的问题。比如现在很多经销商都是将业务拓展和送货两项职能赋予业务人员，实际上这两项职能在实际工作中很难兼顾，要将货送完就没有足够的时间拓展客户，而要将时间放在拓展客户上就没有办法及时送货，这种矛盾最终会影响经销商的收益；有的经销商将规划职能放在财务部门，实际上财务部门只能从财务数据的角度来制定指标，他们对于市场运作并不了解，这种职能界定往往会使规划脱离市场，并制约业务人员的工作。

## 四、以人定岗

由于许多经销商的运作都是以人设事，有多少人、有什么样的人，就做多少事，所以很多职能都是聚集在一个人身上，谈不上组织化运作。在这种状况下，经销商就会依赖某个人，一旦这个人忙不过来或者出现问题，就会给经销商带来麻烦，在涉及关键业务环节时尤为突出。当然，经销商采取以人定岗也有客观的因素，因为要找到合适的人才并不容易，所以遇到能力较强的人，总是希望将事情都交给他去做。这种心情可以理解，但是在运作中也有适度的问题，一定不能完全以人来替代组织，这种情况是很难控制的。

### 五、业务流程缺失

经销商组织体系松散还有一个突出表现，就是业务流程不规范，甚至没有业务流程，完全是靠老板亲自发号施令，这样的组织效率很低。有的经销商不知道怎样设计业务流程，都是由各个部门或者岗位自行其是，遇到问题就靠争吵来解决，或者通过开会协调。有的经销商规模并不大，但是常常开会，原因就是缺乏清晰高效的业务流程，大家都要通过开会来不断协调。还有的经销商可能因为老板很强势，什么事都由老板一手抓，整个组织没有清晰的业务流程。笔者接触过浙江一家知名的经销商，销售规模上亿元，其老板每天的手机响个不停，据他说，大概每 5 分钟就要接听一次，看起来什么事情都由其掌控，大家只听老板的话，实际上员工都将责任转交给老板，这样的经营反而成效不高。

以上笔者阐述了经销商组织运作松散的问题，但有一点需要说明，组织化对于经销商来说是需要过程的，当经销商规模很小的时候，确实不需要在组织化上下功夫，一定要老板亲力亲为才行。此处笔者阐述的经销商组织化问题，主要针对的是具有一定规模和基础的经销商，无论是品类、渠道还是团队，都有一定的复杂度，此时就需要特别关注组织建设的问题。尤其是现在，竞争非常激烈，市场态势又迅速变化，上游厂家和下游客户的压力很大，作为与厂家共同拓展市场的商业伙伴，如果经销商的组织化程度不高，就很难适应上下游厂商的合作要求，故此一定要进行完善和提升。

## 第七节　上下挤压的“汉堡包”

在整个商业流通的价值链中，经销商处于中间的环节，其上游是制造商厂家，下游则是零售商，在经销商的生意经营过程中，要同时和上下游的商业伙伴进行合作。商业合作实质上是一种生态，各有诉求的利益主体根据各自的条件和资源开展生意，由于各方的经营实力不同，就会造成彼此在合作中的主导性差异。在这种多方力量的来往中，经销商整体上处于上下游共同挤压的状态，上游是厂家，下游则是大型连锁零售商，经销商就像是一个“汉堡包”中间的肉饼，被面包夹在一起，所以经销商承受的压力很大。当然，并非所有的经销商都会承受这样的压力，对于那些经营实力较强的大商来说，他们在很大程度上都能够取得主导地位，厂家和零售商并非都能按照自己的意愿行事，只是能够占据这种地位的经销商数量较少罢了。

总体而言，调味品经销商受到的上下挤压主要包括以下几点：

## 一、销售业绩的压力

在这方面，经销商的压力主要来自厂家。正常情况下，厂家每年对经销商的销售业绩都会要求增长，有的企业幅度小，有的企业幅度大，实力越强的厂家对经销商业绩增长的压力越大。如果经销商无法满足厂家对业绩增长的要求，厂家要么另外设立一家经销商，要么中止合作关系。因此，当经销商在和能为其带来利益的厂家合作时，为了获得持久的合作，就必须接受厂家要求的业绩增长指标。除了厂家，那些大型的连锁零售商也会给经销商带来业绩压力，因为他们也要追求持续增长，即便经销商的业绩无法增长，也不能落后，否则有可能面临产品锁码或者清场的处罚。对于经销商来说，这个压力的挑战是长期存在的，和领先品牌的合作更是如此。笔者常常听到经销商抱怨：市场容量就这么大，年年都要增长，哪里能做得到呢？如果要问经销商有什么不满，相信业绩增长的压力一定是首当其冲。

## 二、产品库存的压力

作为经销商，囤货是必不可少的行为，由此产生的库存便成了极大的挑战，甚至可以说，对库存处理的好坏，决定经销商一年能赚多少钱。经销商的库存压力主要来自厂家或者零售商的要求，比如厂家库存大了，便要求经销商多进货来帮助消化库存，或者旺季来临前为了拦截竞争对手，厂家也会要求经销商囤货，当然也会给予一定的政策支持。而零售商，一般是在搞活动或者旺季来临前为了不断货，便要求经销商提供大量的货源，一旦销售不理想，零售商就会将剩下的货退给经销商，由此便造成大量的库存，所以很多经销商对于销售旺季的到来既渴望又担心。要知道，经销商赚钱主要来源于资金的周转率，如果资金都被库存占据，就意味着这些投资变成了一堆死货，又哪里能够赚钱呢？

## 三、渠道覆盖的压力

这个方面的压力主要来自厂家，和经销商合作的一个重要目的，就是为了拓展更多、更广泛的渠道，这也是销售业绩得以增长的来源。如果经销商不能覆盖与厂家产品相关的渠道，厂家同样会另外开设经销商甚至解除合作关系。对经销商来说，要拓展更多的渠道就意味着要增加投入和风险，投入包括资金、人员、车辆等，而风险就是投入之后无法得到足够的产出，最终减少自己的利润。尽管经销商都知道渠道拓展的重要性，也会根据具体的渠道情况来判断是否投入资源去拓展。有的经销商愿意尝试拓展更多的渠道，自然会得到厂家的认同和一定的支持，但结果也存在不确定性，有的经销商会获得不错的收入，有的则会遭受一定的损失。如果经销商不接受厂家的要求，厂家一定会设立另一家经销商，以此来实现对更多渠道的覆盖。当然，有的经销商也不反对这种做法，因为其已经限定了自己经营的渠道领域，对于其他渠道本来就没有意愿去经营，这种压力也就不存在了。

## 四、资金占用的压力

作为一个中间商，经销商所承受的资金压力确实不小，主要是来自大型零售商的压力。这些零售商对供应商都要求 45 ~90 天的账期，而且合同上约定的账期要在零售商的对账日之前才能得到确认，如果错过了零售商的对账日，就要延迟到下一个对账日才能付款，所以经销商得到资金回款的时间普遍都要长于合同约定的账期。除了大型连锁零售商，大型餐饮终端对于经销商也有账期，虽然不像零售商那样严厉，也会被占用一段时间。经销商对厂家则要支付现款进货，只有少部分经销商能得到账期，而且厂家产品到货还有一段配送时间，这也造成了对经销商资金的占用。这样一来一往，经销商在资金上就要承受较大的压力，如果不幸再遇到下游零售商（含餐饮终端）倒闭，就会带来极大的资金损失。

## 五、费用投入的压力

作为厂家和零售商的合作伙伴，经销商不仅要承担市场拓展的职能，还要承担费用投入的压力。这里的费用投入既包括自身运营的必要费用，也有和厂家共同分担市场投入的费用，比如陈列费、DM 费、促销员工资等。现在中国已经不再拥有人口红利，税收管理和社会保障也愈加规范，物流配送也日渐高涨，这些都会造成经销商用人及经营成本增加，再加上还要配合厂家投入资源运作市场，这些费用确实不是一个小数目。这也是当前不少经销商只愿意经营高毛利产品的原因，由此才能承担众多费用的支出，否则销量再大也没有意义。

看到这里，有的读者可能要问："既然压力这么大，经销商完全可以不合作，为什么非要承受这样的压力呢?"原因很简单，因为经销商能够赚到钱！天下熙熙，皆为利来；天下攘攘，皆为利往。商业合作是求财不求气，只要有钱赚，只要压力不是完全不能承受，经销商仍然会选择和厂家或零售商合作。更何况这种压力并非一成不变，随着经销商自身实力的增强，这种被动局面也能够得到改变。从本质上看，这就是一场实力的对话，压力的大小完全和实力的大小成正比。从另一个角度看，经销商自身必须强大，靠合作方来解压并非根本之道，因为合作方自身也面临着极大的压力。如果他们的压力不大，又何必要转嫁到经销商身上呢？在激烈的竞争中不进则退，进得少也是退，这就是市场经济的规律，既然选择了这一行，就必须接受这样的游戏规则。

# 第二章

# 调味品经销商的出路在于公司化

## 第一节　经销商的未来在哪里

### 一、经销商有未来吗

近几年，有一个观点比较受人关注，那就是：没有中间商赚差价！在这样的观点影响下，再加上近几年电商的快速发展，都让大量的经销商战战兢兢，处于焦虑之中，担心自己的饭碗不保。如果以后厂家都直接在电商平台开设旗舰店，或者是通过社交电商、直播电商来直接面对消费者，经销商的发展空间又在哪里呢？近两三年，以阿里巴巴和京东为首的互联网巨头也开始进入传统的流通领域，瞄准了国内的600万家中小零售终端，分别推出“零售通”和“新通路”业务，依托于其强大的数据平台和供应链，派出大量人员为这些终端小店提供配送业务，这其实就是对传统线下经销商生意的蚕食，经销商又应该如何应对呢？

实际上，经销商的焦虑在刚进入2000年不久就开始了，那时的始作俑者是刚兴起不久的大型连锁零售商，尤其是以国际性的那几家系统为主。为什么经销商会担心呢？因为这些零售商倾向于直接和厂家合作，将经销商从中间环节抛开。如此一来，零售商可以降低进货价，还可以得到厂家更加高效的服务和反馈，所以当时的经销商都在担心这些零售商会完全将自己的生意抢走。

那时出现物流配送商不久，这是在20世纪90年代末由部分厂家发起的“深度分销”所导致的。所谓深度分销，就是缩小经销商的经营区域，基本上都是以本地城市为主，然后在厂商合作中主要承担资金、仓储、物流几项职能，而业务拓展、订单获取、客情维护、促销推广等职能则全部由厂家的销售人员承担。当时大力推行“深度分销”的主要是实力雄厚的国际性或国内大型企业，包括三得利、康师傅、旺旺、可口可乐、华润雪花、加多宝等，推行的结果就是这些厂家的经销商数量迅速裂变增加，销售人员也是如此，比如康师傅的销售人员有 3 万人左右，旺旺的销售人员有 5 万人左右。厂家的这种态势大大削弱了经销商的核心业务职能，所以引起了不少经销商的担忧。记得有一家经营非常不错的江苏食品经销商，与其合作的都是知名的国际性企业和国内知名企业，对笔者就直接表达了对未来发展前途的担心。他告诉笔者，就连康师傅这样的厂家，都在自己的渠道网络体系中开始配送其他品牌的产品（包括后来康师傅和百事可乐及星巴克进行合作，百事可乐和星巴克即饮咖啡都是通过康师傅的渠道网络进行配送，还有蒙牛当时和达能合作，达能也通过蒙牛的渠道网络进行配送，以及 2000 年年初雀巢和可口可乐进行合作，雀巢的产品也是通过可口可乐的渠道网络销售），这不就等于是在抢其他经销商的饭碗吗？该经销商对未来的前途忧心忡忡。

那么，经销商到底有没有未来呢？让我们来看一下这十几年来的演变。早期厂家开始推行深度分销的时候，确实给经销商带来了很大的冲击，但也推动了经销商的进化。发展到现在，经销商的核心业务职能又重新回到手中，厂家也在调整自己的经营模式，深度分销不再受到青睐，除了厂家的销售成本高企之外，还有一个重要的原因就是经销商变强大了。相较于厂家销售人员对市场的拓展，经销商更为高效，因为销售人员从事的只是一份职业，但是对于经销商来说是一辈子的事业，是依靠这门生意来谋生和发展的，其中的动力和付出自然大不相同。所以，当经销商变得更加专业的时候，厂家就愿意赋予他们市场拓展的核心职能。

对于电商的冲击，经销商也在积极应对，出现了一批专门运作电商渠道的经销商，而传统的线下经销商，也通过更广泛的网络覆盖来为消费者提供便利和良好的体验，从而巩固线下渠道的市场地位。现在看来，电商的高速增长已结束，目前整个电商占整个国内商品零售份额的 25% 左右，虽然未来还会进一步提升，但是经销商连同广泛的线下零售终端也能够获得一定的发展。至于阿里巴巴的零售通和京东的新通路业务，虽然已经覆盖了一定数量的城市零售终端，但是目前只能以配送为主，在终端服务上暂时无法和经销商相比，只要经销商能够继续强化这种优势，便能够守住自己的核心市场。

从上述过程可以看到，面对这些外部冲击，经销商并非没有办法应对，关键在于经销商不能弱化自己的核心职能，要强化对市场的掌控力，这是一种综合能力。除了基本的资金、仓储和物流配送外，还包括对市场的洞察、渠道的拓展、终端的服务、客情的维护、产品的推广及社会资源的整合等，这些职能不是厂家或者平台商可以拥有的。

## 二、经销商的未来是物流配送商吗

对于“经销商的未来是物流配送商吗”这个问题，笔者询问过1000名以上的经销商，其中有20%左右的经销商回答“不是”，有15%左右的经销商回答“是”，另外还有65%的经销商保持沉默。这是一个很有趣的试验，就好像是在向所有的成人问“1＋1＝?”一样，大家心里都在想，这么简单的问题还要问，是不是有什么陷阱啊？其实，这恰恰说明了大家对未来认识的不确定性，以及对当前经销商作为物流配送商这种角色在认识上的模糊性。

那么，经销商的未来究竟是不是物流配送商呢？

不是！经销商的未来不是物流配送商，应该是渠道运营商，物流配送只不过是渠道运营过程中的一项重要内容而已。但是，有一点必须指出，经销商的未来不是物流配送商，并不代表经销商就不能成为物流配送商。事实上，现在已经有部分经销商成了物流配送商，在他们的物流平台上，凡是适合的产品都可以配送。物流配送商并不会成为未来发展的主流，也不会被绝大部分厂家选择。原因就在于经销商的核心价值绝不只是一个“搬运工”，有思想的经销商也绝不满足于做一个“搬运工”，他们应该成为名副其实的渠道运营专家。更重要的是，打造经销商专业运营的综合渠道平台才真正符合投入产出最大化的经济规律。

如果经销商将自己定位于物流配送商，实质上将造成厂家资源的浪费。这句话乍一听有点让人摸不着头脑，但是真实的。如果经销商只是物流配送商，所有的渠道运营都由厂家的销售人员承担，而经销商只承担资金、仓储、配送等，会出现什么样的局面呢？假设某个经销商下面有300家A、B类零售网点，经销商的业务人员每天都要向这300家零售网点配送，但由于经销商只负责物流配送，至于这10个厂家的产品在这300家零售网点的品项数量、陈列状况、海报张贴及客情关系等，只能由这10个厂家的销售人员自行负责。于是，这10个厂家的销售人员都将对这300家零售网点进行维护，A企业的销售人员跑一趟，B企业的销售人员跑一趟，C企业的销售人员也跑一趟，D企业的销售人员再跑一趟……如此，10个企业的10名销售人员就分别对这300家零售网点跑了一趟。请仔细想一想，这难道不是浪费吗？如果由经销商对这300家零售网点提供综合的渠道服务，不是跑一趟就够了吗？也许不少经销商都会算计，这些人员费用又不是我出，对我有什么损失呢？没错，如果厂家自愿承担这部分费用，那么确实对经销商而言十分合算，试问又有几个厂家能够真正持续出得起这笔费用？就算在每个地级市出得起，在每个县级城市呢？这其实是不可能的。如果一种交易不能让双方都能获利，这样的合作是无法持续下去的。其实，完全可以由经销商建立一支自己的渠道运营队伍，然后根据总体的人员费用，由各个厂家按销售比例向其提供管理费。如此一来，每个厂家支付的费用少了，而经销商的队伍也有了足够的运作资金，这难道不是两全其美的办法吗？事实上，当许多经销商了解到这种想法时，他们都能够认同。可见，很多厂家都没有向经销商分析这种做法的科学性，于是就陷入了死胡同。

## 三、打造航空港——渠道网络平台必须共享

成为专业化的渠道运营商，才有可能做到高效低成本的分销。

对此，笔者借用航空港的概念加以说明。什么是航空港？航空港就是一种共享的资源运营平台，在每个航空港内都有机场、候机厅、地勤服务、宾馆、餐饮、零售、运输、票务、保险、书店、银行等设施和服务，这些设施和服务都是统一由航空港的管理者提供的。那么，在这个平台上，国内、国外的航空公司都可以此平台为基础，向各自的消费者提供客

运或货运服务，但是各航空公司不用每家都再另外单独设置类似的设施和服务，因为这些资源都由航空港有效地整合了起来，这样也就大大节省了航空公司的运营成本，只需做好本身的内部管理和消费者服务工作就行了。反过来，如果没有统一的航空港，而全部都由航空公司自行投资来建设自己的机场、候机厅、票务中心、地勤服务等设施，恐怕没有一家航空公司能够活下去。

经销商就是这样的航空港，各厂家就相当于航空公司，经销商为各个厂家提供共享的渠道运营平台，并向厂家收取费用或者从产品经销中获得利润，如此才能维持各方利益的平衡。如果经销商只是一个物流配送商，其他核心业务职能完全由厂家来承担，就相当于是由各个厂家来建设航空港的部分平台设施和服务，这自然是不科学的。想想看，厂家要在全国市场实现拓展，通过经销商可能需要 1000 家左右就可以了，自身只需要设立不超过 300 人的销售团队就可以，而自己来拓展，销售人员就不知道要增加到多少了，企业也会产生很高的人工成本和管理费用，这并不是一个合理的选择。

另外，由厂家自己来运作市场，其实在两方面都存在问题：其一，厂家的销售人员在渠道运作方面仍然缺乏足够的专业性，这主要是与经销商的经营能力对比，尽管销售人员的基本素质远远高于经销商，但是他们对市场的感悟力和对市场的操纵能力非常弱，因为他们缺乏经营的背景和思维；其二，厂家自行运作市场的直接后果就是销售队伍的规模迅速膨胀，由此造成团队的固定成本快速上涨，每增加一个销售人员，并不仅仅是增加一笔基本工资这么简单，还要增加众多名目的直接业务费用——差旅费、餐补、手机费、办公费等，以及还要增加为管理庞大的销售队伍而在总部增设的相关岗位和人员——这也是一笔不小的间接固定成本。试想一下，当厂家的销售队伍从不到 100 人膨胀到数百人乃至 1000 余人的时候，将会产生多少人员费用？然而，人员的增加并不能保证让销售额及利润额持续增长。于是，庞大的固定成本就变成侵蚀企业利润的“魔鬼”，还有可能由于销售队伍庞大而带来较大的管理难度，影响企业组织的良性运转。因此，厂家的选择只能在一定程度上解决市场拓展的问题，但是高昂的销售成本和不够专业将难以支持其长期运作这套体系。

经销商的未来应该是综合性的渠道运营商乃至于品牌运营商。这样说不是空口白话，而是有着其背后的经济学法则，那就是效率和成本的平衡。笔者用盈亏平衡的原理来予以说明。

同样操作一个市场，无论是厂家自行运作还是由经销商运作，假设其产生的收益都是一样的——当然厂家和经销商各自的差价空间不同，厂家和经销商的盈亏平衡点将会有巨大的差异。如果厂家自己来拓展一个城市，设定其投入市场的固定费用为150万元，变动费用为50万元，这就意味着该企业达到200万元销售额的时候才能保本，如果销售额低于这个数字就会亏本，一旦长期达不到，厂家就很难持续拓展市场。如果是通过经销商来拓展这个城市，假定同样也能够实现200万元的销售额，其中变动费用同样为50万元，但是其固定费用就不是150万元了，可能就会变成100万元，因为像人员、车辆、仓库、开户等销售费用和管理费用都能够分摊到其所经营的所有厂家中，自然分摊在该厂家产品上的固定费用要远远少于其独立运作市场时的固定费用。也就是说，就经营该厂家的产品而言，经销商只需要产生较小的销售额就可以达到盈亏平衡点。而该厂家只能将费用全部分摊到自己一家上，自然固定成本要远远高于经销商，为了弥补这笔固定费用，厂家只有获得较大的销售额才能达到盈亏平衡点。如此一来，同样是实现200万元的销售额，厂家只能保本，而经销商则可以获得50万元的利润，而其要保本，只需要实现133万元的销售额就可以了。

这就是渠道网络平台的作用，一个航空港上的所有固定费用都可以由所有的航空公司共同来分摊，而无须完全由一家公司独立承担，这样就能大大减轻每家企业的费用负担，既可以做到市场运作的专业性，又能够维持较高的盈利率。因此，经销商相比厂家有着更高效的运营能力，并且可以实现对市场的持续拓展。

要实现高效低成本的市场拓展，就必须推动经销商成为航空港式的渠道网络平台。这里需要提醒一点，这个渠道网络平台绝不是指物流配送平台，而是指综合的渠道运营平台。渠道网络平台最本质的内涵就是对资源的运用，如何对资源进行有效的整合。而对资源进行整合的目的，一是降低厂家的营销费用和运营成本；二是提高厂家的专业化能力，在竞争中取得较大的优势。在渠道平台的基础上，经销商可以专注于渠道拓展、物流配送、订单处理、销售预测、渠道维护、客情关系建设等，而厂家可以在平台上开展策略规划、政策制定、产品组合、促销推广、售后服务、评估督导、销售培训等不同的专业职能，从而与经销商达成一种互补效应。

只有成为专业化的渠道运营商，经销商才能很好地承担渠道航空港的职能，从而为各方实现最大化的价值。如果做不到，就会遭到淘汰，或被其他同行、厂家、电商巨头、供应链企业整合。一旦成为专业化的渠道运营商，经销商就有很好的未来，因为其并非只是从厂家创造的价值中切割出一部分，而是通过对渠道的运营来帮助厂家创造出更多的价值，这才是经销商长期存在的本质。

## 第二节　经销商的出路在于公司化

我们在考虑做一件事情的时候，一定要遵循一个原则：以终为始。也就是说，要先判断未来可能的结果是什么，然后再基于这个结果来衡量一开始应该如何来做。以终为始的内涵就是站在未来看现在，这种意识可以提升我们的格局，使我们认知问题更有远见。因此，当我们判断经销商的未来应该是专业化的渠道运营商后，就要分析从现在开始经销商应该如何做。显然，像传统那样依靠经验、粗放式地经营肯定不行。本书一开始之所以要先分析当前调味品经销商的现状，就是为了搞清楚他们现在离未来究竟有多远。总体来看，调味品经销商整体处于转型的初期，虽然已经有部分大商已经成了专业化的渠道运营商，但是大部分经销商还在陆陆续续的进化之中。多年来，通过和经销商打交道，笔者认为当前这种进化过程还是太慢，如果经销商仍然凭借自身经验缓慢地进步，根本就不能适应这个移动互联网时代的要求。更重要的是，如果经销商进化缓慢，也会拖累整个行业的进步，原因就在于这涉及整个价值链的进化，厂家所创造出来的价值都必须通过经销商才能有效传递到终端和消费者。如果经销商专业化运营水平低下，这条价值链必然会掉链子，最终价值又如何能够实现呢？因此，笔者有一种强烈的感受，必须加速推动调味品经销商的进化，不能再等待他们自身的觉悟，而是要通过外力加以推动。

应该从何入手呢？笔者认为，尽管调味品经销商存在诸多问题，但是根源只有一个，那就是由其传统的个体户机制所导致的。个体户，这是一个带有典型中国时代特色的名称，是计划经济转向市场经济过程中的一个产物，是一种最低层次的经营单位。其特点是以个人及其家庭成员为主，用自有资金和资源独立从事经营活动，其结构最简单、成员最单纯、形式最灵活、成本也最低，同时基础和专业性也最薄弱。在中国市场经济发展的初期，个体户是所有经济形态中最活跃的一个，有力地推动了中国市场经济的发展。但是到了今天，中国已经进入了中等发达国家行列，物质丰富程度和消费结构已经发生了翻天覆地的变化，市场发展和竞争对厂商都提出了更高的要求，只有走专业化、组织化、集约化的发展之路，才符合这个全新时代的需求。虽然目前经销商这个群体还有庞大的数量都属于个体户，但是从未来的趋势看，他们迟早要转型为组织化的经营单位。国外的经销商都发展得非常成熟，都是以贸易公司的形态存在的，而且集中度非常高，与上游厂家和下游零售商之间都有着对等的合作关系，经营实力和专业化水平都很高，在整个价值链中起着非常重要的作用，他们就是中国经销商的明天。因此，调味品经销商要快速进化，最关键的是尽快从个体户转型为商贸公司，这一步将重点发生在已经具有一定经营基础、年销售额在1000万元以上的经销商身上，低于这个规模的经销商，暂时只能以个体户的形态发展，但是其未来的出路无非三个，要么发展为商贸公司，要么关闭，要么被其他公司收购。

从个体户转型为商贸公司（注明：也可以叫物流公司，可以享受税收减免的政策），这是经销商公司化的第一步，但是仅仅成立商贸公司，并不意味着开始了公司化运作，两者之间有着根本不同。应该说，商贸公司是经销商公司化运营的外在形式，从工商注册、法人结构、税务规范等方面具有了必要的基础，这都是必不可少的。但是，这些因素主要表现在硬件方面，而经销商公司化最核心的表现在软件方面，那就是要构建一套系统的组织运作机制和管理体系，这样才能使得商贸公司高效运转。其实叫什么不重要，重要的是有没有真正公司化运营的实质。现在也有不少经销商是以商贸公司的外在形式运作，但其内在仍然缺乏公司化的运作机制，可以说是披着公司“外皮”的个体户。当然，这种局面的形成是有其客观原因的，那就是经销商的基础非常薄弱，光靠他们自己根本就不知道如何构建公司化的运作机制，他们一直以来所做的都是在实践中摸爬滚打，最终以赚钱多少来作为结果。

经销商能够有今天的发展，还是源自厂家的功劳，通过厂家对经销商的不断要求，逼着他们开始进化。在这方面，应该说最早进入中国市场的一批国际性企业便是中国经销商的“黄埔军校”，比如宝洁、可口可乐、雀巢、联合利华等。要知道刚开始经销商们哪里懂得做账，大家只知道一手进一手出，只要进的钱比出的钱多，那就是赚钱了；也不知道如何高效地开展业务，更不知道怎样做报表，进行数据分析。于是，像宝洁那样的外资公司就将办事处办公室直接放到经销商处，手把手地教经销商，后来才知道如何去向终端开展有步骤地拜访、如何制定工作报表、如何向下游客户讲述利润的故事。所以，中国经销商的发展过程就是从个体化转型为公司化的过程，有些行业的经销商已经走到前面了，比如啤酒、饮料、休闲食品等，但是调味品行业的经销商总体非常传统，个体化的比例还远远高于公司化的比例。不过，现在我们已经有了经销商公司化运营的方法，调味品经销商完全可以借鉴，没有必要还按照以前的方式缓慢发展，从而可以大大缩短进程，在短期之内取得更大的进步。

## 第三节　从做贸易到做市场

调味品经销商要从个体化转向公司化，进而从一个传统的批发商转型为专业化的渠道运营商，要理解这个道理并不难，难的是让经销商真正开始行动并且能够持续。因此，要让经销商迈出转型的第一步，还有一个至关重要的问题需要解决，那就是先改变旧有的思维模式。所谓思路决定出路，思维模式的调整，决定了一个人的思想是开阔还是保守，做事的格局是高还是低。如果经销商还停留在过去的思维，要成功转型是根本不可能的。

笔者一直在思考一个问题：为什么经销商的实力普遍不如厂家呢？是因为厂家老板的素质更高吗？不见得，一些经销商老板在下海前也是公务员或者老师。是因为厂家老板更有钱吗？也不是，不少经销商老板比很多厂家的老板有钱。是因为厂家老板更聪明吗？就更不是了，有太多的厂家老板并不懂市场，反而要依靠始终处于一线的经销商。实际上，一些有实力的厂家也是从经销商发展而来的。为什么厂家的实力强过经销商呢？是什么原因造成了厂商出路各不相同呢？答案就是思维模式。厂家的思维普遍都是考虑长线，注重的是品牌和市场发展，而经销商的思维普遍都是考虑短线，注重的是做生意，是眼下赚钱，这就是造成差异的根源。要改变命运的差异，首先就要从改变思维模式做起。

那么，经销商应该改变什么思维模式呢？要改变的就是传统的贸易思维。所谓贸易思维，指的就是单纯买卖关系的短期交易思维。这种思维带有浓厚的机会主义思想，当下有现成赚钱的生意就做，没钱赚就跑，不注重市场基础打造，不注重新产品推广，不注重品牌建设，不注重长期关系，以这种思维做生意是不会长久的。带有贸易思维的经销商就像是一个猎人，猎人的生存方式属于随机性的，每天带杆枪出门打猎，从这个山头到那个山头，尽管也在按照野兽出没的规律追踪着猎物的气息，但每次出门到底能打到多少猎物，所获的猎物是大是小、价值是高是低，根本无法预料。在这种生存状态下，猎人们经常会面临饥一顿、饱一顿的窘境，在巨大的压力下甚至会相互争抢射杀猎物，一年下来的收获很难得到保障。如果经销商都是这样的做法，怎么会有良好的发展呢？同理，就像国内许多做外贸的企业一样，即便他们的外贸生意可以做得很大，但是往往在国内市场的发展非常不理想，原因也是固化的贸易思维，他们将外贸生意中的单纯买卖关系带入国内市场拓展，不注重市场基础建设、售后服务和长期的厂商关系建设，殊不知这种做法根本就得不到市场的认同。所以，这也是目前外贸企业几乎没有同时能在国内市场运作成功的根本原因。

因此，经销商应该从贸易思维转向做市场思维，也就是从短期变为长期，不注重单纯的短期交易，而要建立长期的合作关系，不要靠运气赚钱，而是要靠规划和布局来赚更多的钱。要注重渠道建设、新品推广和品牌打造，要将眼光从当下变为长远。如此一来，经销商就不是“猎人”了，而是变成了“农夫”，他们也许没有“猎人”那样广袤的山地，只有不大的一亩三分地，但是很清楚这些地可以种植什么作物；农夫们的生存方式很有规律，在一年四季的各个节气，对于种植什么农作物都有很好的规划，同时定期浇水施肥，防范恶劣的气候和虫害，经过一番努力之后，就可以确保在合适的季节获得丰收，每亩田地都能有稳定和确定的产量。更关键的是，别看一亩三分地不大，但其最终的收获一定比猎人多。

这个道理从国家建设的角度也能够得到充分的证明，当年蒙古铁骑横扫天下，除了灭亡宋朝外，最远一直打到了多瑙河一带，建立了人类历史上横跨亚欧大陆、版图最大的蒙古帝国。然而，蒙古人并没有将这个帝国守住，元朝最终分崩离析，统治时间只有98年。究其根源，还是蒙古人的游牧文化所决定的，源起于草原的游牧文化推崇的是流动、灵活和冒险，并且富有侵略性，所以蒙古铁骑打起仗来所向披靡。当江山被打下之后，建设国家的主体则是农耕文化，其特性是稳定、平和、持续，推崇自给自足、精耕细作和持续发展，蒙古人虽然建立了庞大的帝国，但是其固有的游牧文化（和狩猎文化相似）并不能适应持续建设国家的需要，再加上其对汉人拥有的领先的农耕文化吸收不足，到后来就逐渐没落下去。反之，同为游牧文化的满族人则完全不同，在灭掉明朝建立起大清帝国之后，迅速地吸收了汉人农耕文化的精髓，大力推崇儒家文化，恢复科举选拔，延续并发展了农耕文化的精髓，从而使大清朝延续了长达276年。

以史为鉴，当今的商业运作也具有同样的规律。做贸易并不能使经销商获得持久发展的能力，这种机会主义式的思维使得经销商不愿推广新品或者核心产品，只是通过库存转移赚钱，并且利用自身平台带货，他们在整个价值链过程中并没有创造什么，更多的只是在二次分配。但是做市场截然不同，经销商承担了更多厂家无法做到的职能，包括推广新品或者核心产品，维护产品的价格体系，填补市场空白，强化市场覆盖，并且配置资源来强化业务运营，这些做法产生的价值远远超越了流通本身，实现了更大的价值创造，所以他们具有更强的生命力。经销商要成为专业化的渠道运营商，就要做“农夫”而不要做“猎人”，要将精力集中在自己所处的市场区域，对市场进行良好的规划，像“农夫”一样对市场进行精耕细作，追求每亩田地产量最大化，而不要像“猎人”一样单兵作战，对生意发展缺乏规划，更不要将眼光放在别人的领地。从表面看，做市场要比做贸易更辛苦，也更艰难，但是事物总是辩证的，更辛苦的背后是更牢固，更艰难的背后是更持久；做市场，使经销商的力量能够渗透到市场的最深处，建立起牢固的渠道网络基础，使产品的成功具有更大的可能性，从而形成了强大的核心竞争力。唯有如此，经销商才不会被轻易淘汰，反而会愈加强大。

**案例：【金销商】市场进击者——上海荣进实业有限公司裘晓民（本文来源于调料家公众号文章：市场进击者——裘晓民，作者王诗咏，略有删减）**

上海荣进实业有限公司董事长裘晓民是品牌运营商的优秀典范。

如今，荣进运营十来个品牌，SKU（库存量单位）共计140多个，包括千禾、东湖、老恒和、双塔、饭扫光、龙溪、小资倍儿等，公司内导购700多人，年营收3亿多元。值得一提的是，他把一个名不见经传的地方区域品牌运营成为华东区域占有率前列且年销量翻好几番，这种功力不是所有经销商都具备的。

（1）销售从“被动”到“主动”，销量从“倒数第一”到“正数第一”

在自主做调味品经销之前，裘晓民曾做过湖北襄阳一家芝麻油厂家的襄樊办事处人员。1996年回到上海之后，裘晓民尝试自己做商贸公司，从最熟悉的芝麻油市场开始做起。

彼时的市场运作比较粗放，往往厂家把货物交给商家就算完成任务了，根本谈不上做市场营销。因为不动销，为了谋生，裘晓民动了很多脑筋，比如尝试去商店里做专柜，做单位、机关、学校渠道或者做工会的团购，甚至还登报纸做广告，大多收效甚微。

在当时的上海市场，消费者只认上海本地和安徽的麻油。实际上，湖北那家芝麻油厂的设备很好，是由对外经贸委从日本日清引进的一条进口生产线，当时在国内已经算比较先进的设备了。

裘晓民看到其他卖酒和卖保健品的经销商在商超搞试吃，裘晓民觉得自己代理的麻油品质好，于是也开始搞试吃。

当时裘晓民公司有个做财务的工作人员，他夫人是华联超市的领班，做促销行业20多年，非常善于和消费者沟通。因此，裘晓民抱着试一试的心态，让这位超市领班在休假时间来做兼职帮忙卖货，那时常规工人一个月的工资是300~400元，裘晓民却给这位兼职一天50元的工资。

没想到，效果出奇得好。一般来说，一天货架要摆放两箱货品，大约

24瓶，经过这位促销员的推荐，一天就能卖出四箱。

销量翻倍让裘晓民看到了希望，因为在以“被动消费”为主的市场环境下，导购员引导的形式颇有成效。导购员给消费者闻一下芝麻油的香味，再介绍芝麻油采用的设备是日本日清的，让消费者感觉品质可以信赖，大部分消费者都会购买。

看到导购员的优势，裘晓民当机立断，决定加大对商超导购的投入。公司招了20多个有营销经验的营业员。事实证明，效果非常明显。

其后，荣进招人就按照这个标准，他们当中很多是柜长，40多岁，销售经验丰富、说话娴熟老到，而且善于把握消费者的心理。因此，当时公司产品在卖场促销的成功率为80%。当时这个团队一天能卖100多瓶麻油，而别的品牌只能卖几瓶。

至今，这批荣进的元老级业务人员的业绩仍然很难被超越，是销售团队学习的榜样。

正是搭建了如此优秀的导购员团队，经过两三年时间，让裘晓民运作的襄樊麻油从市场占有率倒数第一快速反超为市场占有率第一。在2002年，整体销量超越了上海当时的畅销品牌三添、五福等。

在经营芝麻油的过程中，公司积累了第一桶金，而荣进公司以导购员为主的商业模式也由此奠定。

（2）六月鲜“怒放”，依托“三大关系、八大法则”

接下来做六月鲜，便是水到渠成。

“我认为公司的基本功和销售模式是做芝麻油的时候积淀的，那时候就已经把‘任督二脉’打通了。接手六月鲜酱油，起量速度很快。”裘晓民如是说。

2003年，当时欣和给荣进的一款酱油产品命名为味极鲜，价格比较贵。当时市场上同类品牌中，海天卖4元/瓶、李锦记卖5元/瓶，但欣和酱油事业部的营销观念比较超前，让裘晓民在终端的指导零售价卖到7～8元。

在决定接手欣和之前，裘晓民在市场做了摸底调查。

“当时，味极鲜已经形成新兴品类，并且已经是酱油市场营销的大趋势了。”裘晓民认为，“我们测算了，每个KA的高端生抽酱油，一天平均能卖多少钱，以及平均一天能卖多少瓶。经过数据摸底，我们觉得公司是有底气去接单的。目标占据高端酱油的50%应该不成问题。”

与此同时，裘晓民对产品名称提出了疑问。当时已经有很多酱油品牌推出“味极鲜”产品了。他认为，当时的消费者对于“鲜味”概念理解不够到位，并且竞争激烈，那时候的消费者认为正宗的酱油应该是“酿造”的，而鲜味酱油都是复配制剂，是在其中添加了糖和谷氨酸钠等多元配方的。欣和的老板是美籍华人，老家是中国台湾，而中国台湾和日本很早就出现了鲜味酱油。所以，产品理念的确比较超前。

正式接手操盘欣和的产品已经是2004年。为了让产品更好地进入市场，裘晓民建议把“味极鲜”的产品改名为“六月鲜”。裘晓民为产品命名的灵感来源于产品的发酵技术，那时候，日本本酿工艺的酱油制作周期要6个月，但国内晒制酱油只需要3个月。

但欣和厂家并未对此事引起重视，因此裘晓民就自己花钱注册了商标。

既然要做高端，裘晓民大着胆子把“六月鲜”的市场终端价定位于10元/瓶。依据在于——核算了成本，若定价7元，销售费用空间不够。KA费用为十几个点，且公司导购多，导购员有12个点，物流财务等项目占8个点。因此，必须把零售价的价格在出厂价的基础上翻一倍。

当时给公司业务人员，每天的业绩指标为每天卖4瓶。给员工的工资也是高于同行的，一个月工作15天，工资700～800元，有些甚至1000元。为了能尽快提升销售业绩，销售人员经常一起探讨总结，最终根据六月鲜的特点总结了话术，形成了促销的“三大关系及八个方法”。

三大关系：

第一，和门店的主管搞好关系，否则仅凭导购是不够的。

第二，将竞争者的促销员看作“队友”而不是“对手”，个人感情维护好，让别人觉得我们卖得好只是因为产品好。不树敌，也为招揽优秀人才埋伏笔。

第三，团队人员要团结。那时候卖场竞争很激烈，很多导购员内部竞争。比如一个大卖场就两个导购员，要有业绩比拼但不能被挑拨离间。

八个方法：

第一，自信。所有导购员必须自信，自己使用这个产品，如果自己都不认可产品是不可能放心向周边人推荐的。

第二，从近到远、从远到近的方法。导购员从自己开始，一层层往外推广。真的从心底认可之后，向周边亲友开始推荐。以半卖半送的形式，加大试吃推广范围，引发回购。

第三，消费者亲密法。需要亲切地招呼每一位客人，拉近距离。

第四，免费试吃。总结了产品特点，“拌蘸蒸炒烧”。日本龟甲万，曾经在美国市场推广日本酱油，就是在大街上做堆头免费试吃。

第五，对比法则。团队研究龟甲万的做法和卖点，他们是请厨师做菜，引导菜式。我们就准备导购去做对比引导。日本龟甲万的酱油品质是一级，欣和是特级，给消费者感受特级的品质肯定比一级更好。这时再用盲品试吃，感知欣和的酱油更好吃。再对比龟甲万高昂的价格，降低消费者的价格敏感度。

第六，品质量化，直观体现产品优势。传统酱油是健康美味的角度，一般都有防腐剂。六月鲜是国内第一个不含色素防腐剂的产品，那时其他酱油基本上都有使用焦糖色。因此，团队推荐时就强调产品特点——氨基酸态氮高达 1.2，当时酱油产品能达到 1.0 的都很少，酱油的标准特级含量是0.8，大众产品是0.5～0.7。在品质标准量化了之后，大部分人都会信服。

第七，连环介绍法。入门产品，打折优惠，认同之后再推广其他产品。

第八，从众介绍法，培养忠实消费者群体。引导消费者自主在购买过程中向身边的消费者介绍。大促期间，忠实消费者自然会说产品好，消费者介绍比导购员自说自话介绍效果好得多，让产品形成自主传播。

2004 年，海天等品牌都没有使用导购的意识。当时也有业内人士评论荣进的商业模式抬高了市场的销售成本。事实证明，越来越多的调味品企业后来都在终端上导购，因为“当别人上了导购，你不上就卖不动货”。

据了解，荣进当时优秀的促销员，甚至能做到引导消费者购买的成功率达 90% 以上。很快，欣和在华东地区的 KA 市场全面铺开，一跃成为销售前三名的品牌。

2008 年，荣进操盘的六月鲜一年能做到 4000 万～5000 万元的销售额。

2013 年 7 月，上海荣进实业有限公司已经把欣和六月鲜做到年销售额近 1.5 亿元。

（3）千禾“进阶”：三年翻番、五年翻两番

荣进与欣和结束合作之后，很快代理了四川的千禾酱油，迎接了公司发展的第二个小高峰。

但在与千禾“牵手”之前，裘晓民选品比平常更加谨慎。

荣进首先会去评判产品，是不是行业最好的品质？在市场同类产品中尽可能选择头部的产品，还要从理化指标、口感指标和价格指标等多维度进行打分评比，打分之后还会反馈给品牌一些调整意见。比如中国地区口感差异较大，四川或者湖南就偏爱辣，华东就很重视鲜味等。裘晓民认为，只有让产品根据区域口味喜好做适度的调整，自己才能有自信销售好该产品。

而看好千禾，其中最吸引裘晓民的一个卖点在于产品是“零添加”。因为他认为大健康一定是大势所趋。

为了了解产品，裘晓民数次到千禾总部，甚至还带上专业的营养专家帮忙做测评。时任千禾全国营销总监一度戏称：“是不是间谍啊？卖个产品要了解这么细致啊?”

最终选定产品之后，剩下的就是不遗余力地推广。裘晓民认为，对于调味品来说，操作一个新品牌的前几年都是贴钱的，大多数是规模大了以后盈利。在这个过程中，经销商选择的产品品质很重要。如果产品好，复购率就会好。

“但在推广的时候很费劲，做市场的早期投入是一次性的。比如公司刚开始操作千禾，我给员工的奖金激励政策很高，单是黄金小金珠都奖励出去了四五千克。”裘晓民如是说。

由于荣进选品谨慎、眼光独到、投入有魄力，回报也很明显。

最终，荣进操盘千禾达成了“三年翻番、五年翻两番”的好成绩。目前，在酱油类产品中，华东整体市场份额最大的是海天，而上海市场份额最大的则是六月鲜。

2019 年荣进运作千禾的年营收高达 1.5 亿元，2020 年将目标定为增长 30%，争取实现近 2 亿元。

裘晓民与他的荣进在多年的市场大潮中持续保持奋勇前行的状态，已然令业内信服：制造爆款是一种能力，而能持续制造爆款则是一种更高阶的能力。拥有这种能力的荣进，相信更有底气在未来激烈的市场竞争中再创奇迹，获得更大的发展空间。

# 第三章

# 公司化法则一：明规划

## 第一节　做规划的意义

### 一、无方向，无出路

目前的经营环境和以前有非常大的区别，消费结构已属于全新的一代，渠道业态的变化又令人眼花缭乱，竞争环境同样非常激烈，不少调味品经销商感觉手足无措，不知道未来究竟该向什么方向发展。长久以来，经销商由于基础薄弱，对于自身的经营始终缺乏清晰的规划。笔者通过和诸多经销商沟通，发现他们普遍对未来的发展方向困惑。这在过去没有问题，但现在已经不是当初单纯赚钱谋生的时代了，要在市场中占有一席之地，并且还要获得一定的竞争优势，就不得不将未来该如何走考虑清楚。

总的来说，调味品经销商对于以下方面还缺乏清晰的认知：

**1. 做大还是做强**

大，意味着规模大（包括销量和市场份额）；而强，意味着在某一方面具有核心竞争力。追求大还是强，决定着经销商的不同思路和经营模式。做大就是追求规模导向，需要经销商拥有较强的资金实力和渠道网络，并且要采取以低价销售为主的模式，每件产品的毛利不高，最终是以总量来获取利润；而做强就是追求特色，在某一方面能够形成专业化优势，并且采取以中高价销售为主的模式，每件产品的毛利较高。在现实环境中，大和强的经销商都存在，问题是还有大量的经销商并没有深入思考过这两种发展取向，只是想着做生意赚钱，一旦面对愈加复杂的商业环境，就会产生困惑。

**2. 聚焦还是扩张**

作为生意人，经销商的本能就是什么能赚钱就做什么，但是这并不意味着经销商能够赚很多钱，经销商应该做什么样的业务才能获取更多的利益呢？有的经销商不但经营调味品，还经营粮油产品或者休闲食品；有的经销商不但经营其他品牌的产品，还推出自己的品牌，甚至还自建工厂，成为工贸一体化的经营实体；有的经销商不但经营商贸生意，还直接开设零售店，从流通业进入零售业；还有的经销商不但经营产品，而且涉足投资担保等领域，也确实有部分经销商多年来经营产品所赚的钱远远不如买几套房子赚的钱多。那么，经销商到底应该从事哪些领域的业务呢？是聚焦在某个领域，还是扩张到多个业务领域呢？很多经销商对此也非常困惑。

**3. 做少还是做多**

经销商作为一个商贸实体，其本质就是靠经销多个不同的品牌和产品来获取利益，每个经销商都会同时经销数十个乃至数百个产品。那么在实践中就会出现这样的问题，到底要经销多少个产品最有利呢？直观的感受是，产品越多销量就越大，赚的钱也越多，但是也有不少经销商会发现，当他经销的产品超过一定的数量时，其所赚的钱并不会越来越多，反而会减少。他会发现产品的不断增加并不能保证整体起作用，有的产品会互相争抢资源，有的产品甚至相互冲突，而且面对众多的产品也没有足够的精力进行管理。于是，又开始削减产品。所以，经销产品到底是少一点好还是多一点好，很多经销商对此也有困惑。

**4. 粗放还是精细**

经销商的发展存在不同阶段，粗放和精细就是在不同阶段的体现。所谓粗放，是指经销商不需要在经营中过于注重过程是否完善，不需要体系和管理，只要能够达成目标和增长就行了；所谓精细，指的就是经销商在经营过程中要将事情做扎实、做深入，要建立起较为完善的体系，要制定规范的管理制度。当前的调味品经销商大部分都是粗放的，少部分具有较强实力的可以做得比较精细，但重要的是，经销商的经营无论是粗放还是精细，都应该对此进行主动的规划，而不是被动的形成。现实状况则是经销商普遍都不能把握这种节奏，不知道应该在什么阶段可以粗放，发展到了什么阶段就要精细，这样就很难有意识地推动公司良好地发展。

### 5. 销量还是毛利

这个问题和前述“做大还是做强”有一定的重合，但不完全一样，“大”和“强”还有更加丰富的内涵。追求销量，指的就是经销商整体销量要大，要做到这一点，通常需要不断增加产品种类，降低价格和毛利，从而增加客户数量和进货量；而追求毛利，则是指经销商经营的产品毛利要高。换言之，价格相对较高，有了较高的毛利，就能够支撑经销商较大的费用支出，至于销量能否做大，并不是经销商追求的。追求销量还是毛利实际上是一个相对的概念，销量能够做大的，毛利也未必就不高，而毛利高的，销量也未必就不大。只是现实中的经销商大多只能偏向于某一个方面，要么销量大，要么毛利高。追求销量还是毛利，既能反映经销商的经营模式，也能反映经销商的经营理念。现在还有不少经销商对此缺乏清晰的认知，许多都是被动的，是在经营中遇到了问题被迫转变，而不是主动根据内外部状况来进行规划，这也是经销商存在困惑的地方。

### 6. 本地还是跨区域

大部分的经销商都是基于本地市场开展经营的，也有少部分经销商是跨区域经营。如果只是在本地拓展业务，经销商只需要有一套机构就可以了，而要跨区域实施经营，就涉及一套区域分支机构的建立。这个问题和经销商的经营规模有关，也和发展阶段有关，虽然目前这并非主要问题，但从未来的角度看，对于大部分只在本地开展经营的经销商来说，这个问题将会上升到非常关键的战略层面，因为实力强大的优秀经销商可以通过跨区域发展来挤占其他本土型经销商的市场。现在的一些大商，如上海荣进、上海美宝、哈尔滨德盛干调、郑州阳明、昆明逢发等，都有实施跨区域拓展，幅度甚至跨越多个省。试想一下，如果其他区域的经销商不求进步，必定会被这些大商淘汰。所以，对那些具有前瞻眼光的经销商来说，跨区域发展与否将是其必须提前考虑和布局的重大决策。

**7. 单干还是联盟**

曾经有好几个经销商都问我："'抱团取暖'是不是经销商未来的方向和出路?"这个问题主要针对的就是在与厂商合作中如何转换被动局面，同时也涉及如何与一些新型的企业通过合作来谋求更多的增长机会。调味品行业中一直都存在这种抱团现象。早在2003年，广州就出现了由全国47家商贸公司联合组建的经销商联盟——百龙商贸公司，后来则有郑州阳明商贸组建的河南调味品商会，以及全国知名供应链企业怡亚通对经销商进行并购，还有近几年大连大雷商贸构建的中调品牌联盟，华宝集团旗下的餐饮供应链平台味之家与调味品经销商开展的配送合作。那么，到底是采取这样的联盟模式，还是经销商靠自身的力量单打独斗呢？从实际状况来看，这些联盟中有成功也有失败，应该如何判断能否合作呢？这也是不少经销商关心的问题。

**8. 跟随还是差异**

所谓跟随，就是经销商参照其他商家的经营模式开展业务，包括产品选择、渠道结构、价格策略、销售模式、组织架构等，都是跟随模仿，也可以说是随大溜；所谓差异，就是在上述几个方面采取与同行不同的模式来开展业务，从而形成错位竞争，如你低价、我高价，你坐商、我行商，你靠政策、我靠服务等。这两个方向既反映了经销商的经营思路，又反映了经营模式，这都是需要经销商仔细思考的。而现实状况并非如此，不少经销商并不清楚应该如何设计自身的经营模式，什么情况下可以跟随，什么情况下则需要差异化，这些都必须进行清晰的规划。

**9. 稳定还是创新**

这两个因素涉及经销商的经营思路，也和外部市场环境和竞争态势有关。稳定，意味着经销商在经营过程中相对保守，所有的经营行为都要能产生确定的成果，一切以确保当前利益为核心；而创新，意味着经销商在经营过程中会大胆尝试，勇于接受新鲜事物，敢于冒风险，并且承受不确定性所带来的一定损失。经销商到底应该追求稳定还是追求创新，这不仅仅是由经销商的思路决定的，很多时候稳定和创新与否和外部环境有着密切关系，面对当前变化迅速的市场环境，经销商应该如何选择呢？这也是需要明确的。

经销商现在面临的环境及发展阶段和以前完全不同，整个中国快速发展的红利时代已经过去，未来将在整体结构上发生深层次的变化。因此，对于未来发展方向的规划，将成为现在决定经销商能否在未来实现持续发展的关键。

## 二、做正确的事比正确地做事更重要

从笔者对调味品经销商的研究来看，许多人的经营成效都不理想，虽然每天都在忙忙碌碌，看起来做的事情很多，但真正有价值的收获并不多。实际上，做没做事情是一回事儿，而有没有把事情做对又是另一回事儿，做了事情但是没做对，结果就是事倍功半，反之才能事半功倍。

据笔者调查分析，调味品经销商拓展市场普遍存在的主要问题是：区域市场难以渗透，重点区域的示范效应未能凸现；未能有效整合分销商；真正有效的 SKU 不多，产品价格体系不合理或缺乏管控；渠道结构单一，渠道运作粗放，未能形成有效的渠道组合；铺货过程中缺乏有效的推广配合；终端陈列散乱，缺乏终端运营规划；促销手段单一，缺乏整体性和持续性，终端促销未能有效连接渠道促销……这些问题的产生，原因并不在于经销商没有用功，而是其用功的方向有问题，这都与其缺乏系统的策略规划有关。经销商往往习惯了按照惯例和经验来开展经营，但是对于如何才能实现有效增长，并没有非常明确的规划。比如市场的机会有哪些，能够增长的空间有多大，实现增长的途径是什么，用什么样的模式去匹配，有怎样的资源配置，如何保障执行到位，等等。因此，经销商的市场表现往往呈现出一种自然发展的状态，在运作中缺乏对各项工作的有效整合，造成最终的销售成效不佳。

不少经销商都不重视规划，一方面认为自己做生意这么多年，对当地市场都已经非常熟悉了，不需要规划也知道应该怎样做；另一方面认为市场瞬息万变，计划不如变化快，再怎么规划也没有用，还不如不要做规划。实际上，这种观念是对规划的莫大误解！管理学大师德鲁克对规划有着极其深刻的阐述：“（战略）规划不是预测，它并不想掌握未来，任何想要掌握未来的企图都是愚蠢的，未来是不可预测的，如果试图预测未来，就只能使我们怀疑自己目前正在做的事情。……（战略）规划并不涉及未来决策，它所涉及的只是当前决策的未来性，决策只存在于当前，决策者所面临的问题，不是他所在的组织明天应该做什么，而是我们今天必须为不确定的未来做些什么准备工作。”德鲁克的思想令人深思，太多的人都将规划理解为一种预测，都期望着规划必定能够变为现实，如果规划难以实现就干脆不要规划，这种误解只会令自己陷入被动的局面。规划的本质是一种分析过程，正是因为未来存在不确定性，我们才需要通过规划来有效应对这种不确定性，通过对各种要素的综合分析来判断趋势并提出对策，而不是被动等待这种不确定性的发生。

规划，意味着调味品经销商将从以前的机会驱动型转向战略驱动型。传统的经销商没有规划，都是靠自己的经验来运作，但是经验只代表过去而不代表未来。现在移动互联网时代变化很快，你怎么可能用过去的经验指导未来的运作呢？一定是不可能的。因此，经销商需要规划一套商业逻辑，通过分析市场来搞清楚未来三五年要怎么做。经销商以前都习惯了靠政策驱动，觉得有销售指标，有费用率，有销售政策，这样就行了。至于市场上营销的运作过程，从产品组合到渠道模式再到费用管控等，都是碎片化的，在经营过程中没有围绕着核心战略目标形成高效的路径。为什么一个产品不好卖？很多经销商可能会认为这个产品的知名度不高或者价格太高，才使得产品不好卖。其实这不是本质，而是因为经销商本身没有透彻地理解市场，缺乏系统的规划。比如很多经销商只重视库存，库存占比大，资金周转率低，却忽略了进销存管理。做好进销存管理的前提是品类管理，如果品类没有做好，进销存是不可能做好的，没有产品规划何来进销存管控，归根结底要回到整个公司的经营规划，其中产品规划就是核心，还包括渠道的规划、渠道模式的设计，这些都是关键。

所以，经销商应该认识到，规划的意义在于梳理出能推动持续增长而应该做的事，只有先确定了这些关键事项，才能确保经销商接下来的路不走偏。笔者始终都在向经销商强调，做正确的事一定比正确地做事更重要，正确的事总是和战略关联在一起，而正确地做事则和方法、步骤关联在一起，如果没有前者这个大前提，后者无论如何都不可能产生价值。

## 三、规划是找到引爆市场的按钮

笔者曾经询问过多个经销商："如何制定区域市场的拓展策略?"得到的答案十有八九都是："找个好的产品，把货铺满渠道，做好产品陈列，在终端开展导购，再进行消费者促销。"各位请想一想，这种说法能称为规划吗？不能。这只是步骤，是经销商都必须经历的工作步骤，问题就出在这里。铺货、陈列、买堆、导购、试用、特价，这就是众多经销商所熟知的工作步骤，但是当经销商把步骤当成规划来思考就陷入了一个误区。他们自以为有规划，其实只是在按固定的步骤行事，所谓的规划始终都是模模糊糊的，正因为如此，他们最终发现该做的事都做了，可业绩就是完不成，也找不到有效的方法来改进。这就是众多经销商的困惑。

追根溯源，他们其实并没有规划，一个优秀的经销商应该是有思想的人，他要真正用规划来开展工作。其实，策略性的规划并不难，只要按顺序回答好几个"为什么"，一套市场拓展的规划就会自然生成，这无异于找到了引爆市场的按钮。

### 1. 你对市场了解多少

市场拓展的规划本质上就是策略，而规划则取决于对市场了解的深度，取决于对市场的洞察力。现在的问题在于，很少有经销商能够清晰地将区域市场的消费特性、行业趋势、竞争态势、渠道结构系统地描述出来。正因为如此，经销商往往对于整个市场的机会点和增长点把握不清，自然难以制定出一份客观、可行的整体市场拓展策略规划。

如何才能充分了解区域市场呢？至少要包含：区域GDP增长率、居民人均工资收入水平、消费结构、区域特性、流通结构、行业趋势、竞争态势、主流产品、渠道构成、价格水平、促销方式、拓展方式等。对于这些重要的信息，有的可以通过二手资料（如统计年鉴）获得，比如区域GDP增长率、职工人均工资收入水平；有的则可以通过业内人士获得，比如行业趋势、竞争态势等；有的可以通过亲身观察获得，比如产品结构、价格水平、铺货率等；还有的可以通过消费者访谈获得，比如消费结构、消费态度、消费行为等。这些方式其实并不复杂，只是需要用心、用脚而已。经销商一定要养成系统的思维方式，同时要舍得下功夫沉入市场，如此方能获得大量充分的信息和数据，对区域市场也就了解了。

**2. 你的目标是什么**

目标，是人人都懂得讲却很难做到的东西。现在，不少经销商所谓的目标其实都是“假目标”，是一种数字游戏而已。这些目标并非自下而上所得，他们的形成缺乏充分、客观、具体的依据，到最后仅仅是老板一厢情愿的梦想罢了。当销售人员对老板下达的销售目标已经失去了发言权，只能按照要求执行，他们又不了解目标制定的依据，事实上，这种没有得到认同的目标无法充分发挥作用。

另外，在制定目标上还犯了一个错误就是：走极端！有的经销商是一个月一个月地向销售人员下达销售目标，其后果就是销售人员的眼光顶多只能看到下个月那么远，而且会形成过于追逐短期效果的心态，市场拓展容易陷入浮躁的局面；有一些经销商只确定一个年度目标，中间过程如何任由销售人员发挥，由于目标拖得时间过长，其后果是销售人员往往淡忘了最终目标是什么，此时目标已经失去了应有的引导和激励作用，一旦未达成目标，经销商连及时调整的机会都没有了。

经销商必须对身处的区域市场有清晰的认识，通过对市场态势的把握和对自身核心能力的判断，确定出最真实的年度销售目标。同时，经销商还必须形成一套阶段性的目标体系，通过较长期的目标来明确方向，通过较短期的目标来指导行动，从而既有远见又兼顾眼前。实质上，目标只是一种工具，经销商不能将其作为目的，否则会失去制定目标的意义。

**3. 你的机会点（增长点）在哪里**

说起来，明确市场的机会点（增长点）在哪里好像很容易，其实不然。其中的关键在于经销商能否具有足够的洞察力。也就是说，这要建立在深入调查了解区域市场的基础上，对机会点（增长点）的确定要有具体的依据，包括数据或信息，而不能只是感性地判断。总体而言，对机会点（增长点）的分析可以采取一种矩阵式的组合方式，比如产品和渠道的组合，经销商可以通过分析现有产品在现有渠道有哪些机会，在新渠道又有哪些机会，新产品在现有渠道有哪些机会，在新渠道又有哪些机会，从而挖掘出区域市场中潜在的机会点（增长点）。

在这里，经销商可以运用 SWOT 来进行分析，要求对于每一个可能的机会点（增长点），都要在消费结构、区域特性、流通结构、行业趋势、竞争态势、主流产品、渠道构成、价格水平、促销方式、拓展方式等方面拿出具体的依据，这样才是真正的机会，千万不要自己忽悠自己。

**4. 这些机会点（增长点）可以为你带来多大的贡献**

同时，经销商还必须清晰地判断出每一个机会点（增长点）到底可以为销售业绩带来多大的贡献？换句话说，只要抓住某个机会，销售业绩就可以增长多少比例或者额度。为什么要这样？其一，必须让经销商对每一个机会都言之有据，唯有如此，才有可能挖掘出真正的机会点（增长点），凡是不能测算出一个具体数值的机会，往往只是一个美丽的泡沫而已；其二，一旦有了经过具体分析而来的数据，就可以清晰地进行判断这个机会值不值得抓住，投入的资源是否有效；其三，这些机会点（增长点）可以明确地进行分解，也可以据此有效地配置相应的资源。这样，经销商的每一个行动都有足够的支持点，这将大大提升区域市场拓展的成效。

因此，这就要求经销商要具备足够的分析能力，能够判断出铺货率提高多少就可以带来多大的销售增长，掌控多少个特殊陈列位置就能够带来多大的销售增长，增加多少个条码就可以带来多大的销售增长，进入新渠道又可以带来多大的销售增长，这些机会最终都要用数字来表示，越确切，就越有可能实现。

**5. 你有多少途径来抓住机会点（增长点）**

在确定了机会点（增长点）所能带来的贡献额度后，并不意味着这些机会就能够被抓住，经销商还必须确定要抓住这些机会点（增长点）到底有哪些可行的途径？否则，再好的机会也只是空想。所谓的途径，在这里指的是方式，还并非具体的行动方案，经销商必须明确自己可以运用哪些方式来达成目的。

在这个环节，经销商的思路要清晰，对每条可能抓住机会点（增长点）的途径都要了如指掌，比如要提高终端铺货率有哪些途径，开发新渠道有哪些途径，进入新区域有哪些途径，提高单店销量有哪些途径，等等。需要说明的是，在明确各条途径之时，必须遵循一个原则，即每一条途径都是可做到的，如果某条途径很难做到，那么它就不能作为抓住机会的有效途径。因此，经销商必须充分了解内外部各种因素，才能提炼出真正可行的途径。

**6. 你有多少资源可以使用**

前面的分析暂时都没有考虑资源的限制，主要还是从市场本身的角度出发，其目的在于避免让经销商在前期受到较大的思维局限，先敞开了思路去想，然后再考虑有多少资源可以使用。所以，当可行的途径都已明确之后，就到了必须考虑资源条件的时候了。如果资源不允许，那么再回头重新修正途径。

一般而言，经销商在确定市场拓展的资源额度时，通常的方式就是核定费用率。经销商要根据销售目标规划来测算出可能的回款，然后再乘以规划的费用率，就可以得出可以使用的资源额度了。另外，对于不适合纳入费用率的一次性固定费用投入（比如进入大型商超的条码费），可以按2～3年进行分摊。

**7. 你打算采取什么行动方案**

当资源额度基本明确后，经销商就该把实现机会的各条可行途径都转化为具体的行动方案。此时，行动方案将作为最终的执行标准和衡量依据。作为一个行动方案，其特点就是必须具体，要把行动的每一个细节都确定下来，主要包含：做什么、谁来做、对谁做、何时做、何地做、如何做、达成何种目的等要素。这样的行动方案才具有实战意义。

在如何做这个环节，经销商一定要交代清楚做一件事必须遵循的职责、步骤/程序、要求、标准、规范、制度、流程、方法、技巧、重点及难点等，这才是行动成功的保障。现实中很少有经销商能制定非常细致的行动方案，往往只是一些粗略的条条框框，这对行动的执行效果有很大影响；要使方案最终落实执行到位，就必须确保每个团队成员都能准确理解行动方案的每一个细节，这就是行动方案的价值。如果方案做得不细致，实际的执行必将大打折扣。

需要强调的是，现实中常常见到经销商的行动方案要么是临时应急，要么是零敲碎打，短视而浮躁，完全没有体现出策略性和整体性，实际效果难以令人满意。因此，行动方案的制定必须有阶段性和整体性，要和市场拓展的周期和阶段性目标相结合，放在一定的时间段里来综合考虑。

**8. 你将如何分配资源**

行动方案在每一个环节的执行都需要有相应的资源来提供保障，因此，经销商在方案确定后，还必须对可支配的整体资源进行合理分配。其实资源分配并不复杂，只需要遵循 20/80 原则就行了，其核心思想就是“聚焦”。在实际的操作过程中，经销商只需要将行动方案中每一个环节所需要的资源核算清楚就行了。其实，在行动方案的制定过程中，都应该考虑每一项行动的轻重缓急，所以最终的资源分配都有据可循。为了便于分析，经销商还应该按不同的类别对所有的资源项目进行归纳，特别是要把固定费用、变动费用都分析清楚，从而可以方便地衡量每一项费用的实际效用。

**9. 你将如何保障方案实施的成效**

经营的关键在于细节，为了确保行动成功，经销商还必须为行动方案的执行设定保障措施，对执行过程中的关键环节进行动态掌控。一方面及时了解信息以评估成效；另一方面及时进行调整。为此，经销商必须把握好以下几个事项：

（1）为行动的每一个事项设定责任人，确保人人有事做，事事有人做。

（2）将整个行动方案转化为一张进度表（即甘特图），动态反映每个事项的完成状况。

（3）建立定期的信息反馈制度，同时在日常工作中频繁沟通，确保信息通畅。

（4）制定行动考核方案，将行动成效与相应经销商的业绩考核挂钩，将责权利落到实处。

由此可见，经销商除了制定策略规划外，还必须对整个运作过程进行管控，这样才能形成一整套切实可行的保障体系，最终取得成功。

## 第二节　避免规划的误区

对于规划，经销商普遍都缺乏认知，存在极大的误区，这也造成其没有充分发挥出规划的价值。在他们的眼中，规划就是一些方向和目标，很“虚”，并没有特别的价值。对此，笔者认为一定要针对经销商正本清源，令其真正理解规划的内涵和价值。

规划不是目标。很多经销商都会将规划误认为是目标，有了销售目标就有了规划，这是一个典型的误解。道理很简单，因为目标不会自己实现，难道说我想成为行业第一就真能成为第一吗？我想销售额10亿元就能真的是10亿元吗？不少经销商老板会说："我只要一个目标和结果，如何实现不管，这是销售人员需要思考的问题，否则要他们干啥？"做经销商哪有这样简单？如果行，人人都可以成为经销商了。目标不是规划，目标的作用在于激励团队而不是指导行为，这是有本质差别的。

规划不是构想。还有不少经销商会将构想当作规划，比如我们要进入中心城市，要对区域进行精耕细作，要加大力度拓展现代渠道，要强化终端陈列，要推出中高档产品，等等。实际上，这些构想都无法构成规划，因为构想只是一种愿望，而愿望不会自己实现。看起来这些愿望比较明确，但这些愿望最多只是一个方向，表面上似乎具体了，到实际操作的时候就会发现，其实什么东西都没有。

规划是途径。实际上，规划根本就不应是空洞的，任何目标、构想或愿望实际上都不是规划，规划必须是具体的、可操作的。规划其实就是一种途径，是如何去实现目标或构想的一种现实途径，就像中国当年的实现四个现代化，那只是一个宏伟的目标，并非规划，而分别在工业、农业、军事和科技上的具体措施才是规划。通过对如何实现目标或构想的途径进行分析、组合和选择，就形成了适合经销商自身的具体规划。通过这个规划，就能清晰地指导和规范整个团队去实施和执行，因此才能使整个团队的行为产生合力。

规划是方法体系。要是规划真正具有指导整体团队行为的作用，就要使规划形成一套完整的方法体系。在这个方法体系中，对整个经销商运营的各项要素都要进行系统的组合，并通过组合形成不同的实施方法。比如要实施区域市场的精耕细作，就要在规划中体现，对区域市场要进行怎样的分类？哪些区域市场适合精耕细作，而哪些区域不适合？要进行精耕细作究竟要采用哪种模式，是深度分销还是分销联合？更重要的是，当经销商的规划出来后，还需要根据规划针对资源配置进行具体规划，否则缺乏资源的规划只是"纸上谈兵"。规划并非想象中很虚的东西，其实规划是非常实在的体系，唯有在规划上做“实”了，方能达到目标和构想上的“虚”。

另外，根据笔者对经销商的深入研究，还发现经销商在制定规划时普遍存在以下缺陷：

（1）缺乏专业性。规划的专业性体现在专业的部门、职能、人员和流程，但是很多经销商往往都是由老板根据自己的经验和认识来做规划，这种做法的成功取决于老板对市场的了解程度、判断能力及必备的专业素质，风险很大，成败集于一人。

（2）成为空架子。很多经销商的规划仅仅是走形式，制定出来并不是为了真正地执行，只是表现经销商做了这方面的事，在实际工作中要么缺乏操作性，要么随意变动，要么按照经验行事，制定出来的规划根本不起作用。

（3）数据不准确。规划作用不大的一个重要表现就是缺乏数据支持，一种是具体的数字，另一种则是发生的现象，经销商做规划时对这两方面的信息往往了解不精确、分析不准确，从而造成规划对实际工作的指导意义不大。

（4）缺乏策略性。很多经销商制定的规划只是着重具体的营销推广战术，对整体的营销策略思路不明确，市场的整体定位不清晰，造成实际工作中存在营销推广方面的严重问题，没有做正确的事。

（5）缺乏系统性。就是整个规划缺乏整合，各个部分各自为战，没有在整体的营销策略思路和目标下做事，对经营活动的轻重缓急把握不准，实际工作中经常发生冲突，资源利用不合理，对突发事件也无法有效应对。

以上问题使经销商的规划无法真正产生有效的指导作用，反而被有的经销商认为规划没用，其实是经销商自身不得其法罢了。

## 第三节　做好规划的基础是系统分析

### 一、规划，从洞察需求开始

看到产品本身是容易的，但要看到消费者需求很难。

调味品经销商要制定出行之有效的策略规划，就必须从洞察需求开始。当一个人在说自己的产品是好产品时，并不意味着他真的理解了消费者。当你在说自家食醋品质很好的时候，可能你并不知道消费者买醋到底是为了解决什么问题，就像早期大家都在做酱油，但是直到广东酱油横扫全国的时候，大家才知道消费者用老抽主要是用来上色，而生抽是用来调鲜的。消费者购买火锅底料是干什么的？可能你会说这不明摆着的吗，吃火锅的呀！但是，有不少消费者是用火锅底料来炒菜的！

首先，要明确是哪些消费者的需求。

一款调味品，可以卖给家庭主妇，也可以卖给白领，还可以卖给餐饮店。那么你想卖给谁？如果你说都可以，是不是太贪心了？关键是消费者会买你的账吗？不同消费者的需求是不同的，要用一个产品去满足所有人的需求是不可能的。即便强大如可口可乐，也要针对怕胖人群推出无糖无热量的零度可口可乐和健怡可口可乐。选择消费者也就是选择业务领域，选择错了，再努力也没有用。现在食盐改革已开始了一段时间，一些食盐企业也表现出了对品牌的重视，纷纷针对家庭消费者推出品种丰富、包装漂亮的全新产品，看起来似乎焕然一新，仿佛食盐的春天就要来了。可是，这种做法完全跑偏了，家庭消费者现在已经不是食盐的核心群体了。一方面，更多复合化的品类已经对食盐产生了替代性，比如酱油、调味酱、下饭菜等，无论是烹饪还是佐餐，消费者用了这些品类后完全可以少用盐甚至不用盐；另一方面，当前的趋势是减盐化。在这种健康潮流之下，食盐又如何让消费者不断增加用盐量呢？所以，家庭消费者并不是食盐企业的最佳选择，而是工业客户和餐饮店，这些才是食盐的主流消费群体。

其次，是消费者的哪些需求。

选定目标消费者后，还要进一步考虑需要满足他的哪些需求。同一个消费者可以有多种需求，要让一个产品去满足所有需求，这是不可能的任务。同一种品类的产品看起来都一样，但是消费者在不同场景或用途下对其的认知是完全不同的，这体现出的就是消费者的不同需求。这个时候，经销商必须对不同的需求做出选择，选择消费者的需求也是选择业务领域，正确的选择将使经销商有机会发掘蓝海市场。比如炼乳，如果消费者将其用水进行冲调，便可以调制成一杯牛奶，那么这种需求就是营养需求；如果消费者用馒头来蘸炼乳，或者将炼乳涂抹在面包上，这就是一种佐餐需求；如果消费者将炼乳加入冰沙或者红茶中，那么这就是甜品或者饮料的原料需求。所以，同一种产品形态，其体现在不同需求中的市场空间天差地别，不仅如此，其商业模式也截然不同。只会做产品而不懂需求的经销商面临这种情况就不知道怎么办了。同样的产品，为什么会有如此大的销售差异呢？这就是需求效应在发生作用，不懂这个规律，就算把头发扯得一根不剩也不会知道为什么。经销商对消费者的不同需求必须做出取舍，选择最具市场前景的需求，才能为快速增长打开通道。

经销商是在经营一项业务，而非简单地销售产品。经营的本质就是营销，不懂营销就一定搞不好经营。什么叫营销？把消费者搞清楚，把消费者的需求搞清楚，并且充分满足这个需求，这就是营销。有了这个正确的开始，经销商自然就知道怎样做产品了，也知道如何规划渠道和选择客户了，更知道如何进行推广了。对需求的挖掘和满足贯穿于整个经营的价值链，需求是本质，经销商需要据此选择能够满足消费者核心需求的价值，而产品和渠道都是传递价值的载体，推广则是向消费者传播这种价值。

一头是需求，另一头是价值，中间是产品、渠道和推广，把这些都有机地串起来，这就是规划。

## 二、以 SWOT 分析作为规划的前提

经销商在正式制定公司经营规划之前，还要做一件事情，就是对外部市场环境和内部运营进行一个综合分析，洞察存在的机会和威胁，挖掘自身的优势和劣势，从而为规划提供充分的依据。为此，经销商可以采用一个简单而有效的分析方法，即 SWOT（即优势、劣势、机会、威胁的英文字母缩写）分析，有助于理清思路。

### 1. 如何理解和运用 SWOT 分析

#### （1）什么是 SWOT 分析

优势分析（S）。优势指的是一个经销商自身超越其主要竞争对手的能力，比如自己擅长什么？能做哪些别人做不到的事情？和别人有什么不同？为什么能吸引客户？成功的原因是什么？要分析清楚优势何在，经销

商应该基于整体的经营价值链，对各个关键环节进行深入分析，并与竞争对手相比较。经销商需要注意的是，和竞争对手进行对比是优劣势分析的要点所在，没有对比，就难以真正挖掘出有价值的优劣势，而且很容易和机会或威胁分析产生混淆。另外，优势分析一定要避免主观性，必须有足够的数据支持，这取决于实事求是的态度，而不是自我取悦。

劣势分析（W）。劣势指的是经销商不如主要竞争对手的薄弱之处，比如自己有什么做得不好？缺乏什么技能？别人有哪些比自己好？为什么不能吸引客户？失败的原因是什么？对此，经销商同样应该基于整体的经营价值链，对各个关键环节进行深入分析，并与竞争对手相比较。有时，经销商容易误将外部的威胁当作劣势，比如“参与竞争的品牌越来越多”，乍一看好像是“劣势”，其实应当属于“威胁”。所以，经销商一定要记住，优劣势一定是基于自身内部和竞争对手进行对比的结果，凡是外部因素都要归属于机会或威胁。在劣势分析这个部分，存在挑战的是经销商能否真正下决心对劣势进行改造，说起来容易，但要真正有效解决必须有切实可行的方案。

机会分析（O）。机会指的是外部市场中存在什么有利的因素，比如存在什么新需求？有哪些新产品？有哪些新渠道？竞争对手出现了什么问题？机会分析需要从外部市场环境的变化和竞争对手的市场盲点中挖掘，其难点是经销商往往对机会的认定很空泛，诸如“整体经济形势看好”等，这就很难转化为实实在在的竞争优势或者利益，很多时候这种分析只是在给自己鼓舞士气罢了。因此，对机会的分析一定要具体，还要和自己所处的行业和市场紧密结合起来，需要经销商保持冷静的心态和客观的判断。

威胁分析（T）。威胁指的是外部市场中存在什么不利因素，比如出现了哪些替代产品？竞争对手是否不断增加？消费者需求是否发生了变化？竞争者采取了什么重大举措？宏观环境的变化有什么不利影响？有什么可能会影响到自己的发展？威胁分析和机会一样，都和外部环境有关，是哪些无法控制的外部因素，包括竞争、政治、经济、法律、社会、文化、客户和人口环境等，像2020年年初暴发的新型冠状病毒感染的肺炎疫情就是一次重大的威胁。

**（2）如何运用SWOT分析**

经销商在分析了SWOT这四个单项因素之后，还需要对这四项因素进行交叉分析（见图3－1），以做出相应适合的对策。

机会—优势（OS）分析。这种局面表示外部有机会，公司有优势，是最佳状态，应该充分发挥公司内部优势，抓住机会实现快速增长。

机会—劣势（OW）分析。这种局面表示存在一些外部机会，但公司有一些内部的劣势妨碍其利用这些外部机会，此时应该利用外部资源来弥补公司内部的劣势。

威胁—优势（TS）分析。这种局面表示外部有威胁，但公司有优势，可以利用公司的优势回避或减轻外部威胁的影响，最终将威胁转化为机会。

威胁—劣势（TW）分析。这种局面表示外部有威胁，同时公司也有劣势，处于极为不利的态势，需要尽量减少内部劣势，同时回避外部环境威胁，逐步寻找发展机会。

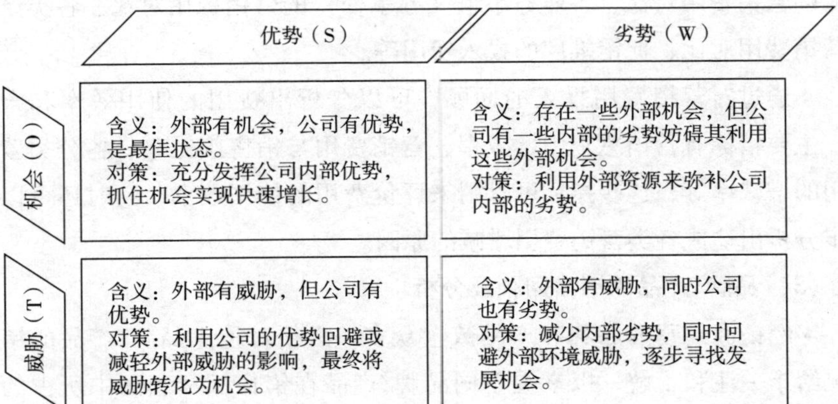


**图3－1　SWOT交叉分析图**

## 2. 通过年度经营总结来分析优势和劣势

**（1）销售业绩的回顾及分析**

● 销售业绩的回顾是对年度经营的盘点，使经销商相关部门和人员对整个公司的运营情况有一个直观的了解，同时对完成任务的情况做一个对比，表现最终的完成状况。

• 销售业绩的回顾内容包括年度累计销售额、月度销售曲线、各季度销售额的对比、区域销售额的对比、各业务小组（办事处）的销售额对比、年度销售额完成率、与历史同期销售额对比等。

• 对销售业绩的回顾是为了进行系统的分析，找出年度销售增减的因素，为下一步的策略规划提供依据。销售分析的内容主要包括月度销售的趋势状况、各季度销售差异的原因、各区域销售差异的原因、各业务小组（办事处）销售差异的原因、年度销售增减的原因等，从整体上对销售业绩变化的因素做简要的描述。

**（2）费用投入的回顾及分析**

• 对营销费用投入的回顾，重点是了解经销商资金的使用状况，与年初的费用预算对比，由此判断资金的使用效率，并计算出公司经营的销售成本。

• 营销费用投入回顾的内容包括营销整体费用投入、营销分类费用投入（业务费、广告费、客户奖励、促销费、宣传物料费、配送费等）、各区域的营销费用对比、各业务小组（办事处）的营销费用对比、各类产品的营销费用对比、促销推广的投入费用等。

• 通过对营销费用投入的回顾，可以分析出费用的使用效率和合理性，主要指标有营销总费用增减率、营销费用与销售额比率、各分类营销费用的增减率等，这些指标可以用来评价费用的使用效率，同时还可以进一步分析出造成各类营销费用增减的原因。

**（3）品牌/产品的销售回顾及分析**

• 经销商经营的品牌和产品数量众多，必须对重点品牌/产品的销售情况给予关注和了解，以掌握不同品牌/产品在销售额和利润中所占的比例，以及各自对资源的利用效率，通过这样的分析可以淘汰缺乏竞争力的品牌/产品，将资源集中于可以带来最大效益或者最好发展的品牌/产品。

• 品牌/产品销售回顾的内容包括不同品牌/产品的总体销售状况、各区域不同品牌/产品的销售情况对比、各月份不同品牌/产品的销售情况对比、各业务小组（办事处）不同品牌/产品的销售情况对比、与历史同期销售情况对比、不同品牌/产品的费用比率等。

• 根据不同品牌/产品的销售数据可以进行以下分析：品牌/产品销售

的 ABC 分析、品牌/产品的费用效率分析、各品牌/产品的发展趋势、品牌/产品在不同区域的差异化分析、各业务小组（办事处）品牌/产品销售的差异化分析、品牌/产品品质的优劣定性分析等。

**（4）内部组织运作的回顾及分析**

• 内部组织运作主要是指对经销商各部门之间的协作情况进行总结，比如市场部与销售部的协作、财务部与销售部的协作等，最关键的是对主要业务流程的评估。

• 对内部组织运作的回顾总结主要包括销售部执行策略规划的情况、市场部对销售部的专业支持情况、仓储物流部门与销售部的协作情况、财务部与销售部之间的数据支持情况、人力资源或行政部与其他部门之间的协作支持情况等。

• 根据以上情况可以对经销商内部组织的运作效率进行分析，主要包括关键业务流程的时间和环节长短、不同部门沟通环节的多少、策略规划执行的速度、促销推广开展的时间、对市场变化的反应速度等。

**（5）上年度策略规划主要内容的执行情况**

• 对上年度策略规划执行情况的总结，主要是对品牌、产品、价格、渠道和促销几个方面所开展的工作进行回顾，重点是掌握整体经营活动对相关业绩指标的影响情况。

• 评估上年度策略规划成效的内容，包括品牌对市场的渗透程度和扩张程度、新产品的投放效果、价格上涨/下降或维持对销售带来的影响、渠道网络的建设情况、对下游客户进行管理的效果、开展促销推广对销售的影响等。

• 在评估策略规划的基础上，重要的是在竞争形势不断变化的环境中，挖掘出影响销售的根本因素，为下一年度策略规划的制定提供依据；分析的重点是竞争对手，通过与竞争者在产品、价格、渠道、促销各环节的详细对比，找出彼此之间的差异点，确定导致销售差异的原因，并进行必要的调整。

**（6）存在的问题描述及分析**

• 这是对经销商整体经营活动中产生问题的综合描述，问题本身有可能就隐藏着解决方法，因此要了解每个问题的来龙去脉和问题之间的相互关系，从中发现根本原因。

• 经营活动中产生的问题主要包括组织运作问题、产品组合问题、渠道拓展问题、团队人员问题、资源投入问题、仓储物流问题、部门之间协作问题等。

• 每个问题可能都是互相牵连的，要从整体的角度系统分析，在整个经营链中找到最根本的解决方法。

### 3. 通过外部环境及态势来分析机会和威胁

#### （1）行业发展态势分析

这是一个判断机会选择和未来发展潜力的重要内容，决定着经销商的战略发展方向。

• 市场容量变化。经销商需要对自己经营的主要品类在本地区域的市场容量进行分析，判断通过每年的发展是增长了、减少了还是没有变化，这能为确定经营目标提供清晰的数据支持。市场容量增加了，也就意味着机会更多；如果市场容量没有增加，就意味着竞争将会更加激烈。

• 行业增长速度。这是反映主要品类发展趋势的重要指标，如果行业增长速度较快，说明很有可能处于风口期，可以将下一年度的经营目标调高；如果行业增长速度较慢，就不能盲目扩张。

• 市场集中度变化。市场集中度反映着每一个品类中排名前列的品牌所占据的市场份额，如果市场集中度越来越高，就意味着对手实力较强，竞争的难度越来越大；如果市场集中度不高，则意味着市场比较分散，有实力的竞争对手还不多，谁都有机会实现更大的增长。

• 发展阶段变化。通过上述对三个因素的分析，经销商可以判断主要品类在本地区域市场处于哪一个发展阶段，是导入期还是成长前期、是成长中后期还是成熟期或者进入了衰退期，从而基于每个阶段的特点来制定相应的策略规划。

#### （2）产品发展态势分析

• 对产品发展态势的分析，实质是对消费需求趋势的分析，与经销商的整体策略规划有着最直接的关系，是制订具体实施计划的基础。在这个部分，主要是对产品内部性质、外部形态和市场表现形式进行描述，反映着产品发展状态最直观的特点。同时，通过对产品发展态势的分析，还有助于经销商借此来深入洞察消费者需求，相对于消费需求的抽象化，产品的形态非常具象，经销商可以通过具象的产品来理解背后抽象的消费需求，这是一种容易掌握的简单分析方法。

• 产品发展态势分析包含的内容有产品内部属性、外部形态和市场表现形式三个方面的发展特点。产品内部属性主要是品种、原料、配方、工艺、功能等核心要素，也是消费者最本质的需求；产品外部形态主要是包装材质、规格、形状等辅助要素，是消费者核心需求的外在表现；产品市场表现形式主要是产品进行售卖的方式，比如销售渠道、陈列方式、流通特点等内容，售卖方式取决于产品内部性质和外部形态，不同产品的售卖方式是不同的，这对于经销商制定策略规划是非常重要的考虑因素。

**（3）渠道发展态势分析**

• 渠道包含流通领域和零售领域，其中涉及非常复杂的商业生态，对渠道发展态势的分析，有助于经销商保持对渠道发展动态的敏锐度，了解不同渠道之间此消彼长的关系，看准机会，把握趋势进行提前布局。

• 对渠道发展态势的分析，主要包括终端业态变化、渠道结构变化、渠道模式变化等方面，要详细描述在本地市场，流通渠道、商超渠道、餐饮渠道、电商渠道下的各类零售业态处于何种态势，在整个行业中占据了多大的比重，发生了什么变化，哪些业态快速发展，哪些业态处于放缓状态。同时，还要了解渠道结构发生的变化，包括宽度、长度和密度，对渠道组合、层级及覆盖数量产生了哪些不同的要求；还要分析随着终端业态和渠道结构的变化，对渠道运营的模式又产生了哪些影响，需要在哪些方面进行调整。

• 对渠道发展态势的分析对经销商来说极其重要，虽然始终处于渠道运营的一线，但是许多经销商主要依靠过往的经验来经营，根本就无法适应未来的竞争。随着市场的日益成熟和新经济带来的巨大冲击，现在国内市场的渠道状况极其复杂，最先进的商业形态（购物中心/电商）和最传统的商业形态（批发市场/农贸市场/杂货店）混杂在一起，调味品经销商对此往往不知所措。如何才能从日新月异的变化中找到未来渠道的发展趋势，关键是要系统分析当前主流消费者购物模式的变化对渠道带来的深刻影响，万变不离其宗，研究消费趋势才是根本之道。

**（4）竞争态势分析**

经销商对竞争态势的分析包括两个方面：一是对自己本地同行的经营状况进行分析；二是对经销厂家的主要竞争对手进行分析。

• 竞争态势分析的作用是树立标杆，通过与竞争对手经营活动各环节的详细对比，发现自己与对手之间本质的差异，对经营活动进行有针对性的调整，最终赢得竞争优势。

• 竞争态势整体分析：市场总体竞争特点、主要竞争对手界定、主要对手市场份额表现、主要对手区域表现、主要对手销售趋势、主要对手销售对比、主要对手费用投入对比等。

• 竞争态势分类分析：从整体策略、产品、价格、渠道、促销、费用等方面对竞争对手进行直接描述，力争全方位地展现竞争对手的经营活动，对竞争对手的策略意图做简要分析，对竞争对手在经营策略上可能发生的变化做出预测。

## 第四节　业务规划——选择最有前途的经营领域

在经销商需要制定的整体策略规划中，业务领域是首先需要明确的。这个业务领域，指的就是经销商应该从事和哪些品类，或者哪些渠道，或者哪些消费者有关的生意。比如一个调味品经销商所涉及的业务可能包含多个不同的调味品品类和多个渠道，满足的是多种类型的消费者和多样化的需求；而餐饮调味品经销商经营的是和餐饮终端有关的调味品业务，涉及的业务就是为各类餐饮终端用户提供合适的产品和服务，而对于商超渠道和流通渠道就不会涉及；一个经销商同时经营了调味品和粮油食品，那么他的业务领域就是和餐桌厨房有关联的品类及渠道。当然，这个经销商也可以不用做那么全，而是划分出一部分渠道或者品类来实施专业化经营，如针对餐饮渠道或者商超渠道，这样就会形成更加丰富的业务领域。

业务领域是经销商从打算经营生意一开始就必须面对的选择，做什么或者不做什么，经销商只有预先有一些想法或者意愿，才会按照这个思路着手启动生意，包括去接品牌和开拓下游客户。所以，无论经销商能否理解业务领域这个概念，或者是否采用这个说法，这一步都是回避不了的，一个经销商不可能连做什么都没想好就开始做生意。那么，现在的关键就是经销商如何选择业务领域才最有利于接下来的经营？

## 一、经销商选择业务领域的来源

笔者发现经销商通常采用以下方式来选择业务领域：

- 根据同行来选择业务领域。大部分经销商在做某个生意之前都是没有相关经验的，最直接的就是看周围的同行在做什么，这在批发市场里面跑一圈就能摸个大概。如果看到同行做的某个生意比较赚钱，就可以跟着做，这是经销商选择业务领域最简单的方式。

- 根据市场考察来选择业务领域。有的经销商不仅观察同行，还会走访市场，到零售终端看看消费者的购买情况，再询问一下店主的生意，由此分析某个生意能否赚钱，而且是否有发展前途，最后就可以决定选择哪个业务。

- 根据人际关系来选择业务领域。商业领域是一个资源整合性较强的领域，经销商普遍都会构建较广泛的人际关系，因此人脉或社会资源也是经销商选择业务领域的一个途径。某个调味品经销商之所以会选择经营食糖，就是因为有个朋友做食糖的生意比较大，就借助这个人脉进入了食糖领域。

- 根据行业机会来选择业务领域。有的经销商思维较为灵活，也比较善于学习，他们经常参加各种行业内的展会和论坛，注重和业内知名企业及专业人士进行交流，然后再根据所了解的行业趋势决定选择哪项业务。比如某个调味品经销商，之前经营的是休闲食品和饮料，现在进入调味品行业，就是因为了解到调味品属于民生行业，生命周期长、消费黏性强，是家家都要用的东西。

- 根据渠道机会来选择业务领域。渠道是经销商立足的领域，也反映着消费需求的变化，因此部分经销商会重视通过对渠道机会的判断来考虑应该进入什么业务领域。随着市场的不断成熟，渠道也处于动态变化中，从最早的传统流通渠道到后来的商超渠道再到现在的电商渠道，不同渠道的商业机会都在随着市场变化而此消彼长，所以选对未来有发展前景的渠道，对于经销商的经营非常重要。

• 根据渠道互补来选择业务领域。还有的经销商为了考虑长期的发展，会基于完善渠道结构的目的来选择业务领域。比如原来经营的是流通渠道领域，但是后来商超渠道发展迅猛，于是就选择进入商超渠道，形成流通和商超渠道同步发展的局面，以商超渠道做声势，以流通渠道做销量和利润，从而更灵活地应对发展需要。

• 根据销售季节互补来选择业务领域。渠道资源是每一个经销商的平台，一旦在渠道平台上投入较多的资源，经销商就一定会维持这个平台的持续运转。当一些经销商经营的品类存在较强的销售淡旺季时，就会造成渠道资源利用的不均衡，可能会有很长一段时间处于销售的空档期。为了不让渠道资源闲置，经销商就会选择与这个渠道相匹配的其他品类来经营，从而在销售淡旺季上和原有的品类形成错位互补。对于渠道资源而言就不存在淡旺季了，从而充分地发挥渠道的价值，这个因素在现实中是经销商选择业务领域的重要考虑因素。

从上述几个方面综合来看，经销商选择业务领域的方式较为多样化，都是内外部各种因素共同影响产生的结果。但总体来看，经销商选择业务领域的方式还是倾向于从个人能力及资源利用的角度来切入，虽然对经销商而言比较现实，但在选择的准确性方面还有很多欠缺，尤其在趋势性和业务相关性的把握上很薄弱，这也造成不少经销商在选择业务领域上体现出随意性的特点，要么过于单一，要么过于庞杂，这对未来的持续发展是不利的。

## 二、业务领域选择关系到经销商能否获得领先的竞争优势

选择业务领域的正确与否，直接关系到经销商能否获得良好的发展，所谓选择大于努力，如果选择出现了偏差，再努力也不会有很好的结果。这是非常重要的问题，在现实中都被经销商低估了，常常是随意应对，也是很多问题产生的源头，但经销商浑然不知。所以，经销商必须将其放在策略规划中作为头等大事来对待，选择业务领域就是选择竞争的战场，这决定着经销商能否在竞争中获取最大化的优势。之所以选择业务领域如此重要，是因为经销商的资源和能力有限，外部的商业机会也各有大小，由此使得经营过程中存在一定的边界。如果这个边界过窄，经销商就有可能

失去更多的增长机会；如果边界过宽，则会分散经销商的精力和资源，反而会削弱整体的竞争力。所以，业务领域选择的重要性怎么强调都不会过分。

无论一个业务领域的构成因素是什么，都具有一个被限定的消费群体和消费需求，由此就形成了一个一个的市场。由于消费群体和需求的构成不同，也就决定了这些市场的消费规模（即市场容量）各不相同。对于经销商来说，需要对选定业务领域的消费规模大小和发展趋势进行判断，如果市场容量和未来发展的空间都不大，这就意味着未来的成长会受到局限，必须想办法调整业务领域。

经销商要抓住市场中的机会，首先就必须判断哪一个业务领域具有较大的消费规模和发展潜力（增长速度），两者之间的乘积越大，就代表这个业务领域中存在的机会越多。这种选择对于经销商的发展至关重要。如果经销商选择了消费规模大和发展潜力大的市场边界，就极有可能抓住整个行业快速发展的契机，顺势而为地实现突破性发展；如果选择了消费规模和发展潜力小的业务领域，经销商做得再好，也不可能实现快速发展。

当然，一个消费规模和发展潜力较大的业务领域只是给经销商提供了一种抓住机会的可能，最终能否将市场机会变为现实，还必须衡量这个业务领域中的竞争态势与经销商的核心能力。

- 从竞争态势来看：如果某个业务领域的市场集中度很高，比如行业CR5 市场集中度高于 70%，即累计销售额排名前五位的品牌所占的市场份额在 70% 以上，就意味着这个业务领域处于充分竞争状态，市场竞争格局已成形，后来者将面临较高的竞争门槛。如果经销商要进入这个业务领域，就需要慎重考虑。相反，如果这个业务领域的集中度不高，对于经销商来说就是极佳的市场机会，千万不要错过。比如火锅调料行业，尽管已经有海底捞、红九九、大红袍、德庄、草原红太阳等知名品牌，但是由于火锅调料的市场容量较大，增长速度也很快，而市场的渗透率和集中度还不够高，对于经销商而言仍然具有一定的发展机会。
- 从核心能力来看：一个业务领域的竞争态势对于能否进入是个重要的衡量标准，但也并非绝对。如果经销商的核心能力很强，即便业务领域中的集中度较高，这个经销商也有可能迅速切分市场蛋糕，重新构建竞争格局；如果经销商的核心能力较弱，不具备与市场边界中的领先者直接竞争的能力，就需要重新选择适合自己的业务领域，不能只看到市场机会，还要考虑这个机会到底能不能得到。

## 三、基于市场吸引力和相对竞争力来选择业务领域

为了能正确地选择业务领域，经销商必须摒弃过去随意的做法，建立一套合理的分析逻辑来进行规划。业务领域是一个综合的概念，其可能包含品类、渠道、消费群、消费需求中的一个，或者全部，或者几个维度的组合。现实中经销商通常都是围绕着品类和渠道来选择业务领域，这是主要的两个维度，也容易理解，但不是构成业务领域的全部。一个业务领域的最终界定，会同时从多个角度进行综合分析，除了品类和渠道外，还可能针对某一类消费群体和消费需求，比如大众家庭平价消费，这也可以构成一个业务领域，城市人群中高端消费也可以构成一个业务领域，然后再围绕着这个业务领域配置相应的品类和渠道。

经销商要精准界定正确的业务领域并非易事，既要依靠经销商自身对市场的经验和商业直觉，更要结合数据和信息对相关的各种因素进行综合分析，才能将感性与理性融为一体，做出正确的战略决策。为了对市场边界的态势进行清晰的把握，就需要经销商从多个角度入手，通过市场吸引力—相对竞争力来对品类、渠道、消费群体及消费需求进行综合分析，然后提炼出最合适的业务领域。

### 1. 构建市场吸引力—相对竞争力评估模型

构建市场吸引力—相对竞争力评估模型，形成九宫格矩阵，每个格子区间都代表一种类型的业务领域，经销商可以对每个格子进行评估后再做出最后的选择。

对于一个业务领域是否最有利的商业机会，通过市场吸引力—相对竞争力模型可以直观地进行判断。其中，市场吸引力是从外部环境的角度来对业务领域进行评估，这是一个先决条件。如果一个业务领域没有足够的吸引力，就意味着其中的商业机会并不大，不值得经销商去拓展；相对竞争力是从经销商自身内部的角度进行评估，这是衡量经销商自身是否具备足够的经营能力抓住市场机会。如果经销商的能力较弱，而选择的业务领

域却要面对强大的竞争对手，这不是最好的选择。一个业务领域是否为真正的机会，还要看经销商是否具备有效把握这个机会的能力，所谓“没有金刚钻，不揽瓷器活”，否则只是一厢情愿。

对于市场吸引力，可以设立三个评估标准：强、中、弱。对于相对竞争力，也可以设立三个标准：强、中、弱。通过组合能够形成一个九宫格的矩阵，对每一个业务领域的分析都可以通过这个矩阵来做出相应的判断。如表 3－1 所示。

**表 3－1　市场吸引力—相对竞争力九宫格矩阵**

| | | 市场吸引力 | | |
|---|---|---|---|---|
| | | 强 | 中 | 弱 |
| 相对竞争力 | 强 | 强－强 | 强－中 | 强－弱 |
| | 中 | 中－强 | 中－中 | 中－弱 |
| | 弱 | 弱－强 | 弱－中 | 弱－弱 |

**（1）市场吸引力**

要判断一个业务领域是否具有足够的市场吸引力，要从多个因素综合评判，然后通过权重和评分将若干因素综合在一起，由此可以帮助经销商对业务领域的选择做出直观的判断。

①市场容量。判断一个业务领域的吸引力有多大，市场容量是首要的衡量因素，经销商选择的业务领域，至少要具有足够的市场容量，否则耗费了大量的资源和精力来经营，却无法获得较大的市场规模，对未来发展是不利的。对于经销商来说，存在两种思路：到底是做大池子里的小鱼还是做小池子里的大鱼。可能没有准确的答案，但是从实际情况来看，在大池子里的市场机会要多一些，更何况大池子里也未必就会是小鱼。也就是说，经销商首选的还是市场容量较大的业务领域，除非经销商多年来经营的业务本身的市场容量就不大，又不能轻易放弃，那么就只能坚持下去。但是从一个全新的选择来说，选择市场容量大的业务领域是必然的思考逻辑。

了解市场容量主要可以通过行业协会、行业媒体及一些调研机构发布的数据，通常包含两个维度：一个是从零售额来统计市场容量；另一个是从经销商的生意额来统计市场容量（无论选择哪一个，口径都要统一）。

②市场增长速度。要衡量一个业务领域在未来是否具有发展前景，还需要了解整个市场的增长速度。如果一个市场的增长速度很快或者持续增长，这就说明该市场的成长性很好，经销商若能够及时进入，就可以抓住行业快速发展的红利顺势成长；如果一个市场的增长速度很慢或者持续下降，就说明市场的成长性不够，经销商进入有可能面临较大的挑战，需要慎重考虑。

衡量市场增长速度有两个指标，一个是金额，另一个是销量。如果一个市场的增长是量价齐升，就说明消费量和价值处于共同增长，市场的发展前景很好；如果量跌价升，市场容量总额也在增长，就说明整个市场正处于调整期，产品正处于从低价值向高价值升级的过程，这种市场也具有一定的发展潜力；如果市场的增长量价齐跌，就说明行业的发展态势不好，消费量受限而且购买力不足，这种市场对于经销商来说不太有利，也需要慎重考虑。

③市场集中度。市场集中度反映了整个市场的竞争结构。通常来说，是以市场中销售排名前五位品牌销售额之和占整个市场容量的比重，也就是市场份额的占比。这个比例越高，也就是市场集中度越高，意味着业务领域的竞争结构处于稳定而成熟的状态。大部分的市场容量被少数的品牌所占据，大部分的品牌经过一定的时期已经被淘汰出局，消费者的购买目标基本上集中在了少数几个主要品牌，而且领导品牌的领先优势非常明显，与跟随品牌之间的差距很大，那么这种业务领域的发展空间就有限，并不是经销商进入的最佳选择。

反过来，市场集中度越低，就意味着市场的发展还不够成熟，还处于开拓期或者成长期，整个市场中的竞争品牌数量也很多，领导者和跟随者之间的差距也不大，大家都有市场机会。这样的业务领域对于经销商来说具有较大的机会和成长空间，只要市场运作得力，就有可能在市场中占据一席之地，这种业务领域是个较好的选择。

④竞争水平。竞争水平主要是衡量业务领域中主要竞争品牌的经营实力及整体市场经营水平的高低。如果一个业务领域中的整体竞争水平较

低，就意味着具有较强经营实力的品牌不多，市场中大部分品牌的经营能力一般，那么经销商进入这个市场就不会面对太大的挑战，更有可能在竞争中获得领先地位。相反，如果业务领域中的竞争水平较高，就意味着领导者的经营实力很强，而且具有较强经营水平的品牌还不少，比如酱油、鸡精等，那么这种业务领域对于经销商的吸引力就不大，要慎重考虑。

⑤消费者认知。除了上述几个较为宏观的评估因素外，业务领域的吸引力还需要着重考虑消费者认知这个微观因素，也就是经销商选择的产品在打算进入的业务领域中，消费者对于这个产品的属性或者概念是否已经具有一定的认知。如果消费者对于这个产品属性或概念完全没有认知，就意味着经销商必须对消费者进行教育，就会面临很大的市场风险。所谓消费者教育，就是消费者对产品的属性和概念缺乏足够的认知，在消费者的心智中完全无法想到要消费这样的产品，甚至还与消费者根深蒂固的消费习惯有很大的差异。如果经销商要进行这样的消费者教育，就意味着其选择的业务领域出现了问题。

经销商要获得成功，必须顺应消费者的习惯和认知，而不是逆着消费者，那样只会消耗大量的资源，最终也难以得到消费者的认可。经销商可以对消费者进行宣传，但是绝不要教育消费者，一味站在自身立场说这个产品就是好，消费者是绝不会买账的。

⑥替代性市场态势。衡量一个业务领域的吸引力还需要考虑替代性因素，也就是另一个业务领域对目标市场的影响。即便一个业务领域的容量较大，如果其受到另一个业务领域较大的替代性影响，就说明这个业务领域未来的发展前景会受到限制，经销商如果进入就很难在未来有所收获。比如味精和鸡精领域就是如此，目前受到味极鲜酱油和蚝油的冲击，两者对于味精和鸡精来说都有较大的替代性，如果进入对经销商发展不利。当然，替代性业务领域的力量还不够大的时候，目标业务领域还具有较长的发展期，经销商还可以进行选择，不过一定要进行深入研究。

**（2）相对竞争力**

要选择对于经销商来说具有实际意义的业务领域，除了外部的市场吸引力因素，还需要从内部分析经销商的相对竞争力，以此来衡量业务领域存在的机会与经销商的能力是否匹配。外部市场机会再好，也要看经销商自身是否具备抓住的能力，超出经销商能力之外的业务领域是没有实际意义的。

①经销商资源。经销商资源是相对竞争力中包含的一个重要因素，这是一个综合性的概念，包含资金资源、人力资源、渠道资源及供应链资源等。针对外部具有一定吸引力的业务领域，经销商需要充分了解进入这个业务领域需要什么样的资源配置，这也是进入业务领域的门槛，经销商要评判自身拥有的或者可以整合的资源是否可以顺利地迈过这道门槛。

在经销商的几种资源类型中，渠道资源相对来说较容易解决，因为获得这些资源可以通过经销商的客情和人脉来解决，而资金资源、渠道资源和人力资源就不容易获得。因为要拥有这些资源需要付出较大的成本，核心就是时间成本，尤其是渠道资源和人力资源都需要经销商耗费很多的时间和精力去磨合、去建立合作默契，并不是只要有资金就可以获得。

②经营能力。经营能力是经销商相对竞争力的核心要素，是经销商在经营价值链各个环节的专业化运作水平和经验的汇集，包括渠道拓展能力、供应链整合能力、品牌推广能力及组织统筹能力等，这些能力的大小决定了经销商综合经营能力的强弱，关系到经销商能否有效抓住目标业务领域的机会。

在分析评估经销商经营能力时，一方面要衡量经销商在每个环节所具备能力的大小，掌握自身所擅长的方面到底是什么，包括专业度、经验等；另一方面要与直接竞争对手进行对比，找出与竞争对手之间的差距，评估与竞争对手之间的优劣势，从而充分评估在同样的业务领域中能否形成竞争优势。如果竞争对手很强，那么经销商就必须做出慎重考虑，要做好充分的准备，制定好具有针对性的战略方针和竞争策略，力争做到“先胜而后战”，而不是盲目应战。

③市场基础。市场基础是经销商在现有业务领域中经过一定阶段所积累起来的市场资源和影响力，包括渠道资源、人力资源和影响力等，对此经销商需要评判现有市场基础与计划进入的业务领域在多大程度上可以加以运用或者共享。如果共享程度很高，那么经销商进入新业务领域的难度就会减少，或者说更加容易，成功率提高，市场运作的成本也会减少。反之，经销商现有业务领域的基础比较薄弱或者与新业务领域的共享程度不

高，那么经销商就会付出较多的精力和资源，增加运作市场的难度。

现实中，不少经销商在进入新业务领域时都会尽量考虑与现有市场基础相匹配，除非新业务领域的吸引力很大，否则经销商都应该充分考虑现有市场基础能否有助于进入新业务领域。要做好这一点，经销商就必须深入了解现有业务领域和新业务领域的行业消费特性是否具有一致性，否则极易造成不同的业务不兼容而导致市场运作遭遇困境。

④业务关联。经销商相对竞争力中还包含一个重要的因素——业务关联性，也就是现有业务领域与新业务领域之间在行业特性上的关联程度。如果两者的行业消费属性相近，那么经销商已经具备的经营能力就可以很快运用到新业务领域中；如果两者的行业消费属性不相关，就意味着经销商要重新构建商业模式并且要花费时间和精力来逐步构建经营能力，还要同时应对两种截然不同的业务，这种情况下自然会影响经销商对新业务领域的拓展成效。

**2. 按照市场边界的5种类型进行评估**

按照市场边界的5种类型，根据经销商的设想从中提炼出可能的业务领域，然后再按照市场吸引力—相对竞争力模型进行评估。

**（1）基于品类**

①市场吸引力。经销商需要对不同的品类进行吸引力分析，比如酱油、食醋、调味酱、火锅调料、佐餐菜等，要了解哪一个品类具有最好的市场机会。

②相对竞争力。针对存在较好市场机会的品类，经销商还要分析自身是否具备足够的竞争实力去拓展，能否在市场运作中获得竞争优势，然后再判断进入这个业务领域是否有利。

**（2）基于渠道**

①市场吸引力。在确定品类的基础上，经销商还要评判这个业务领域是在全渠道都存在市场机会，还是只在某些局部渠道存在市场机会，比如是流通渠道还是商超渠道，或是餐饮渠道等，这关系到经销商选择在什么渠道范围展开竞争更有利。

②相对竞争力。针对不同渠道的业务领域，经销商要通过对自身竞争实力的分析去评判在多大的渠道范围发展业务会更有利。

**（3）基于消费群**

①市场吸引力。在确定品类的基础上，经销商要分析哪一类目标消费群具有最大的市场机会。比如是选择白领/中产群体，还是大众工薪阶层，或是农村/低收入群体？这些都是经销商必须考虑的关键要素，因为不同的目标群体直接关系到品类的定位如何确定。经销商必须认识到，仅仅是消费群体是没有意义的，只有目标群体才有意义，经销商不能想着把产品卖给所有人，只能卖给最恰当的人。

②相对竞争力。针对选择好的目标消费群体，经销商也要通过对自身竞争实力的分析去评判能否在竞争中获得优势，能否比竞争对手更好地满足目标消费群体的需求。

**（4）基于消费需求**

①市场吸引力。在确定品类和消费群体的基础上，经销商要分析目标人群哪一些消费需求对业务领域更有利。比如是追求实惠的平价消费需求，还是追求品质的中高端消费，哪一种需求能够带来更有利的市场机会呢？这需要经销商进一步分析。

②相对竞争力。对于选择好的消费需求，经销商也要通过对自身竞争实力的分析去评判能否获得竞争优势。如果竞争对手的实力非常强，那么就慎重考虑，要么在资源配置上予以强化，要么在市场运作能力上予以加强，或者选择另一个业务领域避开竞争对手。

**3. 根据市场吸引力—相对竞争力的评估结果做出选择**

根据市场吸引力—相对竞争力的评估结果，经销商可以将各种业务领域根据评分分别放到相应的象限中，形成直观的选择方向。

市场吸引力—相对竞争力框架会形成九个象限，每一个象限对于经销商的业务领域选择都代表着一个选择方向，笔者对这九个方向分别进行了定义，这样经销商就可以将计划选择的业务领域根据评分放到相应的象限中，然后就可以直观地对每一个业务领域进行判断。

**（1）强市场吸引力—强相对竞争力：最佳选择**

**（2）强市场吸引力—中相对竞争力：可以选择**

在这个象限，业务领域具有很大的消费规模和发展空间，而经销商也具有一定的竞争能力，这样的业务领域也可以选择进入。经销商需要注意的是，必须同步快速提升自身的核心能力，否则一旦遭遇领导者的强力竞争，会带来很大的压力。

**（3）强市场吸引力—弱相对竞争力：放弃选择**

为什么面对一个强吸引力的业务领域却要放弃？原因就在于经销商的相对竞争力太弱，市场机会看起来不错，但这不是经销商可以得到的，这样的市场机会并不是真正意义上的市场机会，吃到嘴里的才是自己的。

**（4）中市场吸引力—强相对竞争力：可以选择**

在这个象限，业务领域具有一定的消费规模和增长潜力，如果经销商具有较强的相对竞争力，是可以选择这个业务领域的，因为可以凭借着自身的核心能力推动市场的发展并从中获利。

**（5）中市场吸引力—中相对竞争力：慎重选择**

这个象限由于市场吸引力和相对竞争力都是中等，对于经销商来说具有一定的挑战。在这两个因素中，经销商侧重于衡量自身的相对竞争力能否进一步提升，如果可以，也能在市场中获得一定的市场机会，但是如果相对竞争力在短期内难以提升，那么就有必要再分析一下是否还有更好的业务领域，以便更好地借助市场趋势发展。详细分析之后，如果这个业务领域仍然相对较好，也可以做出选择，但必须对于自身核心竞争力的提升做出系统的规划。

**（6）中市场吸引力—弱相对竞争力：放弃选择，原因同第（3）**

**（7）弱市场吸引力—强相对竞争力：保守选择**

这个象限选择的关键，是要看市场吸引力弱到什么程度。如果市场吸引力很弱，那么即便经销商的相对竞争力较强，选择这个业务领域的意义也不大，机会成本较高，还不如选择更有利的业务领域；如果市场吸引力不太弱，凭借经销商较强的相对竞争力，进入后还能带来一些稳定的业绩增长，也可以选择进入这个业务领域，起码能在较短的时间内为经销商带来收益。在没有更好的选择的前提下，也可以选择进入这个市场边界。

**（8）弱市场吸引力—中相对竞争力：放弃选择**

经销商具有一定的相对竞争力也选择放弃，原因就在于业务领域的吸引力太弱，不值得耗费大量的资源和精力去拓展，市场竞争讲究的是顺势而为而不是逆势而上。如果能够选择更有利的业务领域，投入同样的资源和精力将会获得更好的经营业绩。

**（9）弱市场吸引力—弱相对竞争力：放弃选择**

市场吸引力—相对竞争力的评估结果如表3－2所示。

**表3－2 市场吸引力—相对竞争力的评估结果**

| | | 市场吸引力 | | |
|---|---|---|---|---|
| | | 强 | 中 | 弱 |
| 相对竞争力 | 强 | 最佳选择 | 可以选择 | 放弃选择 |
| | 中 | 可以选择 | 慎重选择 | 放弃选择 |
| | 弱 | 放弃选择 | 放弃选择 | 放弃选择 |

### 4. 确定对经销商最有利的业务领域

根据最终的评估结果，结合经销商的发展愿景，确定出最有利的业务领域。

有了市场吸引力—相对竞争力模型分析评估出来的结果，经销商就可以做出哪个业务领域的选择。在现实中，经销商选择哪一个业务领域，通常还要结合自己的发展愿景，并不会单纯依靠一个分析模型来做决定。相反，分析模型是给经销商的发展愿景提供另外一些思考角度，经销商最终的选择往往还是根据自己的愿景。

## 四、经销商追求专业化好还是追求多元化好

由于大部分经销商都没有通过系统的分析来选择业务领域，在单纯赚钱的思路下，许多经销商的业务领域缺乏内在逻辑，比如经营调味品的同时也经营米面粮油，或者也经营方便食品和休闲食品。对此，经销商通常都有一定的理由，比如某些业务存在一定的关联性，米面粮油与调味品都和餐桌厨房有关，而方便食品和休闲食品的消费群体和调味品部分存在重合。实际上，这些品类之间的消费特性和经营模式存在较大差异性，同一个经销商或者经销商的同一个团队是很难同时兼顾的。

在调味品经销商的业务领域规划中，通常来说存在四种业务组合战略，即专业化战略、同心多元化战略、相关多元化战略和非相关多元化战

略，这四种战略选择对经销商未来的发展意义重大。

专业化战略，是指在一个具有相同消费和经营特性的细分业务领域内发展。对调味品行业而言就是具体的细分行业，凡是以某类细分行业为核心业务的企业，采取的就是专业化战略。其优势就是经销商在某个细分行业内具有很强的核心竞争力，包括行业经验、供应链整合、渠道资源、品牌影响力等，而其劣势在于如果外部环境发生较大的变化，如消费趋势、竞争态势、宏观政策等，就会对单一的业务造成较大的不利影响。也就是说，专业化战略是“鸡蛋放在一个篮子里”，“一荣俱荣，一损俱损”。

同心多元化战略，是指在一个整体上具有相似消费和经营特性的广泛业务领域内进行发展。比如整个调味品行业，凡是在多个调味品的细分行业内同时发展核心业务的企业，采取的就是同心多元化战略。其最大优势就是围绕调味品行业发展多个品类的业务，既能够打造专业化的核心竞争力，又能够防范业务过于单一所潜在的风险。以某经销商为例，其将酱油作为基础业务，以此来打造渠道网络优势，然后借此发展更多的品类，如黄豆酱、蚝油、拌饭酱、料酒、腐乳等，而其他品类的发展反过来又可以强化其下游客户忠诚度和渠道竞争优势。

相关多元化战略，是指消费和经营特性不同，但在某些方面存在相关性的业务领域内发展。比如调味品、食用油、速冻食品、米面制品、酱卤食品等所属行业不同，但在消费场景上都与餐桌厨房相关，故此在这些行业内都同时发展业务的经销商，采取的就是相关多元化战略。其优势就是可以同时抓住多个行业的发展机会，又能够在某一相似的方面积累经验和核心能力，不过其劣势在于这些行业之间的差异性很大，经销商要在多个行业领域做到专业很难。

非相关多元化战略，是指在消费和经营特性完全不相关的多个行业之间同时发展业务。比如经销商在经营调味品业务的同时，也经营休闲食品、啤酒饮料、乳制品等。这种战略的优势是能够抓住不同行业的发展机会，又能够分散不同业务板块的经营风险，但劣势则是行业跨度太大，对经销商的行业经验、资源配置、专业能力等提出了极高的要求，一旦发展不好，将会造成致命的打击。

调味品经销商多元化运营的成功与否，关键在于其是否遵循了行业的本质和规律，并据此构建核心能力。大多数时候，经销商都很难同时建立起能够涉足不同行业的核心能力。但现实中的问题在于，很多经销商总是忽略这一点，他们认为自己具有多元化拓展的能力，其本质还是机会主义的思维在作祟。从实际情况来看，调味品经销商鲜有能够凭借资源优势横跨多个不相关行业都能成功的案例。

因此，调味品经销商在拓展多元化业务领域时必须谨慎和准备充分，要从以下方面综合判断：

**（1）新业务的市场机会大吗**

调味品经销商在增加新业务之前，必须搞清楚是否具有足够的市场机会，这个机会要从三个方面来看：一是新业务的市场容量大不大，如果经销商选择的业务领域市场容量不大，进去之后一定经营得很辛苦；二是品类销量及销售额的增长趋势，是持续稳定增长还是停滞或是下滑，一定要进入一个持续增长的品类；三是新业务中的市场集中度高不高，这涉及竞争的激烈程度，如果市场集中度不高，那么机会相对较大。如果一个新业务能够同时满足上述三个条件，就可以毫不犹豫地进入；如果只能满足部分条件，一定要仔细斟酌，谨慎进入。选择业务领域就是选择赛道，选择大于努力，选择错了，后面的一切就都错了。

**（2）新旧业务之间的消费特性有关联吗**

调味品经销商选择新业务，需要分析与现有业务领域之间的消费特性是否有关联。如果有关联，就意味着这两种业务的市场类型相似；如果没有关联，就意味着经销商会同时进入两个完全不同的市场类型，就存在风险。一家调味品经销商老板问笔者能不能经营方便粉丝，笔者的回答是否定的。因为方便粉丝已经属于方便食品的业务领域了，与其竞争的是方便面这样的大品类，这个市场已经非常成熟了，进去之后不会有大的发展空间。

**（3）不同品类业务的销售渠道能否共享**

选择新业务还需要同时考虑现有销售渠道是否适合，这意味着能否有效利用现有的渠道资源。如果适合，那么新业务就容易在渠道中存活下来；如果不适合，就要考虑能不能迅速构建一个新的渠道，包括自建或者整合外部资源。如果可以，这个新业务就可以选择；如果不可以，就不能选择，否则必将陷入进退两难的尴尬境地。

**（4）经销商资源是否支持多品类业务**

做任何事情，都要考虑资源的匹配，能不能支持对多个品类的经营。这个资源主要包括资金和供应链，资金主要是指现金流，必须同时支持多个品类的正常经营，很多企业的多品类扩张最终都倒在资金链断裂上。另外，还有供应链资源，包括上游和下游，这些资源并不仅仅是有钱就能够买到，还需要时间，甚至一些资源是稀缺的，再有钱也没有用。如果新业务无法得到足够的资源支持，就绝不能选择。

**（5）不同业务的商业模式是否匹配**

选择新业务还需要考虑其适用的商业模式是什么样的，与现有业务的商业模式是否匹配。如果匹配，自然没有问题；如果不匹配，就要考虑能否在短期内重新构建一套全新的商业模式。比如现有业务的商业模式是通过渠道商进行分销，而一个新业务的商业模式则需要经销商直接向工厂直销，这两种商业模式的差异就很大，前者依赖的是渠道商伙伴，后者则需要经销商自建销售队伍，这并非短期内可以实现的。当然，经销商可以整合外部资源，就像传统的经销商拓展网络渠道一样，自己缺乏团队，就外包给专业的电商运营团队，这也是一个办法，但最终经销商还是要能够有效地掌控业务才行。

**（6）组织/团队的能力是否匹配**

选择新业务还需要考虑经销商自身组织和团队的核心能力是否匹配，无论经销商经营的是什么业务，都要靠组织和团队才能实施下去，如果无法匹配，就不能贸然做出选择。这个方面往往和商业模式是紧密相关联的。通常来说，一家经销商的商业模式要得到有效的运作，必然有相应的组织和团队来予以保障，反之必然无法使商业模式获得成功。实际上，这也反映了经销商所具有的基因到底是什么，每个经销商都有自己独特的基因，而这个基因正是通过商业模式及组织和团队的能力体现出来的。如果新业务的经营与经销商的基因不匹配，就很难获得成功。为此，经销商必须考虑能否调整自己的基因来应对新业务的经营要求，也就是要调整组织和团队。

综合各种状况来看，同心多元化战略更适合调味品经销商，也可以视情况采用相关多元化战略，这样能够突出专业能力，经营风险小，资源还能够共享，如能成功实施，将会形成平台式的发展模式，为终端用户提供一揽子的调味品或餐桌厨房食品解决方案，总体上成功的概率较高。

## 第五节　产品规划——基于业务规划实施产品组合

### 一、经营产品不是越多越好

经销商存在的意义就是将厂家创造出来的产品价值高效地传递给终端及消费者，而作为渠道航空港，经销商充当的是一个公共平台的角色，要同时和多个厂家建立合作关系，从而以最经济的成本实现高效的分销。因此，几乎每个经销商（只有极少数例外）都要同时经营多个厂家的数十款甚至数百款产品，这样一来就有一个问题，经销商经营的品类是不是越多越好呢？如果不是，经销商需要经营多少个品类才合适呢？

这个问题的产生，和现实中经销商的一个行为密切相关，那就是不少经销商都偏爱于不断地接产品（包括品牌），这样做的好处就是，每增加一个产品或品牌，其整体的销售额就可以提高，而且这种做法非常简单，似乎不需要费多大劲儿，只要顺着已有的渠道不断增加产品就行了。这看起来不是挺好吗？不怎么费劲就能提高销售额，又怎么会有问题呢？首先，感觉到有问题的是厂家，当他们发现经销商经营的产品越来越多的时候，资源和精力就不能放在自己身上了，产品在市场上得不到足够的维护，逐渐导致销量增长缓慢甚至衰退，这显然不是厂家希望看到的。其次，感觉到有问题的是经销商自己，产品增多到一定程度后，有的经销商发现整体销量并不像当初想象得那样有很大的增长，有的新增产品销量并不大，有的新增产品销量不错却挤压了原有产品的销量，还有的新增产品甚至造成原有产品销量的下滑。更严重的是，产品的增加非但没有提升销量，还导致整体利润下降。

很多经销商都不明白其中的原因，其实是“边际效用递减”的原理在产生作用。所谓边际效用递减，就是指经销商通过产品数量增加而带来的效益，会随着其数量的不断增加而逐步降低，最后减少到零甚至会变成负数。这是一个规律，只要数量增加到一定程度，其带来的成效就一定会下降。举个例子，一个人饥饿的时候吃包子，当他吃第一个包子的时候会觉得非常好吃，此时他获得的体验是最大的，当他吃到第五个包子的时候就有点饱了，此时的体验就开始到顶峰了，如果再吃到第八个包子，肚子就会很撑，此时的体验就变差了，吃到第十个包子，就会撑出毛病了，可能还需要到医院去治疗。由此可见，这个人在吃包子的时候，虽然总效用是不断增加的，但每一个包子给他带来的效用增量（即边际效用）是递减的。当他完全吃饱的时候，包子的总效用达到最大值，而边际效用却降为零；如果他还继续吃包子，就会感到不适，这意味着包子的边际效用进一步降为负值，总效用也开始下降。经销商的整体效益随着产品数量的不断增加却反而减少，其背后的原理和这个人吃包子是完全一样的。

出现这种状况，和经销商对自身的角色定位有直接的关系，从现实情况来看，单纯的物流配送商更容易出现这种问题，批发型经销商普遍缺乏足够的实力，而运营型经销商大多不采取这种汇量式的产品经营模式。之所以物流配送商经营的产品庞杂，就是因为他们认为自己是一个平台商，只承担产品的仓储和物流配送职能，已经投入费用铺设起了比较广泛的渠道网络，为了使这个平台的收益最大化，就必须不断往这个平台上增加产品，什么产品好卖就卖什么，产品越多，他们投入的费用就能够得到最大化的分摊，从而获得最大化的利益。实际上，由于物流配送商的核心业务职能被弱化，其市场必定受到专业化渠道运营商的挤压，再加上大部分厂家都缺乏足够的业务团队来维护和管理市场，物流配送商所经营的产品会逐渐疲软甚至被淘汰出局，届时有生命力的产品都被渠道运营商掌控。物流配送商的平台怎么还会获得这些畅销产品的青睐呢？

所以，现在一些经销商醒悟过来，有经销商这样对笔者说："我以前代理了 30 多个品牌，现在只剩下 9 个品牌。"意思就是不再经营太多产品了，要做精做强。还有经销商说："我现在要走专业化的路，以后将主要精力放在烘焙渠道上，成为所有面包房的供应商，为他们供应西式调料和烘焙原料，同时自己也开烘培连锁店。"这也是对其经营的品类从宽度上进行精简，聚焦后再从深度进行丰富，表明其发展方向就是要成为烘焙渠道专业运营商。这些经销商的做法是正确的。笔者一直在向经销商强调，产品做多只能在开始帮助你将规模做大，如果要做强，就一定要对产品做减法，将资源和精力聚焦在有基础、有潜力的品类和产品上，这样才能从根本上构建强大的核心竞争力。

## 二、基于业务规划确定产品线结构

很多调味品经销商每年不断增加产品和品牌，但是真正创造较大价值的产品很少，而有的产品在增加后反而给经销商制造出非常混乱的局面，产品之间角色不清，相互打架，缺乏整合，给经销商的产品管理带来了极大的难度，甚至有的产品推出直接导致现有产品的销量下滑。实际上，对于不少调味品经销商而言，没必要经营过多的产品，只需要将现有产品之间的结构进行系统地梳理和组合，再根据竞争态势对某些价格带、规格及包装的产品进行补充和完善，就可以大大提升整个产品系列的竞争力。

笔者认为，经销商必须构建一套系统的产品线结构，将零散的产品有机整合起来。这个理念的核心在于，经销商不能仅从某个产品考虑，应该基于提升整体产品体系竞争力的角度来综合考虑。如果一个单品对整个产品体系竞争力没有帮助，就没有存在的必要。调味品经销商要保障整体产品结构具有较高的竞争力，就不能陷入产品汇量式增长的误区，应该构建整体性的产品组合体系，清晰界定不同系列产品的角色定位，在不同的产品之间形成互补，这样一来就能够灵活满足不同细分市场和竞争的需求，从而充分发挥出产品的整体竞争力。

### 1. 产品结构必须基于业务领域的界定

调味品经销商确定产品结构的前提，必须与其业务领域相一致，因为业务领域中包含了对相关品类、渠道、消费群体及需求的明确界定，只有在业务规划的原则之下来构建产品组合，才能体现出整体策略上的清晰性和商业模式的匹配性，否则会陷入零散杂乱的混乱局面。

第一，对于专业化发展的业务规划，经销商在产品结构上就会体现出聚焦的特性，品类不会太多，而且相关性很高。比如以川菜调料和商超渠道为主的经销商，或者以基础调料和流通渠道为主的经销商，或者专门针对餐饮渠道的经销商，其产品线结构就非常清晰。

第二，对于同心多元化发展的业务规划，经销商在产品结构上显得较为广泛，但是也在一个具有相似特性的业务领域内，品类之间的相关性比较强，品类数量会比专业性经销商多。比如以大众家庭和餐饮消费为主的经销商，其产品结构就会同时包含基础调味料和复合调味料的各个品种和品项，或者以整个调味品市场为主的经销商，其产品结构就会包含几乎整个调味品的品类和产品。通常来说，只有规模很大的经销商才适合采用这种业务规划和产品线结构。

第三，对于相关多元化发展的业务规划，经销商在产品结构上会更加宽泛，但从广义的角度看，在某些消费场景上也存在一定的关联。这种情况下，经销商经营的品类数量就会很多，除了调味品，可能还会包含大米、挂面、食用油等品类，因为这些品类从广义上都可以归属为餐桌厨房食品。当然，如果经销商在产品结构上经营多样化的品类，通常会聚焦在一个渠道类型上，而不是同时拓展多个渠道，否则品类和渠道很多，经营的挑战实在是太大了，经销商很难胜任。

第四，对于非相关多元化发展的业务规划，经销商的产品结构极其繁杂，就和当前的大多数经销商一样，笔者还没有发现能够在这种业务规划下能拥有清晰产品线结构的经销商。从现实来看，采取这种规划的经销商，基本上是聚焦在某一类渠道，比如在商超渠道同时经营调味品和休闲食品，或是在餐饮渠道同时经营调味品和预制调理食品，这在一定程度上体现出了专业性，只不过不是在品类上，否则就更难运营了。

**2. 构建完整的产品线结构**

一个完整的产品线结构包括产品的广度、深度和密度。所谓广度，就是品类系列的多少，比如酱油、食醋、料酒、调味酱、火锅调料等；所谓深度，是在每一个品类系列之下的品牌和品种数量，品种比如酱油品类下的老抽、生抽、味极鲜，食醋品类下的陈醋、香醋、白醋、米醋等，而品牌则是每个品类下的品牌名称，比如酱油品类下有海天、李锦记，食醋品类下有水塔、恒顺，调味酱品类下则有老干妈、海天等；所谓密度，则是指每个品种下的品项数量，比如生抽品种下的玻璃瓶 500ml 和塑料瓶 1. 2L、1. 8L。除此之外，在产品密度中还需要体现出产品的不同价位分布，是高端、中端还是低端，这要根据对业务领域的整体规划来确定。通过完整的产品线结构，经销商就可以将原来散乱的品类、品牌、品种和规格非常清晰且直观地展示出来，如果其中发现有的品牌、品种或规格在某个维度上产生了重合，就意味着这些产品之间存在冲突，需要根据策略规划进行取舍，否则就会耗费大量的资源，而且还不会产生太大的价值。

另外，经销商对新产品的引进，也要根据整体的产品线结构来进行决策，选择新产品一定不能随意，要看产品线框架中是否有缺失。如果品类有缺失，就可以引进新品类；如果品种有缺失，就引进相应的种类；如果品项有缺失，就从现有品种中进行完善，无法完善的就可以引入新品项；如果价位有缺失，在现有品种中无法完善的情况下，也可以引入相应价位带的品项。在依据产品线框架做出这些评估之后，经销商就可以与正在合作的厂家或者新厂家进行深入沟通了。如果现有厂家能够提供，就由其来加以丰富完善；如果不能，就选择和新厂家合作来进行完善。实际上，这种产品经营逻辑就是那些优秀的零售商所运用的，比如沃尔玛、家乐福、7－11等，他们有一套自身对产品结构的看法，这是源自其对市场和消费需求的洞察，并非完全由厂家来主导，而是可以反向拉动厂家的产品研发，能做到这一步，经销商才能拥有更多的经营主导权。

## 三、确定合理的产品角色

调味品经销商实施产品组合的关键，就是要在产品体系之间形成有机互补。这个关键点要解决的主要就是产品体系自身内部的有机组合，也就是说，在不同的品类之间、同一品类的不同产品系列之间，都要清晰地界定各自的角色定位，相互之间都实现功能上的互补。比如不同的产品在定位上有何差异，相互关联如何；或者不同产品系列的价格水平有何差异，相互关联如何；不同产品系列的规格有何差异，相互关联如何。这样一来，调味品经销商就对整个产品体系之间的内部关系非常清晰，也对这些产品在市场上如何参与竞争一目了然，有利于整个产品组合的高效运营。

### 1. 产品角色之间形成互补

调味品经销商经营的品类很多，而每个品类的角色是不同的，对于产品组合商业模式而言，首先要做的就是不同品类之间的角色应该形成互补，而不是各不相干。比如针对餐饮渠道，厨师不仅仅需要某一种品类，而是多种品类都需要，经销商可以为他们提供一揽子的产品解决方案，包括酱油、食醋、蚝油、料酒、鸡粉等。需要注意的是，在相同的品牌之下，不同品类的角色尽管各有差异，但是其所针对的目标消费群体最好要一致，这样能够充分保证品牌价值不被稀释，除非经销商有足够的资源进行传播，否则不要偏离目标消费群太远，其目的在于用不同的品类来满足同一消费群体的不同需求，从而实现关联消费，提升销售总额。

**2. 不同产品线角色互补**

在同一个品类内部，调味品经销商需要在不同的产品线之间形成角色互补。比如可以通过对两大要素的综合分析：市场容量和增长率，将产品线的系列分为战略产品、潜力产品、机会产品和补充产品四种角色，这几种角色的功能是能够形成互补的。战略产品作为市场容量和增长率都有很大空间的产品，是能够为经销商创造最大化销量和利润的产品，是具有战略意义的，处于最核心的地位；潜力产品所处领域市场容量较大，但是增长率偏低，如果有可能提升其增长率，就可以推动其销售业绩的大幅提升，处于具有较大发展潜力的地位；机会产品所处领域的市场容量不大，但是其增长率较高，可以抓住这一特性在这一领域顺势而为，赢得业绩的增长，这是属于有机可乘的角色；而补充产品所处领域的市场容量和增长率都较小，只能处于补充的地位，在资源倾斜和关注度方面都不是重点。如此一来，经销商就清楚地知道如何进行产品组合、资源配置应该如何，这样才能真正发挥出产品组合的威力。

**3. 相同产品线价格高低互补**

产品角色组合是对产品线宽度中不同类型产品的定位，而在产品线的同一深度之中，还需要确定出一条纵深的价格带，在这条价格带的不同价格层级中，根据具体的竞争态势，要尽量通过相应的产品去匹配不同的价格层级，从而形成一个立体化、高中低搭配的品项结构，以充分满足消费者的不同消费需求。在产品线中构建高低互补的价格体系是意义重大的，这对于赢得竞争优势至关重要。即便对于消费者而言，某一产品系列对于其消费需求是具有一致性的，但是不同的竞争品牌仍然有可能通过不同的价格带从消费者当中抢走市场份额，这从零售商的竞争中就可以看出来，所有的零售商都极其注重从对手的价格带中进行卡位，从而切割出一个市场来，这对于经销商来讲也是相通的。因此，调味品经销商只有对产品价格带进行了系统的设计规划，才有可能获取最大化的市场份额。

**4. 相同产品线规格互补**

在确定了产品线角色和价格带之后，经销商要做的就是在产品线的同一深度中，形成不同产品规格的互补性。所谓规格的互补性，就是要使产品在口味、重量、容量和包装形态上形成一个立体化的品项结构，以充分满足消费者的不同消费需求。以食醋为例，不同地区消费者对于规格的偏好是不同的，山西消费者的低端消费以300ml的袋装醋为主，大众消费则以2.4L的大规格桶装醋为主，而华东、华中、华南区域的消费者则以500ml的瓶装醋为主。除了包装外，调味品企业还需要通过口味、重量或容量的差异，形成更加丰富的产品体系，这样才能形成一个具有强大竞争力的产品体系。

**5. 产品必须体现出不同维度的组合**

产品组合不仅仅体现在产品体系内部，产品与其他要素之间也存在组合，具体表现在以下维度上：

第一，不同产品的品牌组合。产品体系的组合离不开与品牌的复合，因为经销商的每一个产品大都是与厂家合作的，所以在产品结构中一定会体现出不同的品牌构成。对于厂家来说，通常是在品牌之下来构建产品线结构；而对于经销商来说，品牌则是包含在品类或产品之下。因此，经销商应该在产品结构中体现出合理的品牌组合，关键就是要将经销商对产品的规划与厂家对品牌的规划结合起来，包括其定位、价格、包装等，尽量使产品和品牌体现出一致性，最好是同一个品牌能够满足经销商在多个品类、品种和品项上的需求。如此一来，经销商就不需要和太多的厂家进行合作。这一点并不完全取决于经销商，但现实中能够基于系统的产品规划来寻求厂家合作的并不多，如果经销商能做到这一点，至少在面对众多二三线厂家的时候可以获得一定的主动权。

第二，不同产品的区域组合。不同区域的消费需求也存在差异，那么反映在产品上也自然需要进行不同的组合。因此，调味品经销商的产品组合也需要从不同的区域层级上进行组合。一般而言，经销商可以将品项划分为必销品项、可选品项和特定品项。必销品项一定是经销商的主力品项，是所有区域都必须主推的品项；可选品项可由各区域销售人员及下游客户根据区域特性进行选择，而不求各区域之间的统一；特定品项则是特别针对某些区域推出的品项，在区域上具有一定的局限性，通过规定以防止其他区域的销售人员及客户为追求销量达标而盲目销售，从而增加费用的浪费。

第三，不同产品的渠道组合。在不同的渠道中，产品的组合也是不同的，不同消费者对不同的渠道选择会有偏好，所以针对不同渠道的产品组合实际上是满足不同需求的消费者。所以，经销商对产品的规划必须体现出与渠道之间的复合，同样可以采用必销品项、可选品项和禁销品项的方式来进行界定，使产品都能够进入正确的渠道，否则很难获得持久的生命力。

**6. 产品组合必须考虑竞争态势的因素**

调味品经销商从不同层面考虑对产品的组合时，必须同时将竞争态势的因素考虑进去。在市场竞争中，没有一个经销商能够在所有的层面始终保持领先地位，也不可能在所有的层面都面临同一个竞争对手。因此，经销商必须根据不同层面的竞争态势，来确定自己在相应层面应该形成的产品组合，既可以有效地占据市场空间，又可以防止竞争对手的抄底拦截。

## 第六节　品牌规划——运用销量—毛利模型做品牌组合

这里所说的品牌有两层意思：一是与经销商进行合作的厂家所拥有的品牌，这些品牌对于厂家而言是商标，代表着产品的身份，对消费者而言则是一种符号，代表着对某种产品的认知和感受；二是指经销商自身的商号，包括商贸公司名称或批发市场档口名称，实际上就是经销商的品牌。笔者为此不断强调，不要认为经销商就没有品牌，商号就是品牌，即便其针对的不是普通消费者，但是对于零售商和厂家来说，就是能够产生认知和感受的品牌。

### 一、经销商品牌规划的基础在于分类

调味品经销商对合作的品牌普遍都是非常杂乱的，搞不清不同品牌之间存在什么关系，不同规模、不同影响力、不同品质、不同价格水平的品牌混杂在一起，每个品牌带来的利益和价值是什么，不同品牌之间存在什

么样的相互影响，经销商对于这些具体情况都很难说清楚。这种局面有其客观的因素，也就是经销商对合作的品牌缺乏主导权，不是想怎么样就能怎么样的。如果经销商能够从策略的角度来思考，而不是完全任其自然形成，构建起具有内在关联的品牌结构，将有助于经销商理顺品牌关系，使品牌与产品的组合更合理，由此获取不同品牌带来最大化的综合价值。

和产品结构相似，品牌也需要按照不同的维度来构建一个完整的框架，并将品牌分成几组不同的类型，以利于更有效地运营。在考虑多个因素之后，笔者构建了一个双因素模型，即销量—毛利模型。经销商运用这个模型可以较好地规划经营的品牌，并能够为引进新品牌提供直观且有效的标准。为什么选择这两个因素呢？这与经销商的经营本质有关，不同于厂家对于市场份额和品牌价值的追求，经销商更注重投资回报率，即在一个时段（如一年）内投资产生的利润额除以投资总额，这个公式里的关键指标是利润额，反映的是赚钱能力，而利润额与销量和毛利有着直接关系，故此笔者选择了这两个因素。同时，笔者还考虑到这个模型不仅能够帮助经销商规划已有的品牌，对于新品牌的选择也具有意义，即便是新经销商，这个模型也能够帮助其清晰地规划出选择合作品牌的依据。

在销量—毛利模型中，销量指的就是某个品牌能够实现多少销量，如果是全新的经销商，完全没有现场的销量依据，可以通过预测销量作为依据，主要是评估品牌的知名度、定位、产品品质、价格体系、投入资源、运营能力等可能带来的预期销量；毛利指的则是单品毛利，因为毛利总额不方便计算，还要产生销售后才能算出，单品毛利则非常直观，在销售之前就可以知道。因此，这两个因素对于广大的经销商来说很容易理解。在具体运用中，经销商需要分别针对销量和单品毛利设定一个平均数值，用一条竖线和一条横线组合成一个十字坐标，销量作为纵坐标，上方为大，下方为小，单品毛利则作为横坐标，右方为高，左方为低，然后就可以根据每个品牌的具体数值将其填入对应的区间内。如图 3－2 所示。

根据销量—毛利模型，具体可以划分出以下四种品牌类型：

第一，销量大—毛利高。处于这个区间的品牌，可以称为“支柱品牌”，由于销量大且毛利高，意味着品牌可以为经销商带来最大化的利润，处于这个区间的品牌是经销商的业务核心。新经销商可以通过预测销量大

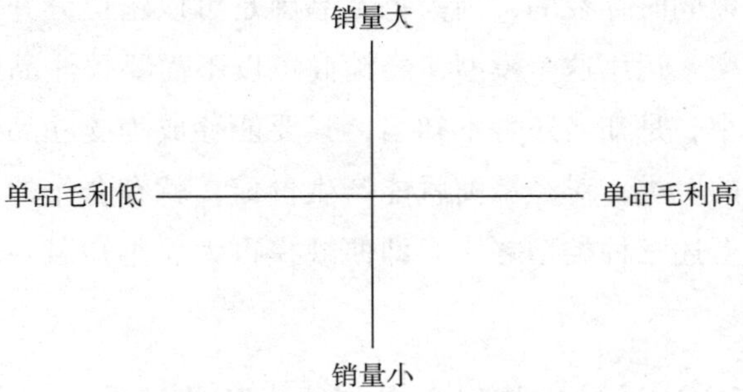


**图 3-2　销量—毛利模型**

小来确定合作品牌的选择。

第二，销量大—毛利低。处于这个区间的品牌，可以称为“跑量品牌”，能产生两个价值：一是做大销售规模，虽然单品毛利低，但是销量大后也可以获得较高的总体利润；二是引流或带货，能够帮助经销商吸引更多的下游客户，也能将其他品牌顺势带下去。

第三，销量小—毛利高。处于这个区间的品牌，可以称为“形象品牌”，这类品牌对于经销商来说是非常有必要的，因其价格通常处于高端，除了能够带来较高的毛利外，还能提升经销商的影响力和价值感。

第四，销量小—毛利低。处于这个区间的品牌，可以称为“补充品牌”，这类品牌基本上都是经销商现有品牌中经营较差的品牌，造成这种局面往往跟运营不当有关。比如不少经销商以低价窜货销售，结果就会造成市场中的价格大战，产品毛利不断降低，最终因利润降低无人愿做，销量也不断降低。所以，对处于这个区间的品牌，经销商必须进行调整，通过提升其销量而转变为“跑量品牌”（通常不太可能成为“形象品牌”），否则就要考虑淘汰。当然，经销商的实际运营情况比较复杂，如果某些品牌无法轻易淘汰，也要确保这些品牌能够带来必要的价值，比如有助于留住下游客户，或者带来现金流，或者厂家能够提供资源支持。如果连这些价值都没有，那就没有必要保留了。

通过销量—毛利模型，经销商可以根据确定的产品线结构，在每个品种之下导入符合模型的品牌组合。也就是说，在经销商的每类产品之下，都会形成一个多样化的品牌组合，即支柱品牌 + 跑量品牌 + 形象品牌，这几类品牌是可以同时存在的，因为每类品牌是可以错位分开的，不会产生太大的直接冲突。运用这个模型，经销商可以不需要关注品牌所属企业的规模是大还是小、是知名还是不知名，只要能够成为支柱品牌、跑量品牌或形象品牌中的一类，对经销商就能产生价值，就有合作的必要。如果该品牌无法成为上述三种类型之一，即便规模再大、再知名，对经销商也没有太大的价值。

## 二、是否应该通过品牌组合来制约或防范厂家

在调味品经销商经营过程中，经常出现这种现象，就是在某一品类或者某一品种中，同时选择多个厂家的品牌进行合作。比如在调味酱品类中，既和老干妈合作，也和海天、李锦记、欣和等合作；在食醋品类中则同时和恒顺、水塔、紫林、东湖等合作；或者在佐餐菜的下饭菜品种中，玻璃瓶产品选择一个厂家合作，袋装产品选择另一个厂家合作；或者在调味酱的豆瓣酱品种中，大包装产品选择一个厂家合作，小包装产品选择另一个厂家合作；在复合调味料中，中高价格产品选择一个厂家合作，中低价格产品选择另一个厂家合作……这种状况在许多厂商合作中都存在。

之所以存在这种状况，原因主要源自厂商双方：

### 1. 源于商家

有的情况是经销商已经在某个品类、某个品种、某个规格、某个价位和厂家进行了合作，而其他厂家找上门来，如果要合作，就只能在上述几个方面区分开进行合作；有的情况则是经销商刻意为之，不愿意在一个品类只和一家企业合作，担心被厂家制约，一旦出现问题没有退路，和多个厂家合作可以防范厂家的变化。

### 2. 源于厂家

有的情况是厂家遇到经销商不愿意经销某些品种、某个规格或者某个价位，但是这个经销商又比较合适，为了获得这个经销商的资源和网络，只能将产品切割出来分别选择经销商；有的情况则是厂家刻意为之，其理念就是不将鸡蛋放在一个篮子里，他们认为两个经销商销售两种产品一定比一个经销商同时销售两种产品的量大。因此，为了最大化地激发经销商的潜力，这些厂家有意识地选择多家经销商进行合作。当然，这种情况大

多是分品类分开合作，分规格或分价位合作则会使客户分布过于零散。

对于经销商来说，是否有必要刻意在同一产品上和多个厂家合作来防范风险呢？笔者认为，经销商首要考虑的是基于自己的产品线规划和品牌组合规划，对于同一类具有相似属性的产品，最多可以和三个厂家的品牌进行合作，这是根据支柱品牌、跑量品牌或形象品牌三种品牌角色的分类来确定的，这确实能给经销商带来完全不同的价值。但是这种多厂家合作应该立足于品类或某些差异化较大的品种，不宜再细化到规格、价位或者相似的品种，因为这样做会分散厂家的资源，也会削弱其产品结构的整体性，并不会带来最好的结果。如果在价位上确实想单独选择厂家，也应该和整体价位一致的厂家合作，也就是该厂家的整体价位都是偏高或是偏低，而不是从一个高、中、低价位都有的厂家中单独切出一个价位来合作。从相反的角度看，如果厂家本身就缺乏清晰一致的品牌定位，也未必就是经销商的最佳合作对象。因此，经销商和厂家合作的一个基本原则就是，不要破坏其产品结构的整体性，只有在此前提下选择多个厂家，才有可能实现最大化的价值。否则，那种碎片化的分散合作即便能够防范风险，也未必能够给经销商带来利益。

## 三、对品牌实施生命周期管理

为了使经营的品牌充分发挥价值，经销商有必要导入品牌生命周期管理体系，对每个品牌的发展阶段进行动态规划和管理，对于增长潜力大的品牌要保障资源充足，对于出现问题的品牌要及时进行调整，对于无法挽救的品牌则要果断放弃。

基于经销商与厂家品牌合作的时间长短，结合每个品牌的销量大小及增长速度，可以将品牌的发展划分为四个阶段：导入期、成长期、成熟期、衰退期。品牌在每个阶段都有相应的表现特点，经销商可以据此做出相应的对策，尽量维护品牌运营的最佳状态。如图 3 - 3 所示。

### 1. 导入期品牌

经销商与厂家品牌的合作时间少于一年，此时品牌刚进入市场不久，正处于构建市场基础和培育消费习惯的阶段，市场空白很多，渠道覆盖率不高。处于这个阶段的品牌通常销量不大，占总体销量的比重低，但是由

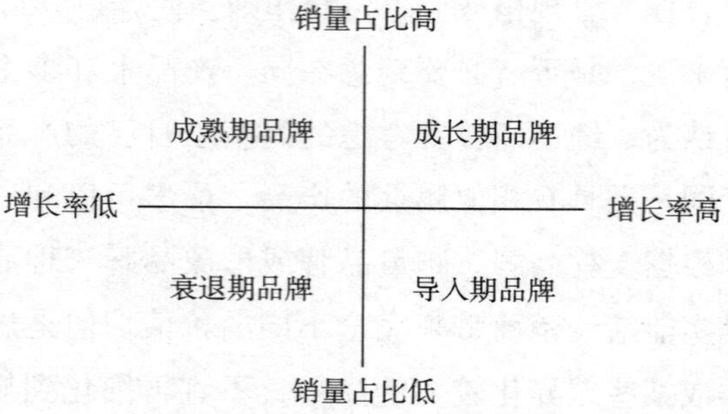


**图 3－3　品牌的四个发展阶段**

于销售基数低，所以增长速度相对较高，处于不断上升的过程。在这个阶段，经销商必须给予新品牌充分的关注，要按照品牌规划投入相应的资源，尤其针对未来可能成为“支柱”的新品牌，要设立专门的团队来进行拓展，如此方能提高品牌成功的可能性。

**2. 成长期品牌**

经销商与厂家品牌的合作时间为 2 ~4 年，此时品牌在市场上已经具有了一定的基础，进入的市场面较广，渠道覆盖率也较高，也培养了一部分消费者。处于这个阶段的品牌通常销量快速提升，占总体销量的比重不断增加。经销商对于这个阶段的品牌一定要全力推进，借助于已经培育起来的市场声势加速发展，持续强化渠道拓展和消费者推广力度，力争使品牌的销量规模和市场份额处于领先地位。经销商对成长期品牌的资源投入是最多的，因为这个阶段处于销量的快速增长期，绝对要将资源投到位，将市场做深做透，此时和竞争对手拼的就是谁能够最快地抢占领先地位，千万不能因松懈而半途而废。

**3. 成熟期品牌**

经销商与厂家品牌的合作时间为 5 ~8 年，此时品牌在市场上已经度过了快速发展的阶段，基本没有市场空白，渠道覆盖率处于最高水平，消费群体规模也很大。处于这个阶段的品牌通常销量增长速度放缓，占总体销量的比重比较平稳，此时经销商需要对成熟期品牌进行持续巩固和维护，但是在资源投入上会减少，更多的是依靠已经构建起来的市场地位和成长期的声势来延续推广。这个阶段属于经销商的收获时期，前期的投入在此时将获得最大的回报。当然，这个阶段经销商也不能太削弱对成熟期品牌的投入，要适当地予以维持，尤其当竞争品牌进行蚕食或发起攻击之时，仍然需要投入资源进行狙击和防御。

### 4. 衰退期品牌

经销商与厂家品牌的合作时间超过 8 年，此时品牌在市场上已经存在了多年，也经历了发展的高峰时期，由于市场环境始终处于变化之中，包括消费需求和竞争态势都随时产生全新的形势，这些都给品牌的持续发展带来了不确定性。因此，品牌发展到这个阶段常常会跟不上形势发展，被跟随在后或者新进入的品牌抢走市场，市场竞争没有绝对的常胜将军，此消彼长是正常的状态，谁都无法保证领先的优势能够维持下去，稍有松懈就有可能被超越。经销商一旦发现有品牌出现了衰退，就要分析造成衰退的原因，是由于外部市场环境的变化，还是竞争对手表现得非常优秀，或是自身出现了严重的问题，然后再根据诊断迅速拿出整改方案，尽快扭转市场局面。在此期间，经销商需要和厂家一起研讨竞争态势，以洞察深层次的市场态势，拿出最根本的解决方案，或推出全新的产品，或实施重新定位，或投入资源抢夺市场，全力推动品牌的重生。处于这个阶段的品牌只有两个出路，要么是通过努力挽回品牌的销售颓势，使品牌重新回到成熟期的发展轨迹，并继续延续下去；要么是无力改变品牌的衰退局面，尤其当厂家也缺乏有效的解决方案时，品牌失败的命运就很难挽回了。一旦品牌既不能给经销商带来流量，又不能带来利润，此时就不得不放弃了。

## 四、将经销商自身的商号打造成鲜明的品牌

除了对厂家品牌的规划，经销商还必须注重对自身商号进行推广，由此在下游客户和上游厂家之中建立有影响力的商业品牌。其实，笔者最想和调味品经销商说的一句话就是：请先将你们的网站建设做好！有兴趣的人可以到网上百度一下，找找看究竟有多少家经销商有自己的网站，结果一定会令你失望。偌大的一个经销商群体，竟然没有几家有自己的网站，可想而知品牌意识多么淡薄。

何谓品牌？品牌就是一种错综复杂的象征，是产品属性、名称、包装、价格、服务、历史、声誉、广告方式的无形总和。简而言之，品牌就

是体验，是消费者（用户）对所有接触到的东西所产生的精神感受。从这个意义上讲，企业经营就是品牌经营，经营企业就是在经营品牌，企业经营的使命就是打造百年品牌。一个优秀的企业，耗尽精力所要打造的就是给消费者（用户）带来良好体验的品牌，一个真正透彻理解品牌的企业，就会始终将品牌的打造作为企业经营的根本。这个道理不仅适用于厂家，也适合于经销商，只有成了品牌，才具有持久发展的生命力。

对于经销商而言，其品牌建设不同于厂家，没有厂家那样复杂和专业，因为厂家面对的是普通消费者，要将一个符号深深印入消费者的心智中，确实是非常不容易的事情。经销商建立品牌相对容易，因为经销商的用户主要是下游的客户，包括批发商、零售商、餐饮终端或一些直接用户，其品牌更多是通过商业合作来建立的，这不同于厂家品牌与普通消费者之间复杂的消费体验和情感体验。实际上，经销商能将厂家的品牌运作成功，这本身就能够令经销商产生品牌影响力，现在厂家到市场上寻找经销商，一个很重要的途径就是到处打听那些畅销品牌是由哪个经销商运作的。不少行业大商都是通过帮助厂家成功运作了品牌而建立了行业内的知名度，如上海荣进成功运作欣和六月鲜、上海美宝成功运作老干妈、大连大雷和哈尔滨德盛干调成功运作了东古酱油、郑州阳明成功运作了加加酱油……

不过，虽然这种成功打造厂家品牌代表了经销商的经营实力，但是在其自身的品牌建设上还是不够的。更多时候，是经销商的思维制约了对品牌的打造，不是只有厂家的品牌才能叫作“品牌”，经销商的商号同样也能成为“品牌”。

经销商自身的品牌建设并没有那么复杂，只需要从以下三个方面入手：

第一，理念方面。经销商首先要提炼出自己的核心经营理念，然后用一句话表达出来，诸如“只做健康美味的调味品”“创新优质服务”“一体化服务创造价值”等，这个经营理念就可以作为品牌的核心价值来进行诉求和传播。需要注意的是，这个经营理念应该清晰地体现出经销商的业务领域或者经营模式，要使下游客户和商业合作伙伴一听就明白，同时体现出经销商的特色。现在能做到这点的经销商还不多，大部分要么是没有核心经营理念，要么就是空泛的“诚信、责任、专业、共赢”等概念，到处都有人在用，根本就体现不出经销商的独特理念和经营模式。这一点需要向厂家学习，经销商可以和合作厂家进行沟通，在厂家的协助下用心将自己最核心、最本质的经营理念提炼出来，这就为自己的品牌确立了灵魂，可以深深地打动合作伙伴。

第二，形象方面。经销商还要改变自己的外在形象，这个形象包括商号（公司）名称、LOGO（商标）、品牌主视觉画面、办公环境、装饰装潢、宣传物料、员工服饰、办公用品等。在品牌的核心经营理念指引下，经销商可以请专业的广告公司或者设计公司将整个品牌的形象和视觉识别体系（VI）设计出来，由此作为抽象的品牌理念的外在表现，这有助于人们理解和感知。

第三，传播方面。经销商需要对自己的品牌理念和形象进行系统的传播，可以从静态和动态两个方面同步开展，静态包括门头、车体、墙体、横幅、遮阳伞、堆头、海报等，动态包括促销活动、宣传活动、公关事件、展会推广等。经销商在帮助厂家进行品牌传播的同时，也不要忘了对自身品牌的传播，这对于经销商的持续经营非常有价值。从另一个角度来说，这也是对厂家品牌的背书，因为厂家和某经销商进行了合作，才使其成功具备了良好的条件，经销商千万不要妄自菲薄。

凭借自身本已具备的经营实力，再结合对品牌理念和形象的系统传播，经销商就能够完成自身品牌的内外兼修，有利于在市场中得到广泛的传播，由此进一步提升自身的品牌价值，无论对于自身还是合作伙伴都是百利而无一害。

## 五、针对核心品牌连同厂家共同制定拓展规划

在品牌规划这个部分，除了经销商自身的需要外，还需要协助部分核心品牌来制定系统的策略规划，这是厂商紧密合作的重要一环，关系到经销商能否将厂家品牌经营成功，对此应连同厂家共同研讨确定。

### 1. 厂家的总体发展目标

这是对未来 1 年内厂家发展的具体描述，包括销售目标、市场占有目标、市场扩张目标和品牌发展目标。

在厂家总体目标下，还有根据不同标准划分的分类目标，包括月季度销售目标、区域销售目标、分产品销售目标等，确保按步骤最大化实现目标。

**2. 年度市场费用预算**

将费用总体预算放在这个部分，是因为费用作为市场拓展最重要的财务资源，将在很大程度上影响整体策略的制定，而厂家的任何营销活动都要在有限的资源条件下开展。

（1）市场总费用额和费用率的确定，作为整个市场拓展可支配的资金来源。

（2）市场费用项目主要包括条码费、陈列费、促销费、媒体投放费、宣传物料费等，要合理分配各项费用应该占总费用的比例，具体分配将依据整体营销策略来安排。

（3）营销总费用额和费用率的确定，作为整个营销活动可支配的资金来源。

（4）市场拓展各阶段的费用分配比例，根据营销策略重点实现资源利用效率最大化。

（5）明确厂家和经销商各自承担的费用比例。

**3. 整体策略思想**

整体策略思想是一种对如何达成目标的方向性描述，是站在整体的高度所做的系统性概括，它对各项分类策略起着整合、指导的作用。

整体策略思想的产生，是基于之前厂商通过对年度营销形势的深刻分析，对如何开展市场拓展赢得竞争优势的最终结论，它的准确性和有效性取决于前期基础工作是否严谨、专业和客观。

**4. 产品策略**

（1）确定目标群体。目前最常用的市场细分标准是人口统计数据，但是更有效的市场机会总是隐藏在消费者的购买心理和购买行为中，这需要对消费者进行深入的观察和了解。

（2）概念诉求。这是在市场定位前提下对产品策略方向的界定，需要做到的是产品与目标市场的一体化，最常用的是以高、中、低三类不同档次的标准加以区别。

（3）产品组合。为满足目标消费者的不同需求而开发出相应类别的产品种类，具体的区别形式可以通过包装、规格、品牌等来表现，产品组合的关键是一定要以定位来确定产品线的长度和宽度，同时确立主导产品并形成系列产品特色，合理控制产品种类和规格的数量。

在市场规划中需要对以上产品策略做出具体的描述，其中必须强调整体营销策略思想是决定产品策略的唯一指导原则。

**5. 价格策略**

（1）定价策略。需要对厂家的价格政策做总体的描述，是解释性的纲要性内容，作为整体市场规划的一个重要部分。

（2）价格组合。根据产品的种类、规格、包装、品牌等要素，可以制定出一套价格系列，这样是为了满足市场区隔的需求。对于消费者而言，购买同一种产品的目的是不同的，价格组合可以为他们提供多样化的选择，更重要的是可以为厂家带来不同的盈利水平。

（3）盈利空间。根据已有的价格组合体系，详细分析出每个产品、规格、包装或品牌在渠道各环节的毛利水平，尽量满足各方对利益的诉求。

**6. 渠道策略**

（1）渠道策略思想。这也是对渠道策略的一种方向性描述，反映的是最核心的策略原则，以对具体的措施进行指导和解释。

（2）渠道网络建设。从渠道网络体系的组合、层次、覆盖面等要素分析厂家的渠道建设重点，并考虑分销网络建设的成本和效率，是整个渠道体系的基础和目标，决定着厂家一系列渠道政策的制定方向。

（3）渠道网络管理。对如何管理渠道商做出描述，包括分销商的经营模式、对分销商实施的管理方法、对分销商进行整合等内容，其最终实施的成效取决于对分销网络特点的了解。也就是说，不同层次的分销体系需要恰当的管理模式，对于这点应该予以清晰的表述。

**7. 区域策略**

**（1）区域市场分类**

经销商可以根据两个因素，即市场容量和竞争优势，将管辖的区域划分为四类——核心、重点、潜力、一般。容量大、优势强的区域为核心；容量大、优势弱的区域为潜力；容量小、优势强的区域为重点；容量小、优势弱的区域为一般。需要注意的是，市场容量和竞争优势两个因素是综合的，各自涵盖了多个不同的小因素，经销商要据此进行综合分析。其中，市场容量包括区域行业总体消费量、行业增长速度、增长比例、市场集中度；竞争优势包括品牌基础性（消费者和客户认可程度）、客户稳定性（客户合作意愿和合作年限）、终端覆盖率（网络覆盖点）、渠道维护（组织、人员以及维护能力）、物流配送（配送到达率、配送半径）等。

**（2）不同区域的拓展策略**

①核心区域。主要目的：打造战略根据地；指导思想：资源重点投入，全渠道覆盖，区域深度拓展；主要政策：销售政策、人力资源倾斜；市场维护：密切跟进区域内主要市场拓展，对客户实施辅导，管理重心下沉到辖区内重点门店。

②潜力区域。主要目的：培育市场、发挥潜力；指导思想：聚焦资源培育核心联盟商及核心门店，品项区隔化拓展、避弱就强；主要政策：按渠道、产品积极进行市场拓展，在销售政策和人力资源方面适度扶持；市场维护：管理重心适度下沉。

③重点区域。主要目的：巩固现有竞争优势；指导思想：聚焦资源培育重点市场和支持大客户，树立标杆，稳定现有基础，逐渐向外、向下渗透；主要政策：密切跟进核心联盟商，在销售政策和人力资源方面适度扶持；市场维护：管理重心适度下沉。

④一般区域。主要目的：节约费用，自然增长；指导思想：提供相应销售政策由客户自行操作，抓好城区主要终端，打造样板；主要政策：合并机构，降低成本，紧盯市场变化；市场维护：重点督查客户政策落实。

**8. 推广策略**

（1）整体推广策略。主要是确定促销推广重点和促销项目整合的策略思想，由于促销手段多样化，整合性便成了关键因素，而整合的有效完成必须抓住重点，需要对此明确做出描述。

（2）渠道推广。主要指针对中间商开展的推广活动，其目的是通过利益的激励来达成分销网络的建设和销售业绩的提升，要对推广策略思路和主要推广手段进行描述，作为渠道策略的战术支持部分。

（3）消费者推广。主要包括媒体广告投放、消费者促销、主题推广活动、终端推广活动等，具体需要解决的是如何确定不同促销推广形式开展的阶段，各项内容在总体推广活动中所占的比重，以及不同市场拓展阶段的促销重点。

（4）推广内容整合。最关键的就是确定市场的拓展阶段和具体目标，然后确定各阶段的推广重点，再确定各阶段的推广主题，接着在主题之下选择主要的促销推广方式，并以其为中心对其他促销形式进行整合，由此形成一套整体的促销推广方案。

**9. 市场拓展实施计划**

（1）确定市场拓展的阶段性目标和要求，提出营销计划的重点。

（2）确定营销计划各部分的实施进度，根据进度将计划方案的内容融入相应的市场拓展阶段。

（3）对不同市场拓展阶段中的各项营销计划方案进行整合，使其在统一的目标和主题之下协调开展。

（4）按照市场拓展阶段制定出整个营销计划方案实施的时间、重点、主题、进度、评估、相关政策、执行部门等环节的内容。

**10. 市场实施计划的实施保障**

（1）对市场实施计划执行内容的分配。由经销商和厂家区域销售人员将整体实施计划分配给各相关部门，对各部门应负责的内容做出详细规定。

（2）对市场实施计划执行效果的考核。经销商连同厂家区域销售人员根据市场计划中确定的考核依据，定期对市场计划的执行情况进行评估，同时负责与各相关部门进行沟通协调，及时解决执行过程中出现的各种问题，确保市场实施计划的顺利进行。

## 第七节 渠道规划——从与消费需求的联结来规划渠道

作为流通环节中的经营者，渠道是经销商赖以生存的根基，而如今国内商业领域的市场结构已经发生了根本性改变，从而促使流通业态进入“战国时代”。对广大的经销商来说，必须重新审视所面临的市场环境，对商业渠道进行深入的了解和研究，修订以前的渠道策略，否则必将被市场抛弃。

## 一、渠道比产品更重要

现在常常听到有人说："产品好才是最重要的！"辅以佐证的案例包括小米，打造极致好产品，能够令粉丝"为发烧而生"；iPhone，其流畅的功能＋封闭的自有系统＋丰富的娱乐性引爆了全球消费者的追捧；老干妈，好吃的口味、独特的口感让其畅销全球；养乐多，一罐小瓶子活性乳酸菌饮料在中国市场可以实现近60亿元的销售额……

道理上，这句话似乎没什么毛病，但是只要一落实到现实中，就会发现这句话是有很大问题的。因为有太多太多的"好产品"并没有销售得很好，甚至很差，而不少销售很好的产品，似乎也谈不上是"好产品"。问题在于，什么才算得上是好产品呢？

古龙酱油——吉尼斯世界纪录获得者（555559口酱缸），其410ml珍品酱油精酿10年售价高达998元/瓶，这样的酱油绝对算得上是好产品吧？但是古龙酱油的销售额并不大，它的产品再好又有多大的意义呢？海天单一酱油品类2019年的销售额是116亿元，也许其与古龙酱油相比算不上是"好产品"，但是中国大部分的消费者都在食用它。

山西是陈醋的主产地，最好的陈醋就在山西，但是山西始终未能诞生出一家大规模的食醋企业。"山西不缺醋，缺的是营销；山西不缺醋，缺的是资本；山西不缺醋，缺的是宣传；山西不缺醋，缺的是创新。"面对山西食醋行业多年来难有突破的局面，山西食醋行业协会原副会长、山西金醋生物科技公司董事长王建忠如是说，有好产品但是没有好企业，这就是山西醋业面临的尴尬困局。

究竟什么才是好产品呢？有什么具体的标准吗？想搞清楚这个问题恐怕很难。因为不同的消费者对于好产品的定义和感知各不相同。江浙沪区域的消费者认为最好的醋是恒顺香醋，但是山西的消费者认为最好的醋则是宁化府老陈醋；许多人认为最好的白酒是茅台，但是山西消费者认为最好的白酒则是汾酒；iPhone在全球发达国家都很畅销，但是在非洲，最畅销的手机是中国的传音。所以，什么才是好产品呢？

通常，大家认为的好产品主要是指产品本身的性能或品质，但是问题来了，构成一个产品的要素有多个，那么这个性能或者品质究竟是从哪一个要素来衡量的呢？比如什么才能算得上是一种好酱油？是上色，还是增鲜？是晒足 180 天，还是晒足 360 天？是零添加，还是有机？是广式，还是日式？是包装，还是材质？是高质高价，还是高质中价？恐怕，这个问题根本就说不清。

或许，我们应该从另一个角度来想想这个问题：企业追求好产品的意义是什么呢？是单纯追求产品本身性能或品质的好吗？还是为了满足消费者的需求？抑或是为了超越竞争对手？思考到此，我们的思路都会变得越来越糊涂，这样分析下去，恐怕一辈子都不会得出一个确切的答案。

这个世界到底存不存在好产品呢？好产品肯定是有的，但是企业若要以打造极致好产品作为经营目标的话，恐怕是一定会失望的。“打造好产品”，这只是一句听起来正确无比的废话，对于企业的实际经营根本就不会产生任何作用。一个产品到底算不算好产品，这并不是企业能够制造出来的，而是在市场上由消费者使用出来的，是根据产品对消费者不同需求的满足程度来决定的。

所以，真正意义上的“好产品”是不存在的，只存在适不适合的产品，也就是能不能满足消费者需求的产品。所谓的“好产品”，无非就是看其满足的需求面有多大，满足的消费者数量有多少，如果其能够满足的消费者足够多、需求面足够大，我们就可以说这是一个好产品，相反，就不是一个好产品。

简而言之，能够充分满足消费者需求的产品就是好产品，从这个意义上来看，一个好产品就不仅仅是指自身的性能或品质了，还包含其他诸多超出产品本身的因素，比如使用方便性、包装吸引度、价格适合性、购买便利性、概念独特性及竞争优越性等。

在企业经营的现实中，我们往往发现所谓的好产品在市场竞争中根本无用。你说你的产品性能和品质最好，但是没有资源开展大规模的传播推广，也缺乏足够多的经销商来合作，没有进入广泛的渠道进行销售，更没有足够多的销售人员来维护市场……结果就是你的产品只能局限在很窄的区域市场进行销售，只有很少的消费者知道这个品牌，产品在渠道和终端的能见度很低，在终端货架的陈列很差，而且在各区域市场的价格差异又很大。当然，最后的销售额和市场份额都很低。试问，这可以被称为一个

“好产品”吗？

当厂家推出一个产品的时候，如何才能使其成为一个好产品呢？这时候就是渠道要发挥作用的时候了。这里，笔者要拿德鲁克的话来做一个背书，他在《成果管理》一书中这样写道：“分销渠道常常比产品更重要……产品反过来必须符合与众不同及重要消费者的需要，这样的消费者就是产品的分销渠道……如果渠道选择错误，失败是不可避免的。”

德鲁克的话牵扯对渠道的理解。不少厂商对于渠道的理解都是“通路”，这是中国台湾企业在20世纪90年代引入大陆的概念，其实是一个将厂商引入歧路的概念。在这个概念的指引下，大量经销商将自己变成了单纯的“物流配送商”，砍掉了自身原本具有的业务拓展、渠道管理、品牌推广等职能；而厂家，也不顾社会专业化分工的规律，将自己转变成全能的渠道运营商，加车加人加费用，最后的结果是经营成本高企，投入产出不成正比，难以持续经营。实际上，渠道不仅仅是通路，而是市场，是需求，不同需求的汇集形成了不同的渠道，而不同的渠道则代表了不同的需求。比如大卖场的背后代表着大众消费者一站式日常购物的需求，便利店的背后是年轻消费者的便利性日常购物的需求，专卖店的背后是专业性购物及服务的需求，天猫的背后是年轻消费者的实惠及便利性购物的需求，而餐饮批发市场则是中小餐饮店对调味品及干货的购买需求……

一个产品能不能成为好产品，关键在于其能不能满足不同渠道背后的消费需求。如何才能满足呢？这个问题其实是非常复杂的，既与产品自身的性能与品质有关，又与价格、购买便利性、服务等隐性因素有关。打个比方，某个品牌的酱油品质很好，但是进入的渠道有限，很多消费者根本就不知道也买不到这个产品，那么这个产品如何成为一个好产品呢？所以，到底是产品本身的好坏重要，还是其他因素重要呢？都很重要。但是从某种角度来说，渠道比产品更重要，因为影响产品本身的因素主要存在于厂家内部，相对而言是容易掌控的，要生产出能够恰当满足消费者需求的产品并不难；渠道就不同了，因为其存在于厂家外部，是由不同的经营主体所构成，如经销商、批发商和零售商等，各自的商业模式和利益取向都不一致，厂家要让这些渠道成员愿意来销售自己的产品，并不是一件容易的事情，有很多因素不可控。相反，如果一个产品自身的品质很普通，但是其能够赢得渠道成员的大力支持，完全有可能被打造成一个具有影响力的好产品，这就是渠道蕴含的力量。

更何况，国内调味品市场中的产品同质化是非常突出的。在这种状况下，渠道对于打造出一个好产品的意义尤为重要。比如酱油、食醋、味精、鸡精等调味品，不同企业、不同品牌之间的产品差异化程度都很小，就连包装风格很多都相似，不要说消费者，就连厂家自己都很难分辨出来，又怎么能够让消费者认可呢？所以，我们在市场上看到，哪一个品牌或者哪一个厂家有派驻销售团队在市场上协助渠道成员来拓展市场，那么就能够获得较好的销售业绩，市场基础也比较好，消费者的接受程度也比较高。反之，即便是产品自身品质非常好，也不会有很好的市场表现。海天的产品未必最好，但是渠道运营优势一定是最强的，因为其2019年在全国市场拥有5806家经销商和15000家联盟商，并由此掌控超过70万家的零售终端，这种渠道核心竞争力支撑了其多年来的持续增长。

由此，笔者认为调味品厂商最大的战略机会就在于渠道，如果一个品牌能够进入更多的渠道网络，能够更直观、更方便地被消费者所接触，那么就一定能够实现良好的增长。为了实现这一点，调味品经销商需要抓住几个关键问题。其一，协同厂家挖掘出具有一定竞争差异性的产品，并能满足消费者的核心需求；其二，这个产品一定要能让渠道商获得不低于同品类平均利润率的收益空间，包括产品差价及政策支持，而且这个收益要有一定的稳定性；其三，对渠道进行系统的维护管理，强化渠道掌控力。前者与核心价值定位、产品规划及品牌形象有关，后者则与渠道规划、渠道管理、客户管理及团队建设有关。能做到这两点，调味品厂商就构建起了竞争对手难以模仿的核心竞争优势，想不增长都难。

## 二、经销商渠道运营的问题

虽然调味品经销商天天都在和渠道打交道，但是这并不意味其能够有效地掌控渠道。事实上，经销商的渠道运营中存在大量的问题，导致整体渠道表现出的是粗放和零散，这必须通过系统的规划来加以解决。

### 1. 渠道覆盖种类单一

渠道覆盖类型单一是调味品经销商渠道运营问题的一个主要表现。比如某调味品经销商，其经营的核心产品应该进入大卖场、超市、杂货店、农贸市场、餐饮终端等渠道，但在经过较长时间的市场拓展后，其经销商只是通过流通渠道进入了农贸市场和杂货店，而对于其他类型的渠道则还是一片空白。在这种情况下，自然对销售产生了极大的不利影响。产品都有着整体的规划，并且和渠道有关联性，如果产品不能及时通过渠道覆盖在市场展示出来，根本就不可能让消费者对其产生清晰的认知，更谈不上购买。

**2. 渠道覆盖深度难以下沉**

调味品经销商渠道运作的重心较高，渠道覆盖的深度难以下沉，使得产品无法实现对市场的渗透，从而影响产品销售的最大化。所谓渠道运作重心高，指的就是渠道覆盖还只停留在市场的较高层级。比如省会城市或地级城市等，还没有渗透到县级城市或者乡镇上，这就意味着这个经销商对市场的拓展还不深入，只停留在表面。笔者常常在市场上看到，有的产品在地级市场的相关渠道有销售，但是往下走到县级市场就不多了，再到乡镇市场就几乎见不到了。在这种情况下，这个产品的销售往往不会太好，因为能够见到产品的面太窄，市场越往下沉，渠道覆盖的面就越广，产品实现的销售就越多；如果只停留在上面，产品被消费者接触到的机会就不多，也就难以实现良好的业绩。这种情况，则与经销商的渠道运作能力直接相关。

**3. 渠道秩序难以管控**

调味品经销商的渠道问题还表现在渠道运作的秩序上。所谓渠道的秩序，就是指渠道运作过程中的规范。比如价格管理、终端管理、售后管理等，通过这些规范可以使经销商的下游客户实施有效的渠道运作，但现实中经销商对此不够重视，大多还是按照粗放式的价格利益来驱动，不愿意耗费精力来对渠道成员进行管理。这样一来，对于下游客户的约束力比较弱，最终影响渠道运营的成效。

**4. 渠道运作缺乏稳定性**

许多调味品经销商在渠道的运作上还很缺乏稳定性，其实质就是和下游渠道成员之间的合作关系不稳定；有不少经销商在区域市场中缺乏长期的分销合作伙伴，对于批发商和中小零售商而言，通常与经销商的关系很松散，基本上是典型的生意驱动型，能赚钱就卖，不能赚钱就立马撤手，不会有任何感情，所以没有经销商在其中付诸努力去建立合作关系，渠道运作是不会稳定的；渠道成员能赚到钱还好，如果赚的钱少了，他们会立刻投入赚钱多的企业的怀抱，这样就使经销商在渠道运作中极易受到竞争对手的攻击。因此，经销商面临的一个难点就是，如何才能与分销商和核心零售商建立稳定长久的合作关系，避免使渠道产生动荡而影响产品的销售。

## 三、新零售背景下的调味品渠道重构

在电商还没有来得及被调味品企业消化时，一个全新的概念“新零售”产生了，阿里巴巴、京东、腾讯等互联网巨头纷纷祭起“新零售”的大旗，来势汹汹地掀起了新一轮的“圈地运动”。在 2017 年 11 月 20 日，阿里巴巴以 224 亿港元收购高鑫零售股权，直接和间接持有份额达 36. 16%；而腾讯则通过旗下子公司在 2017 年 12 月入股永辉超市 5%，紧接着在 2018 年 2 月，腾讯又联合京东以 16. 26 亿元入股湖南步步高超市 11%。在过去的几年里，调味品行业是徘徊在电商边缘的，然而在电商硝烟正浓烈之时，新零售的时代已然迅猛来临，马云甚至声称以后不再有电商，只有新零售，对此调味品行业又应该如何应对呢？作为传统民生产业的调味品行业，面临着一个前所未有的混沌时代：最传统的业态与最先进的业态交织在一起！调味品行业应该何去何从？诺基亚说：“我们并没有做错什么，但不知为什么，我们输了！”大润发说：“我们赢了所有竞争对手，却输给了时代！”面临这个新零售的时代，调味品企业应该怎么说呢？

### 1. 什么是新零售

什么是新零售呢？经考证各种说法，笔者认为新零售的含义大致可以总结为：利用互联网技术收集消费大数据，打通线上线下，为消费者提供更好的体验，同时构建高效供应链，最大化满足消费者价值。其中包含以下几个关键词：

（1）大数据。用以掌握消费者行为，这是构成新零售的基础。

（2）打通线上线下。让消费者购物兼顾便利与体验。

（3）高效供应链。缩短消费者的收货时间。

（4）满足消费者价值。新零售应该比传统零售能更好地促成消费者的价值实现。

“新零售”是马云提出的，而京东对新零售的理解则是“无界零售”，在“知人、知货、知场”的基础上，打破传统零售在空间、品类和供应链上的组织形式，重构零售的成本、效率与用户体验。从上述几个要素来看调味品行业，我们会发现调味品行业在整个零售的价值链上是断裂的，还无法有效地形成消费者购物的高效闭环。目前，大部分的调味品厂商还是采取传统单向批发流通的经营模式，新零售的到来，将对调味品行业产生深远的影响。

**（1）阿里巴巴的新零售布局**

阿里巴巴在新零售方面的布局从2014年入股银泰开始，2015年与苏宁牵手，2016年“新零售”战略提出之后，阿里巴巴布局开始明显加速，其重要的行动包括战略入股线下零售企业三江购物、联华超市、新华都及高鑫零售，发展新兴业务如盒马鲜生、零售通、淘咖啡无人便利店。阿里巴巴新零售布局的特点是以入股的方式推动线上线下融合，并在移动支付、云计算、物流、大数据等领域提供一整套解决方案。

**（2）京东的新零售布局**

京东的新零售布局包括联手腾讯推出“无界零售解决方案”，并共同投资永辉超市超级物种和湖南步步高、联姻国际巨头沃尔玛；布局线下渠道，如生鲜体验店7-Fresh、百万家便利店、无人便利店+无人超市（2017年双11京东总部开业）、3C新零售（京东之家+京东专卖店）、京东母婴体验店、京东家电专卖店、京东到家无人便利售货架；赋能线下店——京东新通路；拓展农村市场——京东帮+京东服务中心等。

从上述阐述中可以发现，新零售正在全方位地颠覆中国零售产业，在这股汹涌的浪潮中，任何一个行业、任何一家企业都无法不受影响。中国的调味品行业正处在一个前所未有的混沌时代，最传统的商业形态和最先进的商业形态交织在一起，当传统的商业形态和现在的O2O、新零售、高效供应链紧密交织在一起，学会如何把它有机结合在一起，这对调味品厂商来说意义重大。凯度消费者指数发布过一个数据，全国天猫、淘宝、京东等电商网购在整个调味品渠道中所占的比例仅为2.9%，最下线的县级市场也小于5%。这充分证明传统的调味品行业还没有来得及融入电商，新零售的时代却迅猛来临，这个时候我们该怎么办？

## 2. 新零售对调味品行业的影响

调味品行业主要有三大类市场：家庭消费占30%，工业消费占25%，剩下45%的庞大份额被餐饮消费占领。首先，新零售体系影响的是家庭消费市场，C端是最先让消费者感受到新零售威力的，通过新零售实现线上线下贯通，利用高效供应链让消费者获得最佳的零售体验。紧接着新零售体系会影响终端和最终用户，比如厨师，新零售可以利用大数据及供应链将其整合起来。实际上这两个方面是同步发生的，目前京东的新通路已经高调杀入餐饮食材B2B市场，搭建中小餐饮客户一站式采购平台，目前已经有新通路采购经理针对中小餐饮企业展开前期调研和洽谈合作意向。这意味着新零售将加速对调味品行业的渗透，这将加剧调味品行业的洗牌。

新零售对调味品的影响首先反映在厂家层面，其次反映在渠道商层面。

### （1）对厂家的影响

新零售对调味品厂家的影响，最核心的就是从生产导向到消费导向。传统的调味品厂家通常并不直接关注最终用户，他们更看重的是能够从厂家直接打款进货的经销商，以及能够帮助经销商广泛分销产品的批发商，至于终端商和最终用户，是大部分厂家都非常薄弱的环节。而新零售要解决的就是要缩短渠道的中间环节，要求厂家直接面对零售商和最终用户，通过大数据反映出来的用户行为来及时予以满足，从而创造最终价值。传统的调味品厂家不关注最终用户的需求，而新零售可以有效地推动厂家的变革。新零售的关键在于利用大数据，而大数据就是从用户行为中来，用户行为包括C端家庭消费者和B端餐饮厨师，有了大数据就意味着厂家要通过数据直接越过渠道到达终端和消费者。为什么大部分调味品厂家对市场掌控能力很弱？因为无法直接接触终端用户，无法有效占据用户的心智，品牌能力也非常弱，增长也难以做到有效持续。新零售的到来就会改变这一局面，可以让厂家利用大数据更深入地洞察消费者。比如一家酱油企业通过大数据可以知道：消费者现在使用酱油的行为和消费态度是什么样的？消费者使用酱油要达到的最终目的是什么？使用的频次和用量是怎样的？新零售的时代来临了，调味品厂家一定要关注用户的行为，关注如何给他们最好的体验。新零售时代利用现代高科技，厂家容易获取到这些数据，从而用来为目标群体画像，然后再通过移动互联网实施精准推广。如此一来，新零售就可以极大地推动传统调味品厂家在战略和商业模式上实现重大转型。

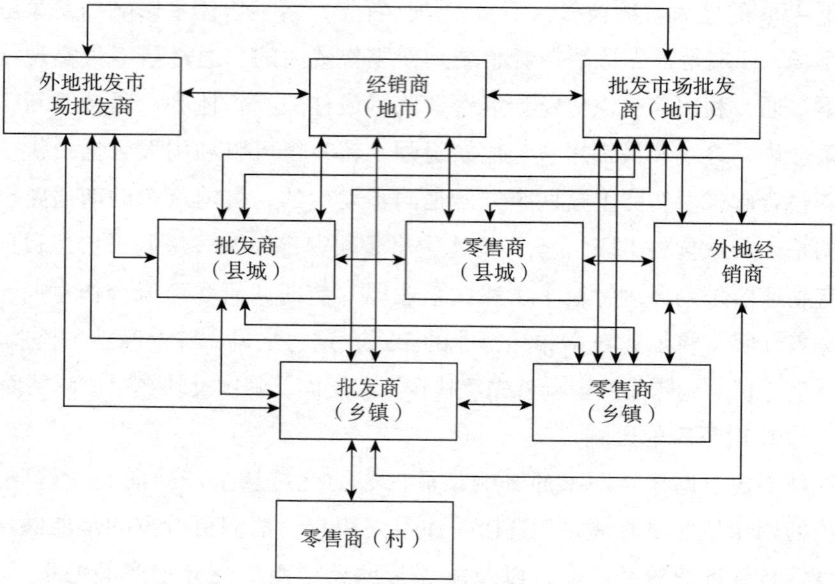


**图3－4 中国调味品市场流通渠道结构**

**（2）对渠道商的影响**

从渠道商的角度来看，新零售将推动整个调味品行业“去批发化”的进程。图3－4是具有中国特色的批发流通体系，其内在的逻辑就是低价格和跨区域流通，这在过去僵化的计划体制下能够起到搞活流通的作用，如今却不利于厂商将市场做深做透。对于领先的快消食品行业来说，如啤酒、乳制品、饮料、方便食品、休闲食品等，基本上走完了“去批发化”的进程，但是调味品行业仍然处于“批发正当时”的状况。新零售的兴起，将推动调味品渠道结构的加速转型，这就是阿里巴巴的零售通和京东的新通路目前对渠道商带来的冲击。

对于调味品行业的经销商和批发商而言，其经营面对着很大的困境，如需要压货、资金压力大、物流配送成本高、利润低下、经销产品结构简单、无差异化竞争优势、覆盖范围有限。而零售终端也存在很大的压力，如毛利薄、进货渠道趋同、高度同质化、缺乏差异化竞争力、供应商服务

（物流、动销等）不到位。针对这种状况，目前以阿里巴巴和京东为首的电商巨头不约而同地瞄上了这一块领域，将其融入新零售。其中，一个重要的举措就是阿里巴巴推出的零售通和京东推出的新通路，前者计划将中国超过600万家的零售小店都整合到新零售体系中，后者则计划发展超过100万家的零售小店，直接将产品配送到零售终端，两巨头意图以此来重塑传统的批发流通体系。若成功，则传统的批发商将面临淘汰，或者沦为新零售体系下的配送商（即京东所谓的“联合仓配”），甚至连部分配送型的经销商也有可能与批发商面临同样的命运。如果调味品行业中传统的渠道商不能及时调整自己的商业模式，在这场商业升级的过程中只能被边缘化，直至淘汰。

在这个“去批发化”的过程中，新零售将推动调味品行业的渠道商从个体化向公司化转型，目前调味品渠道商的经营水平还普遍较低，大部分多年在批发市场中经营，较少甚至没有业务团队，缺乏公司化运营能力，这都极大地制约了他们的发展。在阿里巴巴的零售通和京东的新通路的压力之下，要求调味品渠道商必须迅速转变传统粗放的商业模式，从批发商转型为物流商，再从物流商转型为运营商，为调味品厂家和零售终端提供比阿里巴巴和京东更加专业和高效的渠道服务，从而创造出更大的价值，这样才能强化对渠道和市场的掌控力。

### 3. 新零售的本质是什么

#### （1）新零售的本质是高效消费者响应

目前各方对于新零售的解读各不相同，即便是“新零售之父”阿里巴巴也只是一家之言。在笔者看来，无论从形式上看新零售是大数据也好，是线上线下也好，是高效供应链也好，是优化消费体验也好，还是提升零售效率也好，归根结底，新零售还是为了最大化地满足消费者价值。具体而言，就是高效消费者响应，这是万变不离其宗的商业本质。高效消费者响应（Efficient Consumer Response，简称ECR）是零售运营的本质，是20世纪由沃尔玛所开创的，其与日化巨头宝洁所合作推行的ECR，开创了高效消费者响应的经典。新零售的兴起，从本质上来讲无法脱离“高效消费者响应”，只不过过去所依靠的是卫星系统，如今依赖的则是互联网。应该说，新零售所基于的高科技，可以更有效、更广泛地推动中国企业共同实现高效消费者响应，从而推动整个商业生态共同回归消费者核心价值，实现利益的终极统一，而非如传统般各谋其利。在国内市场过去数十年的发展过程中，企业对于消费者核心价值是缺乏认知的，在经营中是缺乏关注的，因为不需要关注消费者也可以赚钱。在物资短缺的时代，他们不需要关注，只要有东西就能够卖出去；在物资逐步丰富的过程中，他们也不需要关注，只要简单粗暴地投放广告也可以将东西卖出去；在现代零售业发展的过程中，他们也不需关注，只需要满足终端商或者渠道商的需求就可以将东西卖出去；到了电商时代，他们逐渐关注消费者了，因为消费者的评价可以影响销售，但是经营的核心逻辑仍然是流量为王，从本质上说还没有回归到消费者……现在，一切都开始在重新解构了，如果企业没有将核心聚焦在消费者核心价值的高效响应上，就真的要被时代所抛弃了。

**（2）调味品的新零售就是基于核心价值实现高效消费者响应**

调味品行业的经营还很传统，从厂家角度来看，大多停留在产品思维中，过于看重技术、工艺、品质，但是对于消费需求洞察和引导非常薄弱；从渠道商角度来看，大多采取的还是传统的批发流通模式，同样不了解消费者需求，更不会深入地拓展市场；从零售商角度来看，大量的零售店、餐饮终端对消费者的核心价值也缺乏认知，他们也是通过传统的经验来销售产品。这一切，都阻碍了调味品行业的快速发展。但是在新零售时代，这些都可以完全得到改观，基于大数据，调味品厂商可以更加透彻地洞察消费者需求，跳出产品思维的局限，基于消费者认知和产品特性提炼出独特的核心价值；基于线上线下融合，调味品厂商可以让消费者同时享受到丰富的产品和良好的体验；基于高效供应链，调味品厂商可以让更多的消费者实现购物的随时随处可得；基于无边界零售，调味品厂商可以让品牌无处不在地接触到消费者。调味品行业还非常分散，市场集中度不高，厂商经营水平偏低，品牌化程度不高，这些都制约了行业的发展。通过新零售来重构渠道生态，实现高效消费者响应，就能推动调味品企业深入了解消费者需求，反向重新定义传统的调味产品，赋予其全新的核心价值，从而扩展这些品类的市场边界，开创出更有前景的蓝海市场。

**4. 调味品厂商新零售破局之道**

调味品厂商要实现战略破局，必须顺应新零售的发展趋势，选择永远大于努力，唯有洞察规律顺应趋势，才能打破沉寂的局面，推动诸多品类的突破性发展。而调味品厂商唯有顺应新零售的发展趋势，才能在战略上高瞻远瞩，提前谋划布局，最终实现“先胜而后战”；领先者可以借此获得持续竞争优势，跟随者可以掌控节奏实现弯道超车，完成对领先者的逆袭和超越。

调味品厂商要主动拥抱新零售，但是成功的关键在于能否把握节奏。如果拥抱得慢了，结果是等死；如果拥抱得快了，结果是找死。等死不行，找死也不行，所以调味品厂商拥抱新零售过程一定要恰到好处。那么，调味品厂商要怎样实现新零售的破局呢？在笔者看来，调味品行业有其自身的特性，要让新零售顺利融入调味品行业，关键在于从新零售的本质出发，挖掘核心价值定位，充分利用新零售的平台与工具，走出一条调味品行业自身的新零售之路。在此，笔者初步提出调味品厂商实施新零售破局的总体价值链架构。如图 3－5 所示。

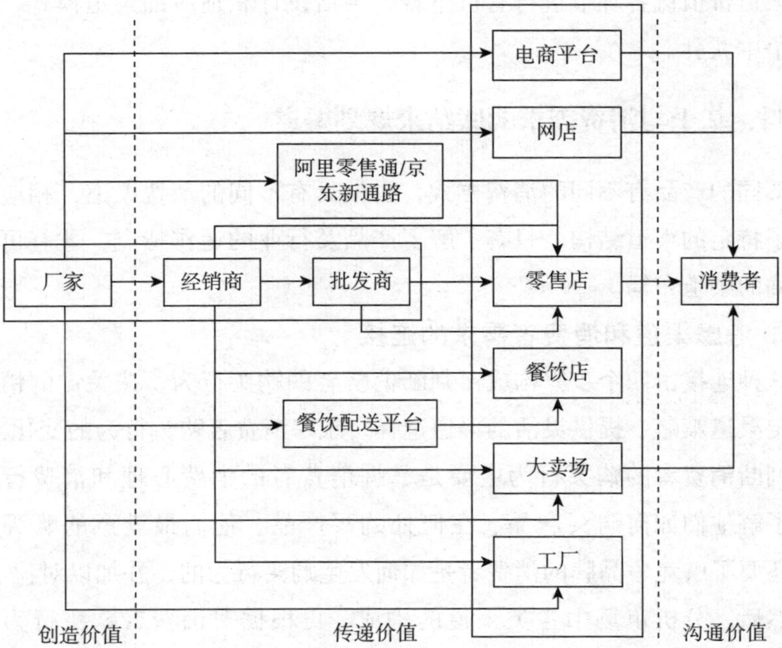


**图 3－5　调味品厂商新零售总体价值链架构**

近两年，越来越多的传统调味品经销商从之前的关注开始转变为尝试，纷纷加入新零售阵营，希望通过“搭车”新零售，实现品牌和销量的弯道超车。在河南，以郑州阳明商贸为代表的调味品经销商，凭着“积极求变”的商业嗅觉和对市场的判断，较早加入了与阿里巴巴“零售通”的合作。除此之外，阿里巴巴“零售通”还与驻马店、洛阳等地调味品经销商展开了合作，通过其强大的线上整合能力拓展线下门店，打通线下零售终端（便利店）和线上交易平台闭环，为消费者打造全新的购物体验。对消费者而言，真正实现不出家门，便捷购物；对厂商而言，实现销售渠道数字化，有效监控各项销售指标。调味品经销商的这种尝试，待成熟之后，将会对调味品产业产生积极的影响。

渠道体系的打造是一项费时费力的庞大工程，但也是调味品经销商最能够构建核心竞争力的领域，因其相对于产品和品牌而言，更难模仿和巩固；简单地理解渠道将无助于厂商形成核心竞争优势，真正的解决之道在于，调味品经销商必须从渠道运作的价值链系统考虑，在整体的战略规划下对渠道价值链各环节进行有机整合，灵活设计相适应的渠道模式，从而在竞争中获胜。

## 四、基于与消费需求的联结来规划渠道

不同的产品有不同的消费方式，也就具有不同的消费渠道，相应地就构成了特定的渠道结构，只有了解了产品及行业的运作特点，才有可能找到正确的渠道布局。

### 1. 考虑渠道和消费者需求的连接

这种连接由四个步骤构成：判断消费者的购买行为、按关键的销售特点制定渠道策略、提供灵活的渠道选择、跟踪消费者购买行为的变化。

判断消费者的购买行为主要是掌握消费者的消费心理和消费行为特点，了解他们如何购买产品、在何处购买产品、他们最满意的购买方式等，还要了解竞争品牌的消费者是如何发生购买行为的，并加以对比。

然后，分析市场中各类渠道的构成，再根据对消费者购买行为的掌握，考虑可以通过何种渠道向消费者提供产品。因为不同的消费者有不同的购买方式，所以必须考虑到消费的多样性，从而为消费者提供能够购买产品的多种渠道。比如有人习惯在大卖场进行一站式购物，有人以社区超

市为主，有人以便利店或杂货店为主，有人则习惯于网购，必须根据不同的消费者行为特点来确定应选择何种渠道结构，如可口可乐就通过广泛的铺货为消费者创造了非常便利的购买渠道。

由于消费者需求变化和市场环境的变动，有可能对渠道结构产生深刻的影响，因此要时刻留意消费者购买行为的变动状况，以便随时做出应变。随着流通渠道、商超渠道、餐饮渠道和电商渠道近几年的发展和此消彼长，就必然引发经销商考虑与其合作的方式，以应对消费者购买行为的改变。

**2. 经销商必须基于每一类购物场所及购物模式的特性来规划渠道**

目前，不少调味品经销商对于渠道的规划不够细致和系统，总体上比较简单，对于每一类渠道所包含的类型及其特点了解不深，这必然会影响渠道的运营水平。

**（1）消费变化带来购物场所的不断细分，并由此影响渠道结构**

购物场所是构成渠道的基本单位，也是不同消费需求的集中体现，每一种购物场所的产生都有其内在的消费规律，调味品厂商对此必须加以充分研究。在传统的概念中，厂商习惯将购物场所叫作零售终端，随着零售业的发展和消费需求的不断细分，目前零售终端已经不能充分反映零售的内涵了；今天，我们应该用“业态”的概念来定义购物场所，这样才能充分体现出渠道内在的消费需求和商业运营特性。

**（2）购物模式在抽象的层面上又推动着渠道的变化**

对经销商渠道结构产生影响的，不仅是那些看得见的实体的购物场所，那些看不见的消费者购物行为也会对其产生巨大影响，关键就是消费者的购物模式。消费者购物模式反映了消费者的不同需求点，比如大卖场满足的是一站式购物需求，超市满足的是主要生活用品购物需求，便利店满足的是便利性的购物需求，专卖店满足的则是更高品质、更丰富和更好体验的购物需求；还有一些购物模式是不需要通过实体购物场所的，比如网上购物满足消费者的是更丰富、更实惠和更便利的购物需求，其中所盛行的团购模式更是反映了消费者对实惠购物的极致需求。由此可见，“渠道”是无处不在的，有需求的地方就有渠道，不管它是实体的还是虚拟的，一切的本源都在于消费需求，对这一点，经销商是不能不深刻洞察的。

## 五、渠道的宽度规划

### 1. 调味品的渠道分类

调味品经销商首先需要从渠道的宽度来入手，也就是要先确定自己所适合的渠道业务领域，在目前的市场格局中，多元化的渠道是厂商发展的必经之路，单一渠道已无法满足市场拓展的需要。目前调味品市场上的渠道类型总体上可以分为商超渠道、流通渠道、专卖渠道、专业渠道、特通渠道、网络渠道，企业需要从中筛选出符合自身战略定位的渠道类型。一方面，如果是根据厂家现有产品来选择渠道类型，那么厂家需要考虑的就是产品的消费特性、品牌定位及产品价差空间，这三个要素与渠道业务的商业运营特性密切相关，对渠道的选择一定要和产品相匹配；另一方面，如果厂家打算拓展某类渠道业务却没有现成的产品，同样需要根据以上三个要素来研发产品，使产品能够符合目标渠道的商业运营需求。

流通渠道的类型，指那些已经长期存在、数量众多且零散、缺乏组织化的批发市场、农贸市场、杂货店、BC 店等渠道。这些渠道分布广泛，必须通过经销商和批发商才能进行有效覆盖。

商超渠道的类型，指连锁性的零售商超系统。从业态划分包括大卖场、标准超市、综合超市、社区超市、生鲜超市、便利店、折扣店等，从区域范围划分包括国际性商超、全国性商超、地区性商超，从商圈分布划分包括商业型、商务型、社区型、口岸型、工厂型等。连锁商超渠道都是具有完善组织结构和成熟管理体系的零售企业，在合作中通常占有主导权。

餐饮渠道的类型，运作餐饮渠道首先要搞清楚不同的餐饮终端类型，这也是调味品的最终用户，不同用户的需求是完全不同的。从餐饮风格上可分为中式和西式，从业态上可分为正餐、快餐、自助、小吃等，从菜系上可分为川菜、粤菜、湘菜、东北菜、江浙菜、火锅、烧烤、烘焙等，从经营模式可分为连锁、单体、外卖等，从经营规模可分为大型、中型、小型等。调味品经销商运作餐饮渠道的复杂主要体现在餐饮终端的复杂上，每类餐饮的需求都不一样，既有共同的也有不同的，这给调味品厂商的经营带来了很大的挑战。从实际情况来看，能够将每类餐饮渠道的运营特性和需求都搞清楚的厂商还很少，这需要花费足够的时间和精力，现在流行讲餐调融合，不了解餐饮的特点和需求，又怎么能够做到融合呢？笔者始终向调味品经销商强调，运作餐饮渠道一定要深入了解，不能只是停留在“餐饮渠道”这个表面，否则就是传统的贸易式做法，而要真正将市场做好，将品牌做好，就必须将各种餐饮形态都琢磨透。因此，调味品经销商在拓展餐饮渠道时，必须从各种餐饮类型中选择出自己的目标用户，比如什么风格、什么业态、什么菜系、什么规模等，这是所有经营活动的源点所在，然后再将这些餐饮用户共同的核心需求提炼出来，明确整个经营方向。

特通渠道的类型，指具有半封闭或者全封闭性质的渠道，如校园渠道、旅游渠道、加油站渠道、企事业单位食堂、外卖渠道、团膳渠道、航空铁路公路渠道、监狱渠道等，特通渠道所能容纳的合作者都有一定限度，其中人脉关系起着非常重要的作用。

网络渠道的类型，指建立在互联网之上的各种渠道类型，包括平台电商（天猫、淘宝、京东、苏宁、唯品会、当当等）、导购电商（小红书、蘑菇街）、微商（云集、环球捕手）、电商零售（天猫超市）、直销电商（旗舰店）、电商分销（网络分销商、阿里巴巴零售通、京东新通路）、社群电商（拼多多）等。

专业渠道的类型，指专注于和调味品有关的渠道，如美菜网、美团网、叮咚买菜、味之家等。这类渠道都是近几年兴起的基于互联网的餐饮食材供应链平台，调味品也是其品类中的重要组成部分，通过这个平台，可以直接将产品配送到众多的餐饮终端。

**2. 构建有竞争力的多元渠道组合**

本书开始，笔者在阐述调味品经销商现状时说到一点，分渠道经营的经销商在一二线城市已经是普遍现象，原因就在于渠道运营成本及专业化程度提高给经销商的资源和能力带来了极大的挑战，使得大多数经销商都无法同时经营多个渠道。同时，分渠道经营确实也有助于提升经销商的专业化水平，从而强化其核心竞争力，应该说这是经销商应该追求的发展方向。

不过，2020 年年初暴发的新型冠状病毒疫情打乱了一切，餐饮行业遭受了极大的打击。疫情期间，只有极少数的餐饮终端在营业（含外卖），这对与其密切相关的调味品行业有着重大影响。此次新冠肺炎的防控力度远远超过非典，而且正值春节，餐饮收入在全年中的占比很大。2019 年餐饮行业的总营业收入为 4.67 万亿元。据中国烹饪协会调研统计，78% 的餐饮企业营收损失达 100% 以上，9% 的企业营收损失达到九成以上，7% 的企业营收损失在七成到九成，营收损失在七成以下的仅为 5%。据国家统计局发布的数据，2020 年第一季度全国餐饮收入 6026 亿元，同比大幅下跌 44.3%，即 4792 亿元；其中，调味品成本占整个餐饮收入的比例按 5% 计算，因此调味品行业受到的损失可能为 240 亿元左右。受此影响，以餐饮渠道或餐饮定制为主的调味品企业和经销商在此次疫情中损失较大，而以家庭市场为核心的厂商还可以通过商超渠道和电商渠道维持。如果以餐饮渠道为主的厂商渠道结构单一，在此次疫情中肯定非常被动。

这不由得令我们反思，经销商究竟应该分渠道经营还是多渠道经营呢？在正常的情况下，两者都有可取之处，关键要看经销商自身的资源和经营实力能否应对，不过经历此疫，众多厂商切身地感受到，完全将鸡蛋放到一个篮子里，一旦面临这种突如其来的“黑天鹅”事件，确实会存在极大的风险，就连西贝这样一年销售额数十亿元的头部餐饮企业，其董事长贾国龙在接受投中网专访时表示，如果疫情短期内得不到控制，现金流都撑不过三个月，更何况其他经营规模一般的厂商呢？调味品经销商应该未雨绸缪，建立起多元化的渠道结构，既可以获得更多的增长机会，又可以增强自己应对突发事件的抗风险能力，通过不同渠道的差异进行对冲，否则当事件发生之际就来不及了。

当然，能够实现多渠道运营自然很好，但经销商确实也会受到资源和实力的制约，该如何应对呢？对此，经销商需要注意以下关键事项：

（1）实施多元渠道并不意味着放弃当前的核心渠道，必须在确保核心渠道优势的前提下拓展其他渠道。即便此次新冠肺炎疫情给餐饮渠道造成了极大的损失，但不意味着接下来要弱化餐饮渠道，仍然要大力拓展，毕竟这是调味品行业中占比最大的市场，不能非此即彼，一定要考虑到像疫情这样的突发事件，提前进行谋划和布局。

（2）多元渠道也需要分轻重缓急，也要聚焦，而不是平均分配资源和精力。经销商原有的渠道肯定是作为核心渠道而存在，对于新增加的渠道则要根据重要程度来决定其经营地位，渠道可以增加，但是经销商必须把握正确的节奏，一定要循序渐进，否则很难将其转化为实际的效益。

（3）实施多元渠道的前提是构建针对性的品类结构。增加新渠道并非易事，对于调味品而言，有的品类适合在某一类渠道销售，但并不意味着也适合在另一类渠道销售。比如基础调味料通常适合流通渠道和餐饮渠道，在商超渠道就不合适；全复合调味料更适合商超渠道和部分流通渠道，对于餐饮渠道往往不适合；中高价格产品多适合在商超渠道和中高端餐饮渠道销售，中低价格则适合在流通渠道和大众餐饮渠道销售。所以，经销商想要增加渠道，前提是要看原有的品类是否相匹配，如果不匹配，就要进行补充和完善，然后才能扩张渠道。

（4）实施多元渠道必须具备资源和团队基础。不同渠道对于资源和实力的要求各不相同，比如流通渠道对资源和经营的要求不太高，关键在于价格控制、客情建设和客户服务，而商超渠道对资金和运营的要求较高，需要较多的现金流，也需要专业的职能部门和业务团队。如果商超渠道型经销商要拓展流通渠道，在资源和团队上的难度相对较低，反过来流通渠道型经销商要拓展商超渠道就会面临较大的挑战，所以经销商不能操之过急。

（5）可以构建 1 + N 的多元渠道组合。考虑到经销商在资源和团队上的条件差异较大，可以按照 1 + N 的原则来构建多元渠道组合。“1”就是核心渠道，“N”就是其他新增渠道。首先，经销商必须将原有的优势渠道作为核心，要持续维护和巩固；其次，在 N 的增加上要循序渐进，不能盲目求多，应从自身的具体条件入手，力求拓展一个成功一个。如果条件确实不具备，就不要急于动手，要将原有的优势渠道做强，为以后的发展积蓄实力。

综上所述，实施多元渠道组合是一项系统工程，需要较长的过程才能完成，所以经销商千万不能心急，必须确保原有的优势渠道不受影响。无论渠道拓展多少，都一定要做到专业化运营，否则单纯的数量增加并不会给经销商带来真正的价值。

### 3. 确定不同渠道的运营角色

在调味品经销商确定了渠道类型后，还需要对多个渠道业务进行评估和组合，以确定渠道拓展的轻重缓急，一个有效的方法是“市场容量－影响力”的双因素评估模型。根据这两个因素，经销商可以将渠道角色划分为：核心渠道、形象渠道、辅助渠道和补充渠道。核心渠道的特点就是市场容量和影响力都大，在整个渠道结构中起主导作用，能够为经销商带来最大化的销量规模和市场影响力，为此需要投入最多的资源；形象渠道就是影响力大，但是市场容量较小，意味着该类渠道为经销商创造的销量规模不大，却具有影响力，可以为经销商提供信誉或实力上的背书，也有利于对其他渠道的拓展，这类渠道需要适当投入资源；辅助渠道就是其市场容量和影响力都处于中等程度，也能够为经销商带来一定规模的销量，有助于抓住更多的增长机会，需要适度投入资源来进行维护；补充渠道就是市场容量和影响力都不大，因此在运营中就没有必要再投入资源，更多的是采取低成本的机会式拓展，有生意就做，没有生意就不做，避免分散有限的资源。

## 六、渠道的长度规划

### 1. 效率和成本是经销商规划渠道层级的核心

仅仅从宽度上还不足以充分构建渠道体系，另一个重要的因素就是渠道的层级，即产品是通过一级渠道、二级渠道或是三级渠道才到达零售终端，关系到对渠道掌控的速度及对商业利益的分配。渠道层级越多，经销商的运营重心就越高，对渠道的掌控力就越弱，所付出的成本也越低，极端的表现就是多级分销，从经销商到分销商再到批发商最后到零售终端；而渠道层级越少，经销商的运营重心就越低，对渠道的掌控力就越强，而付出的成本也就越高，极端的表现就是直销渠道，零渠道层级。两种极端的方式都不可取，高效的成本太高，而成本低的效率又很低，从中找到最佳的平衡点是关键，思考的核心在于如何实现高效低成本的渠道运营。

### 2. 扁平化掌控终端是经销商的发展趋势

价值在渠道中的传递模式也很重要，如果渠道层级过多，其导致的后果就是要么提高零售价而增加消费者负担，要么就是零售价不变却削弱了渠道成员的利益，这都不利于打通整体渠道价值链。现在网络渠道之所以对线下实体渠道冲击巨大，其打出的一个核心价值主张就是减少渠道层级、让利于消费者，尽管并非完全是这样——网络渠道在获取流量上会增加大量的成本，或者消费者以购买假冒伪劣产品为代价——至少直观地想是这么回事儿。因此，如何找到一个最佳的渠道层级，使价值能够满足消费者、零售商、分销商、经销商及企业等每个环节的利益，将是经销商不断追求的境界。

在传统的经销商运作模式中，都是依靠多级批发体系将产品层层分销下去，如今已经是一个商业形态非常发达的时代，消费需求变化迅速，要求经销商必须时刻洞察消费发展趋势，如果还是延续传统的批发体系，就会变成反应缓慢的“恐龙”，将因无法适应外部环境的巨变而被淘汰。在以后的市场竞争中，要求经销商做到对市场的精耕细作，关键就体现在其对终端的掌控能力，能否构建一套围绕终端发掘—终端覆盖—终端服务—终端管理的系统运营体系。所以，经销商必须从传统的多级分销体系中跳出来，尽早转向对零售终端的扁平化直控，这才是经销商的未来。

## 七、渠道的密度规划

渠道密度就是渠道的覆盖率，关系到经销商对渠道运营的力度，从本质上讲是便利性的问题。可口可乐著名的3P原则之一就是“无处不在”，为了追求这一点，可口可乐将购物场所分出了数十个，并不断追求对这些购物场所覆盖的最大化，上百年都不曾懈怠。

### 1. 重新定义终端

“终端”就是最终消费者购买到产品的场所，从常规意义上看，终端大都是物理形态的有形购物场所，比如大卖场、连锁超市、便利店、杂货店等。在15世纪及20世纪中叶，随着邮购和电视直销业务的兴起，直邮企业或媒体和电视频道也成了一种“终端”，因为消费者是通过这两种路径来购买产品的。现在，电商已经成了一种主流渠道，众多的旗舰店、专卖店或者专营店也成了电商平台上的“终端”。同时，像京东、1号店、天猫超市、苏宁易购等零售平台也成了一种新型“终端”。无论是线下实体或者线上虚拟的终端，都是以一种物体的形式呈现出来，而另一种“非物质”的终端就是“人”了。实际上，当人员直接推销产生以来，“人”就已经成为一种“终端”了，比如雅芳、安利等直销企业就是如此，就是通过推销人员一对一的沟通来销售产品，消费者也是直接从推销人员的手中购买产品。现在，借助于互联网，微商和新形态的社交电商迅速崛起，同样也是以“人”来作为终端，其本质就是人脉关系，现在流行的“社群团购”，也就是通过社群领袖等作为路径来向有密切人脉联系的消费者直接销售产品。所以，现在“终端”的类型非常广泛，但本质并没有发生变化，还是消费者购买产品的场所，只不过这个场所除了物理形态的终端外，还有“非物质”的终端——人，这种理解可以让我们打开思路，找到更多的终端创新路径和商业模式。

**2. 不存在百分百的覆盖终端**

在可口可乐著名的3A法则中（买得到、买得起、乐得买），买得到是最基础的重要指标，其考量的是产品在终端的覆盖率。后来，可口可乐又将“买得到”法则升级为“无处不在”，就是说可口可乐要在百分之百的终端都有售，以便让消费者方便地购买到。或许可口可乐这样的百年品牌可能做到，但是从正常的企业经营来看，要想做到百分百的终端覆盖是不现实的，也是不应该的，更遑论终端掌控了。其中的原因还是关乎效率。AC尼尔森对于铺货率有两个定义，一个是数值铺货率，另一个是加权铺货率。假设在某一区域有10家终端，A酱油在其中的8家终端有售，那么数值铺货率就是80%；再假设这8家终端销售的酱油在所有10家终端销售酱油总销售额中所占的比重为20%，就意味着A酱油的加权铺货率是20%。实际上加权铺货率就是市场份额，A酱油虽然数值铺货率高达80%，但是其所占的市场份额只有20%，这表明其终端运营的成效是偏低的。就上述假设案例而言，真正有效的终端覆盖就是进入市场份额最高的那两家终端，而不是耗费了大量精力与资源去覆盖的8家终端，这就与精准选择终端有关了。

在过去的十几年，国内厂商普遍追求的也是百分百的终端覆盖，但是近几年，选择有效终端进行覆盖已经成为新的原则。所谓有效终端，就是与品牌定位相匹配并且能产生一定销售额的终端。这是厂商应该有目的地投入资源去运营的。经销商在拓展渠道时，首先要将符合品牌定位的有效终端找出来，然后再针对性地加以覆盖。要知道，覆盖终端的关键就是从一开始就要做对，也就是选择有效终端，这样才能保障产品不但能够进入终端，而且能够保得住。如果不是有效终端，即便产品覆盖进去了，也很难销售好，还要厂商耗费精力和资源来维护，这样做是完全没有意义的。

**3. 渠道覆盖密度的原则**

渠道的密度充分体现出渠道的力量，渠道的力量又会进一步提高品牌的影响力，谁能够拥有持续的渠道密度，谁就能够赢得竞争优势。在具体操作上，渠道密度要密到什么程度，和产品的消费特性、品牌定位及渠道的角色直接相关：

（1）消费特性。消费频率越高的产品就越适合最大化的渠道覆盖密度，比如酱油、食醋、鸡精等，网点越多越方便；而消费频率低的产品适合较少的渠道覆盖密度，比如沙拉酱、番茄酱、炸粉等西式调味料，其需要针对性渠道的集中覆盖而非大众化渠道的广泛覆盖。

（2）品牌定位。品牌定位于价值低的大众化产品，适合较广泛的渠道覆盖密度，而品牌定位于高价值的耐用品或者奢侈品，就适合较少的渠道覆盖密度，如果实施大量覆盖，往往是灭顶之灾，因为会失去稀缺性。

（3）渠道角色。如果是被企业定义为核心渠道和形象渠道的购物场所，自然需要最大化地覆盖，因其首先满足了与消费特性及品牌定位相匹配的条件，而匹配性较弱的辅助渠道和补充渠道，自然不需要广泛地覆盖，只需要恰当即可。

## 八、渠道和产品的复合规划

在调味品的不同渠道中，适合的产品组合是不同的，主力品项一般在商超渠道和流通渠道中可以销售，但是不同的渠道对产品有着不同的要求。比如商超渠道中的产品组合最丰富，各个品种、规格、包装、价格带的产品都能存在；流通渠道中针对家庭消费的产品则一般趋向于小规格、低价格、品种少，以适应传统渠道所覆盖的县、乡镇市场的中小型零售终端；而针对餐饮消费的产品则规格较大，同时依据不同餐饮终端的特性而对产品有所区别。实际上，不同消费者对不同的渠道选择会有偏好，所以针对不同渠道的产品组合实际上是满足不同需求的消费者。所以，产品运营必须体现出与渠道之间的复合，否则很难获得持久的生命力。

除了渠道，对产品的组合还需要进一步根据不同终端业态的特性来进行，大卖场、超市和便利店三种主要业态对于产品组合的要求就不同。大卖场一般需要最全面的产品组合，品种齐全，价格带高、中、低兼有，包装规格大、中、小齐全，从而满足大量消费者对产品求新求异的需求；超市的产品组合就不需要像大卖场那样丰富，主要是对主力品项和辅助品项的组合，对消费者的购买进行补充；而便利店的产品组合则更少，主要倾向于畅销的主力品项，重点满足消费者比较成熟的便利性消费。对此，要求经销商在运营产品时必须充分考虑不同业态的需求，使产品与终端进行有效复合，从而有效提升销售业绩。

## 第八节　推广规划——实施推拉结合的促销推广

在营销运营的若干要素中，推广是不可或缺的关键环节，包括渠道推广和消费者推广。在调味品经销商的运营中，推广基本上都是由厂家主导发起的，因为品牌都是厂家的，而推广都是针对品牌的。不过，厂家实施的推广大都需要得到经销商的全力配合，其中有少数针对消费者开展的大型推广是由厂家直接负责的，而其他大部分针对渠道和消费者的常规推广则需要经销商和厂家共同参与。在经销商参与的推广中又存在两种状况：一种是厂家指定推广的形式和费用额度，并要求经销商实施，完成后按照流程由厂家核销费用；另一种是厂家直接给予经销商一定的推广费用比例，由经销商自行根据需求开展推广。无论是哪种状况，都要求经销商具备一定的推广能力，才能对销售产生最大化的促进作用。

### 一、经销商在推广中存在的问题

#### 1. 过于被动，无法占据先机

大部分经销商在推广中都处于被动的局面，他们不是提前对全年或者一个阶段的推广活动做好规划，往往事到临头才匆忙应对。一种情况是被竞争品牌逼迫，眼看着竞品开展的推广活动取得了良好的效果，也对自己的销量增长造成了影响，不得不想办法应对，也跟着开展相似的推广活动；另一种情况是被大型商超所要求，这些零售商都处于强势的地位，想要合作顺利就必须及时配合他们的市场动作，大型商超通常都有制定长期的规划，会根据不同的时间段来推出相应的活动，为此会要求供应商参与，不少经销商本来没有开展推广的计划，但是在商超的要求下不得不加入。这两种做法都是有问题的，在竞争中非常被动，一点想法都没有，完全被形势推着走，根本就不可能在市场中占据先机。

**2. 非常零散，缺乏系统性和整体性**

有的调味品经销商虽然进行了推广活动，但整个状态是东一榔头、西一棒子，想起来就做一下，想不起来就不做，整个推广活动非常散乱。其实，开展推广活动必须遵循一定的逻辑，比如新品刚上市的时候需要吸引新消费者，此时就要开展试吃试用、派赠、捆绑销售等推广活动；在消费者已经初步接受之后，重点就要转向提高购买量或购买频率上，就要开展第二件半价、组合装特惠、惊爆价等活动来刺激消费者。大卖场的影响力很大，客流量多，终端门店又有开阔的空间，适合针对消费者开展推广活动，提高品牌知名度，营造浓厚的消费氛围；当品牌声势形成之后，就需要将推广形式转到提升销量上，将有利的形势转变为实际的收益。和消费者产生着直接的情感联系，可以围绕节日展开一系列不同的主题推广活动，将品牌的核心价值进行传递，同时激发消费者的购买欲望。类似上述各种形式的推广活动，都需要经销商及厂家在一年中进行系统的规划，要从整体的角度进行统筹。

**3. 较为单一，缺乏多种形式的组合**

在终端经常可以看到厂商开展的推广活动，但有一个问题——形式很单一，搞来搞去就是那么几种，笔者将其形容为程咬金的三板斧：特价、捆绑、买赠。虽然这是消费者相对看重的推广形式，但是看多了也会厌烦，不但促销作用不大，还会给消费者带来逆反的感受。就算骨子里跳不出这几招，表面上也要用不同的主题与消费者进行情感交流，至少在形式上换新意，刺激一下消费者。当然，经销商在这方面的专业性较低，但是厂家可以提供必要的支持和协助，不然就算投入了费用，也不会有好的效果。

### 4. 注重渠道，缺乏对消费者的拉动

相对而言，经销商普遍都注重渠道方面的推广，但对消费者推广薄弱很多。这也容易理解，经销商经营的核心本就是渠道，其本质就是生意，对于能够给下游客户带来更多生意额的事情，自然是经销商关注的重心。所以，以渠道返利为核心的推广就成了经销商热衷的主流，一切的根源都是利益，返利就是激发下游客户增加生意额的有效工具，经销商运用起来得心应手。但是，仅仅注重渠道远远不够，因为此时经销商所做的一切，只不过是在实现产品的库存转移，让产品从自己的仓库转到批发商的仓库，再转到零售商的仓库，还没有被消费者购买，产品的核心价值并没有真正实现。要实现产品被消费者购买的临门一脚，经销商必须将终端和消费者的环节打通，使产品切实到达消费者手中，若能做到这一点，就实现了产品的核心价值，之前在渠道流通环节所做的各项工作才能得到回报。将产品从渠道中间环节送到终端，这是“推动”，而将消费者吸引到终端进行购买，这是“拉动”，经销商只有将推拉两个动作合二为一，才能有效地实现产品的最终价值。

## 二、构建系统的年度推广规划

为了改变被动而零散的推广，经销商应该根据自身的整体规划和资源条件，再结合核心品牌的目标及费用预算，制定系统的年度推广规划，提高销量。

①推广目标。经销商要为整个年度推广计划确定明确的目标，以便提升推广成效。推广目标包括两个方面：一是推广要达成的目标，如市场覆盖的目标、销量达成的目标、品牌知名度的目标、新品销量的目标、特价销售的目标、渠道压货推广的目标等；二是推广本身行动的目标，如新品试吃/派赠的目标、主题推广活动场次的目标、特价推广场次的目标、订货会推广场次的目标等，这些目标都是能够量化的，从而便于经销商制定和评估。

②推广策略。基于推广目标和整体规划，经销商需要制定出清晰的推广策略，其核心是如何把握节奏和应对竞争的策略指导思想，对此经销商应该掌握两个原则：一是聚焦。经销商自身和厂家的资源都有限，必须将

费用聚焦在核心品类、核心品牌、核心渠道、核心形式及核心时段上，从而迅速营造声势。二是节奏。要点就是在合适的时间用合适的方式去做合适的事情，如导入期如何做，成长期又如何做，常规时段如何做，特殊时段又如何做，销售淡季如何做，旺季又如何做，推广的先后顺序该如何安排，竞争对手反击了又该如何应对，这些都是经销商需要把握好的节奏。只要掌握了聚焦和节奏这两大基本原则，再结合不同厂家品牌的具体状况和资源条件，经销商就能够制定出针对性强的推广策略。

③推广形式。经销商的推广形式不能单一，需要围绕策略灵活采用多种形式的组合，要分别从渠道推广和消费者推广两个方面来规划。其中，渠道推广形式包括进货返利、订货返利、积分返利等；消费者推广形式包括试吃派赠、特价、买赠、捆绑、主题活动等，这些不同的形式要和不同的推广目标及推广阶段相结合，从而形成具有整体性的有机组合。

④推广产品。经销商要确定出一年中要进行推广的核心品类和产品，尤其是战略产品和潜力产品，以确保将有限的资源聚焦在这些产品上，使成效最大化。

⑤推广品牌。与上一点相同，将有限的资源聚焦在核心的品牌上，尤其是支柱品牌和形象品牌，为这些品牌营造声势和氛围。

⑥推广时间。经销商需要确定出一年中的重要推广时段，一个是产品和品牌的拓展阶段，比如导入期、造势期、引爆期、维持期等；另一个是一年中的重要节假日，以及当地已经公布的重大活动，这两者将成为整个推广活动的实施主线。

⑦推广主题。经销商需要根据不同的市场阶段和一年之中的主要节假日，制定出一系列的推广主题，与特定的人群和日期紧密结合起来，通过主题与消费者进行有效的情感交流，并与促销手段相互配合。

⑧推广地点。主要包括两个方面：区域与渠道。推广地点就存在于不同区域的不同渠道之中，而两者也要进行聚焦，将资源投在核心区域的核心渠道，多重核心叠加聚焦，以产生出最佳效应。

⑨推广步骤。关键是明确推广的先后顺序，要将不同的推广形式及组合合理安排在每个阶段和每个月中，到时候经销商可以制作一张图表出来，什么时间开展什么推广，一目了然。步骤清楚了，也就掌控了节奏。

⑩推广要求。这是对每一项推广如何实施所提出的具体要求，包括做什么、怎样做、谁来做、谁来配合、什么时间做、什么地点做、按照什么顺序、遵循什么标准、向谁汇报等，有了这些具体的操作细节，就为推广的成功奠定了坚实的基础。

⑪推广预算。明确了上述内容后，经销商需要根据整体推广的各项内容，确定出产生费用的事项并测算出相应的费用，再与自身及主要厂家的资源进行匹配。如果资源不足，就重新调整相应的推广事项和费用，如此反复几次，就可以确定出可落实的费用预算。

## 三、经销商实现有效推广的基本原则

要使推广充分发挥出价值，经销商就必须基于统一的目标和策略，聚焦资源，将各个环节和推广形式有机地整合起来，从而发挥出最大化的成效，而不是各自为战。

### 1. 强调推拉整合

经销商应该将渠道推广和消费者推广整合起来，放在统一的整体策略架构下运作，打通品牌价值传递的链条，从而产生合力，取得更大的品牌收益。

### 2. 长效与短效的结合

经销商实施推广必须同时考虑两个方面：一是推广的短期效益，即促进产品销量的快速提升；二是一定要将品牌的长远利益考虑在短期的推广活动中，即要考虑到品牌形象的树立和品牌美誉度的建立，使品牌价值在每个环节和过程中得到不断积累。

### 3. 与消费者充分互动

这是实施推广活动的重点，也就是在推广过程中要吸引消费者的参与或者回应，不是让消费者被动地接受推广的压力，而是要激发消费者心目中对品牌产生认同的亲近感。

### 4. 动态调整，灵活运用

每种推广方式都具有各自的特点及适用条件，不同的产品、市场阶段及竞争形势对推广战术的要求都不相同，关键要根据不同推广手段的特点安排适当的组合方式，从而使推广战术都能适应不同市场阶段的具体要求。

**5. 参与简单，操作性强**

成功的推广活动一定是消费者参与最广的形式，要吸引大量的消费者参与，就必须简化一切程序，使消费者不多费精力；对于执行来说，只有程序简单才便于控制，其操作性才强，运作才能到位，效果也能得到保证。

**6. 推广主题富有创意**

大量推广活动在吸引消费者参与的同时，也提高了他们的要求，推广方式单一势必难以有效吸引消费者，这就要求经销商不仅要设计合适的推广形式，还要为每一次推广活动设计新颖的主题，提供恰当的利益，吸引更多的消费者参与。

## 四、针对渠道的推广形式

渠道推广是经销商最常用的推广形式之一，在实际运作中有非常多的使用方法，但是每种方法都有其特定的使用条件，在合适的条件下灵活应用合适的方法才能发挥其应有的效果。

**1. 渠道返利**

（1）实物返利。方式为“买×送×”，当下游客户进货时，按一定比例赠送产品实物。该方式适用于产品销售旺季或产品销售顺畅的情况。一是因为渠道可以较快地实现销售；二是如果销售很好，下游客户可以提高出货价，使产品有增值的可能。在这样的情况下运用此政策，才会调动下游客户的积极性。由于此方式实质是赠送，不涉及对价格的直接变动，可以降低渠道对价格的敏感程度，对整个价格体系不会有较大的影响。

（2）费用返利。按照实物返利的比例，不赠送产品，而是换算成相应的费用，用于下游客户在铺货、陈列及促销或其他规定方面的推广。该方式的目的在于引导下游客户学会正确的推广方式，而不是仅仅将目光放在利润上，同时加强对市场基础的建设。此方式适用于产品销售旺季或销售顺畅而且市场基础有待加强的情况，此时下游客户才能有这个精力，也容易将工作做到位。

（3）扣点返利。下游客户进货时，一次性或者一定时间内累计达到规定的进货量，就可以享受一定比例的价格折扣，可直接按此价格支付款项或抵扣应收款项。此方式由于是直接变动价格，因此对价格体系的冲击较大，一般不轻易采用。如果销售十分艰难或库存太大而不得不采用这种方式，则要注意：涉及面不要太广，实施时间要短，同时要严格控制下游客户必须执行规定的批发价格。

（4）模糊返利。下游客户进货时，承诺给予现金或实物返利，但事先并不明确返利的具体形式和比例，到规定的期限后才公布，通常期限以季度或年度为期。由于未规定具体的返利比例，下游客户不敢以预先降价的方式来冲量，减少了冲流货及扰乱市场的可能。由于有奖励的刺激，可以促使下游客户将重点放在做好市场基础工作和配合经销商推广上，从而调动其积极性。此方式适用于销售稳定且销量大的阶段，否则绝对利益太小无法调动下游客户的积极性。

（5）现金返利。方式为“买×送×”，下游客户进货达到一定的销量时，按一定比例在规定时间内返还其现金，也可以直接抵扣货款。因直接返给的是现金，该方式对下游客户有很大的吸引力，但对价格体系的冲击也较大。使用此方式一是时间要短，二是严格控制下游客户的出货价，最好是在阻挡竞争者进攻时使用。

**2. 赠送礼品**

下游客户进货时，按照一定比例赠送日用品一类的礼品。此方式的目的主要是维持渠道的畅通，巩固通路关系，适用于销售稳定的时期，作为常规性方式或库存增大时使用。使用时最好同时设计促销方案，配合并引导下游客户利用好机会，将产品顺利推入渠道。

**3. 赠送畅销产品**

下游客户进货时，按一定费用比例赠送市场畅销的其他品牌的产品。此目的在于利用下游客户对一定时期内市面上畅销产品的关注度来带动产品的销售，因为下游客户能得到意外的收获，不但能赚钱，而且能借此维护消费者。

**4. 积分**

（1）单品积分。将进货量分成不同的级别，并设置相应的分数，不同级别的分数代表不同的奖励，进货时就能根据进货量的多少累计相应的分数，并可以在规定的期限内得到这些奖励。主要针对分销商、批发商和零售商，适合进货量大或周转快的产品，但在执行时要有时间限制。

（2）组合积分。将不同的产品组合在一起，将每组的进货量分成不同的级别和相应的分数，在规定的期限内进货，就可以按累计达到的分数获得奖励。主要针对分销商和批发商，目的在于提高整体产品在渠道的占有率。如果存在以好带差的情况，最好只在销售旺季使用，是一种短期性的方法，否则会引起下游客户的不满。

**5. 抽奖**

批发商现场进货，将进货量分成不同的等级，达到一定的等级就获得相应的抽奖权利，可以当场抽取奖品。此方式因门槛不高，而且有可能以小博大，可调动小批发商的积极性。同时事前要做好宣传工作，奖品要有吸引力，在市场中要形成声势。

**6. 压货**

当面临库存压力较大、新产品上市、销售旺季及阻挡竞争对手进攻时，要求下游客户在规定的时间内必须将库存消化，并且购进规定量的新货。

压货有三种方式：一是硬性规定；二是配合实施一定的激励措施；三是加大对消费者的促销力度，加以引导。此方式只适用于有实力的经销商，对下游客户的控制力要强，不可经常使用，否则会引发客户不满。

**7. 配额**

（1）俏货配额。当产品畅销而货源不足时，按照下游客户规模大小或者进货量多少对畅销货源进行分配，以维持市场的需求平衡。此方式要考虑全面，在具体分配上要尽量公平，也可视需要用作开发或管理重要客户的手段。

（2）滞货配额。当某产品滞销时，要求下游客户在进畅销货时，必须同时进销一定比例的滞销货，以维持整体业绩。此方式只可在旺季使用，且时间要短，配额量要小。

（3）新货配额。当有新产品上市时，要求下游客户在经销老产品的同时，必须按规定的量进销新产品，以促进新产品迅速进入市场。此方式的使用时机也应当是老产品的销售旺季。

（4）库存配额。在库存产品积压时，规定一个配额量，要求下游客户在规定的期限内消化掉。在给予下游客户压力的同时，可适当给予一定的政策支持。

（5）囤货配额。面临销售旺季需要囤货时，将产品的目标销量分解成配额，要求下游客户提前打款以缓解资金周转压力，完成配额者将获得一定的奖励。此方式的目的还在于抢占渠道资金，阻挡竞争者。

**8. 陈列有奖**

要求分销商、批发商在批发市场内的各处档口设置产品堆头，如设置的时间和标准达到要求，则可以获得一定比例的实物返利。此方式可阶段性采用或在销售上量时采用，目的在于提高产品在市场上的注目率，从而提高进货量，加快周转。

## 五、针对消费者的推广形式

**1. 消费者推广的策略思想**

①动态调整，灵活运用。每种推广方式都具有各自的特点及适用条件，他们的运用不是静态的，不同的产品、行业、市场阶段，以及竞争形势中对推广方式的要求都是不相同的，关键是要对市场状况进行透彻的了解，根据不同推广方式的特点安排适当的组合方式，从而适应不同市场阶段的具体要求。

②充分整合各种推广手段。推广是营销过程中的一个重要环节，但是在当前市场竞争日益激烈的形势下，单纯依靠推广是不可能建立竞争优势的，在大量的品牌冲击下，在杂乱的信息包围之中，必须实施策略整合，将广告、公关、事件、促销等推广手段充分结合起来，在统一的策略指导下发挥合力，从而建立市场优势。有研究表明，促销与广告、公关等形式的结合，产生的促销力远远高于单一的促销。

③参与简单，操作性强。成功的推广方式一定是消费者参与最广的形式，而要吸引大量消费者的参与，就必须简化一切程序，使消费者不费吹灰之力。在如今快节奏的社会中，消费者是没有心情对费事的活动感兴趣的；而对于执行来说，只有程序简单才便于控制，操作性才强，运作才能到位，效果也能得到保证。

④推广主题富有创意。现在的推广形式丰富多彩，大量新颖的活动在

吸引消费者参与的同时也提高了他们的要求，这就要求不仅要设计合适的推广形式，还要为每一次推广设计新颖的主题，提供恰当的利益，吸引更多消费者的参与。

⑤与品牌形象保持一致。促销推广以提高销量为主，是一种短期战术，过于依赖促销会削弱品牌的价值，所以进行推广时一定要符合品牌形象，至少不能与品牌内涵背道而驰，否则品牌价值的降低必将削弱核心竞争力，影响整体策略的达成。

**2. 扩大消费群体的推广要点**

**（1）新产品入市时让消费者接触到产品，可以迅速吸引消费群体的增长**

①消费者对于新上市的产品都有一种抗拒心理，因为购买新产品会增加购买成本，他们需要重新做出购买决策，要收集产品的有关信息，这些都会消耗消费者的精力和时间，不如延续以往的购买习惯。所以，新产品或进入新市场首先要解决的问题就是打消消费者的顾虑，而最有效的方法就是让他们直接接触到新产品，能够认知新产品的特点和好处。

②派送是让消费者接触新产品的一种好方法，也是新产品在入市时经常采用的推广形式。派送的目的在于缩短消费者接触新产品的时间，因为对消费者而言无须付出代价，而消费者在短期内就可以对新产品的功效有所体验，打消疑虑，尽快产生购买行为。

③派送对产品品质的要求很高，因为产品一开始就和消费者接触，如果没有优异的品质和独特之处，只会对品牌造成损害；如果高品质一旦被消费者认可，就能迅速打开市场。

④派送适用于消费频率较高、消费周期短的大众化消费品，消费者可以迅速感受到产品的特点。

⑤派送的费用较高，一是派送必须达到相当的市场比例，否则不能产生足够的影响力；二是派送的样品是厂家直接送出的，到达消费者的比例是100%。由于这个原因，实力较弱的品牌采取的是针对细分目标群体进行小众派送，而不是大品牌的大众派送，不求市场启动快，只要效果好就行。

**（2）吸引消费者试用产品**

①试用。这是扩大消费群体最重要的一种方法。对消费者而言，需要付出一定的代价，这种方式对应用的要求较高，成功的关键在于如何产生

足够的吸引力。也就是说，给予消费者的利益一定要符合本身的需求，或者是远远高过原来的期望。在实际操作中，赠送礼品和价格折扣是两种吸引试用的较好的方法。

②赠送礼品。

- 赠送礼品主要指当消费者购买产品时，另外再提供额外的利益，以此来吸引消费者尝试或大量购买。
- 赠送礼品是靠礼品来吸引消费者产生购买的，因此在选择礼品方面一定要充分考虑消费者的偏好，更重要的是礼品和本产品一定要相关，比如购买火锅底料赠送速冻鱼丸，这样才不至于使消费者将目光放在礼品上而忽视了产品，否则就失去了推广的意义。
- 随产品附赠礼品是一个很好的方式，它很直接，可以让消费者即时得到赠品，也便于企业操作。在实际运作中有两种方法：一是在外包装上捆绑礼品；二是将礼品置于包装内。这种方式的好处在于产品可以靠直观的表现吸引消费者，尤其当产品在零售终端进行展示时，可以提高购买率。但是其不利之处则在于礼品受包装的限制较大，有时候无法选择到合适的礼品，因此该形式适合低价值的产品采用。

**（3）价格折扣**

①价格折扣是吸引消费者购买产品的重要手段，在实际应用中分为直接折扣和间接折扣两种方式。前者是直接降低产品的销售价格，后者则不变动价格，而是让消费者以相同的价格得到比以前更多的产品。前者比较敏感，容易引起较大的变动；后者属于变相降价，在消费者心理上有个缓冲的过程。

②价格折扣对于不同的产品和不同的市场阶段，在具体应用上是有所区别的。一般而言，同质性强的产品运用价格折扣战术效果较好，但具体问题具体分析，一定要对当时市场环境下产品的价格弹性进行充分的调查，并掌握当时消费者对品牌的认知程度，毕竟价格变动需要慎重。

### 3. 提高消费者购买数量及频率的推广要点

**（1）积点有奖**

①这是一种较好的推广方式，兼顾了促进消费者在购买数量和购买频

率上的增长，它是通过为消费者设定一个有吸引力的目标，然后引导消费者在一定的时间内将精力放在推广的品牌上，从而促进品牌影响力的增长。

②积点包括收集分数和收集凭证，前者为购买到一定的数量，就可以获得不同层次的累计分数，然后根据标准获得相应的礼品；后者只是换一种形式，将分数变成了凭证，比如集够一定量的瓶贴，就可以兑换相应的礼品。前者的适应性更强，后者则带有行业或产品的特色。

③积点有奖适用于销量较大的产品，因为只有消费者已经具有了足够的需求，在此基础上才能激发出购买冲动。如果产品的销量不大，就表明消费者较少或者是消费量不大，那么这种情况下就不能引起消费者的兴趣，也就达不到预期的效果。

④积点有奖需要一定的时间，因此它适合消费周期短、购买频率高、购买量大的产品，例如纯净水，使得消费者在短期内就能得到利益。另外，积点有奖需要做好的是奖品的设置、参与方式及兑换工作，奖品是吸引消费者参与的根本目的，而参与方式和兑换涉及推广的便利性，否则效果也不好。

**（2）抽奖活动**

抽奖的目的在于提高消费者的购买量，它利用的是大众的博彩心理，通过设置非常有吸引力的大奖，来调动广泛的消费群体参与。

在实际的操作过程中，抽奖形式主要有即开即中抽奖和连环抽奖。即开即中抽奖符合消费者的心理，即时可以获知结果，简单方便；而连环抽奖依靠提高中奖概率来吸引消费者的广泛参与，并在一定程度上可以提高消费者的购买频率。

抽奖的运用需要建立在一定的市场基础上，在市场上要有一定的品牌知名度和部分固定的消费群体，因为消费者是不会对了解不多的产品花费时间和精力的。

抽奖最关键的是奖品的设置，由于目前国家规定最高奖金不得超过人民币 5000 元，所以要在奖品的形式上突出创意，突破有形物质的限制，赋予奖品更深的内涵。

**（3）赠送礼品**

赠送礼品除了吸引新消费者的试用外，还可以提高现有消费群体的购买数量，尤其是对于有一定知名度的品牌，效果更为显著。

这个时候，在选择礼品方面应和试用阶段有所不同，应该将礼品与品牌形象结合起来，要通过礼品使消费者对本品牌加深认知，并实现情感上的交流，从而巩固品牌在消费者心目中的地位。

**（4）价格折扣**

以价格折扣来提高销量的增长也是具有一定市场基础的品牌常运用的推广形式，此时的运用效果也好于试用阶段，因为消费者对于有一定认知的品牌更能激发出购买的冲动。

此时的价格折扣无外乎直接折价和间接折扣两种，后者较为常用，而前者的运用较为谨慎，也最敏感，经常引发业界争论。直接折价操作简单，但是后果最难把握，尤其对于已有一定基础的品牌，因此在采取直接折价时，一定要对市场形势做准确的判断，通常最先采取降价策略的品牌成功率较高。采取直接折价的时间不能太长，否则将影响正常价格的恢复。

间接价格折扣在这个阶段常用的形式有买×送×、特惠包装和满额减，三者都相当于变相降价，但是对价格都没有直接影响。买×送×的方式比较灵活，在实际运用中既可以送同类产品，也可以送其他不同规格、种类的产品或礼品；特惠包装在形式上属于“加量不加价”，它的效果在于可以延长消费者的使用周期，在一定程度上可以阻挡竞争品牌的攻势；满额减则较为巧妙，既迎合了消费者得到优惠的心理，又没有将降价直接和产品挂钩，是一种很好的价格折扣方式。需要注意的是，买×送×的方式并不适用于产品的试用期阶段，如果消费者还没有接受一个产品，那他是不会对这种产品上的优惠感兴趣的，这种方式只适合有一定品牌基础的产品。

## 六、针对厨师的推广形式

餐饮渠道的推广对象主要是厨师，这是和普通个体消费者最大的不同。针对厨师的推广并不难，那些方法早就被李锦记、联合利华等国际企业引入中国了，厂商之间要比拼的仍然是系统性，看谁能够做得更为规范、更为持续。从体系上看，针对厨师的推广可以分为短期推广和长期推广：

①短期推广。其形式主要是“厨师联谊会”，也就是定期将核心餐饮

终端的厨师组织起来开展联谊活动，一方面是维护客情，另一方面则是促进销售，可以采取抽奖、积分等方法，对于进货达到一定额度的餐饮终端给予奖励。这种推广从方法上讲并没有难度，难的是能否持续，如果想起来搞一场，想不起来就不搞，这种推广也只是一种摆设而已。

②长期推广。长期推广的核心应该是“菜谱推广”，也就是将产品融入不同的菜肴，如果厨师能够接受这种菜谱，就等于接受了这个产品，这种推广力量是很强大的，需要花费较长的时间来积累。对此，调味品经销商需要和烹饪协会、烹饪学校建立密切的合作关系。厨师这个行当是讲传承的，师傅带徒弟，你问很多厨师做菜为什么要用这些调料，他就会说是师傅教的。如果能够让各个菜系的烹饪大师接受产品，就可以带动大量的厨师来使用企业的产品，并提升企业的品牌影响力。像李锦记、联合利华这些企业，就会定期举办推广活动，包括评选优秀菜品、评选优秀厨师及新菜推介等，通过这样的活动，将产品和品牌带入进去。长此以往，便在餐饮行业中建立了稳固的地位。家乐为什么在餐饮行业的地位很高？这就是“联合利华饮食策划”系统的功劳，其核心理念就是“用厨师的专业来服务厨师”，听起来非常霸气，但确实极其专业。

## 第九节　目标规划——确定综合性的经营目标组合

### 一、目标是经营规划的数字引导

除了规模很小的商家，经销商基本上都会制定每年的经营目标，这几乎成了约定俗成的惯例了。但是，目标的真正内涵是什么、怎样做才能发挥目标的价值，这就不是每个人都能明白的了。要理解目标的本质是什么，我们需要先来看看目标不是什么。

**（1）目标不是预测**

不少人都将目标当作是对经营结果的预测，这是一个误解，要知道，世界上最不靠谱的事情就是预测。影响一个结果的因素数不胜数，其中一个因素稍有偏差结果就会大不一样，所谓“差之毫厘，谬以千里”，就连天气预报员看着气象云图，也无法把天气情况完全预测准确一样，更何况经营中根本就没有类似气象云图的东西，又何来准确呢？那些将目标当作预测的厂商，眼光总是放在过去，往往通过之前的历史数据或经验来判断未来，尽管也会参考一些正在发生的事件，但整个导向并没有改变。因此，他们的思维容易受到局限，甚至有的厂商为了表明自己的预测很准，就将目标定得很低，以提高完成的可能性，这样反而失去了超越目标、实现更大增长的机会。

**（2）目标不是一个点**

不少厂商认为目标就是最终的结果，如果将目标只是当作最后的一个点，那就大大削弱了目标的功能，这样做的厂商总是在制定了目标后就万事大吉了，认为团队会按照目标执行。如果问他“达不成目标又怎么办”，他又回答不出来。这些厂商存在“掩耳盗铃”的心理，以为目标制定了，结果就八九不离十了，如果目标本身真有这么神奇，又哪来那么多的烦恼呢？

**（3）目标不能单一**

一些厂商都将目标理解得很简单，基本上就是财务目标，比如销售额、利润额等，其实并非如此。将目标限定在财务数字中的厂商思维很局限，对目标的理解也非常片面。要知道，财务目标只是厂商在整个经营过程做了大量事情之后产生的一个结果，难道那些经营过程中的关键环节就不重要，就不需要目标吗？如果中间过程没有做好，最终的财务目标又如何实现呢？

那么，目标的本质应该是什么呢？笔者的观点是：目标是对经营规划的数字引导。为什么是引导？因为厂商的整体规划内容很多，要让整个团队从上至下都非常清楚是有难度的，最好的方法就是以终为始，将整个规划中的各个关键事项转化为要达成的目标，包括阶段性的过程目标和最终的结果目标。这样一来，团队就很清楚公司想要的是什么，从而也能够在这些目标的指引下一步一步去实施。这就是目标的本质，可以说目标和规划是一枚硬币的两面，只是目标更容易让人记住，也能够和规划相关联。

据此，目标还具有以下三层含义：

**（1）目标是争取机会**

目标不是预测，而是为了争取更大的机会。将目标作为预测的厂商，根本就无法理解 50% 以上乃至于翻番增长的业绩是怎样达成的，远远超出其想象。其实，就是换一种思维方式而已，目标的意义是放眼未来，是为了挖掘更大的增长机会，而不是过去按部就班的节奏。当厂商将目标与机会关联起来时，也许就会发现增长并不是很难的事情，大家平常都在为目标的高低争得面红耳赤，还是对机会的挖掘能力极其欠缺。

**（2）目标是一个过程**

目标不是一个点，而是一个过程。目标不仅仅是最终的结果，还是中间阶段性成果的体现，只有实现了中间阶段的一个个成果，最终的结果才会达成。目标并不是孤注一掷的，而是一步一步有序推进的，是需要被管理的，有了这个过程，目标才能真正落地，而不是停留在大家嘴上的一句口号。

**（3）目标是一个系统**

目标不仅仅体现在财务数字上，还有品类、渠道和市场，财务数字只是一个结果而已，能够保障这个结果的正是厂商在品类、渠道和市场上的良好表现，将整体的经营规划高效执行下去，产生强大的竞争力，进而转化为最终的价值。所以，厂商应该具有立体思维而非点状思维，要从多维度来理解目标，才能真正将目标的价值体现出来。

## 二、基于整体规划提炼关键目标

如果能够透彻理解目标的本质，那么经销商自然就掌握了如何制定目标的方法，即根据整体经营规划中的关键事项来制定相应的系统目标。主要包含以下三项内容：

### 1. 财务目标

对经销商而言，财务目标应该包括三项：销售额、利润额、资金周转率。销售额和利润额都很好理解，这里着重强调一下资金周转率，这关系到经销商的现金流。在所有的财务指标中，现金流比什么都重要，它相当于人体中的“血液”，人失血过多就会死，现金流也是一样，账面上的利润再多也会倒闭，所以对资金周转率必须作为一个关键目标来进行管理。资金周转率就是销售额除以平均流动资产：资金周转率＝销售额÷［（期初流动资产－期初流动负债＋期末流动资产－期末流动负债）÷2］。这里的流动资产包括应收账款和库存。资金周转率指标不仅反映流动资产运用效率，同时也影响着经销商的盈利水平，经销商资金周转率越快，周转次数越多，表明以相同的流动资金占用实现的主营业务收入越多，说明经销商流动资金的运用效率越好，偿债能力和盈利能力也能够得到增强。反之，则表明经销商利用流动资金进行经营活动的能力差，效率较低，并可能存在较大的经营风险。

比如经销商一年的销售收入为2000万元，按年平均占用的流动资产总额为200万元（含现金、应收账款和库存）计算，其资金周转率为2000万元÷200万元，即每年周转10次，每次周转需要36天，假设经销商的利润率为5%，那么其利润额则为200万元×5%×10=100万元。如果该经销商加快资金周转，同样的200万元流动资产一年周转增加到15次，则其年销售额会增加到3000万元，利润额则为200万元×5%×15=150万元，均比原来增长了50%。由此可见，在一定的资金投入下，把资金周转率提高50%，就可以同步增加50%的销售额和利润额。

**2. 品类目标**

经销商仅有总体的销售额和利润额目标是不够的，因为整体目标不能反映具体的业务结构，容易出现真实的状况被整体业绩掩盖的弊端，所以经销商必须制定出细化的分类目标，品类目标就是其中一项关键目标。品类目标主要包括经销商核心品类（即战略品类和潜力品类）的销售额及利润额目标，非核心品类则无须目标，只要能够掌握核心品类的经营状况。一般来说，经销商可以控制70%以上的整体销售业绩，并且可以确保正确的业务结构，避免低毛利品类蚕食了高毛利品类的利益。

**3. 渠道目标**

渠道目标和品类目标的性质相似，也是经销商业务结构中的核心内容，如果经销商的渠道或者业态包含两个以上，就有必要设立渠道目标，比如经销商同时运作了流通渠道和商超渠道，那就需要设立不同的渠道目标。如果经销商只运作了商超渠道，但是存在大卖场、超市、便利店等业态，也需要设立不同业态的目标，或者经销商只是运作餐饮渠道，但是存在中餐、快餐、火锅店等不同业态，同样需要设立相应的目标。这样一来，经销商对渠道的运作就可以精细化，能够深入掌控每一类渠道或业态的具体经营状况。渠道目标主要包含销售额、利润额和网点数量（覆盖率），需要说明的是，这里的网点数量不一定是指所有网点，而是要和品类相匹配的渠道网点，这样才是有质量的覆盖。如果部分渠道的费用难以准确核算，也可以只设定销售额一项目标。

## 三、针对目标进行多维度分解

经销商在制定好整体目标之后，还需要对目标在多个维度进行分解，便于细化落实到具体的执行过程中。同时，目标的细化分解也有利于在经营过程中进行高效的统筹，并为业务团队提供明确的指导。需要说明的是，目标分解主要是指销售额，利润额因费用难以准确核算，只规划总体目标即可。

### 1. 按品类/产品分解

将整体销售额分解到每个品类及具体的产品品种上，比如品类有酱油、食醋、料酒、鸡精、调味酱；产品有老抽、生抽、味极鲜、陈醋、香醋、白醋、米醋、普通料酒、葱姜料酒、鸡精、辣酱、黄豆酱等，这样可以清楚地看到不同品类能够带来的销售贡献。

### 2. 按品牌分解

在上述品类和产品的基础上，再进一步将销售额分解到不同的品牌。这个环节，实际上要和经销商的整体销售额相互调整，一方面部分厂家会向经销商下达销售目标；另一方面经销商也会和这些厂家进行沟通，对销售目标进行必要的调整，确定后即可确认这些品牌的销售额。对于其他没有下达销售目标的厂家，经销商则可以直接按照自己的规划来进行分解。

### 3. 按时间分解

经销商还需要将整体及分品类的销售额分解到一年之中的每个月，这个分解也非常有必要，因为其关系到产品销售的节奏，不同的产品有着自身的销售规律，有的存在较为明显的淡旺季，这从每类产品的月度销售曲线就可以清晰地看出来。比如火锅底料的旺季主要在秋冬季，夏季则是淡季，而小龙虾调料则与之相反。

### 4. 按渠道/业态分解

将整体销售额目标分解到不同的渠道及业态，有助于业务团队清晰了解经销商的业务导向，也能清楚地看到不同渠道能够带来的销售贡献，并通过业绩增减及时对渠道可能产生的变化进行应对。需要说明的是，这里所指的渠道，实际上有很多都是和经销商的下游客户（直接从经销商处进货）相重合，如分销商、二批商、零售商、餐饮终端、大客户等，由于和经销商直接产生业务合作的客户数量众多，故此只需要针对渠道进行目标分解就行了。

**5. 按部门/人员分解**

除了外部，经销商还需要将整体及分品类的销售额分解到相关的业务部门或团队，有的经销商是按照渠道设立业务团队，有的则是按照区域设立业务团队，还有的是按照品类设立业务团队，无论哪一种，经销商都需要根据自身状况将相应的销售额分解到人员头上，既作为对其业务运作的目标指引，又作为对其销售业绩的考核指标。

## 第十节　费用规划——在核心环节聚焦费用资源

### 一、经销商的费用来源

在整个规划的最后，需要对经营活动的开展配置相应的费用资源，巧妇难为无米之炊，没有足够的费用，经销商也不可能将事情做到位。

在整个经销商的费用规划中，主要有三个来源：一是经销商自身的现金资源；二是厂家提供的费用支持；三是向下游客户预收的现金。经销商自有现金主要用于自身经营及平台性公用渠道资源的建设，比如仓储、车辆、终端进场费、公关费等，而厂家资源则主要用于其对自身品牌拓展市场的需要，比如条码费、特殊陈列费、DM 费、导购员工资等。当然，经销商自身的资源也会根据实际情况主动投入某些厂家，如果厂家品牌要做大销售规模，还是要为经销商提供必要的支持，因为许多事项都要由经销商来实际运作，比如进场和推广等。除非这些费用全部由厂家直接投入，否则都要通过经销商，不提供费用支持就寸步难行。

如果从现金流的角度来看，厂家提供的费用支持其实也是经销商自身的现金，因为厂家支持的费用也是需要经销商提前代垫的，之后再提供相关费用单据由厂家进行核销，其间所需的费用就由经销商从自己的资金中支付。如果经销商没有足够的现金，如何能够帮助厂家来代垫呢？这从另一个角度表明了经销商存在的意义，在于能够为厂家提供短期融资服务，创造可观的现金流，这项功能产生的价值非同小可，关键时刻还能救命。比如海天味业 2019 年向经销商预收的资金就高达 40.9 亿元，其中包括货款和运输费，占其年收入 197.97 亿元的 20.66%，如果再加上至少 20 天左右的费用代垫（海天 2019 年的销售费用为 21.63 亿元，假设须占用经销商的费用为 5 亿元），还不用支付利息，试想，经销商付出了多大的现金流？

经销商的费用来源与现金流管理密切相关。在经销商的自有资金中，大部分是自己的存款和向亲朋好友的借款，再加上部分银行贷款，因此能否将资金用足用活，并且保证足够的现金流，关系到经销商可不可以将这盘生意持续地经营下去。一些实力较强的经销商，懂得利用订货会向下级分销商或批发商预收货款，虽然占用的时间不长，但可以有效强化资金成效并减小现金流压力，是值得借鉴的好方法。

## 二、经销商费用的分类规划

总体而言，经销商可以根据费用使用的性质，按照以下四类进行划分及规划，然后基于整体经营规划的内容，将计划产生的费用全部分配到对应的项目上，如此就能够做到对经营过程所需要的资源心中有数，并有利于在过程中进行有效的管理。

### 1. 销售费用

销售费用，指经销商的业务部门及其相关部门在销售产品过程中所发生的各项费用。在下列各项费用中，主要费用都产生于商超渠道，对于流通渠道和餐饮渠道产生的销售费用并不多。

①仓储费用：指仓库租赁、保管等费用。

②物流费用：指产品运输、包装、装卸、流通加工等费用。

③包装费用：指对产品内外添加包装物产生的费用。

④人员薪资：指业务部门及其相关部门的人员工资、奖金及提成等费用。

⑤开户费：指经销商在零售商处开设结算户头而支付的费用。

⑥条码费：指产品进入零售商门店销售而必须支付的新品上架费用。

⑦特殊陈列费：指产品在零售商门店因额外占据空间进行展示所支付的费用。

⑧DM 费：指产品参与零售商组织的商品特价活动而支付的费用。

⑨导购员工资：指经销商向派驻在零售商店内的导购员支付的工资和奖金。

⑩节庆费：指零售商在节日期间向供应商收取的费用。

⑪新店开张费：指零售商每一家新店开张向供应商收取的费用。

⑫返利：指经销商在合作中按照一定销售额支付给零售商的扣点，包括有条件返利和无条件返利。

⑬补损：指零售商在合作中要求经销商为门店商品损耗支付的费用。

⑭退货：指零售商将超过一定库存量或者生产日期的商品退回给经销商，从而会产生折价损失。

⑮包场费：指经销商在商超或者餐饮终端的某个空间买断经营权的费用。

**2. 宣传费用**

宣传费用，指经销商在经营过程中针对产品或品牌实施促销推广而产生的相关费用。通常宣传费用也可以包含在销售费用中，因其和业务运作过程紧密相关，但笔者为了突出重要性，也为了强调经销商必须具有营销职能，故此将此费用予以单列。

①广告制作费：指创意、拍摄、制作各种形式的广告内容而产生的费用，包括电视广告、平面设计、视频广告、户外广告等。

②媒体投放费：指为了对外宣传而向各种媒体支付的费用，包括电视媒体、报纸媒体、电台媒体、公交车体、户外高炮、候车厅、互联网等媒体形式。

③宣传物料费：指经销商印制各种宣传物料产生的费用，包括海报、横幅、跳跳卡、遮阳伞、价格贴、吊牌、插卡、挂网、陈列架、围裙、陈列台等形式。

④礼品费：指经销商在向渠道商或消费者进行宣传时赠送的礼品。

⑤活动费用：指经销商开展渠道或消费者推广活动时产生的相关费用，

包括场地租金、临时人员工资、主持人、记者、器具租用等各项费用。

### 3. 管理费用

管理费用，指经销商在经营过程中与销售费用和宣传费用无关的其他费用，此类费用主要是由后台支持部门和行政管理部门在运作中所产生的。

①人员薪资：指后台支持部门和行政管理部门的人员工资、奖金等费用。

②办公费用：指经销商各部门在办公过程中经办事务时产生的各种费用，种类繁多，一些低值易耗品也属于这类费用。

③差旅费用：指经销商各部门人员在长途出差过程中产生的交通费、住宿费和餐饮补贴。

④招待费用：指经销商用于各种内外接待或会议所产生的餐饮费用。

### 4. 财务费用

财务费用，指经销商在经营过程中因资金往来而产生的相关费用。

①销售折扣：指经销商为了促进销售而给予下级客户一定比例的优惠，包含现金折扣和产品实物返利两种。前者一般是用实际发生的现金折扣金额冲减营业收入，表现在回款的直接减少，而后者可以冲抵货款，或者在账务上体现库存量减少，营业收入总数不变，但是返回的商品需要按销售价款缴纳增值税。关于此项费用的会计处理，经销商可交由财务人员按照税法规定处理，笔者在此处仅做概述。

②利息支出：指经销商因借款而产生的利息支出。

③手续费：指经销商因存取款、银行汇款或汇兑所产生的手续费。

## 三、分清固定费用和变动费用

除了上述对费用的四项分类外，经销商还必须注意一点，那就是还需要将两种性质的费用分清楚，以更有利于对经营决策的正确把握。许多经销商并不知道什么是固定费用，什么又是变动费用，更不知道区分这两项费用究竟有什么用处。实际上，对固定费用和变动费用的区分有很重要的价值，这与边际利润有直接的关系，通过边际利润可以帮助经销商做出正确的决策，而边际利润的计算就要知道固定费用和变动费用是多少。

什么是固定费用和变动费用呢？简单地讲，固定费用就是和生产量或销量（简称产销量）之间没有直接相关性，不随产销量变化而成比例增减的费用；而变动费用则和生产量或销量之间直接相关，会随产销量变化而成比例增减。比如开户费、条码费、陈列费、宣传费、办公费、差旅费等都是固定费用，不管其数量或金额怎么变化，产销量也不会发生成比例的改变，甚至都不会发生变化；物流费、DM 费、返利等费用就是变动费用，这些费用都是只有产生销售之后才会发生，没有销售就不会发生，而且销量多少也直接导致费用成比例地增减。需要注意的是，经销商常常将变动费用理解为其金额会变动的费用，这是一个误解，变动费用的“变动”一定要和产销量的“同比例变动”结合起来才能成立，否则仍然是固定费用。比如经销商派驻在商超终端的导购员，向其支付的薪资是固定费用还是变动费用呢？不少经销商会认为这是变动费用，理由是导购员的数量每个月都不同，有的月份多几个，有的月份又少几个，而且有导购员就能够多卖产品，所以这项费用就是变动费用。听起来似乎有道理，实际不然，因为商超门店派驻导购员并不意味着就一定能够提升销量，影响销量的因素很多，我们很难判定产品的销量变化是因为导购员的推介还是因为有了宣传或者特价。更关键的是，导购员的增减与销量变化之间并不存在一定的比例关系，虽然派驻了导购员，但并不意味着销量就一定会增加，就算会增加，也不知道会增加多少，而一个理论上成立的可能是，假如这个导购员的水平很差（比如服务态度），可能还会令销量下降。所以，并不是设立了导购员就一定能够提高销量，其他没有设立导购员的终端也同样可以获得销量增长，这不是必然的事情，而变动费用和销量的关系一定是必然的。至于导购员的数量在不同阶段会发生变化，这就和变动费用没多大关系了，多几个少几个对销量变化不会有影响。设立导购员确实会对销量增加有好处，就像做堆头陈列一样，但他们都不是变动费用，否则，做销售不就太简单了吗？只要多增加导购员和堆头数量，就一定能够同比例地提升销量。事实并非如此！

固定费用和变动费用的作用在哪里呢？此时“边际利润”就要出场了，用一个公式来表达：边际利润 = 销售收入 − 变动费用。它的意思就是：每增加一个单位产品的销售所增加的利润，反映的是增加产品的销量能为经销商增加的收益是多少。那么，知道边际利润是多少后又能怎么样呢？此时就能够判断一个产品到底值不值得继续销售。

①判断某一项亏损产品是否应该停止销售。只要亏损产品存在边际利润（即它的销售收入大于其变动成本），就可以继续销售。

②判断产品结构是否合理。如果经销商销售的所有产品均有边际利润，则说明其产品结构基本上合理。

③判断是否停止某一产品的销售。必须以其他产品增量所带来的边际利润大于该产品的边际利润为前提。

懂得了这个道理，经销商在产品销量不大、利润不高甚至略有亏损的情况下就不要太着急，要分析其是否还能获得一定的边际利润。如果有，那就继续扩大销售，随着产品销量的不断增加，边际利润会更高，而此时经销商的固定费用就能分摊到更多数量的产品上，这也就意味着每个产品所能分摊的固定费用就越少，用产品获得的边际利润减去固定费用，就是赚到的利润。

另外，分清楚固定费用和变动费用，还能够帮助经销商核算产品销售的盈亏平衡点，这也有两个公式：销量盈亏平衡点 = 固定成本 ÷（单位产品销售收入 - 单位产品变动成本）；收入盈亏平衡点 = 固定成本 ÷（1 - 变动成本 ÷ 销售收入）。运用这个公式，经销商对于经营的每一项产品，都可以根据自身的费用结构和想要获得的利润，再结合外部环境、自身优势和资源的配置，就可以制定出必须达到的销量和销售收入目标了。如表3－3所示。

**表3－3　盈亏平衡点计算示例**

| 项目 | 数值 |
|---|---|
| 固定成本 | 20000（元） |
| 产品单价 | 10（元） |
| 单位变动成本 | 5（元） |
| 需要多少销量才能保本 | 4000（个） |
| 需要多少销售收入才能保本 | 40000（元） |
| ①销量盈亏平衡点 = 固定成本 ÷（产品单价 - 单位变动成本）= 20000 ÷（10 - 5）= 4000（个）<br>②收入盈亏平衡点 = 固定成本 ÷（1 - 变动成本/销售收入）= 20000 ÷（1 - 5 ÷ 10）= 40000（元） | |

## 四、针对核心事项聚焦费用

在费用规划中，经销商必须遵循的一个核心原则是聚焦，务必不能分散运用资源，一定要聚焦在核心的事项上，包括核心品类、核心渠道、核心系统、核心终端、核心区域、核心时段、核心方式等。总之，凡是核心的都要聚焦。

有这么一句话："一厘米宽，一公里深！"其中阐述的道理就是聚焦，经营中最怕的就是分散资源面面俱到，什么都想做什么都做不好，什么都想要什么都得不到！任正非一直强调的一个观点就是，只有"力出一孔"，才能"利出一孔"，这个"力"就是聚焦。华为公司有一个著名的"压强法则"，就是将有限的资源集中于一点，在配置强度上大大超过竞争对手，以求重点突破，然后迅速扩大战果，最终达到领先的地位。任正非曾用坦克和钉子的比喻来说明"压强原则"：坦克重达几十吨，却可以在沙漠中行驶，原因是宽阔的履带分散了加在单位面积上的重量；钉子虽小，却可以穿透硬物，是因为它将冲击力集中在小小的尖上，二者的差别就在于后者的压强更大。这也是《孙子兵法》中"识众寡之用者胜"的胜战之道！

聚焦的道理并不高深，要做到却不容易，这是为什么？因为难就难在不知道应该在哪里聚焦。所以，经销商必须清晰地认识到，要真正发挥出聚焦的威力，前提就是要制定出系统的整体经营规划，有了这样的规划，就能知道如何实现目标的方向和路径，自然就知道了应该在哪里进行聚焦，并且能够将聚焦坚持到底。

# 第四章

# 公司化法则二：定模式

## 第一节　商业模式决定着经销商业务运营的成效

经销商公司化运营的成功必须从机会驱动转向战略驱动，做到这一点的关键在于，必须根据自身的策略规划提炼出相匹配的商业模式（即经营模式），同时再为商业模式的高效运行建立系统而高效的保障体系，如此才能使经销商公司化运营的成功具备坚实的基础。经销商应该根据策略规划的要求，对运营要素和竞争态势进行透彻分析，并且通过对自身核心能力、资源状况的清晰认识，然后再对关键的运营活动进行有机组合，如产品组合、供应链打造、渠道拓展、终端覆盖、终端运营、促销推广等，从而形成与策略规划相匹配的全新运营价值链，这就是商业模式。由机会驱动到模式驱动，这才是经销商公司化运营的成功之道。

### 一、商业模式的本质在于价值链

商业模式与价值链有关。价值链是厂商运营过程中一系列关键活动的有序组合，而这个运营过程就是由若干条不同的价值链所组成的。通过对价值链的分析，我们可以清晰地看到运营活动是如何进行的，不仅可以看到整体的价值是如何体现的，还可以看到内部每一项关键活动的价值。经销商需要通过价值链分析，从业务运营过程中的关键活动入手，对每个关键活动环节进行系统分析，了解在这些关键环节擅长做哪些事情、存在哪些优势、是如何做这些事情的，从而抓住这些特定领域的运行本质，并提炼出独特的商业模式，或者对商业模式进行有效的创新。

多年前，笔者提炼出一套“链式营销”的理论和方法体系，就是指以价值链为框架来构建厂商运营的过程，不是只关注单点上的表现，而是始终将运营过程作为一个整体来看待。根据市场环境的变化对运营价值链各环节不断进行动态组合及调整，从而使厂商的整体运营活动保持协调运作，最终有效实现战略目标。通过实施“链式营销”，我们可以清楚地看到，在运营价值链中的每个环节到底为厂商创造了多大的价值，与竞争对手相比存在哪些差距，是由哪些价值链环节所造成的，应该对哪些环节进行调整。所以，“链式营销”和商业模式的本质是相同的，都是遵循着价值链的运作规律。

大家都听说过“蓝海战略”这个概念，它的核心思想就是如何挖掘还没有被充分拓展的市场机会，而具体的方法就是运用价值链分析的手段，通过对比相关企业在价值链上每个环节的具体表现，找出可以改善经营业绩的价值环节，然后对其进行重组，从而以完全不同的价值链与竞争对手形成差异化，并借此重新赢得竞争优势。在价值链运行的全过程中，通过环环相扣的差异化，便能形成独特的商业模式，并真正构筑起厂商的核心竞争力。厂商一旦在价值链上与竞争对手形成了差异化，就意味着真正具备了核心竞争能力，哪怕对手可以在产品、渠道、推广等方面模仿，也难以在整条价值链上进行模仿，因为需要耗费极其高昂的学习成本。由此，厂商就能够延长自己的竞争优势，赢得更多的市场机会。

商业模式创新的关键就在于“价值链组合”，巧妙则在于乘数效应，这与围棋的原理可谓“异曲同工”。学会下围棋是一件极其简单的事情，任何人都可以在短短的5分钟之内学会；但下好围棋又是一件极其艰难的事情，也许你耗费50年之精力也无法登堂入室。其道理就在于，在围棋棋盘上纵横交错的361个点上，蕴含着无穷奥妙的“乘数效应”。为什么计算机可以打败世界上顶级的国际象棋大师，却很难打败上了一定段位的职业围棋手？原因就在于国际象棋相较于围棋而言更具有规律性，而围棋则不然。在围棋中每一着的后面都蕴藏着数不清的应对之着，每一个点就是一着，一着后面又是数十着，着着相扣、变幻莫测，当面对361个点所带来的无穷变化，即便是电脑所具备的超凡计算能力，也无法应对这种纷繁复杂的不确定性，而人类则可以凭借空间感与直觉来加以有效掌控。

商业模式与此相同，厂商运营价值链的每一个环节都要应对其后若干个价值链环节，每一个价值链环节都存在多种选择，当这些环节及这些环节中所有的选择交织在一起，试想一下，这究竟会产生多少种变化？这就是商业模式实践多样化的原理。

在对价值链进行分析的过程中，经销商要抓住两个关键：其一，要从总体上对各项关键运营环节的运作状况进行分析，了解哪个环节投入的精力较大，在整个价值链中大体占据了多少比重；其二，要系统分析每个运营环节中具体的活动内容，并且与竞争对手进行对比，找出彼此之间存在的差异及优劣势。通过对这两个方面的分析，经销商就可以清晰地看到自己的优劣势存在于哪个价值链环节，又是通过哪些具体内容体现出来的，最终就可以总结提炼出适合企业的商业模式，从而实现商业模式的创新。商业模式创新的目的就是为了创造新商业机会，通过对比相关厂商在价值链上每个环节的具体表现，找出可以改善经营业绩的价值环节，然后对其进行“加减乘除”的整合重组（加，即强化优势价值点；减，即弱化劣势价值点；乘，即创造全新价值点；除，即剔出不必要价值点），从而以完全不同的价值链与竞争对手形成差异化，并借此重新赢得竞争优势。

我们在厂商商业模式的实践中可以看到：娃哈哈的成功在于“联销体模式”，海天味业的成功在于“联盟商模式”，康师傅的成功在于“通路精耕”，老干妈和东古的成功在于“大商战略合作”，上海荣进的成功在于“品牌运营”，郑州阳明的成功在于“商家联盟”……这些实践无一不在印证着这句话：商业模式的本质是价值链！因为有“乘数效应”这只“无形的手”在背后发挥着作用，才使得商业模式实践“运用之妙、存乎一心”，才使得商业模式无定式了。在厂商实践中都必须遵循“乘数效应”，在这个规律之下，对运营价值链的各环节要素进行多种组合，以获取最佳的战略选择及商业模式。

## 二、经销商商业模式构建的关键在于渠道价值链

目前不少经销商与合作伙伴的合作，在价值链上其实是割裂的，无论是上游厂家还是下游渠道客户，大家都习惯于分别在价值链上的部分环节

占据控制权，但没有将整条渠道价值链打通，从而造成合作环节的资源消耗。以经销商与厂家之间的合作来看，一直以来都存在此消彼长的博弈关系，目前还有很多厂商都采取这种非常传统的商业模式，也就是以贸易思维做交易的生意合作模式，其特点就是“一手交钱、一手交货”，根本谈不上对市场拓展的共同合作。

真正意义上的厂商一体化战略合作必须基于共享价值链，目前大部分厂商合作在渠道价值链上其实是割裂的，厂家和经销商分别在价值链上的部分环节占据控制权，但没有将整条渠道价值链打通。调味品行业的渠道价值链可以提炼为：渠道规划—渠道拓展—物流配送—终端覆盖—渠道维护—终端管理—促销推广。现实中的两个极端是：完全依赖经销商的厂家会将整条价值链完全让给经销商，自己仅仅是提供产品和政策，然后再派个人员压压货、催催款；而弱化经销商功能的强势厂家则仅仅将经销商的功能局限在物流配送和资金结算环节，其余的功能都由厂家自己实施。大多数的情况是厂家主要负责渠道规划和促销推广两个价值链环节，同时参与终端覆盖、渠道维护和终端管理环节，而经销商重点负责渠道拓展、物流配送、终端覆盖、渠道维护和终端管理等环节。实际上，这样的合作也是割裂的，并没有将整条渠道价值链结合起来。

要打破这种零和博弈的局面，就必须对这种传统厂商合作的商业模式进行重组，形成一体化战略合作的全新商业模式。真正意义上的厂商一体化战略合作，应该是厂商双方在整个渠道运作的价值链中，对渠道价值链各环节共同参与、共同建立合作关系的一种模式，通过实施厂商战略合作模式，就是要在整条渠道价值链上，使厂商双方都共同参与价值链，并且在价值链的各个环节分别确定各自应承担的功能，而不是分别承担价值链的一部分，如图 4 - 1 所示。

通过实施厂商战略合作模式，就是要在整条渠道价值链上，使厂商双方都共同参与价值链，并且在价值链的各个环节分别确定各自应承担的功能，而不是分别承担价值链的一部分功能。这就是厂商战略合作模式的本质，在这种模式下，厂商在整条渠道价值链上共同参与、共同分享，从而最大化地发挥着自身的作用，由此实现渠道边际效应最大化。

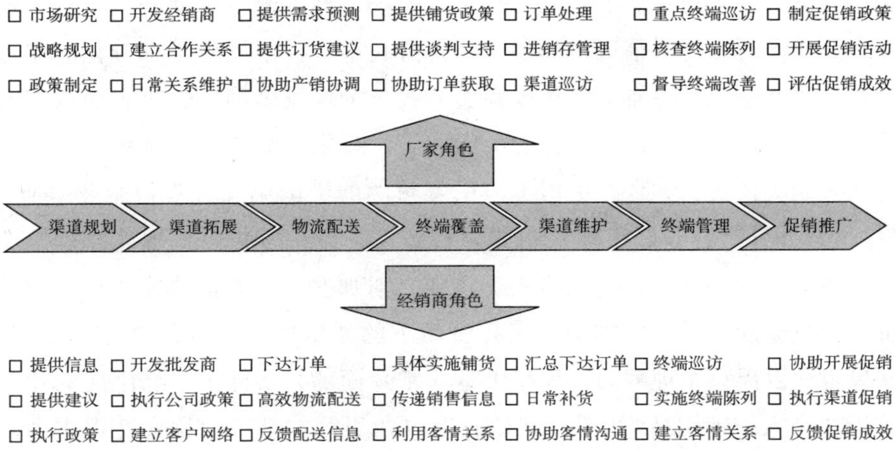


**图4-1　一体化战略合作的全新商业模式**

## 三、经销商要通过商业模式重构业务角色

在商业模式的构建中，经销商对所提供产品或服务（即业务）的界定是核心，其原因在于这是与合作伙伴和用户息息相关的因素。商业模式的意义，就是帮助经销商重新认识自己的产品或服务在价值链中的位置是什么，只有跳出自己看自己，才能使自己的产品或服务产生更大的价值感，并形成独有的竞争优势。

经销商必须弄清楚自己所从事的到底是什么业务？自己的价值究竟在哪里？简单来说，就是经销商必须认清自己是批发商还是物流配送商，是渠道运营商还是品牌运营商，是产品销售商还是平台服务商。不同的角色代表不同的商业模式，也代表未来不同的发展空间，大部分经销商对于自身业务角色的理解都停留在最原始的层面，并不知道如何去重构，因此常常受困于同质化和价格战的泥沼。

经销商在这点上应该认真学习一下零售商，在零售业中，业态就是一种对自身业务角色进行界定的一种说法，零售商正是通过对不同业态的重构，形成了多种多样且极富创新的商业模式。

作为消费需求集中体现的场所，因消费需求的细分化，零售业态也相应呈现出一种细分化的趋势。以综合零售业态来讲，人们常说的超市根本无法充分体现零售业态的特质，除了大卖场、标准超市、便利店三种常规零售业态，现在还有诸如折扣超市、生鲜超市、社区超市等细分化的零售业态，这些业态都各有其特点及售卖方式。全球排名第一的零售商沃尔玛除了大卖场业态外，还有山姆会员店业态，其采用的是会员制售卖模式而非散客购买模式，如今在中国上海引发热潮的美国第二大零售企业 Costco（中文译作开市客或好市多）也是这种业态；另一零售巨头麦德龙则定位于“现购自运商店”的零售业态，主要针对那些做生意的小零售商，用的也是会员制的方式。中国香港李嘉诚旗下的屈臣氏是一种什么零售业态？如果将屈臣氏只是理解为一种超市是非常片面的，实际上，屈臣氏的业态属于“个人护理用品商店”，其核心定位在于针对都市白领女性提供由外而内的身体健康护理商品，主要是以个人护理用品、化妆品、健康食品、药品等品类为主，并通过将“健康、美态和乐观”三大理念植入产品、服务、环境中，从而营造出一种时尚的购物氛围，这就是屈臣氏，非一般的超市！

常见的专卖店，也存在众多不同的业态类型。如果一家专卖店销售的是同类而不同品牌的产品，这样的专卖店叫作品类专卖店或品类专营店，比如各种各样的食品专营店或者服装专营店；如果一家品类专卖店销售的是若干类在消费习惯上有关联的产品，这样的专卖店叫作一站式购物专营店，比如家电类的国美、苏宁，婴童类的好孩子等；如果一家专卖店销售的是同一家企业自有品牌的产品，这样的专卖店叫作品牌专卖店；如果一家品牌专卖店销售的产品只有一个自有品牌，这样的专卖店叫作单一品牌专卖店；如果销售的产品有多个自有品牌，这样的专卖店就叫作多品牌专卖店；如果品牌专卖店的店铺名称与产品品牌不相同，这样的专卖店叫作渠道品牌专卖店；如果一家品牌专卖店采用的售卖形式为开架自选，这样的专卖店就叫作自选式品牌专卖店；如果一家专卖店全部采用特价的方式来销售产品，这样的专卖店就叫作折扣店……还可以不断涌现出更多类型的业态。因此，现在用终端不足以准确表达零售的含义，业态才是更加专业化的表达。

所以，经销商要跳脱残酷的红海，就必须懂得商业模式创新，必须适时对产品和服务进行全新重构，才能找到蓝海。对产品和服务的重新定义，关键在于两点：其一，要在整个运营价值链中占据一个或几个关键环节，在这些环节构建核心能力；其二，要与竞争对手形成区隔，这样才能确保产品和服务的定义具有独特性和难以复制性。当所有的火锅店都在口味上血拼时，从四川简阳一个小地方走出来的海底捞则将自己的业务定义为“售卖服务”而非卖火锅，所有的运营标准都围绕着售卖服务来开展，完全颠覆了传统餐饮业的模式，缔造了一个传奇，更重要的是：海底捞你学不会！

## 第二节　经销商的商业模式类型

### 一、中国经销商商业模式的几次重组

#### 1. 从坐商到行商

从坐商到行商，也就是从批发市场坐地批发、客户自提货发展到为客户送货，这是中国经销商商业模式的第一次变革。导致这种变化的因素主要有以下几点：

（1）中国商业形态发生了巨变，以连锁超市和大卖场为主的现代零售业在中国迅速崛起，使经销商不得不将重心从批发市场转向零售终端。

（2）一批实力较小的经销商为了与大户进行竞争，将服务终端作为其经营核心，并由此逐渐发展壮大，从而影响整个经销商群体。

（3）实力强大的领导性厂家为了推进渠道建设的深入，不断向经销商施加压力，从而推动经销商的转型。

#### 2. 从贸易批发商到物流配送商

在经销商从坐商转向行商的过程中，有一批理念较好的经销商就从原来的批发贸易商发展为了物流配送商，他们抛弃了原有的低价和跨区域销售的方式，而是着眼于向本地的客户提供送货和退换货的服务，并由此实现对渠道的拓展和业绩的稳定发展。同时，部分领导性厂家在实施深度分销模式，也要求经销商的角色转换为物流配送商，业务拓展和推广则由厂家派驻人员来完成，这就强化了经销商向物流配送商的转变。

### 3. 从个体户到公司化运营

在经销商成长为物流配送商时，由于涉及要为新兴的现代零售终端供货，就要求经销商必须成为一般纳税人，能够开具增值税发票。于是，这些经销商开始注册公司，从原来的夫妻档发展为公司化运营的经销商，还组建起业务团队来服务终端客户。

### 4. 从批发商或物流配送商到渠道运营商

再进一步，又有一些理念先进的经销商不满足于作为物流配送商，他们希望更加有效地掌控渠道并获得核心价值。于是，这些具有一定实力和眼光的经销商又开始从单纯的批发商或物流配送商发展为专业化的渠道运营商，构建更强大的业务团队，对渠道进行拓展和维护。除了掌控渠道之外，他们甚至还自建终端进入零售业，构建自己的渠道平台。

### 5. 从渠道运营商到品牌运营商

发展到后来，更有一批积累了较强实力的经销商再次转型，在渠道运营的基础上注重对品牌的打造，从专业的渠道运营商发展为品牌运营商。一方面，在厂商合作中全力帮助厂家推广品牌，甚至在整个品牌的运营中起着完全的主导作用，比如上海荣进实业就成功帮助欣和推出了“六月鲜”品牌，现在则帮助千禾味业推出了“鼎鼎鲜”品牌；另一方面，部分经销商还推出自有品牌进入上游领域，从而成为工贸一体化的运营商，如昆明逢发推出自有品牌“尼罗非”、武汉华泰推出自有品牌“劲宝”等。在调味品行业中，推出自有品牌的经销商不在少数，不过真正做成功的并不多，为了更好地抓住机会及应对风险，部分经销商还反向入股企业，一方面与企业建立更加牢固的合作关系，另一方面分享品牌成长带来的持久利益。

从中国经销商的发展历程来看，他们始终处于变革中，从中获得了巨大的进步，厂家对经销商群体发展的认知不能不进行动态而深入的了解。

## 二、经销商的五种商业模式类型

总体上，调味品经销商的商业模式可以分为以下几种类型：

第一，批发流通型。批发流通型经销商的商业模式具有以下特点：

①追求短期利益，每笔生意都要赚钱，不愿意长期投入。

②低价驱动，快速流转，追求快进快出，利益即时兑现，对毛利要求不高，但是周转一定要快。

③跨区销售，扩大规模，为此不惜以窜货来达到目的。

④不承担市场拓展功能，喜欢经营市场成熟的产品。

⑤不承担产品经营的风险，也不注重持续经营。

⑥通常是夫妻档，不具备公司化的运营结构。

⑦缺乏公司运营的硬件配备，基本上都转移给下游客户承担。

⑧思维模式传统并保守，不愿意接受改变。

同时，批发流通型经销商在实际运作中又可以分为两种类型：其一，坐批商，就是通过批发市场集散地效应批量销售产品，以批发市场作为交易地，不主动拓展市场，也不给客户送货；其二，行批商，他们利用批发市场集散地效应批量销售产品，通过为客户送货的方式进行交易，但是并不主动拓展市场，也没有业务拓展能力。

第二，物流配送型。物流配送型经销商的商业模式具有以下特点：

①追求稳定经营，不愿意承担较大风险。

②以提供产品配送、仓储、资金结算为主要经营模式。

③不局限于批发市场的集散地效应，会主动拓展客户。

④通过服务和合理的毛利吸引客户。

⑤以本地市场作为经营范围，不跨区销售。

⑥追求稳定的销售规模和毛利。

⑦大多经营成熟型产品，可以自然流通，而不为厂家承担市场拓展功能。

⑧具备车辆、仓库等必备的硬件设施。

⑨有一定的业务及配送人员，但公司化运营水平并不高。

第三，客户直供型。客户直供型经销商的商业模式具有以下特点：

①直接面对最终用户或消费者，不通过中间环节。

②追求高毛利，有足够的费用空间来运作渠道。

③不面对开放的商业渠道，而针对具有特殊需求的渠道及客户开展业务。

④通过构建人际关系来拓展业务，具有较强的封闭性。

⑤追求较高的经营毛利，不追求销售规模。

⑥注重控制风险，除已有关系的渠道外市场拓展能力有限。

⑦有一定的公司化运营能力。

第四，渠道运营型。渠道运营型经销商的商业模式具有以下特点：

①追求对渠道市场的掌控，能够对渠道产生较大的影响力。

②具有综合的运营职能，不仅仅是配送、服务等，具有市场拓展的能力。

③有较完整的公司化运营结构和机制，并配备有较强的专业化团队。

④对公司运营有较为清晰的发展规划和经营原则。

⑤除了直接的利益，更看重对于市场运作和渠道客户的掌控力。

⑥不单纯看重产品价差，更注重市场运作的思路和支持。

⑦具备较强的市场拓展能力，能够帮助厂家开拓市场。

⑧以本地市场作为经营的范围，经营实力强的经销商会采取办事处（分公司）异地经营的方式。

⑨有现代化的经营理念，能够根据需要进行改变。

第五，品牌运营型。品牌运营型大部分都和渠道运营型相似，但是在品牌的运营上要更为专业。品牌运营型经销商的商业模式具有以下特点：

①具有强烈的品牌经营意识，擅长品牌策划和推广，能主导品牌打造。

②追求对渠道市场的掌控，能够对渠道产生较大的影响力。

③具有综合的运营职能，不仅仅是配送、服务等，具有市场拓展的能力。

④有较完整的公司化运营结构和机制，并配备有较强的专业化团队。

⑤对公司运营有较为清晰的发展规划和经营原则。

⑥除了直接的利益，更看重对于市场运作和渠道客户的掌控力。

⑦不单纯看重产品价差，更注重市场运作的思路和支持。

⑧具备较强的市场拓展能力，能够帮助厂家开拓市场。

⑨以本地市场作为经营的范围，经营实力强的经销商会采取办事处（分公司）异地经营的方式。

⑩有现代化的经营理念，能够根据需要进行改变。

## 第三节　经销商传统商业模式的弊端

目前，很少有经销商的商业模式是系统设计出来的，基本上都是在摸爬滚打的实践过程中逐步摸索出来的，甚至不少还是在厂家的“逼迫”之下而形成的。可以说，在经销商的成长历程中，虽然与厂家之间吵闹不断，但客观地说，厂家的压力对经销商的成长确实有着极大的推动作用，一些经销商尽管对厂家的高压政策颇多抱怨，心里也清楚很大程度上是厂家成就了他们。

经销商过去几十年形成的传统商业模式，都是时代背景下的产物，时至今日已经存在很大的局限性。笔者在此对几种模式的弊端进行剖析，希望能推动调味品经销商的模式创新或进化。

### 一、经销商“坐批”模式的弊端

“坐批”模式就是完全依赖批发市场做生意，是经销商最为传统的商业模式。在中国市场经济已经发展了四十多年的今天，移动互联网已经大行其道，原本不应该还要来讨论“坐批”模式，但是笔者考虑到现阶段在调味品行业，仍然存在不少采用“坐批”模式的经销商。于是，在此将“坐批”模式的弊端做一简要分析。

**1. 不了解终端销售状况**

坐在批发市场里等生意的经销商，根本就不了解一线终端的销售状况，他们不知道某些畅销的产品为什么卖得好，也不知道是哪些消费者在买这些产品，甚至不知道来进货的客户处在什么商圈，是通过什么方式做生意的。在某些“坐批”商记录进货的本子里，只有粗略的地点、车牌号、客户姓氏及手机号码，他们没有意识，也没有意愿去多了解一下客户的经营情况，对未来也没有太多的考虑，只是被动地接受着批发市场给他们带来的一切，无论好还是坏。

**2. 不能主动拓展市场**

采用“坐批”模式的经销商，本质上就是“守株待兔”的机会主义者，批发市场就是那一株大树，到批发市场进货的商家就是“兔子”，“坐批”商就守候在自己的档口内，等待“兔子”自己撞上门来，至于生意多少就要看有多少只撞树的“兔子”了。“坐批”商是不会主动拓展市场的，对他们来说又辛苦又要多投钱，还不如就坐在家里等生意上门，岂不快哉？但是其他人不会这样想——厂家不会这样想，想做强的经销商不会这样想，为了争夺更多消费者的零售商更不会这样想，虽然要耗费更多的资源和精力，但能获得更多机会，于是“坐批”商的生意就被这些人不断蚕食，直至最终被淘汰。

### 3. 破坏产品价格体系

“坐批”商最敏感的就是价格，这是他们多年生意所锻炼出来的核心技能，就像菜市场的小贩一样，一斤白菜0.9元、一斤胡萝卜1.4元，消费者买了一斤三两白菜和一斤七两胡萝卜，眼皮都不眨一下就能从口中报出一串准确的数字，“坐批”商也同样具有这种核心能力。正因为他们对价格极其敏感，反而成了产品价格体系的破坏者，因为他们头脑里本来就没有什么做市场和做品牌的概念，心里只对进价高低有感觉，但凡能够找到价格更低的货源，只要运费不贵，无论如何都要吃下，然后同样也以低于本地市场的价格出手，能赚多少是多少，拼的就是速度。这就是生意人的贸易思维，做一单赚一单，但是在他们手上绝不可能将市场和品牌做好，未来的路也越走越窄。

### 4. 无法掌控业务过程

由于上述三种原因，使得“坐批”商根本就不可能和上游厂家和下游客户建立长久的合作关系。当然，熟人是有的，但要建立密切的深度合作根本不可能。所以，“坐批”商在生意过程中无法掌控合作的过程，因为大家都是一手交钱一手交货，只要钱货两清就各不相干，谁又肯听谁的呢？现在大家应该很清楚，与商业伙伴之间缺乏深度合作关系，对业务过程无法掌控，即便在短期内赚到一些钱，从长远来看也是不可能有大发展的。

## 二、经销商“窜货”模式的弊端

在经销商群体中，“窜货”模式也是一种典型的传统做法，是某些经销商赚钱的核心手段，同样也是厂商合作中最普遍、最严重的冲突。“窜货”模式的兴起，早期是和批发市场有着直接的关系，因为批发市场存在的意义就是在地域广泛、终端有限、物流距离远的背景下，可以为全国各地的批零商高效组织货源提供最佳平台，其运作特性就是低价和跨区域销售。只要经销商在批发市场中做生意，自然就能够将货卖给到市场中进货的各地客商，产品一旦到了外地市场，“窜货”也就发生了。后来，由于部分实力较强的厂家通常会给经销商下达较高的销售任务，在仅靠本地市场无法完成的状况下，又为了能够得到厂家给予的年终返利，经销商往往就会冒险降价向外区销售，于是这种主动性就给“窜货”添加上了人为的色彩。

在现实中，“窜货”存在两种不同的性质：一种可以称为“冲货”，也就是将货从本地市场主动销售到外地区域，这是一种主观人为的行为；另一种可以称为“流货”，也就是货并不是由经销商主动“冲”出去的，而是在外地客商到本地批发市场进货时被带出去的，这种状况通常出现在与区域主流批发市场地理位置很近的周边地区，批发市场的辐射力能够到达这些地区。比如南京众彩批发市场的辐射力很强，与安徽又紧邻，所以靠近南京的相邻安徽市县通常都是到南京去进货，其物流距离比到合肥长江批发市场进货要近很多，于是产品也就从南京“流”到了安徽。

在某种状况下，厂家对于“流货”和一定程度的“冲货”并不反对，比如在刚开发一个新市场的时候，或者在较为偏远的区域，产品发生冲流货对厂家反而是好事，可以帮助厂家对经销商难以配送和维护到的区域进行覆盖，从而带来更多的业绩增长。在一定程度上，甚至部分经销商也不反对这种状况，前提是产品价格必须遵守厂家的规定，不能降价销售，不能进入经销商的辐射范围。只是在利益的驱使之下，冲流货不可能都是发生得刚刚合适，按照市场规律，越是物流便利的地方，越是网点密布的地方，越是销售好的地方，就越是会发生冲流货行为，因为很便利也很容易，商家很容易实现产品的跨区域销售。厂家和经销商一直都被困在“猫捉老鼠”的局面，其实，厂家也知道要彻底杜绝窜货几乎是不可能的，就算能够实现，恐怕耗费的成本和精力要远远超过窜货本身造成的损失。于是，厂家的精力就主要放在管控“冲货”上面，尤其是降价销售的恶性冲货，而不降价的冲货对厂家而言其实是有利的，这意味着被冲货区域的经销商还没有将市场做透，反而能够促进其更努力地稳固市场；但是降价冲货的性质就不同了，会直接冲击厂家的正常价格体系，降低渠道利润空间，严重的情况会导致渠道商都不愿经营厂家的产品，甚至可能会被迫退出市场。

在此，笔者特别强调部分经销商采取的降价恶性“窜货”模式，这种模式对厂商双方都不会有利，没有哪一个经销商愿意做一个没有足够利润的产品，而厂家得不到经销商的支持，除非完全靠自己来拉动消费者，否则也不可能获得成功。只要不是纯粹机会主义式做生意的经销商，就必须明白降价“窜货”存在以下几个弊端：

**1. 破坏厂商合作规则**

厂家的一个重要职责就是维护渠道价格体系和经销商的经销区域，失去了这两点，就会失去广大经销商的大力支持，结局如何是不言而喻的。只要某个经销商发生了降价“窜货”行为，就意味着破坏了整个经销商群体的核心利益，必然也会引发报复性的反窜货，现实中因为窜货而相互交恶的经销商不在少数。这样一来，最终损害的就是厂家的利益，因为品牌是厂家的，就算品牌倒掉了，经销商还可以经销其他品牌，但是这个厂家就完蛋了。所以价格体系和区域维护是厂商共同构建良好市场秩序的铁律，如果哪个经销商违背了这一点，就动摇了厂家和其他商家生存的根本，这是绝对不会容许的。

**2. 损害商号品牌价值**

凡是以降价窜货作为主要模式的经销商，其在当地市场的口碑都不会太好，笔者在考察市场时和经销商沟通，就常常会听到他们说×××就是靠窜货做生意的，一旦在市场中留下了这种印象，其未来的发展空间就极为有限。现在稍微具有一定规模的厂家，在选择经销商时都有一条禁令：不得和习惯窜货的经销商进行合作！试想，无法与有一定实力的厂家进行合作，没有机会得到有潜力的品牌，也得不到厂家的充分支持，经销商又怎么会有未来呢？那就只有陷入恶性循环，在降价窜货的夜路上越走越远了。

**3. 弱化市场精耕能力**

降价窜货模式对于经销商本身来说也没有好处，说白了会助长投机思想，不愿踏踏实实地运作本地市场，只想着在别人做成熟的市场上捡便宜，世上哪有便宜经常让你捡呢？要知道，你现在捡的便宜，一定会在其他地方结结实实地还回来。表面上看起来窜货可以令经销商在短期内获得不少利益，但是会使经销商丧失了对市场精耕细作的能力，将自己的生存空间寄托在别人的市场上，还得不到各方的认同。试想，这样的模式会有未来吗？对经销商来说，只有本地市场才是自己的，不在这块市场上做农夫，把市场做深做透，就等于丧失了自己的核心能力，无法掌控自己的命运。降价窜货只不过是小聪明、小机灵而已，精耕细作才是威力巨大的“降龙十八掌”。

## 三、经销商“折价”模式的弊端

通过销售政策来调动渠道成员的积极性，以促进销量的提升或者抵御竞争对手的冲击，是每个经销商都会采用的方式。运用得好，自然可以将渠道商牢牢地抓在手里；运用得不好，则会带来相当大的麻烦。

产品搭赠是厂商常用的一种渠道促销方式，其目的是向渠道商提供额外的利益，同时也是向渠道商施加压力，将更多的产品铺到市场上。这种方式确实有用，大大小小的厂商都在运用这种方式，而经销商也乐此不疲。产品搭赠有多种方式，但是有一种搭赠方式存在极大的问题，那就是进货搭赠，这种方式就是渠道商只要进货而无论多少，就可以得到厂商赠送一定比例的本产品，如十搭一、八搭一等。问题在哪里呢？在于这种方式名为渠道促销，实际上是价格折让，这对厂商带来的危害要远远超过它的好处。

现实中采用进货搭赠的厂商并不少，为什么他们习惯于采用这种方式呢？原因就在于厂商的综合竞争能力不强，在博弈中受制于渠道商。厂商采用进货搭赠往往是被迫的，由于其产品的价格体系不合理，不能够给渠道商带来满意的利润空间，因此需要通过进货搭赠的方式来进行调剂，为渠道商补充不足的利润，这样渠道商才愿意继续销售企业的产品。但是这种方式实质上并不能产生良好的成效，只不过是饮鸩止渴。进货搭赠存在的危害主要有两点：其一，厂商失去了运作市场的费用空间。由于进货搭赠对于渠道商并没有任何限制条件，渠道商只要一进货就会享有产品搭赠，这部分费用属于变动费用，销量越大费用也就越高，并不会随着销量增大而降低费用比例，这就使得厂商损失了对这部分费用的支配权；而渠道商通常是用来补充自己的利润，不会将这部分费用拿来运作市场，所以这就会导致厂商的资源不足，影响对市场的正常运作。其二，厂商对下游渠道商失去了管控力。达标搭赠的方式对渠道商都是有条件的，但是进货搭赠并没有条件，因此厂商将会失去掌控力，下游渠道商都已经得到奖励了，厂商还怎么管控他呢？所以这种方式也容易导致窜货的发生，源头其实就在厂商自己。

采用进货搭赠的方式大多集中在整体实力较为薄弱的厂商中，明知道这种方式存在弊端但仍要采用，一方面是部分厂商实在是没有其他办法，只好将利益补给渠道商，这样多多少少还能够产生一些销售；另一方面是有的经销商受到了厂家销售人员的“绑架”。从正常的角度讲，如果渠道商缺乏足够的利润，销售人员是很难做工作的，每一个商家追逐的都是利润，这一点毋庸置疑。于是，为了拿到薪资或奖金，销售人员就会不断向公司抱怨和申请资源，大部分厂家都很难扛得住这种进攻，谁也不敢拿销量开玩笑，最终屈就于销售人员。有的厂商出发点就不正，想的就是先把渠道商的钱收回来再说，心思根本就不在对市场的系统运营，而是一种贸易思维，这样的结局只能是自食其果。

厂商对渠道商进行激励是没有问题的，但是必须能够掌握主动权，不能影响到对市场的良性运作。像进货搭赠这种方式，根源在于产品的价格体系设计出现了重大问题，无法满足渠道商的必要利润，自然要求厂商额外进行弥补。要从根上解决这个问题，涉及以下三个层面：

**1. 渠道运营模式调整**

采用进货搭赠方式的厂商，其渠道运营模式大都较为粗放，管理重心很高，对于下一层级的客户和零售终端则无力维护，只能将整个市场维护的职能交给渠道商，与之相匹配也要给予更多的资源。在这种情况下，等于基本放弃了对于市场的主导权。要改变进货搭赠的方式，厂商首先就要调整粗放的渠道运营模式，将运营管理的重心下沉到分销商和核心终端两个层面，并重新分配渠道的利润结构和资源体系，将市场运作与渠道商的激励相结合，使每一笔费用投入都能强化品牌在市场上的影响力。如此，厂商对于渠道的影响将从以往单纯依赖政策转变为多种手段并用，更有利于推动市场建设的有序开展。

### 2. 产品价格体系设计

为了有效匹配渠道运营模式的调整，厂商还需要共同从源头重新设计产品的价格体系，以往厂家设计价格体系的逻辑，大都是从自身的成本和毛利率出发，然后在出厂价的基础上由经销商自行确定供货价，如果直接供货给零售终端，中间的利润空间还过得去，但要发展分销商就会发现利润空间不够，自然得不到渠道商的支持。因此，厂商必须重新调整设计产品价格体系的逻辑，一定要遵循从市场逆向倒推的方式：零售终端价（分不同终端类型）—终端进货价—二批进货价—分销商进货价—经销商进货价（出厂价）—产品成本。在这个逻辑中，厂商必须确保终端零售价有竞争力，各级渠道商的利润不低于行业平均水平（这可以通过市场调研而得），然后再考虑自身的毛利，以此来控制产品的成本。只有按照这个逻辑来构建价格体系，才能确保产品能够得到渠道商的充分支持，若能做到这些，自然无须采用进货搭赠的方式来弥补渠道利润，一切都会在正常的框架下运行。

### 3. 正确运用渠道促销

在具体的战术实施层面，厂商也要对渠道促销激励形成正确的认识，绝不能采用饮鸩止渴的做法。首先，厂商必须搞清楚在每个市场阶段需要实施渠道促销的目的是什么，这是个方向性的问题，一错皆错。通常来说，需要通过促销来激励渠道商的状况有新产品上市、旺季前渠道压货、消化库存、狙击竞争对手、强化渠道分销等。每一种目的都有各自相适应的促销方式，比如新品上市就适合采用搭赠礼品、新产品搭赠畅销品、铺货达标奖励的方式来激励渠道商，而消化库存适合采用补差价、搭赠促销品的方式，狙击竞争对手则适合采用达标搭赠本品的方式，所以只有目的明确，才能确保渠道促销运用的正确性。其次，厂商必须了解每一种促销方式的优缺点，比如现金返利、搭赠本品、搭赠礼品、捆绑促销、积分奖励、抽奖奖励、实物奖励等，这些促销方式各有利弊，有的方式简单但容易破坏价格体系，有的方式有效但操作较为复杂，厂商对此都必须非常清楚，然后再结合渠道促销的目的进行相应的匹配，这样才能充分激励渠道商，同时达成厂商的阶段性目的。

渠道促销是战术，也是一项系统工程，要运用得有成效就必须进行综合考虑，否则就会陷入将渠道促销做成价格折让的不利局面，使厂商失去对市场的掌控力。

## 四、经销商“车销”模式的弊端

市场演进到当前这个阶段，很多经销商都知道批发模式存在很大的问题，不可能适应未来的发展；同时，他们也知道要做好生意，就一定要服务好下游客户，能主动为他们解决问题。很多具有这样理念的经销商选择了作为物流配送商，于是“车销”成了他们的商业模式。应该说，“车销”配送模式是经销商进步的表现，避免了传统“坐批”及“窜货”模式的问题，使经销商将重心放在对本地市场的运作，这对于经销商的成长确实产生了极大的帮助，甚至不少经销商靠着这个模式抢走了传统坐批商的生意，成了市场上的主导者。

不过，当笔者在研究经销商的“车销”模式后，发现在现实中和商业逻辑上存在一个很大的问题，直接制约着经销商和厂家的发展，那就是：缺乏业务拓展能力！采取“车销”模式的物流配送商，通常都是一辆车两个人，一名司机和一名业务人员（如果只有一车一人，则兼有司机和业务人员的角色），每天按照老板规定的线路出去送货；在这些线路上，基本上都是已经打电话要过货的下游客户，业务人员必须按时将货送到并将款收回，早上出去送货，晚上回来交款，还要完成老板要求的指标，这样才能在月底拿到提成。那么，这些业务人员到了下游客户处都干了什么呢？大多就是卸货、搬货、对账、收款，收完款后就急着再到下一家。笔者统计了一下，这些事项再加上送货，占据了业务人员整个工作时间的 80%，只有 20% 的时间是和客户沟通一下新产品或促销政策的事情。同时，笔者通过调研发现，经销商业务人员在下游客户处停留的时间平均为 10 分钟左右，那么卸货、搬货、对账、收款这几项事情占据了 80%，也就是 8 分钟，而业务沟通时间占据了 20%，仅仅 2 分钟。那么问题就来了，在这 2 分钟里，业务人员能够和客户沟通出什么东西来吗？

这就是“车销”配送模式的症结，业务人员开展有效业务沟通的时间太少了，只不过是一个搬运工而已，根本就没有体现出应有的业务拓展职能。所以，不少经销商老板经常对厂家抱怨产品不好卖、知名度不高，或者价格没有优势等，实际上真正的原因就是业务人员并没有开展有效的业务沟通，产品又怎么会好卖呢？在这种模式下，经销商只能卖一些畅销产品，如果是新产品，基本上很难运作成功。不能怨业务人员不作为，业务人员也无能为力，这完全是由经销商所设计的商业模式决定的，因为“车销”配送模式的本质就是送货，所以业务人员不做搬运工还能做什么呢？业务人员的核心职能应该是业务沟通，但是这项职能在“车销”模式下完全被边缘化，而卸货、搬货、对账、收款却成了主要职能，做不好业务拓展也是正常的。

“车销”配送模式还存在一个问题，虽然经销商都能收到客户的提前订货，能够做到一定配送上的计划性，不至于处于完全盲目送货的状况；但是其弱点在于客户的电话订货没有规律性，也会出现业务人员送货又不要的情况，而经销商又不了解客户的具体经营状况，无法掌握客户的产品多长时间会卖完，可能在什么时候又要订货，订货量大概是多少，自己应该备多少的货，因此在整个供应链条上显得很被动。如果业务人员有足够的沟通时间，就能够解决这个问题，但是在“车销”模式下很难做到。

笔者在本书第二章第一节“经销商的未来在哪里”中就分析过，物流配送商是厂家十几年前开展“深度分销”模式的产物，其成立的前提就是厂家要派驻大量的销售人员来帮助经销商开展业务沟通，包括拿订单、做客情、推产品、理终端，但是现在极少有厂家能够做到这一点，业务拓展的工作完全由经销商来承担。如果经销商只是一个物流配送商，又缺乏业务拓展的职能，请问该如何有效地推广产品和运作市场呢？经销商的业务拓展能力是一种综合能力，除了基本的资金、仓储和物流配送，还包括对市场的洞察、渠道的拓展、终端的服务、客情的维护、产品的推广及社会资源的整合等，这么多的职能，要在区区 2 分钟内完成，完全是不可能的任务。所以，经销商的“车销”配送模式一定要进行重构。

## 五、经销商“跑单”模式的弊端

对于“车销”配送模式，有的经销商也意识到了上述一些问题，于是他们就采取了一种做法：将业务人员和司机分开，由业务人员单独按照线路去接订单，拿回订单后再安排司机专门送货，这种模式被经销商称为“跑单”。

“跑单”模式虽然比“车销”模式升级了一步，将业务人员单列出来，加强了和客户的沟通职能。但是还是有所不足，这和“跑单”的职能定位有关。在“跑单”模式下，业务人员替代的只是下游客户过去的电话方式，原来的电话中缺乏沟通，业务人员当面去可以弥补这个缺陷，这是一个进步，但是“跑单”这个概念意味着业务人员的核心职能还是拿订单，虽然是专门拿单的，但还是缺乏业务拓展的职能。笔者在和这些采取“跑单”模式的经销商沟通后，就发现业务人员的职能主要是接订单和维持客情这两个方面。也就是说，经销商仍然没有赋予业务人员推广产品、建设终端、管理进销存、维护市场秩序等职能，“跑单”和“车销”相比只不过是换了一个马甲而已，骨子里还是没有变化。

因此，经销商还需要对“跑单”模式进行优化升级，真正落实业务人员身上的业务拓展职能，既然人都已经单列出来了，下一步的做法就不难了，只需要重新界定业务人员的核心职能，将之前欠缺的那些都补上，然后再调整其工作方式，增加其在客户处的工作时间和工作内容，如此就不再是简单的“跑单”了，而成了真正意义上的专业化业务运营。

## 第四节　经销商的商业模式重构

为了构建持续发展的竞争优势，调味品经销商必须对存在弊端的商业模式进行重构，其关键就是对渠道运营价值链的相关要素进行重新组合调整，就能形成全新的渠道商业模式。

比如针对 KA 渠道的拓展，就有三种模式：经销商拓展、厂家直营、三方联销。在经销商拓展模式中，所有要素都由经销商承担。在厂家直营模式中，所有要素都由厂家承担（物流也可以由经销商承担），并且还可以分为厂家总部设立 KA 运营部门直营、由各地分公司直营和由国际性 KA 总部所在地的分公司直营三种细分模式。而在三方联销模式中，则是由厂家和经销商分别承担其中的部分要素，由此共同实现对 KA 的高效拓展。再比如针对分销渠道的拓展，也有三种模式：大流通模式、深度分销模式、分销联合模式。大流通模式完全由经销商承担渠道拓展，深度分销模式则主要由厂家承担主要职能，经销商沦为配送商，而分销联合模式则分别由厂家和经销商承担相应的职能，共同实现对分销渠道的高效低成本拓展。还比如品牌专卖渠道的拓展，又可以分为三种模式：自营模式、单店加盟模式、区域加盟模式。自营模式完全由厂家自己开设专卖店，单店加盟模式则是由厂家发展单个门店或数个门店的加盟商来实现渠道拓展，而区域加盟模式则是由厂家发展省级或者地市级区域代理商来实现对渠道的拓展，再由区域代理商发展单店加盟商。除此之外，还有专门针对特殊渠道或者团购渠道的大客户直营模式，或者通过呼叫中心进行的无店铺直销模式，这些不同的模式都有其各自所针对的渠道和终端类型，经销商只有对此有清晰的认识，才能真正实现对于渠道的高效拓展。

下面笔者将着重阐述几类主要的渠道商业模式重构。

## 一、从“车销”转向订单预售模式

经销商单纯依靠“车销”模式是不够的，虽然这与批发模式相比是一个进步，但由于多个职能都集中在一到两个业务人员身上，使得他们无法有效发挥出业务拓展职能。随着行业发展的日益复杂，渠道拓展也日趋复杂化，给经销商的业务带来了挑战，如高销量客户的销售和产品生动化要求可能与低销量客户的要求有矛盾，增加产品 SKU 组合可能超过业务人员实际能处理的平均数量，或超过其推销能力，这些问题都导致“车销”模式难以发挥出更大的价值。

随着经销品牌和品项的增多（可能源自路线销售系统的细分要求），如果品项数量超过 100 个，则经销商业务人员在销售所有产品时会有困难。要把大量不同种类的产品装上货车进行分销，再从货车上卸下，满足客户的需求，这是困难的。产品数量的增加和品项的增多会使工作量变得繁重，要找到既能做体力工作又能做业务拓展的人员越来越困难。

此时就需要经销商将“车销”模式升级为订单预售模式，将业务拓展分给两个或多个人来承担，由业务人员专门进行业务拓展，通过面对面的接触促成销售，而配送收款则由专门的送货人员来完成。这样一来，业务人员在客户处停留的时间将比原来增长数倍，从而有足够的时间去开展更加细致的业务工作。对此，有经销商的业务人员明确对笔者说：“以前我们要同时协调送货和跑单，送货、卸货、收钱等都是一个人做，现在我们不要送货，只要拉订单，收钱也只是偶尔地收一下，体力上少了，脑力上多了，区域变小了，销量却是以前的1~2倍。”

在订单预售模式下，业务人员不再是搬运工，其工作内容与“车销”模式比也产生了很大的改变，需要做到：按计划对所有客户进行服务，对每个网点进行“计划访销”，开发新客户，同时使产品生动化，也要处理订单，并安排送货、开账单等必要的手续。

要高效开展订单预售模式，重点需要做好以下几个部分：

**1. 划分区域和路线**

**（1）划分原则：先划区域，后定路线**

①应尽可能做到区域数与经销商出勤车辆数相同，如果经销商管辖区域与配送车辆不匹配，则需购买新车辆或缩小区域。

②应尽可能在各路线配送时间大体一致的基础上确保客户网点数量接近，以便提高覆盖效率。

③在每个业务人员所分配的线路中，尽量使所有客户网点产生的总销量相差不大。

④在改变固定拜访路线以获得更高销售前，应先加强和改进销售及店内陈列。

**（2）划分区域路线办法**

①切割城市交通图。用黄色标识环线将城市交通图切割，在黄色区域内纵向寻找城市交通图主线；用红色标识环线将城市交通图纵向平均切割；其次，再横向寻找城市道路主线；用蓝色标识环线将城市交通图平均切割。

②线路安排。确定每个区域线路条数，进行每条线设置；以街区为基础，把区域中的所有客户网点纳入同一拜访路线。

③区域线路图。将地图放大，根据初步划分的区域切割相对应的张数。

④标上客户编日。根据客户档案及地略图，绘制客户分布网点总图，并按区域线路整理客户档案，在总图上标明客户所在地及客户编号。如图4-2所示。

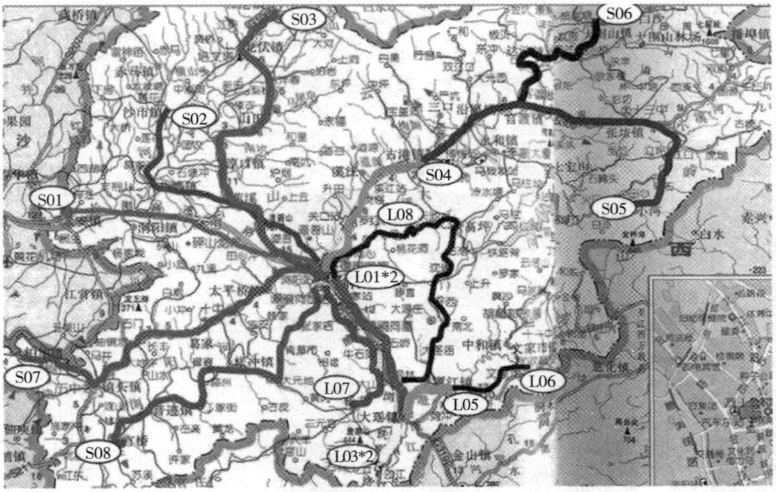


图 4－2　某区域乡镇路线规划图

## 2. 确定拜访频次

### （1）客户网点质量分类

A 类店：经销商业务人员各销售区域内按总体销售额排名前 20% 的客户网点。

B 类店：经销商业务人员各销售区域内按总体销售额排名 20% ～80% 的客户网点。

C 类店：经销商业务人员各销售区域内按总体销售额排名后 20% 的客户网点。

### （2）确定拜访频次

A 类店：每 1～2 天拜访一次。

B 类店：每 2～3 天拜访一次。

C 类店：每 3～5 天拜访一次。

## 3. 确定每周路线巡访表

根据路线规划和不同网点的拜访频次，经销商要为业务人员制定每周的固定行程巡访表，将每个人的巡访路线都固化下来，然后按照步骤和标准开展工作。这份固定行程巡访表不是一成不变的，经销商可以根据一段时间的实际销售情况，有针对性地对部分业务人员的行程进行调整，以确保巡访的高效性。如表 4－1 所示。

**表 4－1　每周路线巡访表**

经销商：__________　区域：__________　业务人员：__________　时间：__________

| | 周一 | | 周二 | | 周三 | | 周四 | | 周五 | | 周六 | |
|---|---|---|---|---|---|---|---|---|---|---|---|---|
| 1 | | | | | | | | | | | | |
| 2 | | | | | | | | | | | | |
| 3 | | | | | | | | | | | | |
| 4 | | | | | | | | | | | | |
| 5 | | | | | | | | | | | | |
| 6 | | | | | | | | | | | | |
| 7 | | | | | | | | | | | | |
| 8 | | | | | | | | | | | | |
| 9 | | | | | | | | | | | | |
| 10 | | | | | | | | | | | | |
| 11 | | | | | | | | | | | | |
| 12 | | | | | | | | | | | | |
| 13 | | | | | | | | | | | | |
| 14 | | | | | | | | | | | | |
| 15 | | | | | | | | | | | | |
| 16 | 路线1 | | 路线2 | | 路线3 | | 路线4 | | 路线1 | | 路线3 | |
| 17 | | | | | | | | | | | | |
| 18 | | | | | | | | | | | | |
| 19 | | | | | | | | | | | | |
| 20 | | | | | | | | | | | | |
| 21 | | | | | | | | | | | | |
| 22 | | | | | | | | | | | | |
| 23 | | | | | | | | | | | | |
| 24 | | | | | | | | | | | | |
| 25 | | | | | | | | | | | | |
| 26 | | | | | | | | | | | | |
| 27 | | | | | | | | | | | | |
| 28 | | | | | | | | | | | | |
| 29 | | | | | | | | | | | | |
| 30 | | | | | | | | | | | | |

### 4. 路线优化

#### （1）路线跟踪分析

定期分析路线表数据，以确定销售路线的工作，主要指标为：成功访销与计划访销之比、平均订货量、在旺季或淡季期间的平均周业绩。

通过路线跟踪、装车量调查和在零售点内观察来补充路线表分析数据：时间管理、装货量管理、产品生动化的有效性。

**（2）路线调整优化**

①路线优化。在对已有拜访路线进行路线表分析后，对于盈利的路线结合业务人员的工作能力，本着合理利用时间、保证拜访频率、工作机会相对公正的原则进行路线优化。

②路线调整。在对已有拜访路线进行分析后，对于亏损的路线要分析原因，并进行加强、归并或去除。路线加强可以采用突击引爆或产品组合加强等方法；路线归并可以将亏损路线合并至相邻的盈利路线区域；路线去除可以将亏损路线的所有网点全部并入盈利路线区域并重新规划。

③路线新增。对于先锋队开发的空白区域网点分配工作区域，划定最优化、固定的工作路线进行定人、定域、定点、定线、定期的细致化服务和管理。

**5. 确定一周最优载货量**

经销商必须对每条路线每天的工作进行跟踪并取得数据，因为一周中不会有两天出现完全相同的销售情况，并据此来确定每周的最优车辆载货量。

**（1）最优载货量计算方法**

经销商可以使用4周货量数据的加权平均方法来计算最优载货量，这种方法很简单，因为分母的总数总是10，容易计算。具体计算方式如下：

装车量 = $(0.1 \times W + 0.2 \times X + 0.3 \times Y + 0.4 \times Z) / (1 + 2 + 3 + 4)$

其中：W为第1周的周数据；X为第2周的周数据；Y为第3周的周数据；Z为最近一周的周数据。

**（2）车载量制定原则**

计算应基于前4周的载货量数字，每月应将第1周的数据去除，将最近一周的数据加入，这样就使数据库保持最近4周的信息。

应使用以4周为一个周期的加权平均值，即最近一个数据加权值为0.4，第1周数据的加权值为0.1。

## 6. 实施九步骤标准化客户拜访

九步骤标准化客户拜访如表 4－2 所示。

**表 4－2　九步骤标准化客户拜访**

| 步骤 | 拜访步骤 | 工作时间/分钟 | 步骤关键点 |
|---|---|---|---|
| 步骤 1 | 观察客户网点 | 2 | 业务人员到达客户处首先进行观察，包括客流、客户工作状态、相关产品促销陈列信息及竞品表现等 |
| 步骤 2 | 向客户打招呼 | 1 | 业务人员向客户打招呼（首次见面简单做自我介绍），具有感染力，同时在店内巡访卡上签到 |
| 步骤 3 | 检查店内宣传物料 | 2 | 检查客户店内宣传物料：张贴的 POP 是否被覆盖，如有则立刻予以重新张贴 |
| 步骤 4 | 检查货架、陈列架及整箱陈列 | 2 | 维护店内终端陈列，查看货架是否有缺货、陈列架是否摆放其他品牌产品，有问题及时解决 |
| 步骤 5 | 检查存货，建议老品销售订单，政策传达 | 5 | 到客户库房检查存货，针对库存较少的品项，运用建议订单公式向老板建议进货，同时传达公司最新销售政策，针对老品鼓励购买 |
| 步骤 6 | 未进产品/新品推介 | 3 | 向客户老板推介新品，并且介绍其他未进产品，重点在于清晰地诉求产品的核心利益点 |
| 步骤 7 | 说服老板进货 | 2 | 利用销售数据、技巧及最新政策等对客户老板进行有效沟通，说服客户购买未进产品和新产品 |
| 步骤 8 | 问题处理 | 3 | 帮助客户处理关于产品、包装、销售等方面的问题 |
| 步骤 9 | 开单、收款、道谢 | 2 | 开单并收款，有礼貌地向客户道别，并预约下次拜访时间 |

## 7. 填写终端巡访卡

经销商应要求业务人员按规定路线开展对客户网点的巡访工作，巡访工作中按要求完整填写客户巡访卡，以便经销商及时了解客户终端的经营情况，并且巡访结束后按时上交。

### （1）巡访卡的作用

①对业务人员：帮助提高工作效率。

②对客户：避免缺货或积压资金。

③对消费者：能及时购买到（因为不缺货及有适当的品牌和品项）。

④对经销商：降低分销成本，提高人车绩效（可按客户订货量调整拜

访频率）。

**（2）巡访卡填写要求**

①及时填写客户的进货及销量情况。

②更新信息，及时修改有关内容。

③巡访卡的填写应在售点内完成。

④记录客户的投诉、需求及处理方法。

**（3）巡访卡分析**

经销商要利用巡访卡上的资料对客户的经营状况进行分析。

**（4）行动计划**

通过巡访卡发现客户的销量增减并找出原因，及时采取相应的措施。如表 4－3 所示。

### 8. 进销存统计

要实现产品的高效流转，离不开科学的进销存管理。业务人员开展路线巡访时，必须管理客户网点的产品进销存，清点客户库存，根据先进先出、警示即期品与安全库存原理，指导并帮助客户保持合理库存量，减少即期、过期产品出现。如表 4－4 所示。

### 9. 建议订单

所谓建议订单，是指经销商业务人员在与客户谈订货量之前，将自己分析判断客户应该需要的订货量填写在订单上，并向客户提出建议。

**（1）按照 1.5 倍安全库存原则建议订单**

1.5 倍原则是库存管理的主要工具，遵循的是安全存货原则，是在上期客户销量的基础上，对客户本期建议订单的依据。按 1.5 倍原则做订单是业务代表的工作职责，是主动争取订单的有效方法，同时保证客户既不断货也不积压。

第一步：检查现有库存及生动化。

①清点库存。按品牌/品项清点库存。

②存货的周转。存货的周转，先进先出，避免产品过期。

③补货。将仓库存货放到货架上。

④生动化。对货架上的产品进行生动化陈列。

⑤将存货数记入客户卡。做好存货记录。

**表 4－3 客户（终端）巡访卡**

区域：__________ 客户：__________ 填写人：__________ 日期：__________

| 序号 | 店名 | 类型 | A 品牌 | | B 品牌 | | C 品牌 | | D 品牌 | | 合计 | | 销量 | 收款 | 促销 | | | | 备注 |
|---|---|---|---|---|---|---|---|---|---|---|---|---|---|---|---|---|---|---|---|
| | | | 品项 | 货架 | 品项 | 货架 | 品项 | 货架 | 品项 | 货架 | 品项 | 货架 | 销量结果 | 收款结果 | A 结果 | B 结果 | C 结果 | D 结果 | |
| | 分销标准 | A | 7 | 20% | 5 | 20% | 5 | 10% | 6 | 15% | 23 | 4 节 | | | | | | | |
| 1 | | | | | | | | | | | | | | | | | | | |
| 2 | | | | | | | | | | | | | | | | | | | |
| 3 | | | | | | | | | | | | | | | | | | | |
| 4 | | | | | | | | | | | | | | | | | | | |
| 5 | | | | | | | | | | | | | | | | | | | |
| 6 | | | | | | | | | | | | | | | | | | | |
| 7 | | | | | | | | | | | | | | | | | | | |
| 8 | | | | | | | | | | | | | | | | | | | |
| 9 | | | | | | | | | | | | | | | | | | | |
| 10 | | | | | | | | | | | | | | | | | | | |
| 11 | | | | | | | | | | | | | | | | | | | |
| 12 | | | | | | | | | | | | | | | | | | | |
| 13 | | | | | | | | | | | | | | | | | | | |
| 14 | | | | | | | | | | | | | | | | | | | |

续表

| 序号 | 店名 | 类型 | A 品牌 | | B 品牌 | | C 品牌 | | D 品牌 | | 合计 | | 销量 | 收款 | 促销 | | | | 备注 |
|---|---|---|---|---|---|---|---|---|---|---|---|---|---|---|---|---|---|---|---|
| | | | 品项 | 货架 | 品项 | 货架 | 品项 | 货架 | 品项 | 货架 | 品项 | 货架 | 销量结果 | 收款结果 | A 结果 | B 结果 | C 结果 | D 结果 | |
| | 分销标准 | A | 7 | 20% | 5 | 20% | 5 | 10% | 6 | 15% | 23 | 4 节 | | | | | | | |
| 15 | | | | | | | | | | | | | | | | | | | |
| 16 | | | | | | | | | | | | | | | | | | | |
| 17 | | | | | | | | | | | | | | | | | | | |
| 18 | | | | | | | | | | | | | | | | | | | |
| 19 | | | | | | | | | | | | | | | | | | | |
| 20 | | | | | | | | | | | | | | | | | | | |
| 21 | | | | | | | | | | | | | | | | | | | |
| | 当日总计 | | | | | | | | | | | | | | | | | | |
| | 当日平均（总计/店数） | | | | | | | | | | | | | | | | | | |
| | 当日目标 | | | | | | | | | | | | | | | | | | |
| | 当日目标完成率 | | | | | | | | | | | | | | | | | | |

**表 4－4　进销存统计表**

区域：________　城市：________　业务人员：________　填报日期：________

| 客户名称： | | | | | | | | | 联系电话： | | | | | | | |
|---|---|---|---|---|---|---|---|---|---|---|---|---|---|---|---|---|
| 编号 | 品种 | 规格 | 上次库存 | | 上期进货 | | 本次库存 | | 上期销售 | | 本次订货 | | 生产批号 | | 破损品项 | |
| | | | 数量 | 金额 | 数量 | 金额 | 数量 | 金额 | 数量 | 金额 | 数量 | 金额 | 日期 | 数量 | 破损原因 | 数量 |
| 1 | | | | | | | | | | | | | | | | |
| 2 | | | | | | | | | | | | | | | | |
| 3 | | | | | | | | | | | | | | | | |
| 4 | | | | | | | | | | | | | | | | |
| 5 | | | | | | | | | | | | | | | | |
| 6 | | | | | | | | | | | | | | | | |
| 7 | | | | | | | | | | | | | | | | |
| 8 | | | | | | | | | | | | | | | | |
| 9 | | | | | | | | | | | | | | | | |
| 10 | | | | | | | | | | | | | | | | |

第二步：计算上次拜访后的销量。

上次拜访后的实际销量 = 上次订货 + 上次库存 – 现有库存

第三步：计算建议订货量。

建议订货量 =（上次订货 + 上次库存 – 现有库存）×1.5 – 现有库存

销售旺季或促销期：

- 初期进货建议量 = 平时日均销量 × 下次进货间隔天数 × 旺季销量增长率 ×1.5 – 本期库存
- 期内进货建议量 = 上期日均销量 × 下次进货间隔天数 ×1.5 – 本期库存
- 期末进货建议量 = 正常销售时期日销量 × 下次进货间隔天数 × 1.5 – 本期库存

**（2）如何让客户接受建议订单**

要让客户了解按 1.5 倍的原则为他建议的订货量是比较合理的，维持合适的存货数量，避免脱销、断货的可能性，满足消费者的购买需求，不遗漏任何成交机会。

1.5 倍的存货原则可以帮助客户有效地利用空间和资金，避免带来货物积压、资金空间无效占用等损失。

1.5 倍的存货原则再加上存货周转可以保证客户提供给消费者的永远是新鲜的产品，改善售点形象，带动其他商品的销售。

让客户了解 1.5 倍的存货原则能帮助他更好地满足消费者的需求，提高销量和利润。

说明业务人员每天是按线路拜访的，对每一个客户的拜访都有一定的周期，1.5 倍安全库存可以有效保证客户在这一周期内不断货，又不压货。另外，送货车每天也是有一定线路的，临时要货很难保证能送货。

## 二、从批发转向分销联盟模式

针对分销渠道的运作，最常见的是传统批发流通模式，在这种模式下，渠道商总是注重于短期利润而不会做长远的渠道建设和维护工作。一些经销商虽然能针对中小终端采取直供模式，但是仍然对部分区域、渠道难以有效覆盖，或是因为资源受限，或是由于利润减少，在这种情况下又该怎么办呢？所以，在上述两种模式之外发展新型的渠道模式迫在眉睫。

### 1. 调味品厂商的出路在于打造渠道联盟体

调味品经销商要扭转对渠道掌控力不强的局面，就必须打破零散、割裂的渠道运作状态，从整个渠道运营的价值链来思考与渠道成员的角色及利益关系。

在调味品行业中，实施渠道联盟的关键就在于重新调整传统批发商的角色定位和商业模式。批发商是流通环节中的核心成员，在整个渠道中起着承上启下的关键作用。在传统批发体系中，批发商完全以利益的多少来决定销售何种产品，他们与厂家和经销商之间没有特殊的交易约定，完全属于“一手交钱一手交货”的状况，各方之间没有制约，批发商想从哪家进货就从哪家进货，价格想怎么卖就怎么卖，在他们的概念中根本没有“区域管理”这个说法，他们不会接受厂家的管理，也根本不会去管厂家的市场秩序是否良好，由此导致渠道中的价格体系非常混乱，区域间的恶性冲流货现象屡禁不止，严重损害了双方的长远利益。

要改变这种局面，就必须改造传统意义上的批发体系。经销商可以挑选出具有一定实力、网络完善、关系良好、具有较好发展前景的批发商，将其发展成为分销联盟商（以下简称联盟商），直接纳入厂商的管理范围。由厂家、经销商与联盟商签订合作协议，明确各方的职责和权利，为联盟商提供区域、时间、价差和服务四个方面的保障，使各方利益都能最大化。事实上，调味品厂商一旦将批发商改造成联盟商，就意味着厂家、经销商和联盟商三方之间构成了一种紧密合作的战略联盟关系，笔者称之为“分销联盟体”，他们之间不再是单纯的交易关系，而是基于利益之上谋取共同发展的合作关系。这种做法赋予了渠道成员全新的内涵，将原来零散而粗放、有奶就是娘的批发商给组织了起来，使其成了与厂商具有紧密合作关系的联盟商，其作用在于使厂商能够实现对区域市场的精耕细作，维护稳定的价格体系，建立良好的市场秩序，使渠道每个环节的成员都全力支持企业的发展。

### 2. 经销商为什么需要构建分销联盟体

不少经销商的整体实力并不强，有的缺乏资金，有的缺乏人员，完全依靠自身资源和能力来掌控市场上的主流渠道很难，除非换掉这个经销商，否则就必须对其进行帮扶，而在其下设立联盟商就是一个好方法，可以弥补其实力不足的问题。

大部分经销商的生意模式都要获得必要的利润，这就需要其有效地控制成本，对于部分区域面积较大、渠道类型多或者终端网点多的市场，厂家要求经销商实现广泛的渠道覆盖就会大幅增加其经营成本，此时在其下设立联盟商就能够在一定程度上解决渠道广泛覆盖的问题。

有部分经销商的渠道资源有限，比如一个擅长流通渠道运作的经销商要拓展餐饮渠道，与其从头做起，不如找一个有餐饮渠道资源的联盟商，分出一部分利润空间，以此换来更广泛的渠道覆盖和销量增长。

对于部分具有一定基础的二批商来说，也有自我成长的需求，而且不少二批商本身就兼具双重角色，既是某品牌的二批商，又是另外品牌的经销商。如果将这部分二批商转型为联盟商，就能够充分发挥其运营能力，与经销商进行良好的互补，从而实现对市场更加广泛和深入的渗透。

**3. 分销联盟模式的竞争优势**

分销联盟模式可以构建一个共享的销售平台，在此基础上，经销商可以专注于渠道拓展、终端覆盖、物流配送、订单处理、销售预测、渠道维护、客情关系建设等，厂家则可以在平台上开展渠道规划、政策制定、产品组合、渠道管控、终端管理、促销推广、售后服务、评估督导、销售培训等不同的专业职能，与经销商形成整合、互补的效应，使厂商之间的博弈程度降到最低，从而实现高效低成本的渠道覆盖。

**（1）实现成本与效率的平衡**

目前有很多调味品厂家认为渠道的维护都应该由自己来做，不少经销商也这样认为，结果双方都陷入低效率高成本的状态。其实，厂家和经销商都走错了位，厂家做了不该做的事，经销商没有做自己该做的事，厂家增加了销售成本，而经销商浪费了资源。导入渠道联盟商业模式后就可以改变这种状况，根据渠道联盟的要求，厂商双方在渠道运营中的职能定位将重新界定，经销商将承担渠道的专业化维护职能，厂家则提供统一的政策、工作标准和规范，再由销售团队进行专业指导和培训。渠道联盟模式肯定了经销商及联盟商作为渠道平台的必要性，只有充分发挥他们的职能才能实现投入产出最大化，而在厂家的规范约束下和销售团队的顾问指导下，也能够确保战略执行的一致性。

**（2）构建渠道利益联盟**

渠道体系生存的条件源于利益，只有每个渠道成员都拥有了稳定的利益，才能推动产品的顺畅分销。解决这个问题的关键在于合理分配经销商和联盟商之间的利益空间，要求经销商将部分价差空间给予联盟商，真正从利益上建立合作联盟。在传统的渠道模式下，厂家通常都没有设立联盟商对市场精耕细作，因此不同批发商之间必然产生价格冲突，降低价差空间，也容易受到外地市场的冲击。这样一来，原来稳定的价差空间在很短的时间内迅速缩小，经销商的利益将受损。而在构建渠道联盟模式后，就等于为各自的市场建立了一道屏障，本地区域市场的价格空间将在企业的管控下处于稳定的局面，从而确保经销商、联盟商获得稳定的价差利益，在相当长的时间内都能有保障。

**（3）维护渠道的稳固性**

之所以说渠道体系的构建具有相当的难度，原因在于厂家与渠道成员之间的关系经常都是不稳定的，一旦厂商双方的利益发生冲突，渠道体系就极易被竞争对手突破。在原有粗放化的模式下，维护厂商关系的纽带主要依靠的就是政策利益，由于厂商利益立场不同，一旦厂家的销售状况遭遇不利或渠道受到竞争对手的政策干扰，立刻就会动摇双方的合作关系。在渠道联盟模式下，厂家与渠道成员的关系并非停留在政策导向上，而是打破了渠道运营的黑箱，掌控了渠道运营的过程。一方面，将经销商的利益分配给了联盟商，以此换取了联盟商对市场的深度拓展和对厂商的忠诚；另一方面，通过规范化提升了整个渠道体系的运营水准，提升了渠道成员的业绩，从而强化了对厂商的认同。

**（4）维护渠道运作的专业性**

渠道运营并非铺货这样简单，而是需要构建一整套系统的专业化管理体系。只有这样，才能真正构建起渠道运营的核心竞争力。传统粗放的渠道运营模式并不关注这些，调味品厂家和渠道成员都是靠政策驱动，而渠道联盟商业模式体现出的则是管理驱动；通过实施渠道联盟模式，调味品厂家将对整个渠道运营的过程进行管控，涉及渠道覆盖、渠道渗透、渠道维护及渠道推广等几个价值链的关键环节，为了确保渠道运营的成效，厂家应确定整体渠道运营的策略规划和相关的销售政策，然后再确定相应的执行标准和管理规范，接着再通过销售团队推动并辅导渠道成员加以高效执行。通过这样的系统运营，渠道联盟将彻底扭转原有的粗放运作局面，提升整个渠道运作的专业性和业绩。

### 4. 分销联盟模式的本质在于价值链

要正确理解渠道联盟商业模式，就必须透彻理解价值链，并且按照价值链的规律进行思考和实践。价值链是在一个特定行业、企业或业务领域内产生价值的各项关键活动的有序组合。通过这些关键活动的开展，才能使企业的业务领域得以有效运营，不断循环，周而复始。因此，真正意义上的渠道联盟商业模式，应该是调味品厂商双方在整个渠道运作的价值链中，对渠道价值链各环节共同参与、共同建立合作关系的一种商业模式，通过实施渠道联盟商业模式，就是要在整条渠道价值链上，使厂家与渠道成员各方都参与整个渠道运营的价值链，并且在价值链的各个环节分别确定各自应承担的功能，而不是分别承担价值链的一部分，从而最大化地发挥自身的作用。

#### （1）基于渠道价值链实施一体化运作

渠道联盟商业模式并非仅仅是个概念，要真正使渠道联盟有效实施，就必须基于渠道运营的价值链，在渠道价值链的每个关键环节都实现厂商的一体化运作，从而实现真正的“联销”。在调味品行业，通常可以将渠道运营的价值链提炼为：渠道规划—渠道覆盖—渠道渗透—渠道推广—渠道维护。所谓一体化运作，就是指厂家与渠道成员都要在这些关键环节中共同承担职能，而不是在部分环节。以渠道规划为例，厂家在这个环节承担着核心职能，需要将整个渠道运营的策略规划进行系统考虑，而经销商在这个环节也要参与，需要为厂家提供充分、客观而有价值的信息和建议；以渠道维护为例，经销商和联盟商将承担具体的执行职能，而厂家也并非撒手不管，要为渠道成员提供专业指导和培训，要协调运作中出现的矛盾，推动渠道成员按照统一的规范执行，从而真正实现一体化运作。

#### （2）厂家/中间商/零售商缺一不可

要真正理解渠道联盟价值链的核心，就要认识一条价值链的有效运营涉及各个层面，单靠某个成员是无法做到的。这就意味着，在渠道联盟模式的运作中，厂家、经销商和联盟商三个角色缺一不可，都要在渠道运营价值链中充分发挥作用。也就是说，厂家必须将经销商和联盟商整合到渠道价值链中，而不是将其割裂开来。在传统模式中，厂家与渠道商的价值链是割裂的，大家纯粹在做生意，没有联合起来运作市场。在全新的渠道联盟商业模式中，厂家、经销商和联盟商要在价值链中发挥作用，厂家的角色是规划、统筹和协调，经销商的角色是整体业务执行、资金结算、仓储物流、客情维护、业务推广等，联盟商的角色则是配合经销商在局部区域执行渠道策略。通过三者的分工协作，高效地将整个渠道价值链串联在了一起，从而打破调味品行业中传统的批发型商业模式。

**（3）实现利益与管理双轮驱动**

一条价值链要顺畅地运行，除了要做到让价值利益在各环节得到充分体现外，还需要在整个价值链的运行中建立规范，做到对价值链的整体管理，这样才能确保整条价值链和所有成员的利益最大化，而并非某几个环节或成员，从而避免在价值链中产生“零和博弈”。渠道联盟商业模式就要遵循这样的原则，传统的渠道运作模式只是关注利益分配，忽视了对渠道的管理。而渠道联盟模式一方面使利益在渠道各环节的分配更加合理，另一方面强化了对整个渠道运营过程的管理，从而确保渠道整体利益的实现。比如对于价格管理和冲流货管理，在渠道联盟模式的执行中更加严格，在规划中要制定好不同产品在不同区域、不同渠道和不同终端的零售价及价格体系，以事先防范可能出现的价格冲突，同时对于区域间破坏联盟体整体利益的冲流货现象更要强力打压，确保良好的渠道秩序。

### 5. 四大步骤实施分销联盟

调味品厂商要成功实施分销联盟模式，就必须充分了解渠道联盟包含哪些主要内容，仅仅知道渠道联盟的概念是远远不够的，还必须掌握如何实施渠道联盟的具体方法。

**（1）渠道运营价值链提炼**

调味品厂家在构建渠道联盟商业模式时，首先要明确提炼出渠道运营的完整价值链及每个环节的主要内容，这是整个分销联盟的起点，这一步做对了，厂商对于分销联盟的实施方向就不会跑偏。由于细分行业及所处发展阶段的不同，每个厂商在实施分销联盟时并非完全一样，在提炼分销联盟价值链时可以根据自己的战略规划及核心能力进行相应调整，包括对价值链的顺序及具体内容进行重新组合，这样才有可能实现价值链的创新，从而挖掘出全新的蓝海。需要提醒的是，厂商在提炼分销联盟价值链时必须充分体现出战略规划的要求，并将其反映在每个价值链环节的具体内容中。

**（2）选择恰当的合作伙伴**

分销联盟模式的成功实施，离不开渠道合作伙伴的共同努力，因此能否选择恰当的合作伙伴，直接关系到渠道联盟的成功与否。分销联盟模式对渠道合作伙伴的要求如下：

①重视程度。认同厂商的价值观，愿意接受厂商的商业模式。

②渠道网络。能直接覆盖零售终端，如商超终端和各类餐饮系统。

③经营能力。拥有一定数量的业务人员，善于维护市场。

资金只是合作基础，只有具备以上三点要求，才符合分销联盟模式的要求，选择对了，就意味着成功了一半。

**（3）分销联盟合作政策**

利益是商业合作成功的前提，分销联盟模式也离不开对渠道利益的分配，这需要通过系统的分销联盟合作政策来体现。传统的渠道合作政策有一个问题，那就是偏重于结果导向，而分销联盟合作政策更注重对渠道运营过程的引导。具体而言，分销联盟合作政策主要体现在以下三个方面：

①经济利益保障政策。主要是通过产品价差、销售返利和促销政策来保障渠道成员的利益，是双方合作的基础。

②管理和控制政策。主要是激励渠道成员高效地进行铺货、物流、进销存控制及终端管理而提供的政策，是双方合作的深化。

③服务与支持政策。主要是为渠道成员在品质、发货、退换货、费用核销、培训和人员协助上提供的支持，是双方合作的保障。只有这种综合的政策才能确保分销联盟的稳定性。

**（4）分销联盟管理体系构建**

前面笔者已经阐述过分销联盟要形成利益与管理的双轮驱动，因此，在利益保障的基础上，厂商还必须构建完善的分销联盟管理体系来保障整个联销模式的有效执行。整个分销联盟的管理体系是和分销联盟的价值链相对应的，也就是针对渠道价值链的关键环节，要制定出明确的工作标准、流程和规范，这样才能确保分销联盟的运作成效。围绕着分销联盟的价值链，厂商需要构建起目标管理、产品管理、铺货管理、价格管理、冲流货管理、促销管理、进销存管理、巡访管理及费用管理等一系列关键的管理制度体系，还要制定出针对这些管理的绩效考核体系。只有强化整个分销联盟过程的管理，才有可能提升整个渠道运营的专业化水准，并实现分销联盟的高效运作。

**6. 以整体规划统筹各环节运营**

厂商在实施分销联盟商业模式的时候，怎样才能确保模式的成功呢？首要的关键就在于规划和统筹。凡事预则立，不预则废。这句俗话说的就是规划的重要性，厂商要成功实施分销联盟模式，就必须对渠道运营的策略进行系统规划。目前对渠道策略具有系统规划的厂商可谓少之又少，很多厂商对渠道拓展的方式非常零散，他们一般都是用渠道销售政策来代替渠道策略规划，并且对渠道销售目标缺乏细分，仅仅用总体销量指标考核销售人员，造成整体的渠道运作模式不清晰，无法构建完善的渠道网络体系。因此，厂商必须以渠道整体规划为基础，对整个分销联盟价值链的运营进行统筹，确保渠道运营每个环节的工作都符合渠道策略规划的要求，从而使整个渠道价值链的成效最大化。

**（1）制定系统的渠道策略规划**

厂商必须制定系统的渠道策略规划，一个完整的渠道规划包括渠道的定位、渠道结构（长度/宽度/密度）、渠道产品规划、渠道覆盖、渠道推广、渠道的目标及费用规划等，只有通过系统的渠道规划，才能改变原来粗放的渠道运作局面。厂商要制定出切实可行的渠道策略规划，就必须要求业务人员对区域市场的消费态势、渠道结构、竞争状况及销售数据进行详细的分析。目前的市场环境已经和过去大不相同了，随着市场的复杂化、竞争的激烈化和零售商的专业化，再像以前那样依靠销售政策驱动已无法应对市场要求，必须构建科学、系统的渠道研究和规划体系，这样才有可能设计出适合市场的渠道策略。

**（2）明确厂商在渠道各环节的定位**

确定了渠道策略规划，还需要将规划让整个渠道成员透彻理解并予以支持。为此，厂商需要在整体渠道规划的指导下，明确各自在分销联盟价值链各环节中的角色定位，如此才能真正使分销联盟得以有效实施。在分销联盟模式中，包含厂家、经销商、联盟商和零售商四个角色。其中，厂家将作为规划者和统筹者，是整个分销联盟体的控制者；经销商则是作为厂家的核心合作伙伴，其角色在于主导执行渠道联盟策略规划，并有效配合和协助厂家对整个渠道联盟体进行管理和推动，这是承上启下的环节，是整个渠道联盟中的核心环节；联盟商是渠道策略规划的具体实施者，其将作为经销商的核心合作伙伴，帮助经销商来落实执行渠道联盟规划；零售商是渠道联盟的终端环节，其角色在于体现厂家的整体战略，是整个渠道联盟能否最终落地的关键。

**（3）管控渠道成员的生意模式**

要成功实施分销联盟模式，一个重要因素就是经销商一定要配合厂家的商业模式来开展业务。厂家规划得再好，经销商或联盟商并没有按照厂家要求的模式运作，这些规划仍然无法落到实处。因此，在分销联盟模式的实施中，厂家必须将对经销商的重视程度和对其生意模式的管控放到首位。以经销商的生意模式为例，目前大多数经销商的生意模式本质上是“车销”送货模式，更多的是依靠已有的人际关系和利益空间。经销商尽管有提升经营能力的愿望，但缺乏足够信心和实施的相关技能。如果厂家放任经销商按照其固有的生意模式开展经营，那么分销联盟模式的威力将难以充分发挥，只有推动经销商和联盟商的生意模式进行转型，在“车销”模式基础上导入固定巡访预售订单模式，才能更好地强化对渠道过程的管控，确保分销联盟的成效。

**（4）提供有针对性的产品组合**

经销商要真正做到分销联盟，眼光不能仅仅停留在渠道本身，要综合考虑渠道与区域和产品的匹配性。在一个完整的渠道规划中，一定要考虑如何才能推动不同的渠道实现业绩最大化，渠道的本质是一个平台，为此需要厂家不断向这个平台引入产品，以充分发挥渠道平台的作用。海天的联盟商体系之所以威力巨大，也是有赖于其多年来不断向这个平台输送畅销的产品，比如黄豆酱、蚝油、料酒、食醋、鸡精等，从而使渠道成员始终能够获得较大的利益，也更加愿意维护这个联盟体。因此，经销商需要推动厂家将渠道与产品加以复合，面向不同的渠道结构提供有针对性的产品组合，使产品能够适应相对应渠道的特性，从而有效满足消费者的需求。如果做到这一点，调味品厂商就可以使渠道和产品实现良性互动和相互促进，并由此来强化分销联盟的稳固性。

**7. 必须构建完善的保障体系**

要使分销联盟商业模式得以有效运营，经销商还必须构建一套系统的保障体系，明晰内部组织的运营逻辑，否则将因缺乏足够的执行力而大打折扣。在分销联盟模式的运营中，需要构建几个方面的内部保障体系。其一，组织保障体系，确保分销联盟模式能够落实到组织体系中的对应部门及岗位，从而得以有效实施；其二，人员配置的保障体系，使分销联盟模式能够被具有足够且专业的团队加以执行；其三，确定分销联盟的管理保障体系，包括关键业务流程及管理制度，推动分销联盟的高效运营；其四，确定分销联盟的绩效考核体系，引导业务团队正确执行分销联盟运营过程的关键行动。

**附 1：海天联盟商体系独步天下**

在调味品行业中，海天味业能够连续多年牢牢占据行业领导者的地位，其秘诀除了强大的产品力外，更有其耗费多年所构建的庞大渠道网络，而这归功于精心打造的“联盟商”体系，这套体系就是渠道联盟商业模式的成功典范。渠道联盟商业模式的兴起，改变了传统渠道运作中的零散格局，打破了厂商之间的零和博弈状态，将厂商从单纯的贸易合作关系转变为共赢价值链的战略联盟关系，从而强化了企业的渠道掌控力。海天味业采取经销商、分销商两级架构的销售体系，尽量减少经销层级，除了经销商，也将分销商纳入公司的管理体系（即联盟商），便于全面掌握终端销售情况。经销商是海天的直接客户，享有公司某类产品在特定市场或特定渠道的直接销售权，而联盟商是经过海天与经销商共同筛选考核确定的具有单独运作并覆盖一定市场能力的客户，由海天各办事处与经销商一起为联盟商提供市场拓展及促销等服务。

十几年前，海天味业逐步将网络优势强、实力基础好的分销商作为联盟商纳入公司的管理范围，明确联盟商负责的渠道及销售范围、年度目标、价格、货款、订单、促销等，同时对联盟商的销售目标设置奖励措施，并为联盟商提供建议及技术支持。通过将部分联盟商纳入公司的销售管理体系，海天逐步掌握了联盟商的订单频率、销量等网络数据，提高了对整个销售网络的控制力度，带动了整个销售网络的发展，加快了对市场终端及对空白网络点的开发速度。联盟商向其对应的经销商发送订单，并由经销商提供配送，联盟商与经销商之间的交货、货款结算事宜皆由双方协商。海天与经销商共同对联盟商进行管理，同时通过经销商对销售目标完成率达到标准且未违反经协议相关规定的联盟商进行奖励。

通过多年的倾力打造，2019 年海天的销售网络覆盖了全国 31 个省、自治区、直辖市，在全国各省已形成 5806 家经销商、15000 家联盟商的联销体系，覆盖了 70 多万个终端销售网点，通过密集的渠道网络，使产品能够快速达到消费终端，由此构建了强大的核心竞争力，在行业内遥遥领先。

**附 2：N 区域 Y 经销商分销联盟模式实操案例**

（1）核心经销商策略得当

结合当地市场和区域性差异：N 区域经济发达，县级市场容量大，零售终端发达。

充分发挥自身优势：Y 属于厂家重点经销商，设立 4 个内勤服务于分销联合，与 N 区域本地 KA 系统客情关系很好，愿意全力配合区域经理的指导开展工作。

具体做法：

第一步：以 Y 经销商为龙头，精心策划招商活动，快速建立联销体系。

- 当年 4 月 20 日，由 Y 经销商牵头出资，在发行量最大的当地广播电视报登报进行地区性招商。
- 印制精致邮报分别到六个郊县的市场进行现场派送。
- 针对招商情况，于 5 月中旬召开产品市场推广会，邀请厂家区域经理及意向型客户进行现场交流和沟通。

●通过双向选择，当场签订联销协议，以保证N区域六县招商的一次性成功。

第二步：强化服务意识，在价格、配送、订货三方面让联盟商无后顾之忧，并规范管理。

●价格。公开联盟商价格的定价原则，严格按厂家价格体系规定操作，让联盟商吃了颗“定心丸”。

●配送。满足货物配送要求，规定300件以上无条件送货上门，有车自提，返送运费。

●订货。“定时不定量”，即按照每月逢5订货，每月5日、15日、25日为订货日，不规定订货量，以“聚零为整”的办法，减少联盟商资金压力和库存积压，同时满足市场的需求。

第三步：“利益驱动”，以终端门店指导运作为突破口，以点带面做大市场。

●针对郊县代表性的卖场独立操作，签订销售合同，周转正常后由联盟商接收，利润完全让出，市场维护也逐步交给Y经销商去完成。

●既提高联盟商的积极性，又使联盟商增强终端意识，提高市场终端操作水平。

第四步：加强整体联动，渠道促销与联盟商密切协作，Y经销商和联盟商共同获益。

●把旺季销量进行分解，规定每家每户的最低订货量和相关的促销支持。

●让联盟商从中吃足促销政策直接获益，感受到联盟商体系的优越性，由此快速提高N区域整体销量。

●春节前的订货及主要产品的几次渠道促销都有明显的成效。

第五步：做好宣传发动，与联盟商实时共享信息，提高品牌信赖度。

●Y经销商结合优势互补、资源共享的原则，通过资料整理、汇总，在第一时间如实地把厂家政策、精神贯彻下去，让联盟商感觉到他们是联销体中重要的一分子，能够直接及时了解厂家的经营动态和市场的发展需求。

- 新品推广时要求首批打款 20 万元，Y 经销商积极行动，整理招商会会议纪要、招商会现场照片、与老板合影、制定招商要点、产品样品人均一份发到每个联盟商手中。
- 在短短 7 天内，联盟商实际打款 22 万元，一次性招商取得圆满的成功。

（2）联盟商配合紧密

Y 经销商的下游联盟商对于终端门店的生动化陈列非常重视，在联盟商自有的四家连锁超市中，全部上全的条码将近 40 个，而且均在靠近收银台的位置购买一个端头，均放置纸架，且新条码的谈判已经结束，部分商超已经上架。

（3）区域经理指导有力

厂家的区域精力在国庆节期间主持召开经销商业务会议，提出 16 条整改意见，将整改意见分为订单、进场、促销和费用四类，分别确定每项意见整改的内容、责任人和期限，全面督促经销商和业务代表全力配合阶段性整改。

（4）销售代表执行到位

厂家在 N 区域的销售代表与核心经销商 Y 配合密切，与联盟商关系良好，按照固定行程计划开展区域巡访，定期向联盟商建议订单，指导联盟商终端陈列，得到了联盟商的认可。

## 三、从 KA 直营转向三方联销模式

经过近二十年的快速发展，国内大型零售商的竞争格局发生了重大改变，零售业内部的竞争逐渐使供零之间矛盾的不可调和开始走向相互合作。由于零售业自身竞争的加剧，使得改善供零之间的矛盾成为提升零售商业绩的一个重要环节，供零合作的关系已经成为提升综合竞争力的重要途径，像早期家乐福、好又多那样一味压榨供应商的合作模式已经不适应

未来的发展。大润发、永辉之所以后来者居上，一个很重要的因素就是采取了不同于家乐福以“后台毛利”为核心的供零合作模式，他们会根据品类的战略和供应商的状况，选择有实力的供应商进行深度合作，甚至会买断供应商的某类产品来进行销售，同时在订单执行、信息共享、合同条款执行等方面与供应商合作得更加紧密。反过来，随着渠道细分化的不断发展，供应商不再把大型零售商当作必不可少的生意途径，对于某个区域市场而言，不再是所有零售商都有必要合作，而是挑选能最大化实现投入产出的零售商进行合作，从而使整个市场的经营进入盈利性的良性发展阶段。

在这种情况下，调味品厂家和经销商有机会重新构建与大型零售商之间的合作模式，以前是零售商利用供应商之间的博弈来获取最大化利益，如今供应商完全可以利用零售商之间的竞争来获取最大化利益，零售商不再是铁板一块难以击破了。从世界零售业的发展态势来看，供零之间走向平衡是必然的趋势，以前的那种不平衡主要是由于国内企业和经销商的整体运营水平不高，随着厂商整体经营水平的提升和信息化程度的发展，以往零售商利用信息不对等来压榨供应商的做法将越来越没有市场。而供应商也将更有能力来应对零售商的压力，类似于沃尔玛与宝洁之间那种令人羡慕的供零合作关系也将在国内的企业与零售商之间看到；国内供应商也必将与大型零售商真正形成高效消费者响应（ECR）的战略合作，共同推动双方利益的最大化。

调味品厂商与跨区域大型零售商（主要指国际性和全国性的零售商，以下简称 KA）的合作要解决几个问题：谁来建立合作关系、谁来确定贸易条件、谁来谈判、谁来签署合同、谁来支付费用、谁来送货、谁来结算及谁来维护。它涉及厂家、KA 和经销商三方的职能职责，这里面既存在双方角色如何界定的问题，也存在成本与效率如何达到平衡的问题。如果能够把这几个环节的运作理顺，就意味着厂商与 KA 的合作走上了一个快车道。

许多调味品厂商在运作 KA 的过程中经常被层出不穷的问题所困扰，具体表现在以下方面：

①不同区域 KA 的价格体系不同，导致经销商之间、零售商之间、厂

商之间的冲突不断。

②大型零售商总是要求与厂家直接开展合作，否则将无法与零售商建立持续的合作关系。

③不同区域KA的产品进场时间无法一致，导致整体产品策略难以高效执行。

④不同区域的KA终端门店缺乏规范化的表现，各地区产品陈列方式各不相同，只求进场不求陈列位置，按经验、费用甚至随意处理排位、排序与排面，导致终端销售业绩难以有效提升。

⑤全国各区域都出现部分产品被零售商锁码或清场的现象，使得产品覆盖难以一致。

⑥各区域终端销售的产品品类不同，新品或者重点产品不能快速进入终端。

⑦各区域终端导购员基本无管理、无培训，促销手段单一，除了买赠就是降价，促销主题不明、对象不明，基本没有对促销活动的评估……

对于这些问题，这些调味品厂商深受其困，各区域的销售人员几乎成了“消防队员”，频频在各种问题之间展开“灭火”，根本没有时间充分思考如何有效提升销售业绩。要解决这个问题，调味品厂商就必须深刻理解KA的运作特性，围绕七大关键要素重新构建与KA之间的合作关系，并以此提炼KA运营的价值链，从而形成系统的运营模式。

一般情况下，在厂家、经销商和KA之间，存在两种极端的合作关系：其一，厂家与KA进行直营，渠道价值链各环节基本都由厂家完全掌控，从贸易条款、谈判、签约、结算、配送到支付费用、维护门店等都由厂家直接运作，最多将外地市场的物流配送交给经销商。实际上，经销商仅仅是送货的赚点配送费而已，这种方式其实将整个运营的负担压在了厂家身上，无法实现对KA系统全国各地区域门店的有效维护。其二，厂家与KA不直接打交道，而是全部交给各地的经销商去完成。这样，整个运营又全部由经销商来承担，厂家和KA之间缺乏合作，各地经销商又无法实现KA总部与门店的有效统筹，问题很大。

笔者通过多年的研究和实践，基于价值链的角度和对成本与效率的兼顾，提炼出一套基于产品管理的KA三方联销模式，采取由厂家总部与KA

直接签约、区域销售团队执行、经销商配送结算的直接合作，整合 KA 管理部、区域销售团队、渠道成员和 KA 四方的专业优势，实现资源最优化配置。该模式要求厂家直接对接国际性 KA 以实现“高效消费者响应”为核心的品类管理，全程关注产品管理在 KA 运作全过程的核心作用，以 KA 为平台强化产品 + 渠道复合管理，从而突破当前 KA 运作单点合作的方式，统筹与管理 KA 运作价值链全程，构建真正意义上的 KA 运作战略联盟。

KA 三方联销模式包含几项关键要素的组合（详见表 4－5），厂家和经销商分别在其中承担着不同的角色。

**表 4－5 KA 三方联销模式几项关键要素的组合**

| KA 合作关键要素 | 承担者 |
| --- | --- |
| 贸易条件 | 厂家 |
| 合同谈判 | 厂家 |
| 合同签订 | 厂家和经销商 |
| 物流配送 | 经销商 |
| 费用承担 | 厂家和经销商 |
| 财务结算 | 经销商 |
| 门店维护 | 厂家和经销商 |

**（1）谁来确定贸易条件**

与 KA 之间的贸易条件由厂家来确定，这样能够从根本上解决各区域之间缺乏策略和统筹的问题。要确定合适的贸易条件，就必须制定清晰的整体营销策略规划，特别是产品的策略规划，在此前提下才能对贸易条件进行清晰的测算，从而为谈判打下良好的基础。切记：一定要避免在缺乏策略的前提下确定贸易条件，否则必将陷入被动！

**（2）谁来实施谈判**

与 KA 的合同谈判也由厂家来承担，但是具体负责的部门有所不同。这里面的谈判要分为三种：其一，与 KA 总部的谈判，主要是由厂家总部的 KA 重点客户经理来负责；其二，与 KA 区域分部的谈判，主要是以厂家 KA 重点客户经理为主、区域 KA 主管为辅来进行的；其三，与 KA 门店的谈判，主要是由厂家的区域KA主管协同办事处销售人员和经销商来进行。

**（3）谁来签订合同**

与KA签订合作合同由厂家与经销商共同完成，分为三种情况：其一，与KA签订年度框架合同，由厂家总部的KA管理部负责，确定与KA合作的各项贸易条件；其二，与KA签订门店的配送及结算合同，由经销商在厂家与KA签订年度合同的约定下，与KA各门店签订的小合同；其三，与KA区域门店签订特殊陈列及DM促销的合同，由厂家区域KA主管协同区域销售人员来完成。

**（4）谁来送货**

物流配送主要由经销商负责完成，其依据是经销商与KA门店签订的合同，由此可以保障厂家在各门店的配送效率。

**（5）谁来结算**

与KA的财务结算也是由经销商来完成，其依据仍然是经销商与KA门店签订的合同。

**（6）谁来承担费用**

KA合作中产生的市场费用则由厂家和经销商分别承担。市场费用可以采用不同的角度进行区分，如果按照费用性质进行划分，那么市场费用可以分为两大类：固定费用和变动费用。在固定费用中又可以分为：固定费用一次发生和固定费用多次发生。如果按照与厂商的相关性进行区分，那么市场费用又可以分为：直接相关费用和非直接相关费用。前者是指费用的产生与厂家的产品直接相关联，后者是指费用的产生与经销商和KA的合作直接相关联。

根据这样的划分，厂家自己承担条码费、堆头费、导购员工资及管理费等固定费用，以及DM促销费等变动费用；而由经销商来承担进场费（开户费）、新店开张费、店庆费、退货、补损等固定费用，以及无条件返利、有条件返利等变动费用。这样的费用分担方式，基本上可以满足厂商双方在利益上的分配原则，在现实中是可以接受的。

**（7）谁来维护门店**

KA门店的维护由厂家和经销商共同完成，其中，厂家重点承担对门店店内管理的职能，其核心是店内管理七要素，即SKU组合、位置、陈列、价格、库存、助销及促销，其目标在于推动门店销售业绩最大化；经销商则重点承担对门店业务开展方面的职能，主要包括送货、补货、退货、补损、客情等一般事务性的工作，其目标在于保障物流配送效率的最大化。

通过“KA 三方联销模式”的导入，调味品厂商可以在 KA 拓展各要素之间进行创新组合，从而创造性地找到一条解决与 KA 开展战略性合作的最佳途径。通过这条途径，经销商既能与 KA 直接建立紧密的合作关系，又能获得厂家在策略上的整体统筹与配合，等于在厂家、KA 和经销商之间构筑了一条通往“同赢”的桥梁，这座桥梁使得成本与效率可以在不同合作者之间成为现实，三方的优势都可以充分发挥，可谓“三方共赢，利益均沾”。

**附：中调平台模式简析**

2017 年 3 月，一个名为“中调模式”的新鲜事物在调味品行业横空出世，掀起了调味品厂商资源整合的大幕。操盘这个全新商业模式的，是由调味品行业著名大商大连大雷物流商贸公司刘大雷所创立的北京中调食品有限公司，其定位于调味品行业的平台型品牌营销管理，职能是对接厂家和服务商家，核心价值在于提供标准化的渠道营销管理服务，用专业的市场运作方案支持经销商市场推广，用专业的产品开发管理体系配合厂家完善产品结构。据媒体报道，中调代理多家行业知名品牌，并有自营品牌“中调”，其产品规划是“双线制”，即代理品牌和自营品牌同步运作。换个角度讲，中调品牌是未来“中调联盟”平台组建的“搭桥产品”，用于快速连接下线分销商家。面对经销商，中调的职能就是一家提供渠道运营支持的管理公司，其角色是最懂市场及经销商的厂家；面对厂家，中调的职能就是一家提供产品开发销售的服务公司，其角色是网络最广、实力最强、运作最专业的超级大商。

据公开信息显示，中调平台的目标是：构建中国经销商合作发展新模式，打造调味品行业具有专业服务合作的交易平台，整合资源共享。其具备五大特点：一是构建新型营销管理平台；二是突围现代渠道困局；三是创新股权合作模式；四是整合服务全产业链；五是专业的商超运营策划能力。那么，中调模式是不是一个具有生命力的好商业模式呢？

衡量一个商业模式是否具有生命力，主要包括以下几个方面：

第一，是否开创了独特的核心价值。

中调模式的产生是基于这样的背景：对厂家而言，找不到有实力且配合度高的经销商，而且自身也缺乏运作市场的能力；对经销商而言，很难找到利润较高且支持力度大的厂家。中调的诞生解决了这个问题，因为其将两种角色合二为一了。通过整合各地有实力的经销商，中调构建了一个强有力的渠道运营平台，同时拥有自己的品牌“中调”，将各个地域的工厂整合起来，然后通过自己构建的渠道平台来运营自己的品牌，如此就打通了厂商之间的障碍。从这个背景中可以看出，中调平台重点整合的资源有三个：其一，各区域有实力的经销商；其二，缺乏经销商资源的二三线厂家；其三，缺乏市场运作能力的工厂。针对这三种对象，中调平台的核心价值分别如下：

①针对区域经销商。为其提供有利润空间的产品。一是“中调”品牌。现在经销商不是难以找到好产品吗？中调可以提供。二是联合起来为二三线厂家经销产品，一家经销商面对厂家能够争取到的资源有限，但是整个平台联合起来可以对厂家产生更大的吸引力，也能够提高对厂家的话语权。

②针对二三线厂家。为其提供有实力的渠道运营平台和资源，迅速地实现市场覆盖，这对于综合实力相对较弱的二三线厂家有很大的诱惑力。这里之所以不说一线厂家，是因为其经销网络通常都非常健全，而且对经销商又具有很强的掌控力，他们对于中调这样的平台不会有太大的合作兴趣。

③针对工厂。通过中调平台形成的规模化销售能力，迅速帮助工厂盘活产能，成为能带动其发展的品牌商。

针对中调的这三种核心价值，我们需要进一步分析其能否有效打动合作伙伴，具体内容如下：

①针对区域经销商。从中调平台的核心价值来看，其针对的区域经销商应该是当地具有一定实力的二三流经销商，但不会是一流经销商。原因在于一流经销商具有独立的经营思维，更愿意掌握主动权，而不是被他人

驱使。对于一流经销商来说，并不缺好的产品，调味品行业有一个特点，就是一个优秀的经销商在当地区域很稀缺，许多调味品企业尽管不希望自己的经销商去经销其他竞品，但对于调味品经销商来说是无能为力，只因为他是最好的。在实际过程中，优秀经销商每天要拒绝的品牌数不胜数，在这点上，中调平台很难为其“操心”。同时，一流的经销商对于合作厂家来说更具有影响力，尤其对于二三线品牌具有反向控制力，因此，他们可能也不需要通过中调平台和厂家讨价还价。如此一来，中调平台可以汇聚区域二三流的经销商，从规模上和覆盖地域上是可以构建一个跨区域的“超级经销商”，不过不一定能保证中调平台的经销商是最强的，因为中调平台主要是靠资本利益关系形成纽带，而非像怡亚通那样同时输出管理。

②针对二三线厂家。二三线厂家通常都是区域性企业，具有一定的经营实力但不强，对于找到一个实力强大的经销商将产品分销到区域市场并进行维护具有强烈的需求。对此，调味品行业已有不少先例，比如烟台欣和当初在拓展华东市场时，就将整个江浙沪区域商超渠道的经销权交给了上海荣进实业，从而成功打造出了“六月鲜”品牌。同样，几年前实力还不够强的千禾味业，也将江浙沪区域商超渠道的经销权交给了荣进实业，荣进实业不负其托，2018 年千禾味业在华东的销售额达到了 7556 万元（按千禾味业出厂价口径计算）。另外，广东东古酱油当初委托大连天信达商贸作为整个东北地区的总经销商，也成功打开了市场。调味品行业是一个具有较大体量的产业，但是其内部的企业经营规模普遍较小，中调平台的出现，对于数量众多的二三线厂家来说是具有诱惑力的。其能带来的一个最直接价值，就是减少了合作厂家的招商成本，提高了合作成效。近几年，食品行业的各种招商平台都很火爆，实际上招商效果并不理想，中调平台的出现，为这些厂家构建了一个经销合作平台，厂家就不需要在多个区域自己操心了，只要委托中调平台经销就可以了。毕竟中调平台本身就是由知名经销商打造的，也要为自己的信誉负责。

③针对工厂。二三线厂家是具有一定的营销能力进行市场拓展，那些以生产制造为主的工厂，则更多沦为国际国内品牌企业的加工厂，为其贴牌生产产品。对于这些工厂来说是被动的，他们的命运取决于那些品牌商的命运。作为制造大国的中国，工厂是不缺的，欠缺的是市场。从这个方

面来看，中调平台肯定能够受到工厂的欢迎，能给自己带来生意伙伴谁不欢迎？

第二，是否形成了独特的价值链。

衡量一个模式是否有效，还要看其所提供的核心价值能否转化成独特的价值链。对于中调平台来说，也要从以下三个方面来进行分析：

①从区域经销商合作上看，中调平台的角色主要是供应商，区域经销商相当于其二级经销商，就如常规的区域分销商一样，在运营价值链上没有特别的改变。

②从工厂的合作来看，中调平台的角色就是品牌商，与工厂和其他品牌企业的合作一样，其价值链也没有特别的变化。

③对二三线厂家来说，中调平台的角色是一个大片区的“超级经销商”。如果仅仅从产品经销的角度来看，这种经销的价值链也没有大的改变，无非就是区域变大了。如果厂家专门为中调平台提供一个定制的产品或品牌，并且将产品完全交给中调平台来运营，对于中调平台来说其价值链就发生了改变，其角色也从经销商转变为品牌运营商，此时中调平台就会采用两种价值链来展开运营，一种是经销商模式，另一种则是品牌商模式。总体来看，中调平台在运营上的价值链并没有因为其核心价值与常规经销商不同而有本质的差异，尽管身份成了平台商，但运营模式没有改变。

另外，中调平台还有自己的品牌“中调”，这意味着中调平台也是一个品牌运营商。目前来看，在“中调”品牌下已经包含多个产品种类，如酱油、食醋、料酒、调味酱、酱腌菜、鸡精/味精、香油、豆瓣、豆豉、火锅底料、粉丝等，涵盖了调味品的大部分品类。不过，虽然这些产品都是通过统一的“中调”品牌进行运营，但是这种模式不是品牌化的运营，而是一种汇量式的渠道运营。由此可见，“中调”品牌背后的基因仍然是经销模式。以这样的模式经营“中调”品牌，销售额总归是会有的，毕竟拥有自身的渠道优势，只不过这种模式并不能打造出一个能占据消费心智的优秀品牌。“中调”品牌要成为一个优秀品牌，就必须如优秀的品牌企业一样，将品牌与核心品类相挂钩，一个品类一个品类地占据，尤其是要打造出具有强大市场影响力的大单品，这样才能使品牌形成核心竞争优势，从而在与其他品牌的竞争中占据领先的市场地位。

第三，是否构建了更合理的利益结构。

创新商业模式的生命力，与合作各方的利益结构有着直接的关系。中调平台构建的利益结构，是其商业模式的重头戏。据中调公布的相关信息，其赋予合作方的利益结构有五个方面：一是入股中调平台分成；二是中调平台反向入股企业分成；三是中调平台上市股票溢价收益；四是中调平台投资收益分成；五是合作方自身经营利润。除了第五点，其余四点都是合作方通过参与中调平台所能获得的回报。通过对这五种利益方式的分析，可以看出其本质是资本运作的收益，但是问题产生了：中调平台本身运营的核心利益在哪里呢？消费者可以从中调平台得到什么利益呢？这两者我们并没有从中看到，一个成功的商业模式，一定要通过模式本身的运营来重构利益链，其盈利模式应该是通过商业模式的完整运营来获得相应的收益。但是中调平台目前还没有体现出这一点，更多的是通过货款入股的形式进行投资所带来的收益，而中调平台本身通过运营给消费者和合作伙伴带来的利益并不明确。这就包含了一个潜在的风险：中调平台的盈利模式是有不足的。

第四，是否具备专业化的运营能力。

从中调平台对自身特点的描述中可以看出，其擅长的核心能力是在商超渠道，在其所寻求合作的商业对象中，一类是各区域具有商超渠道网络的经销商，另一类就是商超零售商。对于中调平台在这个领域的核心能力应该是毋庸置疑的，这也是由中调平台开创者大雷商贸公司的基因决定的。不过，作为一个兼具渠道运营和品牌运营特性的平台，只在商超渠道运作上具有核心能力是不够的，因为商超运作能力并非只有中调平台才具备，具备这项核心能力的还有其他优秀的同行经销商。能够使中调平台具备超越其他经销商而获得竞争优势的关键，应该在于是否具备优秀的品牌运营能力和强大的组织执行能力。前者，关系到“中调”品牌或者合作企业所定制的产品能否得到中调平台的系统运营，这就要求中调平台具备如其他优秀厂家的品牌运营能力；后者，关系到中调平台能否有效组织调动各区域的平台成员，按照统一的品牌策略和模式实施高效执行。离开了这两者，在外表光鲜的中调平台背后，很有可能产生出大量经营水平低劣的区域经销商“败絮”，这必然会影响中调平台的良性健康发展。

综上所述，中调平台的出发点是好的，提出的核心价值也具备较强的诱惑力，只是在运营价值链、商业利益结构和专业化运营能力三方面还存在缺陷或不足，这些问题是需要中调平台加以解决的。若能尽快加以修补完善，中调平台在调味品行业的“春秋战国”时代应该具有较强的生命力；如果不能修补完善，恐怕带着缺陷的中调平台在运营中的发展空间将面临较大的挑战。

# 第五章

# 公司化法则三：搭组织

## 第一节　经销商存在的组织问题

笔者在本书第一章和第二章中就写过，很多调味品经销商还处于“个体化”状态，组织体系松散，在经销商规模不大的时候还可以，随着规模逐渐发展壮大，原有的“个体化”组织难以适应。经销商要实现长远的发展，就必须走公司化发展的道路，为此就要打破粗放化的“个体化”机制，建立起公司化的组织体系。

笔者在咨询过程中发现，目前经销商在组织方面的问题大体可以归纳为五类：职能缺失、职能错位、职能薄弱、职责模糊和职等过多。这种问题在经销商中较为普遍，基本上都没有经过系统的设计，深层次的原因主要是对组织体系构建和策略规划、关键活动之间的关系缺乏清晰的认识。造成部门职能缺失的主要原因是关键业务活动的缺失及职能的部门归属，其次是部门及岗位的权级划分不清晰；造成岗位职能错位的主要原因是岗位职能与部门职能不相对应，其次是缺乏必需配备岗位及编制；造成岗位职能薄弱的主要原因是人员配置不定，或者人员专业技能缺乏；造成岗位职责模糊的主要原因是关键业务活动的作业流程不清晰，流程作业点归属不明确；造成职等过多的主要原因是对于岗位的职能定位和价值评估不对等。

### 一、组织设置与关键活动不对应

- 部分经销商的产品供应基本顺畅，但客户开发、渠道拓展、终端维护、促销推广等关键活动与组织的匹配程度不高，作用发挥不足。

● 欠缺最核心的关键活动——策略规划，导致运营方向不清晰，资源投放重点不明确；经销商基本上是“重业务轻规划”，忽视策略规划的作用，同时专业技能的欠缺也难以承担策略规划的重任。

## 二、部门职能缺失

部分经销商存在职能缺失状况，无法充分发挥出相关部门的价值，主要原因是经销商未能基于关键活动向具体部门进行分解，导致部门的职能定位不清晰，例如：

第一，市场部职能缺失。

● “目前市场部的职能只有促销推广，还只是其中的一小部分。”

● “目前市场部稽核一定要做，一定要有相应的处罚权限，但是现在只有提醒和建议权。”

● “销售部的促销计划，不通过市场部，这样根本不了解市场，也没有权限给市场部。”

第二，人力资源管理职能缺失，大多仅具备薪资核算、考核审核的职能，常规的人力资源管理职能严重缺失，如人力规划、招聘、培训、职业发展、企业文化等，团队建设的速度跟不上公司的发展。

● “以前没有人事主管，我来之后才招了一个。”

● “招聘方面很不规范，有的人进来大半个月了管理部都不知道，辞职方面公司也没有规定，可以这么说，目前公司人力资源管理几乎处于失控状态!”

● “有的部门招人我们都不知道，到了发工资的时候才知道。”

● “工作考核由各部门主管考核，业绩由营管部考核，管理只是签字而已。”

● “我来公司后，都没有接受过职前培训和在职培训。”

## 三、部门职能错位

职能错位主要表现在部分部门或岗位承担了其他部门或岗位的职能，或者两者之间有交叉，从而在工作过程中造成混乱。

• 由业务人员承担终端推广职能，但缺乏专业技能和足够的时间，导致推广活动零散和低效。

• 由财务人员来制定销售目标，但只有财务指标，缺乏对市场运作的了解，导致指标不符合实际情况。

## 四、部门职能薄弱

主要体现在整体规划、统筹及过程督导的职能薄弱，影响到策略规划的有效实施。

①规模职能薄弱。缺乏对产品、品牌、渠道等方面的系统规划，无法有效地为业务团队提供明确的指导。

②统筹职能薄弱。在产品、品牌、渠道等运作过程中缺乏高效的统筹，导致上述各方面存在冲突，影响战略执行。

③督导职能薄弱。除了有一些对于岗位职责和工作要求的原则，在实际运作过程中并没有对业务人员的工作方式及过程督导进行规范管理，对于整个业务过程缺乏管控和指导，影响整体规划的有效落地。

## 五、岗位职责界定模糊

• 不同岗位之间的职能定位、责权范围不清晰，引发了内部管理的混乱。

• 有的职能或职责分布在不同部门，同时由多个部门和岗位多头开展，方式、权限、标准均不统一，成效不明显，且造成工作混乱。

## 六、职等划分不合理

这个问题主要表现在业务团队上，对业务人员的职位等级设立过多，比如初级、中级和高级，其实这些不同的级别并没有本质差别，职能都一样，也没有隶属关系，所以这种职等的增加是没有意义的。

## 第二节 组织建设是经销商公司化的基石

### 一、要“团队”而不是“团伙”

毫不夸张地说，组织建设就是经销商公司化运营的基石，没有建立起牢固的组织体系，经销商的发展就不会稳定和持续。在原有的“个体化”组织中，经销商拥有的只是“团伙”，大家都是为了短期利益而凑合在一起，一旦赚到了钱就会散伙。好莱坞大片《速度和激情》，里面讲述的是团伙盗车的故事，在有了一个短期的、明确的盗车目标后大家就组织在一起，在完成盗车并卖出赚钱后就分钱散伙，彼此之间基本上都是围绕着短期利益而做事，谈不上有明确的价值观和组织关系，这就是“团伙”的特点。而“公司化”的组织就明显不同，这是一个团队，是一群人为了一个共同的价值观，并按照一定的规则和组织关系共同合作。具体来讲，就是以目标为导向，以协作为基础，有共同的规范和方法，同时在技术或技能上形成互补，这就是“团队”的特点。

十几年前有一本书很畅销，叫作《中国人为什么组织不起来》，里面就提到：“中国历史上的政治与军事的失败，很大程度上是组织能力的问题……中国的企业，乃至于全世界的华人企业，由于组织能力的缺乏，普遍面临重大的发展问题……中国企业组织能力的缺乏带来的首要问题就是组织缺乏可延展性和可复制性，以及无法长大的问题。”这段话可谓“一针见血”。

因此，要从“团伙”变为“团队”，就必须通过一套明晰的机制和规则来构建高效的组织体系。经销商在初始发展的时候基本上都是“团伙”，只要发展到一定规模，就要以“团队”的形式来重构其组织，否则只能陷入无法长大的怪圈。

### 二、有什么样的组织就有什么样的团队

一个经销商组织化程度的高低，将直接决定其团队的发展水平和状态。经销商要从小逐步壮大，要实现持续发展，公司化的组织建设就是一

条必由之路，通过组织的力量来实现团队的成长以及公司的持续发展。美国犯罪学家詹姆士·威尔逊（James Q. Wilson）及乔治·凯林（George L. Kelling）提出了一个“破窗效应”理论，此理论认为环境中的不良现象如果被放任存在，会诱使人们仿效，甚至变本加厉。以一幢有少许破窗的建筑为例，如果那些窗不被修理好，可能将会有破坏者破坏更多的窗户，最终他们甚至会闯入建筑内，如果发现无人居住，也许就在那里定居或者纵火；一面墙如果出现一些涂鸦没有被清洗掉，很快的，墙上就布满了乱七八糟、不堪入目的东西；一条人行道有些许纸屑，不久后就会有更多垃圾，最终人们会视若理所当然地将垃圾顺手丢弃在地上。相信我们大家在日常生活中也都有着同样的体验，在什么样的环境中，我们就会产生什么样的行为。

当初张瑞敏在刚接手青岛电冰箱总厂的时候，就特别提出了13条制度，其中有一条居然是“不准在车间里大小便”，由此可见当初海尔是什么样的状态。在这种环境下，工人又怎么会认真工作呢？组织建设的好坏直接关系着能否建立起利于人才发展的环境，一个一般性的人才到了一个很好的组织之中，一定可以提高很快；而一个很好的人才到了一个很差的组织之中，就有可能堕落，除非他离开这个组织。许多经销商都在感叹找不到好的人才，现在的人都非常挑剔，但不知有没有考虑过是自己的组织建设存在问题呢？

## 三、组织体系薄弱是执行力欠缺的关键原因

缺乏良好的组织体系，是很多调味品经销商执行力欠缺的一个关键原因。整体策略规划是经销商整个经营活动的依据和根源，如何才能确保整体策略规划的正确执行呢？这就必须依靠组织体系的力量。一个完善的组织体系，能够通过对关键业务的提炼，准确定位核心职能，构建起整个部门和职位体系，从而形成良好的管理平台，推动整体策略规划的有效执行。

在影响经销商成功的要素中，组织体系起着至关重要的作用，调味品经销商仅仅有正确的战略和模式是不够的，如果没有构建一套高效运作的组织体系，战略的实现也只是一句空话。一项数据表明，3/4的企业失败

是由于组织没有能力实施战略，而这一点恰恰是许多调味品经销商也很薄弱的环节。组织体系是经销商确保整体战略实现而必须首先予以保障的条件，其目的在于创造一个良好的内部环境，在这个环境中能够充分整合统筹其他所有资源，使战略能够得以执行。一个完善的组织体系，应该通过对关键业务活动的提炼，准确定位组织核心职能，构建起整个部门和职位体系，从而形成良好的管理平台，推动整体战略和模式的有效执行。很多调味品经销商都缺乏构建组织体系的能力，他们没有将组织的构建与战略和模式联结起来，只是单纯考虑了部门和岗位的设置，但是对整个组织缺乏战略性的考虑，因此组织体系并不能有效支持战略的执行。所以，调味品经销商必须在战略和模式的前提下，根据关键业务及核心职能来构建企业的组织，明确每个岗位详尽的工作职责，并且提炼出关键业务流程，清晰地描述出业务流程的具体运作过程，从而为组织的运行提供保障。

还有不少调味品经销商对于组织建设没有清晰的认识，往往将整个组织的命运寄托在某一两个职业经理人身上，这对于经销商的发展会带来极大的隐患。确实，一个优秀的高级职业经理人对于经销商而言非常重要，但是他们往往会对这样的职业经理人寄予过高的期望，甚至将这个人当作“英雄式”的人物，这反而带来伤害。笔者接触过多家调味品厂商，都经历过被个别高管带来的动荡，这些厂商老板在高管进来之初对其有很高的期望，希望他能够将企业的整个运营及管理体系构建起来，但事与愿违，体系不但没有构建起来，反而带来了诸多不适合的做法，还伤害了原有团队的积极性。经销商不应该赋予个别高管构建整个管理体系的职能，因为许多职业经理人不具备这种能力。职业经理人的特点在于只会发挥其最擅长的技能，这就意味着他必然要依靠自己的经验，但是这种经验是建立在原来的经营平台上，离开了原来的平台，他所擅长的技能就很难发挥出应有的作用。新公司的业务和规模和原来公司差异巨大，对于构建管理体系这样繁杂而系统的关键性工作，大部分经理人的经验是无法发挥作用的，如果不能进行相应调整就一定会出问题。所以，一个优秀的高管是很重要，但是经销商绝不能过分依赖其个人能力，而是应该先借助专业机构建立一套完善的管理体系，然后在此基础上再赋予高管恰当的职责和权力，这样对个人对公司都有好处。

## 第三节　经销商组织设计的原则

经销商在构建组织体系的时候，必须遵循以下几项关键原则，确保组织运行的成效。

### 一、战略导向

组织体系构建的核心必须以经销商整体战略作为依据，战略的执行必须通过高效的组织来实现，而组织的意义就在于确保战略能够有效落地。现在经销商基本上都没有接受过如何构建组织体系的教育，主要就是在实践中借鉴同行，看其他的经销商是怎样做的，于是自己也就学着做，然后再一边干一边调整，就这样将组织体系慢慢建立了起来。在这个过程中，由于经销商不知道组织体系的运作原理是什么，只能参照同行，将一些经营较好的经销商的组织结构照搬过来，结果水土不服。在业界存在一种“最佳实践”的说法，意思就是要将优秀厂商的成功实践当作标准来学习，实际上这是一个“误区”，因为别人的成功是根本学不会的。海尔集团每年都有超过百万人去参观学习，又有几个能真正将学习的内容照搬到自己企业呢？所以，组织体系构建并不存在最佳实践，真正的最佳就是要匹配自身的战略，每家厂商都是特殊的，因为各自的战略都不同，因此组织体系构建也有所不同。对此，管理学大师德鲁克说：“必须舍弃这种‘一定有一个最终答案’的传统想法，正确的答案应该是只要能够帮助员工拿出绩效，并对企业有所贡献，任何的组织架构都好；组织的目的不是整齐划一及和谐的，而是释放并动员人们的精力。”

现实中许多经销商在组织体系上的设置与战略都是脱节的，比如缺少专业的产品管理和渠道管理部门，未能体现出产品和渠道的良好运作；或者缺少销售管理部门，对业务人员的销售过程缺乏追踪和督导，导致销售不理想……这些问题都将大大弱化经销商的战略执行成效。

如何理解基于战略来构建组织体系呢？每个经销商的战略都是通过规划呈现出来，规划包含具体的经营活动内容。这些活动还会按照一定的价值链环节和步骤组合在一起，形成相应的商业模式，而这些活动内容、环节、步骤就是构建组织体系的基本内容，有什么样的经营活动和步骤就会形成什么样的组织体系。也就是说，经销商必须将战略规划和商业模式的内容转化到组织中的相关部门和岗位中，并且形成明确的职能、职责和工作内容，如此一套具有明确规则的组织体系就能构建起来。可以说，那些具有良好经营绩效的厂商，都把关键活动作为组织架构的核心要素，这是经销商必须牢记的。

## 二、职能专业化

经销商在构建组织体系时必须体现出核心部门的专业化职能。所谓职能专业化，指的就是部分关键职能必须非常清晰和确切，并且要有专门的部门或岗位来承担，而不是和其他职能都混合在某些部门或岗位中。目前经销商普遍重视的职能就是业务拓展，但是在配合或支持业务拓展的相关职能上还比较薄弱，无法体现出其专业化运作水平，需要经销商在组织体系中进行强化。这类职能主要体现在以下几个方面：

①策略规划职能。经销商普遍缺乏对经营活动的专业规划职能，基本上是靠老板自己根据经验和直觉来应对，但随着市场环境日益复杂和规模扩张，仅靠经验和直觉是不够的，需要进行系统的专业规划，包括品类规划和渠道规划。

②市场统筹职能。在经销商的经营活动中，有大量的活动需要相互配合，比如产品与渠道、业务与后勤、投入与核销等，要使这些活动得到很好的配合，就必须有专门的部门或岗位来进行统筹，否则就会造成大量的扯皮和推诿，影响经营活动的高效开展。

③过程管控职能。经销商通常对结果非常重视，但对经营过程关注不够，也会影响到经营的成效。尽管业务拓展职能是组织的核心，但是也需要逐步强化过程管控职能，为业务拓展提供更好的支持和帮助，同时提高业务拓展过程中的规范性和工作成效。

## 三、命令链+流程链

一个组织体系一般都是由两种关系所构成：一种是垂直关系，也就是上下级关系，反映的是命令链，即组织的运行是通过上级向下级发号施令来实现的；另一种是水平关系，也就是部门之间的横向关系，反映的是跨越部门的流程链，即组织的运行是按照流程的约定来实现的。每个组织都需要同时包含这两种关系，命令链关系是组织运行的基础，没有上下级之间的命令与汇报，组织将失去核心的骨架；而流程链关系是组织运行效率的提升，没有跨部门的流程链规定，就可能陷入内耗和本位主义，会导致组织效率的低下。目前经销商都是以命令链作为整个组织运行的核心，但在流程链上会比较薄弱，需要在组织建设上进行强化。

## 四、层级不要过长

公司化的组织体系必定会形成一定的层级，这和规模增加导致的职能增多及人员控制幅度有关系，但是经销商需要注意的是，不能让组织体系的层级过多过长，否则会导致组织运作的效率降低。按照组织规律来看，每多一个层级，就会增加组织的僵硬化程度，也会导致信息传递的时间变慢，从而导致决策延缓，这样的组织反应速度显然是和这个移动互联网时代违背的。这个道理，和渠道层级不能过多是一样的，都是为了保障组织在激烈竞争中的反应速度。组织层级越多，管理幅度越小，要求越低，掌控力越弱，反应越慢，成本越高；组织层级越少，管理幅度越大，要求越高，掌控力越强，反应越快，成本越低。作为经销商而言，其所具有的优势就是反应迅速，即便因为规模扩张而实施公司化建设，也必须维持这种优势。

## 五、规模匹配

经销商的组织体系必须和其营业规模相适应，不能一味地为组织而组织，只注重表面形式，忽略经销商营业规模的实质。通常来说，规模小的经销商，其组织结构就要简单，职能精简，层级扁平，部门岗位少，甚至以人设岗；规模中等的经销商，其组织结构较丰富，职能较完整，层级增多，部门岗位较多，组织关系也多；规模较大的经销商，则组织结构相对庞大，职能非常完整，层级较多，部门岗位专业化，组织关系也较复杂。所以，经销商必须根据自身的营业规模来设计合理的组织体系。

需要说明的是，具有1000万元营业额以上规模的经销商可以按照公司化运营的要求来构建组织体系，但是小于 1000 万元的经销商并不一定要这样做，“个体化”式的简单组织并非完全没有价值，对于小规模经营的商家来说反而能够充分发挥其灵活性。本书所阐述的公司化组织构建只针对具有一定规模的经销商，而非所有经销商。

## 六、匹配人力资源

除了规模，经销商的组织体系还需要与人力资源状况相匹配，也就是要考虑现有团队的理念、素质、技能等具体情况，组织的要求不能与团队的差距过大，否则很难有效运行。通常来说，经销商要对团队的行为习惯和业务技能进行评估：

①行为习惯。是否只注重结果而不关注过程？是否以销量为导向？是否只依靠经验不注重数据分析？是否工作较为随意而无计划性？是否强调个人而非团队合作？是否对规范要求产生抵触……

②业务技能。业务技能水平如何？是否具有区域策略规划的技能？是否具有良好的客户沟通技能？是否具有产品推广技能？是否具有渠道管控的技能？是否具有 KA 谈判的技能……

在经销商构建组织体系的过程中，要将团队的状况考虑进去，作为一个限制性因素来考虑组织体系与现状能否匹配。要知道，团队无法适应的组织体系在推行中会存在很大的问题。需要强调的是，组织体系要匹配人力资源，并不意味着一成不变，也不意味着要完全迎合团队，而是要将团队的适应性考虑进去，然后在组织体系中更好地把握改变的程度，不至于造成太大的脱节，这才是匹配人力资源的本意。

## 七、循序渐进

经销商必须认识到组织体系的构建是阶段性的，要经历一个循序渐进的过程，不是一劳永逸的，好像搞一次就要完全到位，这是不可能的。由于经销商的组织基础普遍薄弱，不可能一开始就采用很严格的标准，而是要划分阶段和节奏逐步推进。对此，经销商可以按照以下四个要点去实施：

①要求降低。经销商在刚开始构建组织体系时可以适当将岗位的职责要求降低，以养成团队的意识和行为习惯为主，至于能够做到什么程度不

是重点，要由易到难逐步提高。

②内容精练。尽量简化组织体系的内容，抓住关键职能和部门，不求完整，以点带面逐步开展。

③步骤简化。在涉及组织体系中的流程运作时，可以将步骤简化，可以将一些非关键点进行合并，突出重点，这样能够让团队更容易执行。

④方法简单。在推行组织体系的实施过程中，尽量采用较为简单的方法，不要过于追求专业度，只要能让团队先做起来就行，然后再逐步提高。

## 第四节　经销商的几种组织模型

### 一、组织体系的构成要素

构成组织体系的主要因素包括职能定位、部门设置、组织层级、岗位设置、岗位职责及互动关系等，其中最核心的要素是职能定位。所谓职能，是指一个部门或岗位所承担的使命、功能和角色。职能来源于公司的经营价值链活动，每个经销商的关键活动都能转化为组织的核心职能，而把那些具有相同任务、相同性质、相同模式的职能合并在一起，就能够成为部门或岗位。同时，基于这些职能，还能进一步细化出每个岗位的职责和工作内容。所以，构建组织体系的关键在于对核心职能的提炼和分配组合。

通常来说，一个经销商的组织体系需要具备规划性、业务性、支持性和辅助性四大类核心职能，这些职能和公司运营中的关键活动密切相关。管理学大师德鲁克认为按贡献来分，企业存在以下四大类活动：

第一种是创造结果的活动，也就是说，能产生可测量的结果，直接或间接地与企业的结果和绩效挂钩。这些活动有些直接带来收入，还有一些贡献可测量的结果。

第二种是支持性活动，本身不产生结果，只有企业其他部分应用其“产出”才可实现结果——哪怕这些活动必不可少。

第三种是与经营结果不存在直接甚至间接关系的活动，是真正的辅助性活动，即行政管理类活动。

第四种是最高管理层活动，与上述所有活动有着不同的特征。

其中，规划性职能和最高管理层活动密切相关，涉及对公司各个层面的方向性规划，比如战略规划、销售政策等；业务性职能和创造结果的活动密切相关，也就是业务拓展；支持性职能则与支持性活动对应，为经营性职能提供相关支持，比如物流配送、促销推广等；辅助性职能则与辅助性活动相对应，为经营性职能提供后勤保障，比如行政管理、人力资源、财务管理等。

因此，只要经销商将这四类职能搞清楚，就能够将一个组织体系成功地构建起来。下面笔者对适合目前调味品经销商的几种主要组织架构进行简要阐述。（说明：限于篇幅，笔者主要通过简单的组织架构示例图来作为辅助说明，并不代表经销商实际的组织架构。）

## 二、业务型组织架构

业务型组织架构如图 5－1 所示。

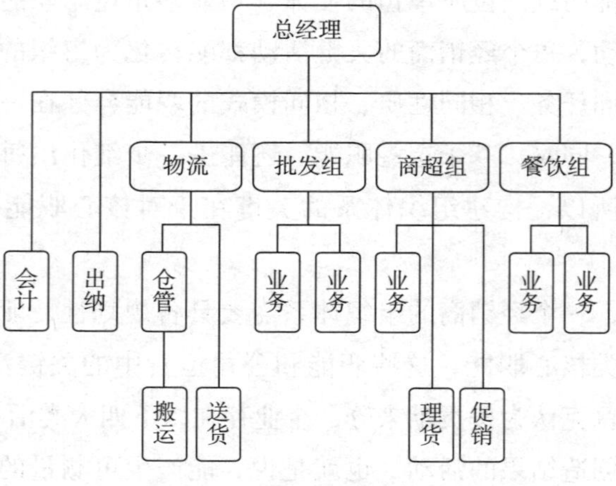


**图 5－1　业务型组织架构**

**（1）特点**

• 在业务型组织架构中，其核心职能主要是业务性职能，主要体现在以业务拓展为核心，其中有的经销商会分渠道设立业务团队，有的则会将整个业务部门设立成一个整体。

• 除了业务性职能外，一般只有必要的支持性职能和辅助性职能，在这里，支持性职能就是物流，而辅助性职能就是会计和出纳。

• 在业务型组织架构中，部门和岗位的设置都很简单，而且组织层次一般只有三级，整个架构较为精简，目前很多经销商采取的都是这种架构。

**（2）优势**

• 这种组织架构层级少，反应速度较快，能够迅速应对市场变化。

• 业务型组织架构以业务拓展为核心，能够将组织的重心放在产生成果的经营活动中。

• 业务型组织的运行效率较高，没有太多的内部扯皮和内耗。

**（3）劣势**

业务型组织结构缺乏规划性和支持性两大关键职能，虽然精简，但是业务性职能发挥的力量也较为单薄，在规模较小时问题不大，但随着规模扩张，战略落地就难以得到足够的支持。

**（4）业务型组织架构适合规模较小的经销商采用**

某经销商的业务型组织架构如图 5－2 所示。

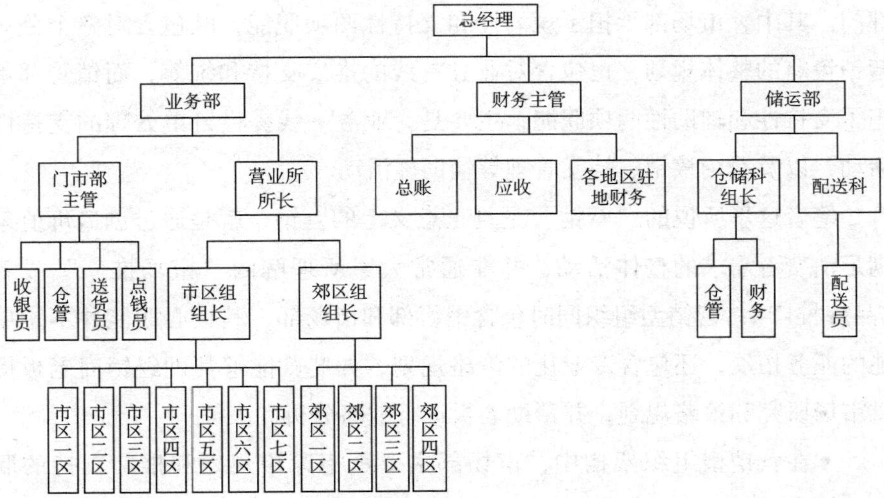


**图 5－2　某经销商的业务型组织架构**

## 三、营销型组织架构

营销型组织架构如图 5－3 所示。

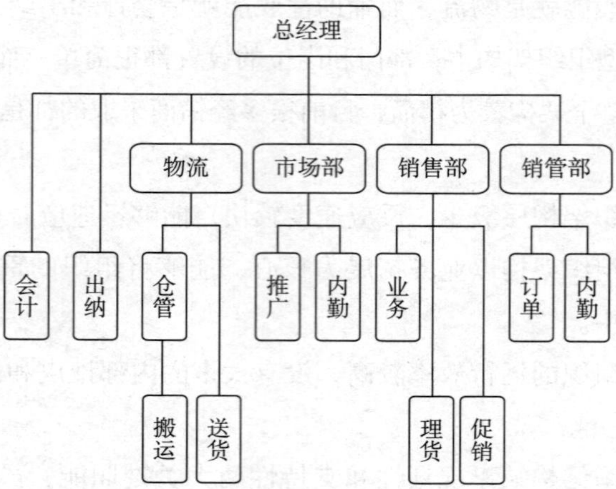


**图 5－3　营销型组织架构**

**（1）特点**

相比业务型组织架构而言，营销型组织架构是在业务性职能之外增加了规划性和支持性职能，体现在市场部和销售管理部（简称销管部）两个部门。其中，市场部承担了规划性和支持性两项职能，既包含对整个公司营销策略的整体规划，也包含对业务一线的推广支持和统筹；而销管部承担了支持性和辅助性两项职能，主要是为业务一线提供订单处理的支持性活动，以及费用核销、档案管理等辅助性活动。

笔者这里所说的“营销”是真正意义上的营销，就是通过创造价值来满足消费者需求的整体活动，并非通常大家所理解的“市场推广”或者“品牌推广”；营销型组织同时包含销售部和市场部，其核心职能并不是单纯的业务拓展，还包含专业化的策略规划，如此就能够帮助经销商老板提供市场研究和策略规划，并帮助老板进行战略分析和决策。

- 在营销型组织架构中，市场部主要承担策略规划和推广支持的职能，相当于军队中的参谋部；而销售部只承担对整体策略规划的执行和业务拓展职能，相当于军队中的前线作战部队。

**（2）优势**

- 营销型组织架构比业务型组织架构强化了策略规划和推广支持职能，从而对一线业务拓展提供专业性的方向指导，也能支持业务人员开展促销推广活动，既能体现专业性，又能减轻业务人员的负担，使其将重点放在业务拓展上。

• 在经营活动中更加具有整体性和策略性，能够体现出更加专业化的市场拓展，在渠道运营的基础上还强化了对品牌的推广，使销售业绩更容易得到增长。

**（3）劣势**

市场部和销售部之间可能会产生矛盾，需要组织进行大量的协调，在运行效率上会产生一定的不利影响。造成这个问题的原因，与市场部和销售部的角色有关，前者注重整体性和长期性，而后者注重个体性和短期性，思维方式不同，自然就容易产生冲突。另外，市场部人员通常缺乏足够的专业性，如果对业务一线了解不足，无法做出有针对性的规划和推广方案，就难以得到业务人员的认同。

**（4）营销型组织架构适合中等以上规模的经销商采用**

目前，长沙四小龙、郑州阳明商贸等营业规模较大的经销商都采用了这种架构。

## 四、品类＋渠道型组织架构

品类＋渠道型组织架构如图 5－4 所示。

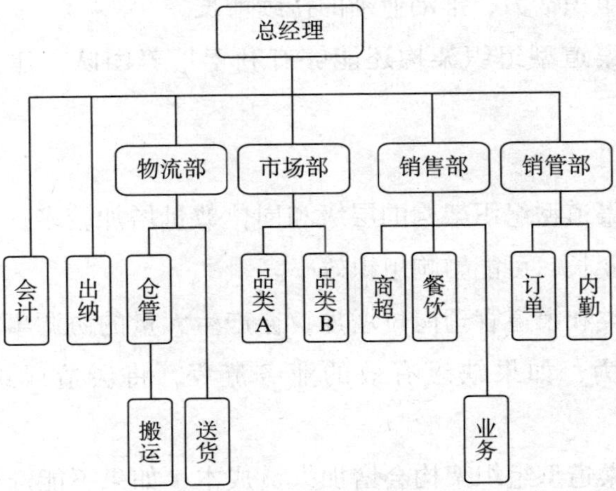


**图 5－4　品类＋渠道型组织架构**

**（1）特点**

- 品类+渠道型组织架构是在营销型组织架构上裂变而来的，其中市场部下面裂变出若干品类管理部门或岗位，销售部下面则裂变出渠道管理部门或岗位，仍然包含原有的业务部门，如此就能形成品类与渠道相复合的组织架构，从而对品类和渠道都可以实施专业化的管理。

- 产品管理的职能是使各自所负责的产品进入一切符合市场定位的渠道进行销售，并确保产品效益最大化，需要完成的工作主要包括产品分析、产品研发、产品策略规划、产品目标、费用预算、产品组合、渠道组合、价格体系、产品促销传播、新产品推广等；渠道管理的职能则是为所有适合在本渠道销售的产品建立一个完善的平台，并确保渠道效益最大化，需要完成的工作主要包括渠道分析、渠道拓展策略规划、渠道目标、渠道运作模式、渠道谈判、渠道空间占有（陈列）、渠道巡访、渠道促销、渠道统筹等。

**（2）优势**

①品类+渠道型组织架构能够分别对品类和渠道进行专业化的统筹和管理，对核心品类和渠道给予充分的关注和聚焦，并对其运营过程进行动态维护，从而提升品类和渠道的整体竞争力。

②品类+渠道型组织架构能够引发不同品类和渠道管理部门的内部竞争，从而激发组织活力，推动业绩的持续增长。

③品类+渠道型组织架构还能够有利于培养团队，建立坚实的人才基础。

**（3）劣势**

①品类+渠道型组织架构的层级和岗位数量增加较多，会造成组织之间的协作过程变长，可能影响组织效率。

②由于品类和渠道管理岗位增加，会产生大量的协调事宜，需要耗费老板较多的精力，如果缺乏有效的业务流程，将会造成组织运行效率低下。

③品类+渠道型组织架构会增加人员成本，如果不能产生较好的管理绩效，将会削弱经销商的盈利水平。

**（4）品类＋渠道型组织架构适合规模较大的经销商采用**

品类和渠道都较为复杂，需要进行更加细致和专业化的管理。目前采用这种组织架构的经销商很少，原因就在于同时找到专业化的人才很难。

## 五、中心制组织架构

中心制组织架构如图 5－5 所示。

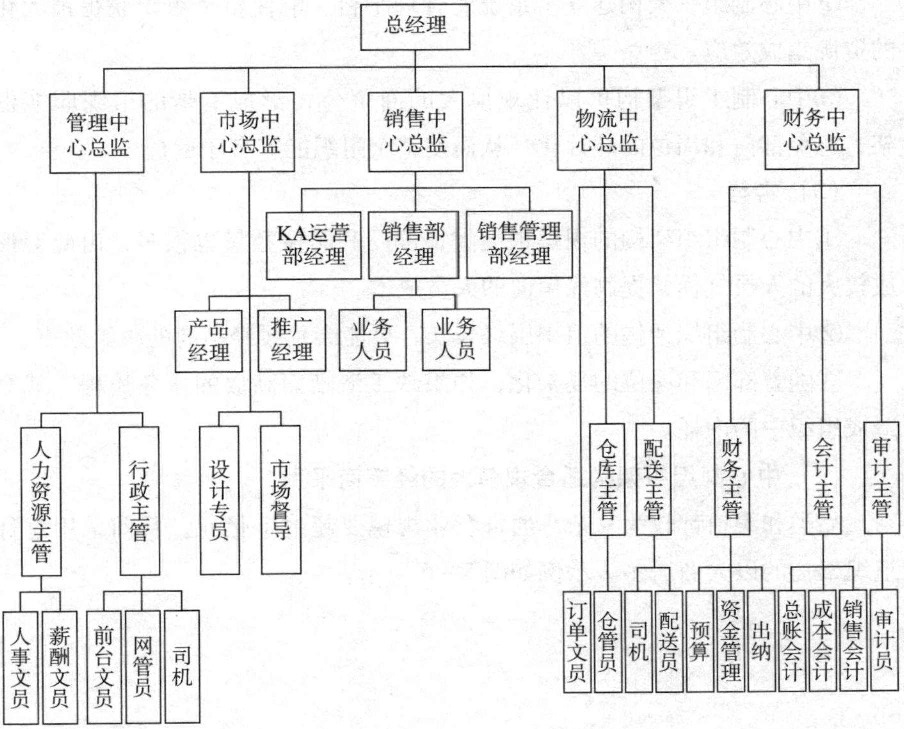


**图 5－5　中心制组织架构**

**（1）特点**

①中心制组织架构是一种规模较为复杂的组织体系，在各个方面都较为完善，是专业化程度很高的一种组织形态。

②中心制组织架构对经销商整体管理能力的要求很高，其运行主要依靠组织中的关键业务流程，命令链在组织中的作用主要体现在部门内，部门之间都需要按照业务流程来实现良好的协调。

③中心制组织架构可以根据具体需要设立一个或数个中心，并没有确定之数，主要还是视规模大小所带来的管理要求而定。

**（2）优势**

①中心制组织架构的职能建设最完整，专业化水平很高，能够充分体现规划性、业务性、支持性和辅助性四大类职能的价值，以此来推动整个公司的有效运行。

②中心制组织架构建立了系统的管理平台，能使整个组织获得最大化的资源集成效应。

③中心制组织架构可以让规模大的商贸公司形成清晰的组织职能框架，避免部门和岗位的碎片化，从而使整个组织能够有序运行。

**（3）劣势**

①中心制组织架构的规模很庞大，部门和岗位数量也很多，由此会形成较大的人员规模，提高经销商的人员成本。

②中心制组织架构的组织层级较长，可能会延缓经销商的决策效率。

③随着部门和岗位的复杂化，如果缺乏清晰而高效的业务流程，就会造成组织中的内耗。

**（4）中心制组织架构适合规模大的经销商采用**

品类和渠道都较为复杂，通常营业规模要超过1亿元，目前采用这种组织架构的以大商居多。示例如图5－6所示。

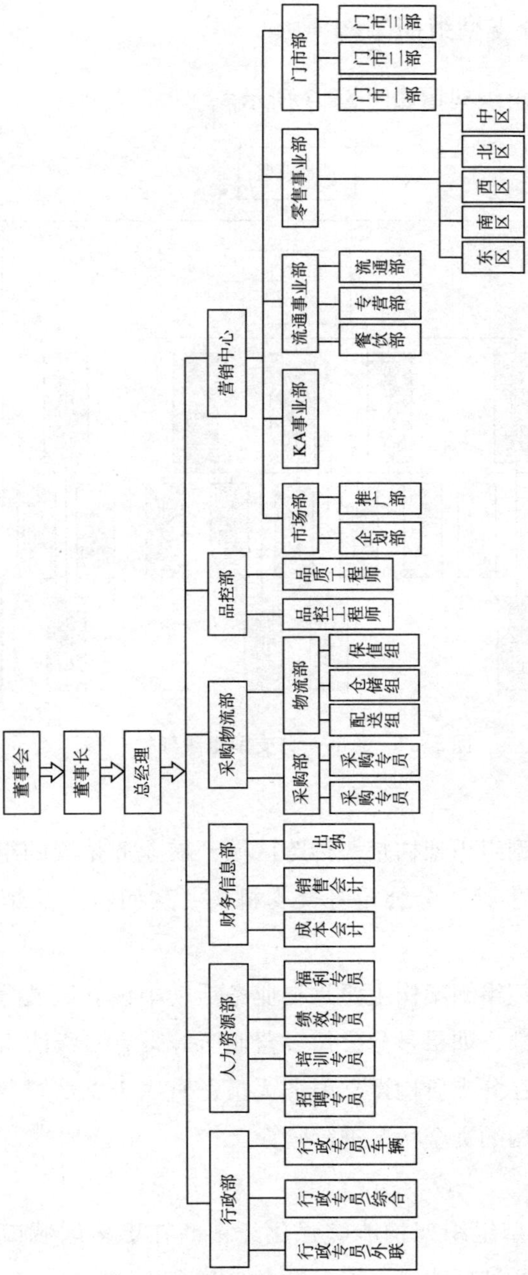


图5-6 陕西金湖商贸公司的营销中心制组织架构

## 六、总部—分支型组织架构

总部—分支型组织架构如图5－7所示。

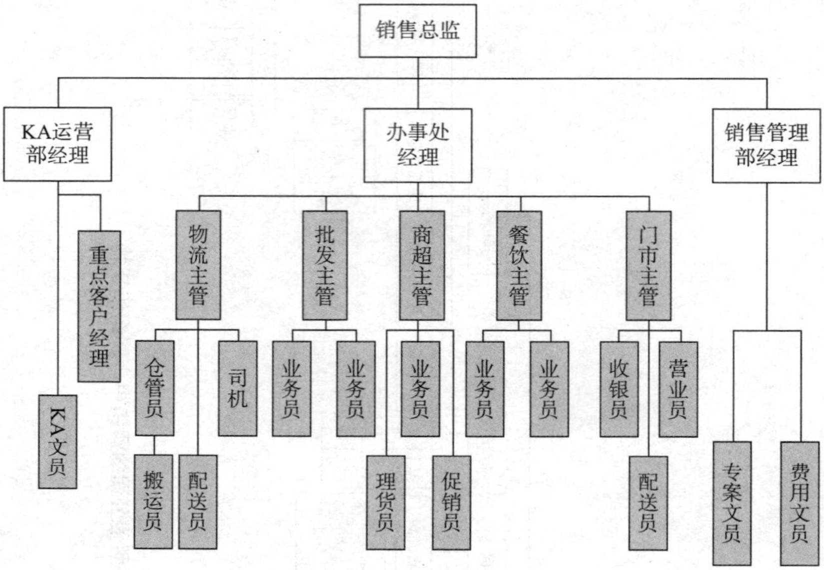


图5－7　总部—分支型组织架构

**（1）特点**

①总部—分支型组织架构是一种跨区域开展业务拓展的组织类型，是在更多区域设立办事处、分公司等分支机构，从而将产品销售到更多的市场。

②总部—分支型组织架构主要是在业务活动中设立区域分支机构，其他职能都存在于总部，如果是分公司、营业所等带有二级法人特点的分支机构，总部通常会在分支机构设立财务人员，直属于总部财务部管辖，以便更好地对分支机构的资金状况进行监管。

**（2）优势**

①总部—分支型组织架构能够强化经销商在更多区域市场的深入运作，有利于强化市场基础建设，带来更多的增长机会。

②总部—分支型组织架构能够提升经销商在多个区域市场拓展的效率，可以在最短的时间内实现产品的高效分销。

**（3）劣势**

①总部—分支型组织架构会增加人力成本及各项运营费用，如果未能产生良好的业绩，将会削弱经销商的盈利水平。

②总部—分支型组织架构涉及总部和分支机构的协作问题，如果缺乏高效的业务流程及清晰的授权，就会造成分支机构和总部之间产生“断链”，影响整个组织运行的效率。

③总部—分支型组织架构会增加远程管理的难度，如果缺乏对分支机构业务过程的动态管控，有可能造成分支机构脱离总部的有效管理，甚至出现违背制度的行为。

**（4）总部—分支型组织架构适合规模大的经销商采用**

营业规模要达到数千万元，视覆盖区域的范围大小来决定分支机构的多少，目前采用这种组织架构的一般以大商居多，如长沙四小龙商贸就拥有衡阳、岳阳、常德、郴州四家分公司，长沙四县、株洲、湘潭、益阳、娄邵、怀化六个办事处，昆明逢发商贸则设有五家分公司。

## 第五节　设计高效的关键业务流程

许多调味品厂商在管理上还存在一种“传统”的行为，就是在经营过程中几乎要依靠一级一级领导的推动来完成工作，一项工作如果没有领导过问，就没有人去处理，导致的后果也没有人去承担责任；或者一项工作只在两个部门领导之间进行，如果一个领导让一位下属与另一个部门的领导进行工作协调，那么那位领导一定会认为没有面子，最终这方不得不仍由领导出面解决问题。

这种现象在大量调味品厂商中都存在，造成组织内部运作效率低下，内耗严重；领导应付的事情过多，影响了对重要工作的关注和思考；管理人员缺乏锻炼，滋生依赖思想；各部门之间缺乏顺畅的沟通，整体策略难以执行到位。要改变这些现象，调味品厂商就必须从“靠领导推动”转向“靠流程推动”，简化工作决策的环节，迅速提高各部门的执行力。靠流程推动的关键在于明确价值链，通过提炼出运营过程的价值链，再对其中的关键环节进行流程设计，才能保障整个经营体系的顺畅运作。

要想让一个调味品厂商具备高效的运作效率，就必须从根本上改变其运作体系，其中的一个关键就是要打破组织中的“命令链”结构。所谓“命令链”，是指各部门之间的上下级垂直命令关系，这种关系普遍存在于直线式的组织结构中，其特点是各部门的人员都习惯听命令或下命令，工作依靠上级下命令推动，而上级也习惯了利用手中的权力下命令。在这种传统的组织模式下，厂商内部经常发生扯皮的内耗现象，无法做到“事事有人做，人人有事做”，组织对市场的反应速度根本无从谈起。要改变这种情况，就必须将“命令链”的运作方式改为“流程链”的方式。“流程链”是相对于“命令链”而言的，其特点是依靠部门与部门之间、上级与下属之间的水平流程关系，与命令无关，主要是通过对一项业务流程的明确界定，在每个流程环节建立标准和规范，使每个人员清晰地知道在每个流程环节自己应该做什么，而不需要再通过请示汇报就能够直接处理业务，从而极大地提高工作效率。

流程链构建的关键在于流程重组。有人认为，流程和程序一样，比如在ISO9000认证体系中就包括对流程的描述，其实是工作程序，但流程与程序存在本质的不同。举个例子，乘客乘坐公交车的程序和流程有什么差异呢？我们先来看一下传统乘车模式下的程序和流程，这种模式下的程序是上车—买票—下车。那么流程是不是也是这样呢？表面上看是一样的，但传统模式下的流程应该是：乘客前后同时上车—售票员流动售票—收钱找零—乘客前后同时下车。这已经涉及对于售票员和乘客各自行为方式的描述。那么对于传统的乘车模式应该如何进行流程重组呢？如果流程和程序是一样的，那么你会觉得不存在流程重组，因为其流程都是一样的，即上车—买票—下车，这个流程是无法改变的，总不能重组成不用买票乘车。实际上，对于传统乘车模式的流程重组并不在于这种程序上，而是在于对乘客和售票员的运作状态进行重组。

在传统模式下存在几个大问题：其一，售票员和司机可能会联合起来私吞票款；其二，在乘客非常拥挤的情况下，售票员难以及时完成售票，存在错收或者漏收的情况；其三，售票员和乘客之间容易发生摩擦。这种状况是无法通过程序变化来解决的，只有进行流程的重组。在现实中，对于这个问题的流程重组就是无人售票公交车的产生，其采用了全新的流程，即由乘客自行完成全套动作：前门上车—自动投币—自行扯票—后门下车。在这个流程中有两个根本变化：一是改变了乘客上车的方式，由原来前后都能上车的双向式改为只能从前门上车后门下车的单向流动式，从而将乘客的行动由无序规范为有序；二是取消了售票员，设置了自动投币箱，统一了票价，不设零钱找补，由司机承担起监督乘客投币的职能，并且司机完全接触不到现金，从而在机制上杜绝了私吞票款的可能。通过这个例子，大家就可以清晰地理解什么是程序、什么是流程，这里反映出的一个重要思想就是，流程的本质就是价值链，流程重组实质上就是价值链的重组，改变了价值环节的结构，就是改变了流程；而一个流程要解决的问题，就是必须能够为厂商创造价值。因此，要实施一项有效的流程重组，不仅涉及对于工作程序和内容的描述，更重要的是一定会涉及组织和价值链的重组，这往往是流程重组成败的关键。

调味品经销商实现靠流程推动的关键在于以下几点：

**（1）提炼关键业务流程**

公司人员每天都围绕着各种各样的业务开展工作，这些业务都有不同的起点，并且在运作过程中互相交织在一起。可以想象，这些纷繁复杂的业务构成了一张多么庞大的网，这张网如果不能得到很好的管理，带给厂商的只能是一场混乱。那么，如何才能有效地驾驭这张业务网呢？答案就在于提炼出经营过程中的关键业务，通过对关键业务的流程进行设计，来保障整体业务的顺畅运作。

靠流程推动的重点在于靠关键业务流程推动，而不是事无巨细一把抓，20/80 法则永远是处理复杂问题的根本原则。调味品经销商要驾驭庞大的经营业务网，就必须建立几根核心的支柱，而这些关键业务的提炼，则是来自系统的整体策略规划，关键业务必须充分体现出整体策略思想的要求，方能成为经营活动正确执行的依据。

**（2）确定流程核心内容**

如同一根线是由无数的点组成一样，业务流程也是由许多个流程点组成，这些流程点就串起了整个业务流程。提炼出关键业务流程，只是初步确立了关键业务的流向，但是业务流程如何才能流动顺畅，取决于对流程点所包含内容的明确。通过分析并识别现有业务流程、业务活动之间的关系，活动需要接受哪些信息、产生哪些信息（表单），数据传送的线路、活动涉及哪些岗位等，经销商就能按照流程分类的方法绘制建立现状流程图。事实上，确定流程点和其内容，本质上是在确定业务流程运作的规范，每一个流程点都代表一项具体的业务工作，而销售部门在处理这些工作时都应该按照统一的规范来执行，而不是你有你的理解、我有我的做法，那样只会削弱流程的运作效率。

**（3）明确流程运作部门**

业务流程是跨越部门和职能的横向体系，每一项业务流程都可能涉及多个部门的共同运作，那么在这个过程中，必须明确各个部门的角色是什么，在这项流程中谁是主导部门、谁是参与部门、谁应该承担什么样的责任、应该具有什么样的权限，这些内容都必须在描述关键业务流程时体现出来。这等于给各部门在业务流程中的职能进行定位，定位明确，各部门才能围绕业务流程各司其职、各负其责，业务流程才能顺畅运行。

**（4）规定流程运作时间**

很大程度上，业务流程运作效率的高低，直接体现在业务流程的时间过程上。业务流程的时间要求体现在两点：一是每个流程点的内容应该在什么时候完成；二是这些内容处理的时间应该有多长。比如对一项年度营销策略规划的时间要求：一是规定在每年 11 月 30 日前完成；二是规定在 20 天的时间期限内完成。这样每项业务流程就具备了结果性，而不是一直处于运作过程中。

**（5）确定流程评估标准**

既然每项业务流程一定会有一个起点，也一定会产生一个结果，那么对这个结果就一定会有一个评估或者一项标准，从而来保障这项业务流程运作的效率或者质量。因此，在靠流程推动工作的体系中，就必须使业务流程本身具有检核或者信息双向流动的职能，使得业务流程的结果能够评估或者传递，真正实现以业务流程推动工作开展的目的。

# 第六章

# 公司化法则四：塑文化

## 第一节　企业文化是驱动组织运作的动力

### 一、优秀的组织要有灵魂

很多调味品经销商都很苦恼于一个问题：怎样才能招募到优秀人才？人，是当前经销商在发展中所面临的最大瓶颈。想法再好，规划再好，最终都要通过人来将其落实下去，没有人才，这些想法只不过是“水中花、镜中月”。

有一部电视剧非常经典，叫作《大染坊》，讲述的是山东淄博张店一个要饭出身的“小六子”如何成长为民族纺织工业家的故事。“小六子”陈寿亭在青岛被日本人逼迫卖厂之后，在济南开设了一家染厂，当初在青岛时和他一起干的合伙人卢家驹就离开了他，去了一家德意志洋行当买办。原本他的本意是希望从保障坯布货源的角度来帮助陈寿亭，但没承想干了一段时间后浑身没劲，实在是找不到感觉。后来他去找陈寿亭，说想回去和他一起干，陈寿亭就问是什么原因，卢家驹说：“自打我离开你去了洋行，就没有一天是高兴的，我太太说我是把魂落在你这儿了，虽然洋行对我也不薄，但我就是不想待了，因为你的人格魅力，别人是没法比的。”陈寿亭一脸困惑：“什么叫人格魅力，你说我能听得懂的词。”卢家驹解释道：“就是说你这人忘不下！”

为什么陈寿亭会令卢家驹忘不下呢？因为陈寿亭不仅是个商业奇才，

思维活跃，善于出奇制胜，还善待伙计，薪水给得比别人高，逢年过节还要送酱肘子，伙计残废了也要养着。同时，陈寿亭知人善任，他的小舅子有过狐假虎威、向工人收礼的恶习，经过他的改造后专门负责对付外界的骚扰，恰好发挥了其长处。至于卢家驹，陈寿亭知道他留过洋，学过纺织印染的知识，一表人才又信息灵通，所以就专门让他负责读报（用现在的话说就是信息收集和研究）、宣传和公关，同样发挥了卢家驹的特长；陈寿亭在分红上也相当慷慨，所有经营的事虽然都是他亲力亲为，对工厂的价值远远超过卢家驹，但是他非常感恩，认为没有卢家驹当初和他合作时的六千大洋，就不会有今天，所以在合作期间一共给了卢家驹接近百万大洋的丰厚分红，令卢家驹感动不已。正是这些大大小小的事情，构成了陈寿亭令人忘不下的人格魅力。

不知道经销商能不能从这个故事中得到一些启示呢？大家可以好好想一想，在你的经营过程中，有没有过像陈寿亭这样的所作所为呢？如果有，想必也会拥有陈寿亭那样的人格魅力，令人忘不下；如果没有，就需要反思一下了。

一个人，要让别人忘不下，必然是因为有着独到的人格魅力，这个人格魅力就是他的精神。同样，一个企业也要做到让人忘不下、愿意来，来了还不愿走，也需要建立起这个企业的人格魅力，这个魅力就是组织的精神，缺乏了这种精神，这个组织就吸引不了人。这种精神，也就是我们所说的企业文化，就是附着在这个组织上的灵魂。记住，好看的皮囊千篇一律，有趣的灵魂万里挑一。虽然看不见、摸不着，但这个抽象的灵魂决定着你能不能得到他人的青睐和信任。

## 二、企业文化就是老板文化

什么是企业文化呢？用书面的话说，企业文化就是：在企业成员相互作用的过程中形成的、为大多数成员所认同、信奉并付诸于实践的一套价值体系。企业文化为组织之魂，优秀的公司必须建立一套科学、系统、清晰的价值体系，方能引领企业健康有序发展。

有的人可能认为企业文化高大上，实际上还可以用一种非常接地气的说法来理解它：企业文化就是老板文化！企业都是由人构成的，企业的行为就是一群人做出来的行为，在这群人中，自然是最高领导者的行为决定一切了，他的想法、价值观、行为准则，自然就形成了他的个人文化，在他的个人文化影响下，整个组织中的每个人都要按照他的文化来行事，否则就难以留下来，从而直接决定了这个企业的文化。笔者接触了很多的厂商，有的老板喜欢喝酒，整个公司就会盛行酒文化，一旦聚会就喝倒一大片；有的老板喜欢抽烟，整个公司就会流行烟文化，无论开会还是谈事都是烟雾缭绕；有的老板喜欢喝茶，于是整个办公室都是茶海；有的老板喜欢跑步，有一群人跟着老板一起跑……

企业文化就是老板文化，基本上就是普遍法则，即便是那些大型企业也是如此。华为的文化就是任正非文化，联想的文化就是柳传志文化，海尔的文化就是张瑞敏文化，阿里巴巴的文化就是马云文化，万达的文化就是王健林文化……即便那些经历了数十年上百年的企业，也是在数代人的个人文化影响下，才融汇出了这个企业独特的文化——一群老板的文化！

企业如人，人有气质，每个企业也有气质我们到一家企业，对这家企业的感受，很大程度上就是对这个企业老板的感受，不需要见到老板本人，也能感受出他的主要性格特点。可能会有人问："要是这个老板没有个人文化，感受不出来怎么办？"也好办，没有个人文化也是一种文化，没有企业文化也是一种文化，真是这样，那就说明这个老板没有人格魅力，这家公司也没有人格魅力，自然也难以吸引到人。所以，经销商朋友们，你们希望别人见到你的时候，是能感觉到有强烈的个人文化还是不能呢？

## 三、企业文化的作用是什么

### 1. 企业文化是组织的"空气"

企业文化虽然看不见摸不着，但能体现出浓厚的组织氛围，在企业经营中起着不可替代的作用。管理制度强制人达到标准，而企业文化引导人超越标准，以强权来达到管理目标的刚性管理是迫不得已的下下策，经销商更应该倡导以文化来引领，以员工内在自省、自觉、自律作为内心的激励力，让员工忘记制度的束缚，促使员工超越标准、超越自我。

（1）导向性。企业文化集中反映了整个组织的共同价值观、理念和利益，对每个员工具有一种强大的感召力，可以把员工的思想、行为引导到实现公司的经营目标上。

（2）凝聚性。企业文化通过共同的价值观，使员工产生对工作的责任感、自豪感和使命感，从而增强对集体的认同感和归属感。

（3）激励性。在良好的企业文化氛围下，通过使命、愿景、价值观等内容，能够有效衡量员工做出的贡献，不仅包括业绩指标，能够践行企业文化也能够得到肯定、赞赏和奖励。

（4）约束性。良好的企业文化氛围能够以无形的、非正式的、非强制性的方式，对所有团队成员的思想和行为进行约束，就算没有规章制度，团队也不会违背公司的行为规范。

（5）协调性。企业文化能协调内部员工之间、部门之间的关系，共同为完成工作目标而高效协作，在整个组织中实现“多赢”。

**2. 企业文化是经销商实施内部管理的一种有效保障**

管理人的最有效方式就是通过文化的象征和暗示作用，用企业文化引导团队的行为朝着有利于实现公司经营目标的方向发展。

①规划制定。企业文化是制定公司战略规划的重要前提条件，同时，规划的过程中也要适应企业文化。

②规划执行。优秀的企业文化可以提高管理的艺术性，事半功倍。

③组织建设。企业文化是决定组织结构是否合理、能否有效运行的一个重要因素，而组织变革的关键也必须考虑企业文化的相应变革。

④人力资源。通过使员工接受、认同组织中每个人都必须共同遵守的企业文化，可以最大化地激发出团队成员的内在激情，更能体现人作为资源或资本的本质。

## 四、优秀企业文化的特点和原则

**1. 优秀公司的企业文化的特性**

（1）优秀企业长期卓越的根本原因是他们创造和发展了一套独特的文化品质，否则无法成功经历数十年的时代变迁。

（2）优秀企业的独特文化往往都是在公司发展早期阶段形成的，比如联想的“搭班子、定战略、带队伍”，华为的“狼性文化”等。

（3）优秀企业文化的建设离不开几位强有力的、具有人格力量的领导人物，如联想柳传志、海尔张瑞敏、华为任正非、阿里巴巴马云等。

（4）优秀企业文化凝聚了开创性领导人的核心价值观，并集中体现了一套实现核心价值观的实际做法，比如联想的“复盘”精神，海尔的“OEC 日清日高”“市场链 SST”“斜坡球体理论”等。

（5）拥有优秀文化的企业彻底地向雇员灌输他们的核心价值，并创造出一种强烈崇尚其核心价值的氛围。

（6）优秀的企业文化强大到你别无选择，要么顺应它的那套规矩，要么另谋高就。

（7）即使开创企业的领导人物离开了岗位，大家仍然共同尊奉由企业文化体现和保护的核心价值观，企业因此基业长青，如全球知名企业沃尔玛、宝洁、联合利华、可口可乐等。

**2. 优秀企业文化必须遵循的原则**

（1）简洁。不能复杂，必须让人人都能随口说出。

（2）务实。不搞形式，必须能够运用在经营过程中。

（3）包容。内涵不狭窄，能够包容整个公司所有的活动。

（4）前瞻。视野不短浅，能够引领公司至少十年的发展。

（5）激励。能激励人心，调动所有员工的内心激情。

## 五、经销商老板应该树立成就团队的理念

虽然我们可以从很多个角度、用许多美好的词语来定义企业文化，但归根结底，企业文化就是做人。笔者听很多经销商老板吐过苦水，抱怨招不到人，招到了又不好管、留不住，听下来感觉真是不容易。不过，事物总有两面性，也得站在员工的角度来看看是怎么回事儿。了解了员工的状况后，笔者就想问那些经销商老板：你们有考虑过员工的未来吗？你们知道员工想要什么吗？你们又为他们的未来做过什么呢？这些都值得经销商认真地想一想。

为什么招不来人？仅仅是因为薪水不高吗？除了薪水，你有没有考虑过从其他方面可以给员工什么吗？

为什么管不好人？仅仅是因为员工不听话、不愿干吗？你有给过他们

明确的方向吗？有给他们提供有效的方法和工具吗？有给他们提供除了薪水之外的其他激励吗？

为什么留不住人？仅仅是因为其他商家给的薪水更高吗？你了解员工在职业上有什么发展愿景吗？你有为他们的愿景做过什么吗？你了解员工希望在技能上得到什么提升吗？你是否帮助过他们呢？

对于上述问题，如果经销商老板大部分都得不出肯定的答案，我想说，问题的症结就在你自己！关于企业为什么留不住人才？马云曾说过："第一，钱没给到位；第二，心委屈了。"归根结底就是一条：干得不爽！人都是相互的，经销商要留住人才，首先想的不应该是如何赚钱，而是如何去成就人才。对人才来说，经销商提供的不仅仅是一个赚钱养家的机会，更应该是一个有更好前景的职业发展平台。为什么厂家找人留人比经销商要容易呢？就是因为厂家能够帮助人才来实现他们的愿景，而非仅仅是利用他们来赚钱。当员工爽了——无论是钱给得多还是关爱给得多，他们才会愿意真心付出。

有的事情就是这么奇怪，当你越和员工计较的时候，诸如早上班晚下班、多加班多干活等，得到的回报并不多；当你不计较的时候，将更多心思放在员工成长上，反而会获得意想不到的回报。这就是一个格局的问题，在人的问题上，经销商必须提升自己的格局——如果你想要获得更大的发展，把成就团队作为自己企业文化的内核，这并不是嘴巴上说说而已，而是吸引人才、激发人才的真正密码。

## 六、企业文化的构成要素

企业文化是一个综合性的概念，包含以下四个核心要素，将这四个要素明确、细化并整合在一起，就构成了一个厂商的企业文化。从下一节开始，笔者将对每一个要素进行详细阐述。

①使命：是企业存在的理由和意义。

②愿景：是企业对自身长远发展和终极目标的规划和描述。

③核心价值观：是企业所有人都必须遵循的价值准则。

④行为规范：是企业所有人普遍接受的具有一般约束力的行为标准。

# 第二节　构建富有远见的使命和愿景

## 一、如何理解使命和愿景

使命：是指企业在社会进步和社会经济发展中所应担当的角色和责任，是企业的根本性质和存在的理由，说明企业的经营领域、经营思想，为经营目标与战略制定提供依据。使命回答的是企业“要做什么、为什么要做”的现实问题，体现了组织中所有人员的行为共识，是引导和激发全体员工为企业不断实现新的发展和超越而努力奋斗的动力之源。管理学大师德鲁克对企业的使命极为重视，他在《管理：使命、责任、实务》一书中写道：“企业是社会的器官，企业不是为他们自身而存在，而是为实现特定的社会目标而存在，为满足社会、社群及个人的特定需求而存在；他们本身不是目的，而是方法，人们不是问‘他们是什么’，而是问‘他们应该做什么’，以及‘他们的使命是什么’。”因此，所有组织都应该从战略角度来明确使命，要系统地回答下列问题：我们的事业是什么？我们的消费者群是谁？消费者的需要是什么？我们用什么特殊的能力来满足消费者的需求？如何看待股东、客户、员工、社会的利益？只有把这些问题搞清楚，企业才能获得持久经营下去的动力之源。

愿景：是指企业对自身长远发展和终极目标的规划和描述。愿景是组织发展的蓝图，也是企业最高领导者头脑中的一种概念，代表着他的立场和信仰，不断激励着企业奋勇向前、拼搏向上。处于成长和发展阶段的经销商可能会将更多精力放在求生存、抓运营上，即便如此，领导者也不能轻视愿景对于凝聚人心和指引方向的重要性。制定一个明确的、振奋人心的、可实现的愿景，对于一家企业的长远发展来说，其重要性更为显著。同样，对于愿景，管理学大师德鲁克认为企业也要思考三个问题：第一，我们的企业是什么？第二，我们的企业将是什么？第三，我们的企业应该是什么？再深化下去，企业还需要继续回答三个问题：我们要到哪里去？我们未来是什么样的？我们的目标是什么？有了这样的愿景，企业的经营将更加坚定和持久，就算遇到了重大的挫折也不会轻言放弃，这种力量是其他因素无法替代的。

## 二、使命和愿景存在的意义

从书面的角度来说，使命和愿景的意义有：保持整个企业经营目的的统一性；为配置企业资源提供基础或标准；建立统一的企业氛围和环境；明确发展方向与核心业务；协调内外部各种矛盾；为企业提供持续稳健向上的框架等。这些说法都很正确，但是笔者总觉得少了点什么，对，就是灵魂！使命和愿景，就是一家企业或公司持续生存下去的灵魂。如果没有这个灵魂，就是一具只懂得赚钱的“行尸走肉”罢了！有了使命和愿景，就完全不一样了，它们就是衡量公司经营中是是非非的标杆，金钱成为不了标杆，只有使命和愿景（包括核心价值观）才可以。

一个曾任职阿里巴巴的人在文章里写道：“马云曾说过这样一句话：‘使命愿景在平时没有一点用的，使命，是在公司生死攸关、重大利益抉择面前发生作用。’”2011 年 10 月 11 日，爆发了轰动一时的“十月围城”，围的是谁？就是今天的天猫当时的淘宝商城。原因在于淘宝商城毫无征兆地发布新规，调整技术服务费和商铺违约保证金，最高涨幅高达 150%。淘宝商城新规令大量中小卖家难以承受，于是在一些领导者的组织下发动了“淘宝十月围城”，而同是从小卖家出身进而成长为大卖家的商城品牌商成为这次事件的牺牲品，“围城七日”上演的“步步惊心”，其惨烈程度超出了绝大多数人的想象……10 月 12 日，淘宝商城攻击事件的第二天中午 11 点多，马云在其微博发文：“一生中总有那么一些时刻，我们需要鼓起勇气去做选择。而这些选择不仅不符合常理，违背理性，甚至离经叛道得罪亲友。即便如此，我们可能还会一意孤行！因为我们相信自己的决定，我们做了最该做的事。今天在中国，做商人难，做诚信商人更难，建立商业信任体系难上难。但选择了就必须去做！这是希望所在！”

针对愈演愈烈的淘宝围城事件，商务部终于在 15 日晚间发布公告首次表明态度，商务部电子商务和信息化司负责人称，已要求有关方面从稳定物价和支持小微企业的高度妥善处理并及时报告情况，同时希望淘宝商城充分听取各方意见，采取积极行动回应相关商户特别是中小商户的合理要求。在商务部表态后，手写五个“忍”字的马云回到国内，闪电出台 5 项新措施，投入18亿元资金，对新规进行了让步调整，对已经签订合同的商家的保证金和技术服务费维持不变，在合同结束后再进行调整。历经七天，淘宝商城攻击事件终于在马云的让步中暂时告一段落，而后来马云也部分放弃“一意孤行”的态度，坦言“有错，向大家道歉”，当时的淘宝商城总裁“逍遥子”张勇后来也坦言“十月围城”是他犯下的大错，这些都表明阿里巴巴意识到了此次事件中的缺陷。（注：各位读者有兴趣可以上网搜索有关这个事件的详细文章，笔者在此不做赘述。）

这段经历直接考验的就是阿里巴巴的使命和愿景，平常经营的时候可能感觉不出来，一到关键时刻，真正发挥作用的就得依靠这些看起来很虚的文字。有的时候，一件事情所体现出来的维度多种多样，从每个维度去看都有其道理，似乎并没有绝对的对与错，但是最后你能做的就是坦诚认错，因为这是使命、愿景和价值观的指引，事情本身的处理已经不重要了，发生了这种事情就是错误，就要改正。

很多时候，厂家也好，经销商也好，在经营过程中都会面临诱惑或者挑战。面临诱惑，是抗拒还是接受；面临挑战，是迎战还是放弃。这些关键时刻的决定无时无刻不在给经营者带来巨大压力。但是你必须做出判断，那个时候，到底该做什么、不该做什么，用平常的经营原则根本无法判断，最终只能返回内心深处寻找自己的初心，而初心正是形成使命、愿景和价值观的根源，越是在关键时刻，就越要用自己的初心来做出检验和判断，这就是使命和愿景存在的真正意义。

## 三、用富有远见的使命和愿景吸引人才

笔者经常和经销商说的话就是：千万不要轻看自己！不要总认为自己是经销商就低人一等，不要认为自己天生就是层次低，无法吸引人才！自古云：英雄不问出处。刘邦和朱元璋在当上皇帝之前只不过是混混，但照样能够吸引众多人才来帮助他们打下江山。重要的不是你现在什么样，而是将来你想成为什么样，一切皆有可能！

马云在初建阿里巴巴时，跟随他的有“十八罗汉”，但是当时正处于创业阶段，又正经历互联网的萧条期，大家对未来都非常迷茫，那企业又如何来留住他们呢？在杭州湖畔天地的地下室里，马云给“十八罗汉”阐

述了阿里巴巴的三条使命和愿景：第一，建设一家为中国中小企业服务的公司；第二，建立一个生存80年的公司（后来改成了102年）；第三，建立世界最大的电子商务公司，进入全球网站排名前十。据说当时“十八罗汉”听了这些使命和愿景后都半信半疑，最终还是留了下来，并且全心全意跟随马云奋斗，结果我们现在都看到了。这就是相信的力量，只有使命和愿景才能让人产生信心，尽管当初太多的人都认为马云是个大忽悠，但是“十八罗汉”选择了相信，这就是马云作为企业家的伟大之处。

因此，经销商也应该给自己确立一个富有远见的、能够令人激动的使命和愿景，如果你对未来都没有信心和激情，如何让别人为你付出呢？换了你也不会！使命和愿景当然不是全部，它只是一个开始，只要头开得好，就给未来的成功带来了极大的可能性。这一点，别人谁也帮不了，只有经销商老板自己带给自己。

## 四、使命的提炼原则

**（1）和经营业务有关联**

使命必须和公司的经营业务有关联，这样才能让团队中的每一个人都清晰地感受到，现在制定有公司使命的经销商也不少，但能够清晰地将其与经营业务关联在一起的不多。使命的意义就在于激励团队，如果团队都不知道使命和大家平常所做的事情有什么关联，这也就脱离了使命的本质，变成老板个人的自嗨了。

**（2）必须清晰地明确方向**

使命必须为整个公司明确未来的发展方向，为整个团队为什么要做这样的事情提供一个充分的理由，当初阿里巴巴提出的“让天下没有难做的生意”之所以如此打动人，就在于画龙点睛地指出了阿里巴巴将全球的厂商都连接在一起的使命。现在不少厂商都在学习阿里巴巴，比如辽宁独凤轩提出的使命就是：“让天下没有难开的轻餐汤食餐厅。”大家一听都知道这家企业想做的是什么，这就容易激发企业内外的高度认同。

**（3）简单明了，容易传播**

使命必须是可以传播的，为此就要符合“简单明了”的原则，一个让人很难记住的使命，其产生的价值会大打折扣。在一定程度上，使命就是为了传播而生的，因为使命的意义就在于激励他人，要能够进入大家的内心深处，要激发出每一个人的共鸣，因此必须用一句话来清晰表达。

**（4）激发改变的欲望**

如果一个使命让人听了之后无动于衷，那就失去了使命的意义，使命即使不能让人听了之后热血沸腾，也要让人产生改变现状的欲望。所以，使命就是一种宣言，必须具有高度，要有宏大的格局，要让人听了之后恨不得马上干起来，这才能体现出使命的价值和意义。

**（5）长期性**

使命不是服务于短期经营目的，而是为了公司长久的发展、基业长青的事业。如果仅仅是短期经营，完全可以不需要使命，能够赚钱就行。实际上，在一个公司长期的经营过程中如果缺乏了使命，将会陷入随波逐流的商海中，极其容易迷失自己。所以，使命就是公司在发展过程中的指路明灯，就像茫茫太空中的北极星一样，无论走多远，它都明亮地悬挂在那里，指引我们前行的方向。

## 五、愿景的提炼原则

**（1）与使命保持一致**

愿景必须与使命紧紧关联在一起，不能使命说一套，愿景又说另一套，反而让人搞不清该怎么办了。在企业文化的构建中，使命是第一步，愿景则是第二步，是在使命宣言提出之后，紧跟着将其转化为愿景，所以这两者完全是一体的，只是各自阐述的角度不同。

**（2）量化且有时间约定**

使命是具有长期性的，也具有阶段性，只是每个阶段的时间比较长而已，但这并非一成不变的。愿景本身具有目标的属性，可以说是使命在一个阶段的成果体现。如果有具体的时间约定，将会对团队产生更为明确的激励作用。阿里巴巴提出的愿景——成为一家持续发展 102 年的企业，虽然时间长了点，但从中可以清晰地感受到其对整个组织和社会产生的极大影响。如图 6 – 1 所示。

**（3）简洁**

与使命遵循的原则“简单明了”一样，愿景的提炼也必须极其简洁，与使命相辅相成，共同取得最大化的传播效果。

**（4）鼓舞人心**

使命要“激发改变的欲望”，愿景同样要鼓舞人心。归根结底，愿景是从另一个角度来阐释使命，使命有什么样的要求，愿景同样遵循这样的要求。

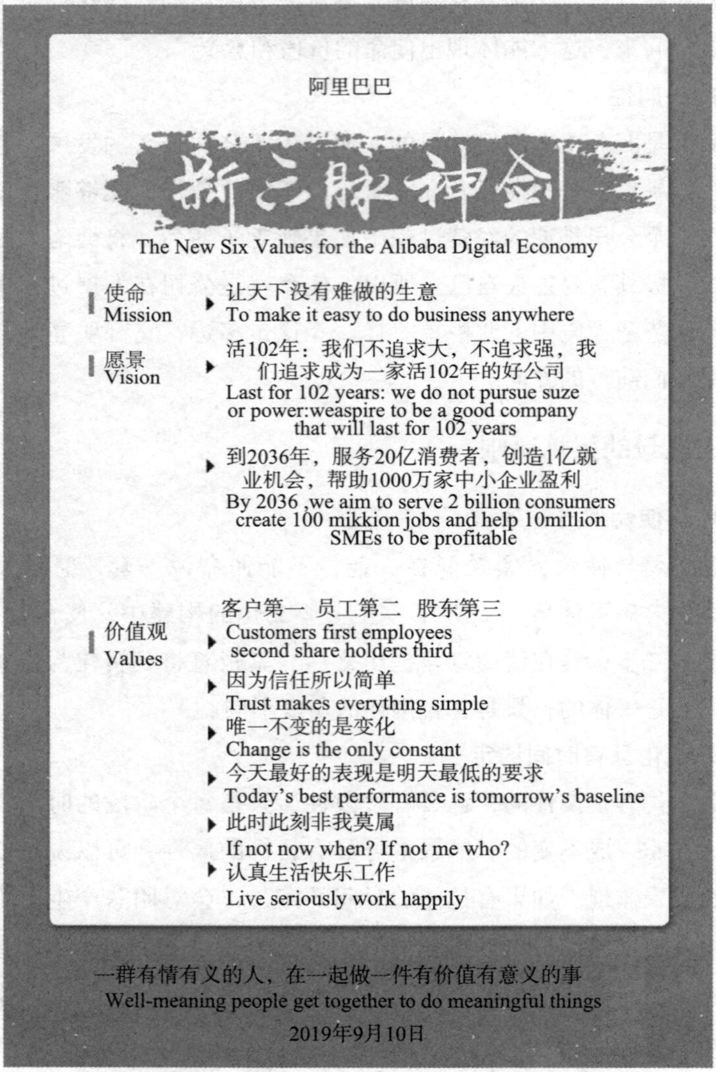


**图 6－1 阿里巴巴的使命、愿景和价值观**

**附：两家调味品经销商的使命和愿景**

大连天信达商贸：

- 使命：帮助合作商盈利，用我们的产品让人们生活更美味。
- 愿景：成为最专业的调味品行业品牌运营商。

陕西金湖商贸：

- 使命：振兴民族产业，创造行业典范。
- 愿景：追求卓越，同享丰盛。

点评：上述两家经销商的使命和愿景，相对来说大连天信达商贸阐述得更到位，与其业务领域密切相关，无论内部还是外部，一听就知道这家公司是做什么的。而陕西金湖商贸的阐述就非常抽象和空泛，只有内部人员才知道企业是干什么的。这种过于空泛的使命和愿景并没有体现出公司的独特性，甚至都体现不出行业特色，任何一个行业、任何一家公司都可以套上去，这样就会削弱使命和愿景的价值和影响力。这是经销商需要避免的。

## 第三节　提炼独具特色的核心价值观

### 一、如何理解核心价值观

核心价值观就是一个组织中所有人都必须遵循的价值准则，是企业哲学的重要组成部分，也是解决企业在发展中如何处理内外部矛盾的一系列根本准则。简单来说，核心价值观就是让每个团队成员在工作中都能够清晰地判断出哪些事该做、哪些事不该做，不需要有人来提醒。毫不夸张地说，核心价值观可以理解为一个组织全体成员的共同信仰，是内心深处始终坚信的原则，其连同使命、愿景，共同成为企业文化中最核心的内容，从精神的层面赋予整个公司以灵魂，指引团队的理念与行为。

### 二、打造一支价值观驱动的队伍

对于团队打造，笔者极其认同的一个观点就是：必须通过价值观来驱动。说这个话，并不是要搞什么心灵鸡汤来忽悠人，而是为了公司的真正健康和持久。大多数厂商一般都是通过高薪酬来吸引人，但他们总是感到困惑，因为总会有其他厂商付出更多的薪酬将核心骨干挖走，一般的人员也就罢了，如果是核心骨干被高薪挖走，那就说明企业的核心价值观践行出了问题，没有在人才的心底扎根。企业不应该单纯用高薪酬来吸引人，这并不是说不给高薪酬，而是就算你能给员工很高的薪酬，也不要用这个来吸引他。给得起高薪酬和不用高薪酬来吸引人，这完全是两个意思。如果你只是用高薪酬来引诱他，有一天他也会因为更高的薪酬而离开你。但是价值观就不一样，只要他认同了你的价值观，就很难离开你，至少绝不会是因为薪酬高低而离开你，因为价值观是独一无二的，它和你这个人、这家公司是紧密关联在一起的。

阿里巴巴就是这样一家伟大的公司，是一家典型的靠价值观来驱动的公司。早在2002年，阿里巴巴还不太有名，笔者在看采访节目中听到这个理念，就打心眼里认同。马云从创业第一天就开始谈价值观，对价值观的强化已到近乎“变态”的程度。在阿里巴巴2007年的年会上，马云就对外界一直好奇是什么支撑阿里巴巴的问题做了阐述：“外界看我们，是阿里巴巴网站，是淘宝，但只有我们自己知道，我们的核心竞争力是我们的价值观。”马云表示，企业文化和价值观正是阿里巴巴保持快速稳健发展的关键因素，“对阿里巴巴来讲，有共同价值观和企业文化的员工是最大的财富”。马云曾公开说过：“阿里巴巴历史上所有重大的决定，都跟钱无关，都跟价值观有关。”阿里巴巴的核心价值观被具化为一个金字塔形，在2019年最新升级的价值观中，最上层的是“客户第一、员工第二、股东第三”，“因为信任所以简单”“唯一不变的是变化”位于第二层基石，最基层的则是“今天最好的表现是明天最低的要求”“此时此刻非我莫属”和“认真生活快乐工作”，这是阿里巴巴绝对不可违背的“帮规”，不仅在录用员工的时候要遵照这个标准，在对员工进行考核时，价值观绩效也占到50%，与个人业绩的重要性同等。

阿里巴巴的价值观起到了三种作用：一是将阿里巴巴创始团队的意志、直觉、精神和思想转化成为成文的公司宗旨和政策，能够明确地、系统地传递给职业管理层，由职业管理层规范化运作；二是阐述了公司处理内部矛盾与外部重大关系时的原则和优先次序，建立心理契约；三是落地进入考核，指导阿里巴巴的组织建设、业务流程建设和管理制度化建设，并使管理体系具有移植性。

在经历了淘宝商城“十月围城”之后，后来阿里巴巴又面临了一次严峻的考验。2016 年 11 月 24 日，支付宝 9.9.7 版本推出“圈子”功能，近百个圈子中的“校园日记”和“白领日记”引发争议，这两个圈子只有女大学生、白领女性或芝麻信用分达到 750 分以上的用户才能发布和评论，其中充斥着大量大尺度照片。短短几天，该事件迅速引爆网络，有人围观，有人吐槽。当晚，时任支付宝总裁的彭蕾发出一篇《错了就是错了》的公开信，提出三条措施：所有打擦边球嫌疑的圈子立刻解散，恶意发布突破底线图片的用户永久封号并永久不能注册，团队内部讨论整顿。彭蕾在接受记者采访时说：“价值观一点都不虚，你的言行举止、很多细节里面都是价值观。价值观永远不可能 100 分，但是这个努力的过程你可以做到 100 分，甚至 120 分。”

笔者强烈建议经销商一定要用价值观来驱动团队，而且老板本人一定要成为公司核心价值观的虔诚布道者，只有如此才能感染团队，并且推动价值观的有效落地。

## 三、核心价值观遵循的原则

体验：核心价值观应该契合企业的实际情况，不要追求热点或者流行的概念，要从企业发展的过程中深入挖掘。笔者看到不少厂商的核心价值观里都有一些共同的词句，比如“创新”“诚信”“共赢”等，虽然这些词语的内涵很好，但更倾向于普适性的法则。并不是说厂商就不能将这些法则作为核心价值观，而是一定要体现出自身的特色，其实核心价值观的产生一定是各具特色的，因为每家公司都有自己独特的创业故事，都有着独特而难忘的体验，而这些故事和体验就是产生出核心价值观的土壤。拿笔者来说，在创立上海至汇战略营销咨询机构时就将公司的核心价值观提炼为“用心”和“坚持”，这完全就是自己内心深处最深刻的体验，可以讲出背后的无数动人故事。其实，笔者也可以采用“创新”“诚信”“共赢”来作为核心价值观，虽然不会有什么偏差，但对笔者来说并没有生命力，缺乏那种发自肺腑的体验，就难以产生出打动人心的力量。

简洁。核心价值观和使命、愿景一样，在表述上都要简洁明了，容易理解和记忆。

明确。核心价值观的意思必须非常明确，一看就懂，容易衡量。

包容。核心价值观的内涵要广泛，能够普遍适用于组织内的所有人员及所有活动。

精简。核心价值观的数量不要太多，一定是在企业发展历程中最深刻的体验，是所有人员都不能违背的底线原则，少则明，多则惑，一定要让价值观深深烙在每个人的心灵深处，而不是挂在墙上的口号和标语。

## 四、核心价值观构建

虽然核心价值观和企业的领导者息息相关，但也不是随意就可以确定的，因为一个组织是由不同的人来构成，核心价值观应该是整个组织中所有人员共同持有的，而不是一两个人所有的。只有当绝大部分团队成员的个人价值观趋同时，整个组织的核心价值观才可能形成。因此，经销商要提炼出大家都充分认同的核心价值观，就要按照一定的方法和步骤来实施。就像阿里巴巴在 2019 年 9 月 10 日公司成立 20 周年之际，正式公布了“新六脉神剑”核心价值观，这套全新升级的核心价值观历时 14 个月才得以出台，其间阿里巴巴举行了 5 轮合伙人专题会议，累计 467 名组织部成员参与了海内外 9 场讨论，对全球各事业群不同司龄、岗位、层级、年龄的员工进行调研，得到的建议反馈近 2000 条，修改过 20 多稿，最终形成了我们现在看到的这个版本，可谓极其严谨。

为了使大家能够理解核心价值观是如何形成的，笔者下面介绍一个至汇咨询的服务案例，经销商都可以按照这种方法进行提炼。

对该企业主管级以上员工进行深入的调研访谈，发放了问题多达 50 个的调查问卷，收集了 100 多位骨干员工的意见，同时至汇咨询顾问还和关键部门的主管及职员进行了一对一访谈，了解每个人在公司各个阶段的心路历程和看法。通过一个月左右的调研分析，至汇咨询整理出 33 个大家心目中对核心价值观的理解，并且对每个词语的选择人数进行了排序（见图 6－2）。

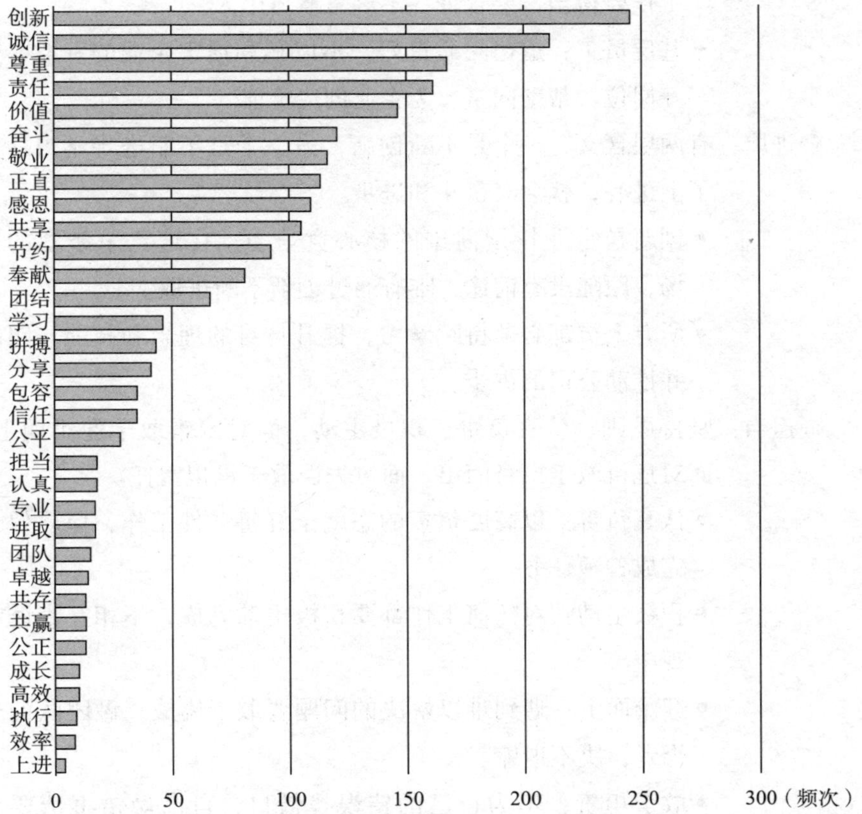


**图 6－2 核心价值观词语出现频次图**

结合该企业的使命和愿景，至汇咨询组织中高层团队召开了三轮会议，对调研出来的33个备选价值观进行了深入探讨，最终确定出与企业最匹配的五条作为核心价值观，并对每条价值观进行了详细阐述，使每位员工都能够理解其背后的意义。

◎正直：不畏强势，不欺弱势，敢作敢为，坚持正道，坚持信念，坚持做正确的事情。

- 高层领导：为公司所有员工做表率，自我品行端正，即使不发布命令，员工也会去实行；若自身品行不端正，即使发布命令，员工也不会服从。
- 中层干部：道德品质良好，选拔基层管理人员要公正，任人唯贤，机会都是公平的，处理矛盾要公平、公正，分配工作要得当，要合理，不刻意欺压个人。

- 基层员工：道德品质良好，不以私利损害企业的利益，坚守岗位，帮助同事，为企业创造价值。

◎进取：有两层含义，一个是不断创新，另一个是不断进步学习，有了上进心，就会有奋斗和进步。

- 创新是企业持续前进的核心竞争力，在这竞争激烈的市场，跟随没有前途，唯有通过创新不断进取。
- 所有人员都必须持续学习，提升自身的理念和技能，跟随并推动公司的进步。

◎担当：坚持原则、认真负责、积极主动，面对困难敢于迎难而上，面对危机敢于挺身而出，面对失误敢于承担责任。

- 认真负责：以高度负责的态度干好每一件工作，保质保量完成各项任务。
- 积极主动：对任何工作都要积极主动完成，不相互推诿和观望。
- 迎难而上：遇到难以解决的问题要敢于挑战，做团队的先锋者，决不退缩。
- 敢于担责：不为自己的错误找借口，自己做错事情要承担，接受自己的不足。

◎尊重：尊重是人际交往中最基础的礼仪修养，有了尊重的前提，才会有更顺畅的沟通，才会更有价值的意见和建议相互传达，促使团队高效合作。

- 尊重人格平等，不因职位高低产生等级隔阂。
- 充分尊重领导，按照组织原则进行沟通汇报。
- 充分信任下属，充分放权，尊重不同的个性和想法。

◎分享：分享是团队精神的体现，每个人都为公司创造了价值，每个人都有机会分享收获。

- 物质分享：公司每年拿出一定比例的利润给予员工做激励分享。
- 价值分享：公司为各层面人员提供工作平台，展现自己价值。

- 经验分享：组织内部人员进行交流，相互学习。
- 知识分享：每年派遣表现优秀的员工去学习进修。
- 信息分享：为员工提供行业知识、行业趋势、行业变革等信息。

**附：两家调味品经销商的核心价值观**

大连天信达商贸：

- 服务宗旨：用真诚、耐心、微笑的服务，让客户感动
- 用人理念：忠诚第一　能力第二
- 工作作风：和谐沟通　勇于担当　雷厉风行

陕西金湖商贸：

- 精神：诚信　卓越　尊重　创新　快乐
- 质量：品味　品质　品牌
- 服务：消费者满意　用户感动

## 第四节　以行为规范营造良好的团队氛围

### 一、如何理解行为规范

行为规范是组织内每个人普遍接受的具有一般约束力的行为标准，能使团队的认知根深蒂固，不需要强制就能达到自律的效果。之所以在企业文化中需要明确具体的行为规范，根本目的就在于让使命、愿景及核心价值观能够有效落地。企业文化绝不能只是好看好听的面子功夫，如果不能够在日常工作中进行运用，非但不能产生价值，反而还会带来副作用。所以，衡量一家公司是否真正践行了企业文化，根本就不需要去看表面的形式，看每一位员工的日常行为就非常清楚了，这是很难装出来的。以前在国内流行过一个概念，叫作 CIS，中文意思就是“企业识别系统”，其中包含了三个部分，分别是 MI、BI、VI。MI 就是理念识别，相当于使命、愿

景、核心价值观；VI 就是视觉识别，也就是我们平常所看到的各种形象宣传；而 BI 是行为识别，相当于这里所说的行为规范。只有当一个企业将 MI、BI、VI 都完整地建立起来，才能真正推动企业价值的落地，否则表现再好也是空的。

## 二、行为规范构建

行为规范的建设与核心价值观相似，也要按照一定的方法和步骤来实施。下面笔者仍然通过案例来进行描述。

第一，同样采用问卷调查和一对一访谈的方式来实施，并将团队心目中对行为规范的理解进行汇总。如表 6－1 所示。

表 6－1　行为准则罗列

| 序号 | 倡导行为 | 抵制行为 |
| --- | --- | --- |
| 1 | 讲真话，办实事，拒绝套路 | 忽悠客户，承诺客户不能兑现实现的目标，答应客户的事情一再推托 |
| 2 | 同事之间相互帮助，相互学习，分享协同；大家互相尊重；个人有敢于担当责任的勇气 | 破坏公司形象行为；触碰工作岗位红线的行为；拉帮结派，损害其他人利益的行为 |
| 3 | 流程细致化、工作专业化、责任明确化、担当力、学习力、分享 | 推卸责任、违法乱纪、没有担当的行为 |
| 4 | 诚信、踏实、廉政 | 做事散漫，不扎实的行为 |
| 5 | 自觉、自律、责任、担当的行为 | 有损公司形象，贪图便宜、唯利是图、阿谀奉承、钩心斗角 |
| 6 | 尽我心做执行的事、尽我责做提升业绩的事、尽我力做事 | 欺诈骗取公司财物、与客户同流合污骗取公司费用、损害公司名誉 |
| 7 | 务实、上进、积极、承担的行为 | 消极、不诚实 |
| 8 | 吃苦耐劳，努力开发市场，维护市场，及时跟领导沟通问题 | 做事欺上瞒下，遇事推卸责任，没有责任心、没有担当 |
| 9 | 不停留在原地，做更好的市场开发 | 背信弃义，不遵守职业操守，叛离公司，不懂得感恩，没有上进心 |
| 10 | 正直、务实、高效的行为 | 遇事推诿、不实在做事 |

续表

| 序号 | 倡导行为 | 抵制行为 |
|---|---|---|
| 11 | 团队合作、全力以赴 | 投机倒把、有损公司形象和利益的事情 |
| 12 | 以公司利益为主 | 损害公司利益的事情 |
| 13 | 勤俭节约，诚信为本，踏实做事 | 推诿责任、职责不明确、弄虚作假 |
| 14 | 说到做到，脚踏实地地去工作，严格要求自己，不弄虚作假，不断学习提高，严于律己 | 贬低公司 |
| 15 | 目标明确一致，努力拼搏，思考并去执行 | 营私舞弊，不诚实，不忠实 |
| 16 | 微笑服务，不与客户争辩，不违反公司原则性的问题 | 有损企业形象的、不利于企业发展的、不利于同事团结的事情 |
| 17 | 工作细致，提高能力，增长知识，团结进取 | 危害公司声誉的行为 |
| 18 | 公司的公正、公平，机会面前人人平等、尊重，互相尊重，互相认同 | 欺瞒上司、欺瞒公司，利用职务收取好处，对公司不利的事，工作投机取巧 |
| 19 | 精诚团结、学习进取、开拓创新、对工作认真负责 | 贪图小利、忘恩负义 |
| 20 | 良好的工作态度、高效率工作和做事务实 | 损害公司利益，破坏公司名声 |

第二，结合公司的使命、愿景及核心价值观，组织中高层团队进行深入探讨，选择出最适合公司的行为规范，并对每一条规范进行详细阐述。

◎公司倡导的行为规范：

- 做事务实：不搞形式主义，做事踏踏实实；在工作中拒绝空想，稳步推进工作，一天进步一点；不溜须拍马，工作的重心都放在做事上。
- 行动迅速：快速响应公司的政策方针，严格执行公司的策略规划；自己说的事、规划的事立刻着手去做；积极为公司发展献言献策。
- 厉行节约：工作中尽力为公司节约费用，绝不允许任何浪费。

- 相互协作：部门之间紧密配合，快速响应；同事之间相互协作，互相帮助。
- 沟通直接：给领导汇报工作简明扼要，直截了当；给下属安排工作，直接明确；开会探讨问题和提出建议须直截了当，避免增加沟通成本。

◎公司禁止的行为规范：

- 不立山头：禁止团队内部任何形式的立山头和本位主义，必须从大局入手考虑问题。
- 不发牢骚：禁止团队内部任何形式的抱怨、发牢骚、诋毁，有问题通过正常途径解决，严禁在团队内部煽风点火。
- 不推诿：杜绝工作中的消极等待、冷眼旁观和推卸责任，绝不允许事不关己高高挂起，一切都要体现出主动精神。
- 不欺瞒：禁止工作中任何形式的欺骗或隐瞒，反映信息要真实，不允许漏报瞒报。
- 不泄密：禁止泄露公司内部各种关键数据和信息，必须严格承担保密义务。

**附：两家调味品经销商的行为规范**

大连天信达商贸：

◎行为准则：团结互助　礼貌尊重　令行禁止　廉洁自律

◎行动口号：志同道合　共同操心　行动行动　动动动

陕西金湖商贸：

◎行事方式：

- 今天的事，马上做
- 重要的事，优先做
- 困难的事，设法做
- 一般的事，穿插做
- 别人的事，帮着做
- 公司的事，争着做
- 所有的事，认真做

◎十不准：

- 不准坐收坐支
- 不准涉黄涉赌
- 不准侵占公司财产
- 不准造谣惑众
- 不准泄露公司机密
- 不准拉帮结派
- 不准兼职
- 不准违规操作
- 不准浪费
- 不准弄虚作假

# 第七章

# 公司化法则五：造团队

## 第一节　基于核心价值观选择人才

打造团队的第一步，自然是从选择人开始，能否选对人，关系到经销商的组织能不能良好地运作。现在很多经销商在选人方面没有标准，基本上依靠自己的主观印象，然后再根据这个人的过往经验、对收入的期望，来判断是否适合自己。这种方法也没有什么不好，至少简单直接，可以在很短的时间内做出决定；更何况人是复杂的，世界上也没有一种方法可以保证百分之百地选对人。所以，在经销商发展的初期，通过这种方法来选人是可以的，但随着规模的不断增加，组织逐渐扩大，部门和岗位也更加多样化，这就给选人的标准带来了较大的难度，因为每个岗位的工作性质不同，对人才的任用标准也不同，如果此时仍然沿用过去单纯靠主观印象的做法，就容易出现较大的偏差。以前规模小、人数少，老板一眼看过去就那么几个人，基本上都是自己招进来的，即便出现了偏差也没有关系，可以很快地发现是否适合，实在不行就开掉；但规模发展壮大后人数就多了，也不是全部由老板来招募，出现偏差后难以及时发现，很容易给公司造成很大的问题。所以，在实施公司化运营后，经销商就需要构建一套系统的选人标准，从多个维度来进行评判，以提高选人的准确性。

### 一、选人到底是看重才还是德

在选人上，一直以来都存在“德”“才”之争，当然德才兼备是最佳之选，但是鱼与熊掌难以兼得，大部分人在“德”“才”上都有所偏重，这就给选人带来了难度。有人说应该用有德之人，而有人说有德无才有什么用，还是有才更重要。对此，蒙牛集团创始人牛根生曾说过他的选人标准是：有德有才破格重用，有德无才培养使用，无德有才限制使用，无德无才坚决不用。从中可见，除了“德”“才”一无所有的人之外，其他三类人都能有任用之处，总体上看还是遵循了人尽其才的原则，没有走极端。当然，关于一个人是有德还是有才，往往在任用之前是看不出来的，要到了工作之中才能深入了解，因此这里所说的“选人”更倾向于是“用人”，内涵和范围更为广泛。

关于“德”“才”的问题，发生过一些很有意思的争论。阿里巴巴马云和巨人集团史玉柱之间还发生过一段争论，焦点就是兔子型员工和狼性员工哪一种可能对公司造成的危害大。这个问题其实就是“德”与“才”的选择，兔子型员工可以比喻为有德才少，而狼性员工则可以比喻为有才德少。经过多次激烈的唇枪舌剑，史玉柱最终被马云说服，承认兔子对公司危害更大。马云说服史玉柱的理由就是，因为像狼一样的坏人会有明显表现，周围的人都能及时察觉，会自然而然地提高警惕，就没有太多机会造成大的危害，即使造成危害也是一时的，危害不会持久。兔子虽然人缘好，讨大家喜欢，可是不出业绩，如果一个公司大量核心岗位被兔子霸占，形成了兔子文化，公司就会失去战斗力，甚至失去市场与机会。2015年，史玉柱果然对巨人动手了，一下子砍出了“三板斧”：第一，免掉133名干部，干部总数从160名降为27名，六层官僚管理层级削为三层，权力下放；第二，战略调整，以手游为主，聚焦精品；第三，文化改造，向陋习开刀，唤回创业激情。其中第一点和第三点就是向兔子型员工开刀，重新培养团队的创业精神。

图7－1是一幅根据业绩—价值观两个因素绘制的员工类型图，厂商可以据此针对不同员工做出相应的决断。其中，对于明星类员工要委以重任，对于狼或野狗类员工要育德，对于兔子类员工要育才，对于德才皆无的害群马类员工则要坚决开除。

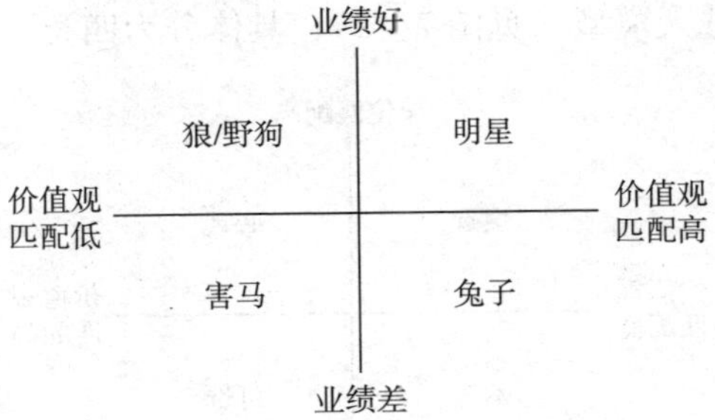


**图 7-1　员工类型图**

大家通常都会认为“德”大于“才”，从常见的事例来看，确实是出现过许多有才无德之人搞破坏之事，但是就有人和常人不一样，敢于逆向操作。清朝的红顶商人胡雪岩，用人总是有出人意料之处。他的姨太太芙蓉的三叔刘不才是一个败家子，吃喝嫖赌样样俱全，祖上的家业在他手里几乎被败了个精光，可谓无可救药。可就是这么一个人，胡雪岩也敢用，因为他看准了刘不才有一样特长：赌博。刘不才的赌博之技到了非常精通的地步，于是胡雪岩就大胆任用他去对付各式各样的纨绔子弟，用赌博之技去收服他们，建立良好的人脉，最终将这些人拥有的良好资源为己所用，创下了一番大事业。

在这个问题上，实在是“仁者见仁、智者见智”，以笔者所见，可能要分以下两种情况来看：

①如果经销商老板能力很强，性格强势，熟悉市场和客户，能够有效地掌控公司运营，那在用人上就可以大胆一些，完全可以任用有才德少之人。因为可以通过自己强大的掌控力来进行限制，同时再结合规范的制度和有吸引力的激励措施，逐渐就能将其改造成为有才有德之人，就像胡雪岩任用刘不才一样。

②如果经销商老板能力较弱，再加上可能不太熟悉市场或客户，在用人上就要谨慎，最好只任用有德之人。即便这个人有德少才，但至少不会带来什么危害，最多就是老板辛苦一点，先把公司稳定住，再找机会寻觅有才有德之人，这样更稳妥一些，不要轻易冒险。

## 二、以价值观为核心，岗位要求与人才类型相匹配

经销商应该围绕公司价值观，以其为核心来建立具体的选人标准，对

此可以做出一个选人模型（见图7－2），具体分为四类：

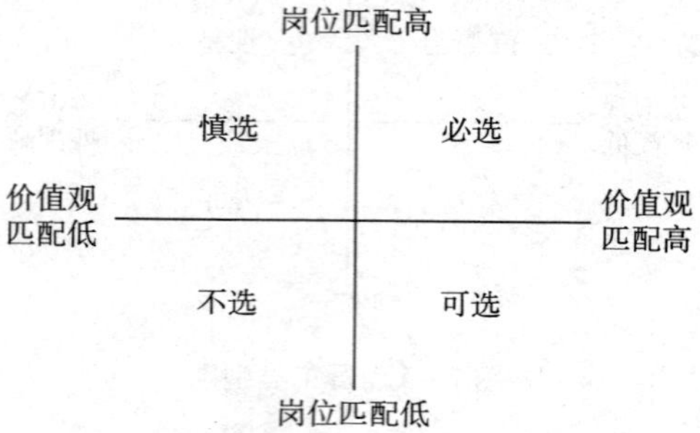


**图7－2　选人模型**

在价值观匹配和岗位匹配两项因素中，各自都包含更多的内容，需要经销商进行综合评估。

①价值观匹配度。它包括心态、行为方式、上家公司奖罚及评估、对能体现价值观问题的看法等，经销商在和候选人员面试沟通的时候，需要尽量从上面多个方面了解信息，与公司的价值观进行对比，从而判断其价值观的匹配程度有多高。

②岗位匹配度。它包括职能定位、岗位职责、工作内容、协作关系、工作环境、学历水平及技能要求等，经销商也需要将候选人员在过去公司的经历、经验及其特长了解清楚，特别是要对其性格特点、擅长能力进行深入考察，有必要时可以安排具体事务观其实操情况，然后再据此做出评判。

对于上述坐标的四个象限，笔者重点说明左上角“慎选”和右下角“可选”：

①慎选：如果候选人处于这个象限，经销商老板可以按照笔者前面所提建议，根据自身的掌控力强弱来判断是否选择，掌控力强可以选择，否则就放弃。

②可选：处于这个象限的候选人意味着对公司非常合适，可能对加盟进来也有意愿，但是他的综合能力与求职的岗位不太匹配。此时有两个做法：第一，看看有没有其他适合候选人的岗位，并和其进行沟通，了解其转换岗位的意愿，同时告知其在公司表现合格，仍然有机会通过学习或培

训来进行内部转岗；第二，考虑一下有没有可能根据候选人的能力特长，为其特别设立一个岗位，使其能力发挥出来，待其胜任并熟悉公司情况之后再进行调整。

## 第二节　构建团队职业规划体系

笔者在上一章关于企业文化的阐述中说到，经销商老板应该将成就团队作为企业文化中的一项核心内容，只有这种大格局、大胸怀才能吸引更多的优秀人才。那么，如何才能将“成就团队”真正落地而不是停留在嘴上的一句空话呢？必须构建一套系统的团队职业规划体系，为每个员工理清在公司平台的职业生涯发展路径，并且帮助他们不断提升自己，斩断成长过程中的荆棘，最终在公司平台实现自身价值。空口说白话是无用的，体系才是实实在在的，当经销商能够基于“成就团队”的本心构建起职业规划体系，就能用行动真正地打动员工的内心，赢得团队的尊重与支持。

### 一、职业规划的核心内容

经销商在公司内部实施职业规划体系不需要太复杂，只要抓住以下几个关键点：

**1. 员工的职业发展愿景**

这是需要经销商重点予以了解的，每个人的内在意愿才是真正的动力。有的时候我们看到一个员工的表现不好，但是换了一个岗位甚至一家公司之后焕然一新，从本质上来看还是他愿不愿意干的问题，只要愿意，什么苦都能够吃，多加班、不休息都不介意。所以，经销商必须了解员工，特别是骨干的职业发展愿景是什么，他来公司的初衷是什么，是赚钱还是学东西，或者是积累经验，抑或是当作跳板，这些想法都要尽量了解清楚，这样才能知道公司到底能不能够满足他。这些想法在每个人入职的时候都会做一定的沟通，但那个时候员工通常不会敞开心扉，有所保留甚至隐瞒都是常事，只有在工作之后不断观察和沟通，才能摸清楚真实的想法。

### 2. 员工在岗位的胜任度

这是要对员工进行深入评估的，对岗位是否胜任这个问题需要从两个方面综合来看：首先，从公司层面，通过员工的工作表现、绩效成果及团队评价等方面，可以得出一个结论；其次，从员工本人层面，他可以对自己的工作表现、绩效成果做出一个评价。然后经销商将公司和个人的评估结合在一起进行对比，就能够从差异中发现一些问题，如果公司评价高，自己评价也高，说明大家相互的认知一致，而且这个人比较客观和自信；如果公司评价高而自己评价低，说明这个人可能比较谦虚，也可能存在不自信的心理，还有可能表明公司与其沟通不够，没有充分了解他的想法；如果公司评价低而自己评价高，说明这个人可能自视甚高，也可能是公司平常对其的关注不够充分，需要进一步深入沟通；如果公司评价低，自己评价也低，说明这个人能够认识到自己的不足，也能够客观表达出来，公司就要和他一起共同找问题，并且提出相应的改进方法。

### 3. 员工对公司的价值认同度

这反映了员工是否愿意在公司继续干下去，其中包括两个方面：一是员工认为自己为公司带来的价值大不大；二是员工认为公司为自己带来的价值大不大。无论是哪一个，只要最后的价值认同度不高，这个人就会存在问题。对于前者，经销商要了解是否存在岗位不匹配、缺乏技能培训等问题，而对于后者，经销商则要了解公司的价值观、激励体系和职位晋升体系是否存在问题。通过了解差异，经销商就能够及时做出反应，想出针对性的举措与员工进行沟通，共同解决相关问题，从而消除员工心中的不认同。

## 二、实施系统的团队评估

在进行职业规划之前，首先要做的就是对团队进行系统的评估，以掌握真实的状况，从而为有效的职业规划提供充分的依据。

### 1. 团队评估的内容

对团队的评估可以从上述三个维度展开，即职业发展愿景、岗位胜任度和价值认同度。最核心的就是岗位胜任度，职业发展愿景和价值认同度通过相互沟通就可以了解清楚，而岗位胜任度涉及的因素较多，需要从多个方面进行考虑。与岗位胜任度有关的几个要素如下：

①员工与岗位的匹配度高不高，是否存在为员工安排岗位时不够准确的问题，或者存在员工技能更适合其他岗位的状况。

②公司对岗位的职责界定是否清晰，是否存在岗位职责模糊的问题，或者岗位赋予的职能过多，超出了员工正常具有的技能。

③公司对员工的指导和培训够不够，是否存在员工单兵作战的情况，在过程中既没有指导，也没有提供必要的支持。

④员工的努力程度够不够，是否存在消极思想，或者员工的能力够不够，是否存在专业技能不足的问题，并且也没有主动向公司寻求过支持。

**2. 团队评估的时间**

由于针对每个人的评估要考虑多个维度，所耗费的时间较长，所以评估的周期不能太短，半年到一年为宜。人员少，可以半年评估一次；人员多，可以一年评估一次，否则就会耽误大家的工作，好事反而变成坏事。

**3. 团队评估的实施**

实施团队评估需要安排专门的部门或岗位来统筹推动，一般都是由人力资源或者行政人事部门作为主导推动者，员工及其直接上司也要共同参与，这样可以从多个层面进行综合分析，增加评估的准确性。在具体的评估方法上，可以采用面谈的方式，也可以结合书面总结的方式，限于篇幅在此不做详细阐述，但关键要做到公司与员工之间的有效沟通，充分表达、依据充分、避免情绪化，这种有效的评估可以成为强化员工和公司关系的重要途径。

## 三、根据评估结果为团队提供解决方案

**1. 薪资调整**

评估结果出来之后，经销商可以据此对员工做出薪资调整的决定，有的员工表现突出，在职位不变动的情况下，可以为这个员工涨薪；而有的员工表现不好，则可以对其减薪。当然，减薪是一个敏感的话题，涉及劳动法对劳动者保护的规定，也涉及员工的心态问题，很多时候只要一减薪，就意味着这个人留不住了。对此，还有一个选择就是冻结薪资，在下

一个周期内不予涨薪，也是变相减薪。与薪资调整有关的是，经销商必须构建具有弹性的薪资结构，也就是宽幅薪酬，否则就会无法对优秀员工涨薪，因为涨薪就要升职，但其实又无职可升，这就非常尴尬了，很多人才就是这样流失掉的。关于薪酬设计的问题，笔者将在“法则八”中予以阐述，此处不做赘述。

**2. 升迁调动**

根据评估结果，经销商还可以对相关员工实施升迁调动，有的员工已经超出了原有岗位的要求，并且取得了成果，就应该对此员工进行升迁，以发挥其更大的价值，并满足其职业发展的意愿；有的员工经过评估后，发现有其他岗位更适合他，就可以据此进行调动，比如从业务岗位调动到销售管理岗位，充分发挥其价值。

**3. 培训提升**

通过评估，经销商还可以据此来确定员工培训提升的方向，表现好的，可以安排其参加外部专业机构或学校的培训学习，甚至是 MBA，使其获得更大的提升；表现不好的，可以安排公司内的基础培训，或者外请专业机构到公司为全体员工进行培训，强化其意识及基本技能。这也是对员工职业有很大价值的福利和投资。

**4. 解除合作**

笔者强调这一点，与员工解除合作并非负面的，在做出全面的评估前提下，如果发现员工确实与公司发展不匹配，解除合作本身就是一种帮助员工进行职业规划的有效方法。对此，笔者深有体会，对于公司员工出现不胜任的情况，笔者会和他共同评估，然后告诉他勉强维持现状，对他的职业发展将是一个障碍，反而会影响他找到更加适合的平台。只要笔者做到了客观、坦诚，员工最终都能接受。这种方法笔者在面试的时候也常用，通过深入沟通，如果认为候选人不合适，就会对他从多个维度进行评估分析，包括性格、沟通方式、思维方式、过往经历的特点、与求职岗位要求之间的差距等，这样分析下来之后，总是会出乎他们的意料，他们并不会认为自己受到了打击，反而充满了感激之情，认为之前从来没有哪家公司在面试的时候会如此坦率、客观地帮他们进行分析，虽然求职没有成功，但有着极大的帮助。

# 第三节　建立内部赛马竞争机制

之前笔者描述过不少知名企业对于兔子型员工的态度，事实上，激发团队士气、保持组织活力，是每一家厂商——无论大小——都需要追求的重要任务。当然，组织规模越大挑战就越大。因此，在核心价值观的引领下，经销商必须在团队内部建立一套有效的竞争机制，通过机制来解决团队绩效和组织活力的问题。

## 一、既要相马，更要赛马——树立团队榜样

海尔集团有一个非常有名的理论：人人是人才，赛马不相马，你能够翻多大跟斗，就给你搭建多大舞台！为什么要赛马？因为相马的难度很大，千里马很多，但是伯乐很少，又如何能够保障相马的准确性呢？与其将希望寄托在相马上，不如进行赛马，在比赛中体现出谁才是真正的千里马。当然，海尔这样说并非其真的就是不相马，而是更强调内部竞争机制的重要性。所以，笔者将这句话改成了：既要相马，更要赛马！

赛马的目的就是要在团队内部建立榜样，通过榜样来体现文化和价值观，通过榜样来带动整个团队。要赛好马，就必须建立一套公正高效的机制，具体来说有以下几项关键原则：

**（1）选择恰当岗位**

做任何事情都要有一个度，不能走极端。不是所有的岗位都适合赛马，需要赛马的岗位，大多都有过程难管控、成果不确定、要不断创新、持久保持活力等特点，比如业务类、研发类、生产类、物流类等岗位。按照常规管理容易出现磨洋工、缺乏士气的兔子型员工，因此需要通过赛马来激活团队；而对于一些本来就要求按部就班、成果很确定、规则很清晰的岗位，采用正常的绩效管理体系就可以了，没有必要非得搞赛马。

**（2）公平公正竞争**

要使赛马成为好事，公平公正是前提，中国人历来就是“不患寡而患不均”，本来是为了激发活力，搞出矛盾来就适得其反了。

①机会公平。经销商要为所有员工提供“人人都可成才”的机会，针对

同一个岗位，不能以身份、学历、资历与年龄为限，人为地将一些员工排除在外，否则将严重破坏整个公司的价值观，其恶果要远远超过不搞赛马。

②规则公平。经销商必须在赛马中做到执行过程的公平，要避免“暗箱操作”，一定要使整个赛马过程公平、公正和公开。

**（3）薪酬拉开差距**

实施赛马机制，要求员工必须全力以赴，目的是要产出远远超出平常的绩效，因此在薪酬上也要与之相适应，不能固定在常规的薪酬体系中。换句话说，只要员工肯干、有成果，经销商老板就要敢给，反过来，做得不好也要敢罚，必须比平常体现出更大力度的奖惩，这才能让每一位员工都将赛马当回事儿。从这个角度来看，人有欲望是一件好事情，能推动整个组织的进步，如果没有欲望，拿多拿少都无所谓，那就不适合在这个位置上干。

**（4）岗位能上能下**

赛马不仅要在薪酬上拉开差距，也要做到岗位任职具有流动性，能上能下，赛马赢了就上，输了就下，一切都拿成果说话，这样才能充分体现赛马的力度，也有利于盘活那些没有相出来的优秀人才。赛马的目的就是为了让千里马自己展示出来，一旦出现，就必须将其放到合适的岗位上，赋予其相应的职业发展空间和价值回报。

## 二、内部赛马竞争的内容

### 1. 基于岗位的绩效指标来设定竞争项目

每个岗位都具有不同的要求和成果指标，经销商需要针对参与赛马的岗位，以其成果考核指标来作为团队竞争的项目，以业务人员为例：

①销量达标。整体产品的出货量是否达到公司下达的任务指标。

②销售回款达标。所有产品的整体回款额是否达到公司下达的指标。

③费用率达标。为实现销售而付出的销售费用是否控制在公司要求的比例范围内。

④铺货率达标。针对相关产品在目标渠道上的铺货率是否达到公司要求的比例。

⑤生动化达标。针对核心终端实施的生动化建设是否达到公司制定的要求。

在这个部分，需要结合经销商对各岗位的绩效考核体系来实施，这样就将赛马与正常的绩效机制有效结合起来，只是引入了相互之间的竞争，在奖惩的力度上更大，并没有单独形成另一套机制，从而避免令团队无所适从。

**2. 限制因素：核心价值观和行为规范**

岗位绩效指标是团队进行赛马的具体评估因素，在此基础上还必须增加一项限制性因素，也就是公司的核心价值观和行为规范。只有当每个员工在没有出现违反核心价值观和行为规范的前提下，才能在赛马获胜后得到相应的奖励，否则就会丧失部分甚至全部奖励。之所以要这样做，还是为了遵循“价值观驱动”的基本原则，绝不能因为有了赛马机制后，就可以完全用成果指标来作为衡量千里马的唯一标准，任何考核或激励都不能替代核心价值观，都必须建立在核心价值观正确的基础之上。

## 三、构建有针对性的赛马评比机制

赛马的本质就在于相互对比，所谓“不怕不识货，就怕货比货”，有了员工之间的对比，那些庸庸碌碌之人就在团队中藏不住了。在实际经营过程中，每个经销商都可以按照这个原则来设计适合自己的赛马机制，既可以采用绝对值的方式，谁达到了标准就奖励谁，也可以采用相对值的方式，在团队排名中择优奖励。

**1. 绝对值评比方式**

由公司根据需要，直接针对一个项目设定一个高指标，如果员工在规定的时间内达到了这个指标，就给予一份高奖励，具体的规则在赛马前都要清晰地制定出来，让所有人员都知晓。如果达到指标的人员有多个，也可以设计分等级的奖励，如一等奖、二等奖、三等奖。

**2. 相对值评比方式——红黄绿机制**

这是一种借鉴交通信号灯来设立的评比机制，可以较直观地体现员工之间的竞争结果，笔者简述如下：

①在一个赛马周期内（视具体情况而定，可以一个月，也可以一个季度），如果员工所得分数低于公司规定的标准，即失去竞赛评比资格，直接亮“红灯”。

②所得分数超过公司规定标准的员工，将所有人的分数相加，再计算出全部人员的平均分数。

③对于所得分数低于平均分的员工，公司将给予黄灯，意思就是虽然达到了公司规定的标准，但是在团队整体表现中处于落后地位，因此用黄灯进行警示。

④对于所得分数超过平均分的员工，公司将给予绿灯，表明在此次赛马中获得了领先地位。

⑤公司对于获绿灯员工进行奖励，黄灯员工不奖不罚，红灯员工可以分为几种情况：第一次提出警诫，在团队中公开检讨；第二次给予停发奖金或降薪处罚（此处降薪特指浮动工资，需要在劳动合同中予以说明按公司薪酬制度执行）；第三次则予以调岗或辞退（此条也需要事先在劳动合同中予以说明）。

需要说明的是，上述方法为笔者示例，具体操作要由经销商根据自身情况来制定，千万不能直接套用。

**3. 评比时间**

要根据竞赛项目的具体性质来确定，周期短的可以每月实施，周期较长的可以每季度实施，但不宜超过一个季度，否则员工的激情会受到影响，从而失去赛马的即时激励成效。

**4. 评比实施**

经销商应该将赛马事宜交给一个部门来执行，如人力资源部或行政人事部，具体负责事宜包括事情告知、事中指导和监督、事后处理和跟进等。当一个赛马周期结束后，负责部门可以将员工所得红绿灯情况制作成一张图表张贴在告示栏内，以营造赛马氛围并对落后者予以鞭策。

## 第四节　进行系统的专业化培训

在经销商团队打造的过程中，培训是无法绕过的一步，这既可以理解是为团队提供的福利，又是经销商对人力资本的战略投资。目前，重视培训的调味品经销商正在逐步增多，笔者近几年接触了不少参加论坛和培训的经销商，发现有的经销商每年投入在培训上的费用达到百万元，可见学习意识有了很大的提升。不过，大部分经销商在培训方面还非常零散，普遍都没有建立起系统性的思维框架，基本上还处于点状学习状态，听到什么是什么、看到什么是什么，但是零零散散学到的东西根本无法形成一个体系，在实践中很难进行转化，导致耗费的时间和金钱没有产生应有的价值。

要改变这种局面，经销商应该在公司内部建立起专职的培训部门或者岗位，安排专人来规划统筹整个公司的培训，从东一榔头、西一棒子的状态转变为有序开展，将培训的价值充分发挥出来。

## 一、培训在什么情况下有用

每次在机场候机的时候，笔者都会到书店浏览，而每次离开书店前，都会顺带看两眼一直播放着的培训演示片，听一听讲得怎么样，能不能引发笔者的兴趣，然后再瞄一瞄正在销售的有哪些管理学大师的培训光碟，讲述的是什么内容：管理的、营销的、财务的、人力资源的或是国学的。当笔者不断重复着这个过程的中间，逐渐地发现了一些苗头，似乎现在的人对这些培训大师没有前几年热衷了。前几年的时候，每次在机场书店的门口，无一例外都是一群人围着电视在观看培训大师们的演示课。现在呢？有的机场仍然播放着这些培训片，但已经没人驻足观看了。

近几年，各种各样的培训也显露出了一些疲态，没有以前火了，是受训的那些人水平提高了、眼界提高了，还是这些形形色色的培训效果不佳？关于真实的原因，笔者没有经过全面的调查，不敢妄下结论，但如果就个人意见表达而言，笔者的看法是大部分的培训作用不大，尤其是针对企业员工的培训，如之前流行的团队执行力、打造中层、有效沟通、经销商管理、销售管理等。为什么这样说呢？就笔者所经历的情况来讲，几乎所有的受训者都更加关注培训讲师的个人表演，请注意这个用词——表演，大家都将参加培训当作看表演，希望听到的是幽默风趣、笑话连篇、故事不断、讲师富有激情和感染力的一堂课，但对于培训过后到底有多少东西能够留下来、能够在工作中得以有效运用，就要淡薄得多。受训者中间流传着这样的说法：听听激动，想想感动，最后没有行动！在这种所谓需求的引导下，我们可以看到培训讲师们一天到晚都在琢磨如何调动受训者的积极性，让现场气氛更加活跃和热烈，至于是否真正帮助受训者不重要，在这个现实中，做一个受人欢迎的培训师比做一个有价值的培训师更有吸引力，毕竟这也是一门生意。但现实的矛盾就在于：鱼与熊掌不可兼得。要想让培训有实用价值，就往往不生动，这也不奇怪，不是每个有思想、有价值的培训师都擅长表演的；要让培训课生动，就要更多地在现场表演技巧上下功夫，时刻取悦受训者，但这样的结果十有八九没什么效果；如果有幸碰到讲得又好又有实用价值的培训师，那真是幸运！

我们静下来想一想，为什么厂商需要接受培训？难道真是为了当作一种福利待遇吗？耗费了那么多的显性成本（金钱）和隐性成本（时间），难道就是为了让员工开怀一笑吗？如果不是，如何看待培训呢？培训到底在什么情况下才有作用呢？事实上，我们通过这些参加培训的厂商可以看到，他们在培训中存在一个极大的问题，那就是为培训而培训，不管他们的初衷是什么，实际的结果就是培训是培训、做是做，培训的和要做的完全不同，培训中好的东西在实际工作中根本无法实行。正是因为如此，才会有不少的企业感到困惑，为什么怎么培训都不见明显的效果呢？

培训究竟在什么情况下发生作用？笔者的观点是：培训的作用应该产生在厂商切实开展行动的时候。也就是说，当厂商已经决定要做某一件事情了，要进行变革了，要具体实施某项战略措施了，这时候为了更好地配合这些行动的执行而进行培训，那么培训就能发挥作用了。在这种情况下，员工参加培训后的所得就可以在工作中得以运用和验证，这就使培训紧密地与厂商的行动结合起来，成效自然明显。而此时的培训，厂商绝不能一味地注重是否生动，不能将重点放在培训的形式上，而是要真正关注培训的实质内容，培训其实就和上学一样，不是一种享受和娱乐，学员是要吃苦的；在培训中或培训之后，还要对员工培训的成效进行评估和考核，并将其运用情况与绩效奖金相挂钩，这样才能使培训真正发挥其应有的价值。如果做不到这点，笔者奉劝厂商干脆不要接受培训，花钱不说，还没大用，徒增烦恼而已。

## 二、针对岗位任职阶段进行培训

一个有价值的培训应该是一个针对性强、富有启迪并且能够被执行的培训，能够理论结合实践，既有高度也有深度，既要提升团队的营销理念，又要提升业务技能。为了实现这一点，经销商的培训就必须体现出系统性、系列性和实效性。为此，经销商可以针对员工在岗位认知的不同阶段来构建系统的培训体系，具体可分为：岗前培训、在岗培训、转岗培训、晋升培训。

### 1. 岗前培训管理

员工在上岗前由行政部统一安排，使新员工了解公司的基本情况与发展历程，熟悉公司组织结构，理解企业文化，学习公司规章制度与行为规范，为上岗工作奠定基础。

◎岗前培训内容：

- 基础项目：包括《公司简介》《企业文化》《规章制度》《行为规范》等。
- 专业项目如表7－1所示。

**表7－1　专业项目**

| 部门 | 培训项目 |
| --- | --- |
| 业务部门 | 《产品知识》《谈判技巧》《销货运作规范》《渠道运作规范》《终端业务操作标准》等 |
| 市场部门 | 《产品知识》《市场调研技巧》《策略规划制定方法》《促销推广策划技巧》等 |
| 销管部门 | 《销售管理规范》《订单处理流程》《档案管理规范》《客户投诉管理规范》等 |
| 物流部门 | 《仓储管理规范》《物流管理规范》《物流效率提升》等 |
| 行政部门 | 《岗位职责描述》《行政管理规范》《人员招聘管理》《绩效考核管理》《培训管理规范》等 |
| 财务部门 | 《出纳管理规范》《会计管理规范》《财务核算管理》《现金流管理》《销售费用管理》等 |

◎所有新加入公司的员工，均要接受行政部组织的岗前培训，各用人部门要积极配合行政部做好培训工作。

◎岗前培训结束后由行政部负责考核，达到合格标准分派到用人部门报到，考核不合格者需进行补考，合格后转为正式上岗。

◎考核成绩存人员工档案由行政部负责保存：岗前培训计划、培训记录、受训人员签到表、培训效果评估表、考核试卷、参训人员成绩单等培训原始资料。

**2. 在岗培训管理**

员工在日常工作岗位中，为提高工作技能而进行的专业技能、管理理念、岗位发展等系列培训，可分为管理类培训和专业类培训。

**（1）管理类培训**

● 针对具备管理职能的高、中、基层岗位管理人员，根据所需技能进行分析，并予以各层级针对性的培训。

● 侧重于通过培训提升不同层级管理人员所需的管理技能。

**（2）专业类培训**

● 学习专业领域知识，接受与掌握岗位最新资讯，巩固并提升业务技能，例如财务、品牌、电商、供应链、IT 等。

● 针对各部门及各岗位员工，各部门根据岗位专业知识和技能，组织相关人员分阶段进行培训学习。

**3. 转岗培训管理**

公司内部的岗位工作调动或转变，转岗人员须接受转岗培训，完毕后接受培训考核合格方可转岗。

● 转岗培训的目的在于使转岗人员熟悉新岗位的基本工作情况，掌握新岗位的基本工作技能与方法，为上岗后顺利工作奠定基础。

● 部门内部之间转岗，由所在部门进行培训与考核。

● 跨部门转岗，行政部负责协调，由接收部门进行培训与考核。

● 培训实施部门保存相关培训资料：转岗培训计划、培训记录、培训人员签到表、考核问卷及成绩单。

**4. 晋升培训管理**

通过晋升培训在企业内部形成优胜劣汰的管理机制，为公司员工规划职业发展生涯，提高员工对组织的归属感和忠诚度，维持人力资源的可持续发展。

## 三、制定系统的培训管理规范

为了确保培训的系统性和成效，经销商必须制定清晰的培训管理规范，以推动培训的高效开展。那么，培训管理规范应该包括哪些内容呢？笔者对关键内容简述如下：

**1. 明确培训目的**

为公司打造优秀的运营团队，适应公司对各类人才的需求，增强核心竞争力，提高员工整体素质与技能，通过建立学习型团队，改善工作方法，提高工作效率，指导公司各部门有序高效地开展岗位培训和专项培训，使公司培训体系专业化、规范化、制度化。

**2. 培训基本原则**

①整体性。提高公司全体员工的综合素质与工作技能，从管理层到基层员工层都应充分认识培训工作的重要性，积极参加培训，跟随公司学习进步。

②针对性。培训要针对各岗位和职能的实际工作需求，有目标地开展培训工作，指导员工将培训内容与实际工作相结合、相配套，提高工作效能。

③计划性。培训工作要根据岗位培训需求，以及公司同期发展需求，制定相关培训计划，并按计划严格执行。

④全程性。培训工作根据员工的岗位需求，贯穿岗前、在岗、转岗、晋职等全过程，促使员工适应在不同时期的工作需求。

⑤综合性。培训内容包括基础培训、素质培训、技能培训，培训方式以讲授、讨论、观摩、委培等多种方式综合运用。

⑥跟踪性。培训结束后要及时对培训内容进行考核，考核要有结果与奖惩，并定期进行检验与评估培训效果，以适应公司发展需求。

**3. 培训工作的管理职责**

行政部是公司培训工作的管理部门，负责对培训组织体系进行管理，包括培训工作的计划与整合、组织与协调相关人员、监督与实施培训工作、考核与考察培训效果，以及各部门培训工作的指导与管控。

由行政部统一指导与管理，从而保证各项培训工作的贯彻落实到位，确保实现公司整体培训任务，以及督促各部门培训工作落实到位，在公司内部建立培训组织体系和内部培训师队伍，保证公司及各部门的培训工作有专人负责。

行政部负责公司的岗前培训、岗位培训、外派培训、大型专项培训的计划与组织实施工作，各部门负责落实本部门培训、部门内部转岗培训，由行政部督促指导、检查考核培训落实情况。

各部门由部门经理或主管兼任培训监管员，兼职培训员在做好本岗位工作的前提下，接受行政部指导，负责本部门培训需求调查、培训计划的制订与上报、组织实施及跟踪评估等工作，完成公司交办的培训任务。

各部门要随时收集整理与培训工作相关的基础信息，积极对公司培训工作提出意见反馈及合理化建议，协助公司根据实际需求开展培训。

每年年终，公司将根据各部门的培训工作开展落实情况实施专项奖惩，对于培训工作成绩显著的部门和个人，给予奖励；对于培训工作开展不力、未达到规定培训要求的部门和个人予以处罚。

### 4. 培训需求调查

培训前对培训对象进行了解与分析，掌握员工的基本概况，包括学历水平、工作经历、技能掌握程度等，了解培训对象在该岗位所存在的现实问题和可能解决方法，通过客观、准确、系统的培训需求调查，明确培训目的及解决的问题。

### 5. 制订培训计划

根据对培训对象的分析及培训需求调查结果，由培训部门结合各部门的实际情况，制订详细具体、切实可行的培训计划，要明确培训对象、参训人数、培训目的、培训内容。如表 7－2 所示。

**表 7－2　培训计划表**

用人部门：　　　　　　岗位：　　　　　　培训对象：　　　　　　人数：

| 培训方式 | 培训目的 | 培训内容 | 培训师 | 考核方式 |
|---|---|---|---|---|
| 内部培训 | | | | |
| | | | | |
| | | | | |
| | | | | |

续表

| 培训方式 | 培训目的 | 培训内容 | 培训师 | 考核方式 |
|---|---|---|---|---|
| 外派培训 | | | | |
| | | | | |
| | | | | |
| | | | | |

**6. 培训落地执行**

培训计划通过后，由行政部根据计划严格实施，不得随意更改计划内容，不得无故延迟或中途停止，行政部监督各部门定期对培训计划的执行情况和实际效果进行评估，及时发现与解决问题。

**7. 培训效果评估**

针对培训课程较长或外派培训的项目，在培训期间由培训负责人定期与学员进行交谈，了解培训中存在的问题和期望到达的效果，如有进一步要求，需要与讲师及时沟通进行调整，以确保达到预期的培训效果。

**8. 培训跟踪调查**

在培训结束一周后，培训负责人安排与讲师、培训人员及其上级领导回访，通过跟踪调查访谈等方式，了解培训目标达成情况，以及培训人员工作技能的改进和提高程度，作为培训评估考核的依据。

**9. 培训结果考核**

培训结束后要有考核，以强化和检验培训的效果是否达到培训预期目的。

培训考核成绩优异者给予物质或精神奖励，成绩不合格者给予处罚，奖励和处罚情况录入员工档案，作为晋升或增薪的依据之一。

**10. 培训总结报告**

每次培训结束后，培训人员要编写专项培训总结，各部门培训管理员负责及时整理与汇总，并对本期培训工作评估，形成评估总结报告。

各部门培训管理员每年要总结年度培训工作开展情况，并制订下年度整体培训计划。

**11. 建立培训档案**

培训结束后，受训部门按照要求提交相关培训资料，行政部负责保存并编制入档，包括培训调查表、培训计划、签到表、培训记录、请假申请、考核问卷及成绩单、评估报告、奖惩记录等原始记录。

## 四、充分借助于厂家的专业支持

在经销商构建培训体系的过程中，应该与厂家进行密切沟通，取得他们的大力支持，借助于其较为专业的能力来培训员工。其实，厂家对于培训经销商始终都是积极的，经销商能有今天的发展水平，厂家在其中起到了非常重要的推动作用。现在很多厂家都将经销商培训作为厂商合作中的一项重要内容，会要求区域销售团队具备培训能力，也要求他们要定期为经销商进行培训，尽管说厂家的培训会有倾向性，但其中有很多都带有普遍性，对经销商的经营管理都很有帮助。就连笔者在为厂家提供解决方案时，都会要求销售人员必须承担起培训经销商业务团队的职能，甚至还要纳入绩效考核。

通常来说，厂家都会通过几种方式主动向经销商提供培训：一是请专门的咨询公司为自己提供系统的解决方案，然后在推行方案的过程中同时为经销商进行培训；二是在开年度经销商会议或者招商会的时候，邀请专业的咨询或者培训机构来为经销商进行培训；三是专门请咨询或者培训公司为经销商定制系统的培训方案，针对厂家和商家的具体情况进行有针对性的培训。笔者在近 20 年的咨询经历中，几乎每年都会以上述三种形式为经销商进行培训，所以经销商一定要充分利用厂家的专业资源，厂家也定会欢迎。

## 五、培养公司内部培训师

经销商除了花钱请外部的专业机构来帮助培训外，还有一个更有效、更省钱的好方法，那就是培养自己的内部培训师，既熟悉公司的运营状况，针对性很强，又能够将公司多年的运营经验进行系统提炼和汇总，让更多的团队成员掌握。对于经销商来说实在是百利而无一害的事情，既形成了系统化的培训课程，又具有针对性；既节省了培训费用，又锻炼了业务团队；既培训了内部员工，又提升了培训师；既提升了自己的专业水平，又能够更有效地帮助厂家。

笔者了解到某些经销商在这方面就做得不错，他们都在一线操盘了十几年或二十年，有着丰富的经营和成功打造品牌的经验，在经营的过程中非常善于学习和总结，不但向专业人士学习，而且自己也擅长表达。他们将自己多年来的经营经验都系统地总结出来，厚积薄发，不但为自己公司内部的团队进行培训，有的还为其他大量的经销商提供培训，既提升了自己，又带动了同行，最大化地发挥了自身的价值。

# 第八章

# 公司化法则六：构体系

## 第一节　专业化的产品管理体系

导入、成长、成熟、衰退，这就是专家们通过研究得出的产品生命周期论。正如人的生老病死一样，每一种产品走向衰亡也许是一种必然，但是换一个角度想想，我们能不能通过精心的呵护，不断赋予产品与时俱进的生命力，从而使产品长久维持在良性发展的健康状态，延缓走向衰亡的时间呢？

### 一、调味品经销商在产品管理上的问题

#### 1. 缺乏立体化结构

①战略上缺乏系统的考虑。主要表现在对产品结构缺乏良好的规划，在上市一个新产品时，没有充分考虑该产品在整个产品体系中应该起到的作用，只是因为竞争对手推出一个新产品，便匆匆忙忙地跟进，根本没有考虑与其他产品之间的整合。

②产品之间缺乏明确的定位。涉及产品大类、产品小类、产品品种及规格之间的关系，很多经销商并没有确定不同产品之间的关系，造成整个产品体系非常混乱，甚至出现两种产品互相打架的情况。

③产品结构没有与综合利益结构相联结。这是很容易忽视的问题，很多经销商在设计产品结构时，考虑的基本上都是销量和市场份额，而最重要的如利润结构、品牌结构、竞争结构等都没有系统地考虑，这样就造成经销商的竞争点很单一，即便达成了目标销量，也是以牺牲利润和品牌价

值为代价。

**2. 缺乏市场细分**

①没有从细分角度考虑。许多经销商只看到整体，并没有考虑到不同层次、不同特性的消费对象，从而在战略上就忽略了对产品的管理。

②经营模式单纯强调规模。这种模式是强调成本领先，并不考虑不同产品的差异性，只需要占据最大的市场份额，但在目前消费需求日益多样化的时代，这种模式发展到一定程度必然会阻碍经销商的成长，其关键就在于忽视了满足不同的消费需求。

**3. 缺乏专业管理**

①组织结构忽视产品管理。基本上调味品经销商的组织结构都是直线职能式的，关注的是各个部门的纵向管理，对产品的研、产、供、销一条龙的横向关系缺乏管理，使得产品的发展过程缺乏关注，往往隐藏着许多潜在问题。

②产品管理局限于临时性的要求。很多经销商平时对整个产品体系都没采取专业化管理，往往是在推出一个新产品时，设置一个临时性的业务小组来负责，一旦上市销售，又将其划入大一统的体系，从而造成许多新产品的推广都不成功。

**4. 单纯考核总量**

①追求销量最大化。这是一种目标—结果的考核模式，在这种模式下，业务人员的一切行为都是为了提高销量，他们不可能将精力放在对产品的系统管理上，只会全力去卖能带来最大销量的产品，而不会考虑利润、新产品成功率等重要因素。

②执行控制较简单。不少调味品经销商采取这种考核模式的原因都是因为容易控制，一切结果的衡量指标就是看销量有没有提高，这种方式在初期无疑能起到较大的作用，但随着销售规模的增长，这种方式只能让业务人员的行为短期化，无法对产品的发展进行良好的维护。

## 二、正确理解产品管理的内涵

**1. 理解产品管理和产品管理体系的差异**

经销商必须对两个不同的概念建立正确的认识，这就是产品管理和产品管理体系。乍一看，这两个概念的差异并不大，但事实上它们具有本质的差别，只有做到正本清源，才能成功地导入产品管理。

产品管理，其实质是一种职能，顾名思义，就是对产品进行管理。理解它的意义何在呢？这里面有一个很重要的观点：许多调味品厂商并不缺产品管理，而是缺乏产品管理体系。在他们多年的发展过程中，真的就没有对产品进行管理了吗？事实并非如此，他们无时无刻不在关注这些产品的发展状况，销售情况怎么样、利润情况怎么样、渠道情况怎么样、促销情况怎么样、竞争情况怎么样等，一旦发生问题，他们也都会采取相应措施，那么问题究竟出在哪里呢？在于两个方面：其一，产品管理的职能并不全面，还有缺失；其二，产品管理的职能过于集中到老板或者少数几个高管身上，基本上都是依靠这些领导的个人经验与判断来决定产品的发展战略。这就给公司带来了潜在的隐患，老板的精力和经验毕竟有限，以往的决策再正确也无法保证以后的决策也正确，而且这体现的只是一种个人的能力，并不是整个组织的能力，稍有不慎就会给企业带来毁灭性的打击。

而产品管理体系，实质是一种运行机制。导入产品管理体系，其实就是将依赖于个体的产品管理改变成依赖于组织的产品管理体系。有了科学严谨的体系，经销商才能做到“正确地做事”，否则再正确的目标也无法实现。通过对产品管理体系的建设，经销商将从组织、人员、流程、制度、标准、方法、激励、考核等方面对产品成长的全过程进行系统管理，产品职能将发挥得更为全面，运用的手段也将更为专业，产品成功的可能性也更大。这时候，经销商的命运将不再依赖于某个个体，而在整个体系的保障下，才能真正获得源源不断的推动力。

**2. 如何导入产品管理体系**

在以上实施产品管理的前期规划都完成后，并不意味着产品管理模式就可以生根发芽了，这取决于经销商能否为产品管理模式的实施创造良好的运行环境，能否在内部扫清可能对产品管理造成的障碍，更重要的是能否找到能够胜任的产品经理人选，这些都是经销商在导入产品管理体系时必须面临的考验。

到目前为止，能够实施系统产品管理的经销商并不多，原因很多，观念陈旧首当其冲。有的经销商认为产品管理有什么难的，不就是找个人来负责某个产品吗？这种观念会让产品经理陷入孤军奋战的局面。有的经销商则习惯了用命令来做事，不习惯规范化、程序化的工作方式，当面对产品管理这种流程型的运作模式时，仍然采用老一套的观念和做法，处处破坏产品管理流程的运作，使得产品管理陷入瘫痪。观念决定思维，思维决定行为。一旦观念有了问题，就意味着变革之路困难重重，因此经销商必须重视对观念的引导和转变。

经销商应该制定系统的产品管理流程、制度和规范。应该说，大部分经销商都是习惯自上而下的垂直管理方式，平常都是依靠下指令、听汇报来开展工作；而产品管理作为跨多部门的运作模式，产品经理更多的不是靠命令和权力，而是依靠流程、制度和规范来推动各部门的高效协作，如果要用权力和命令来说话，反而会在各部门之间引发激烈的冲突。要使产品管理顺畅运作，经销商就必须通过流程、制度和规范将产品管理运作的每个环节有机串联起来，推动各部门严格遵循制度要求开展工作，如此才能保障产品管理的生命力。

经销商必须建立产品经理与相关部门的衔接工作标准。在许多经销商的日常工作中，充斥着大量的扯皮、推诿，内耗相当严重，如果产品管理处于这种内部环境，其结局只能是夭折。因此，为了减少部门间协作的低效率，经销商必须在产品管理流程涉及的各部门和各环节建立一致的工作标准，使各部门都能从统一的角度认识问题和解决问题，从而确保产品管理模式运作的高效率。

经销商必须解决产品经理与销售团队的工作矛盾。销售人员的行为模式与产品经理是完全不同的，他们的工作重心永远是如何完成老板下达的销售任务，并且凭借业绩来获得高额的奖金或者提成。为此，他们的行为偏向于短期化，而且会将精力集中在最容易完成任务的事情上，这就是销售人员只愿意销售成熟产品而非新产品的原因。但是产品经理的目的不同，他们不仅要确保所负责产品的销售任务能够完成，还要让产品实现既定的利润指标，更要让产品建立牢固的市场基础，因此产品经理考虑的因素更为全面。在实际协作过程中，由于销售人员与产品经理的角色不同，常常使得销售人员的行为与产品经理的要求不一致，造成某些产品的营销目标难以实现。为了解决这个问题，经销商必须确定不同产品的销售目标，并且在产品经理和销售部门之间划分好费用权限，同时针对双方建立KPI考核体系，这样才能使各方的精力朝向同一处，从而获得最大化的销售业绩。

## 三、产品管理的核心是产品结构

在产品管理的过程中，最核心、最本质的内容是对产品结构的管理。一些经销商往往规划的时候产品结构都是清晰的，没有问题，但是在经营过程中做着做着就走样了。产品和产品之间发生冲突了，产品和渠道的匹配也偏差了，市场中呈现出来的产品结构非常混乱，和当初的规划相差很大。规划得再好，也不等于能够执行好。经销商应该通过实施产品管理来对产品结构进行动态的维护，发现问题就要及时纠正，问题变大了就很难调整了。

### 1. 建立动态的产品评估体系

①评估标准。对产品的评估要建立起几个固定的评价指标，通过对这些指标进行同比（即与上一年度同期进行比较）和环比（即与上一个月进行比较）分析，以此来作为判断产品运营是否良性的“温度计”。主要包括销量及占比、销售额及占比、费用额及占比、铺货率、价格体系等，既有财务性的指标，也有过程性的指标，这样就能够对产品形成一个综合的判断。

②量化评估。产品管理人员需要定期了解产品运营的各项指标，一定要定量化，便于评估。对于财务性指标，可以由财务部门定期向产品经理提供不同产品在不同年度、不同月份、不同区域、不同品项及不同渠道的销售报表数据。通过对销售数据的分析，得出产品销售态势的异常程度及发展趋势；对于过程性指标，主要通过市场走访及终端观察进行，可以得到客观的产品市场表现，而且也能够量化出来。

③数据对比。拿到确切的数据之后，产品管理人员就需要对各种数据进行分析，以了解产品当前的运营状况发生了什么变化，是变好了还是变差了。这里笔者要强调一下，经销商的产品管理人员需要学会使用交叉分析的方法。简单地讲，就是要将每一种因素都和其他相关的因素进行分

析，比如同一个品项在不同时间、不同渠道、不同区域的销量、销售额、铺货率及同比增长和环比增长，这样就可以详细分析出不同品项在各个因素上的具体数据，更容易发现隐藏在深处的问题。

④发展趋势。通过详细的数据对比分析，经销商就能够看到核心品类、品种及品项的发展趋势，除了财务指标的表现外，还能看到其在市场上的表现，铺货率和价格体系能否维持。由此，经销商对产品的发展态势就能够做到心中有数。

**2. 对产品结构进行跟进与维护**

①检测产品。经销商要定期按照上述指标对核心产品的经营表现进行检测，通常来说以季度为一个周期较好，不长也不短，可以及时了解产品动态。

②分析产品。通过财务指标和过程指标的对比分析，重点关注差异较大的指标，并对其可能存在的问题进行判断。当分析结果出来之后，经销商就能够知道产品结构到底发生了哪些变化，和原有的规划之间出现了多大差异。

③找出问题。针对可能存在问题的产品指标，提炼出相关的评估因素进行分析，看是否存在什么问题，比如销量增加但是销售额减少了，或者销量增加但是铺货率有所下降，或者商超渠道销量增加但是流通渠道销量减少了，然后对这些问题要挖掘出根源，搞清楚到底是什么使得原来的产品结构规划无法有效落地。

④提出建议。根据问题分析的结论，对每一个问题提出相应的解决思路或者建议。总之，前面把问题分析得越细越透，改进的对策就越容易制定出来。

⑤实施调整。经销商根据产品管理人员提供的产品分析报告，及时对相关问题予以解决，并由产品管理人员负责过程统筹和督导。一方面经销商要在经营过程中尽量使产品结构按照规划来有效实施；另一方面要根据市场实际情况来进行动态调整，对原有的产品结构进行优化和完善，这样才能打造整体的产品竞争力。就像踢足球一样，无论争抢多么激烈，优秀的球队总是会保持他们在前中后场的阵形，绝不会乱，而那些经常输球的队伍阵形往往难以保持，被对手一冲就乱，不输才怪。

## 四、实施产品与渠道的复合管理

### 1. 为什么需要实施产品与渠道的复合管理

#### （1）日益复杂的结构需要专业化的管理

①调味品的产品种类日益增加。调味品行业有个非常显著的特点，就是产品种类非常多，这和各个区域消费者的饮食习惯密切相关，差异性很大。在这种局面下，经销商想要依靠少数几个产品占据较大的市场份额难度相当大，必须建立丰富的产品结构体系，以此来扩张整体市场份额。在这种背景下，对产品实施专业化管理关系着企业战略的成功与否。

②调味品的渠道管理体系趋向复杂化。随着市场流通结构的转型，厂商角色也在进行大转换，相应地赋予了比过去更多的职能，调味品经销商对于渠道的管理，也不能再是过去粗放的模式了，随着大型零售商和电商等新型渠道的崛起，都在不断影响着经销商在流通领域中的话事权。时移事异，对渠道的专业化管理迫在眉睫。

#### （2）市场变化使产品和渠道结构趋向细分化

①不同产品和渠道的差异性越来越大。调味品行业产品种类众多，普通的油、盐、酱、醋自不必多说，其他还包括各种各样的调味料。另外，调味品行业还具有明显的区域特点，东西南北各地饮食习惯的差异，造成调味品带有地域性的特点。这些行业特点造成了不同产品之间的差异性很大，而适合产品销售的渠道也是如此。

②不同的产品和渠道需要相互对接。对于调味品经销商而言，设计合理的产品组合非常重要，而产品组合的依据来自渠道的需求，因为渠道是连接产品和市场的通路。反过来，当产品根据消费者需求进行研发时，也要考虑需要选择何种渠道才能顺利到达目标消费群手中。如果不是对于产品和渠道有深刻的了解，则无法维护市场的顺畅运行。

#### （3）产品与渠道组合成为必然

①整体利益结构的需求。调味品市场中往往存在几种产品和渠道组合，如批发市场与走量产品的组合、餐饮市场与走量及利润产品的组合、大卖场与塑造品牌形象产品的组合等，其目的在于使经销商的整体利益结构最大化，而这都基于对产品和渠道发展态势的掌握，这样才能确保组合

的合理性。

②市场竞争结构的需求。以上几种产品和渠道组合，又是应对竞争对手攻势的有效手段，在市场竞争的结构中，往往会形成阻击产品、大众化产品和利润产品与不同渠道的组合，如此来应付市场不同层面的竞争。

**（4）两者在运营中的整合效应巨大**

①专业上的整合。这是从组织职能方面提供保障，使经销商整体的产品策略和渠道策略得以有效整合。具体而言，在组织中有专人分别对产品和渠道进行管理，不再是以往大一统的粗放模式，如此将确保整体战略能够顺利贯彻下去。

②规划上的整合。调味品经销商往往忽视整体策略规划的制定，只有目标而没有实现目标的策略，而采取产品和渠道专业管理之后，将使两项最重要的工作系统化，其中产品规划侧重于产品管理和推广，而渠道规划侧重于渠道管理和推广。

③推广上的整合。不少经销商在开展推广时，基本上都是将产品和渠道分开考虑的，没有考虑到产品和渠道组合的因素，因此产品和渠道的复合管理可以充分兼顾二者的配合，从而使推广的效应最大化。

**（5）产品和渠道必须实施专业化管理**

①基于业务流程的横向管理。调味品经销商的组织结构和部门设置基本上都是直线职能式的，这是一种纵向管理结构，对于产品和渠道的管理缺乏整合，往往割裂了二者的完整业务运作，在整个经营链中缺乏衔接和协调。因此，只有实施产品和渠道的专业化管理，才能从完整的业务运作流程入手，全面管理业务过程，有效整合经销商资源。

②关注产品和渠道的发展过程。负责对产品和渠道进行专门管理的部门或人员，就像是公司内部一个小范围的总经理，分别以产品和渠道为核心，对其整体经营状况进行管理，照顾其发展的每一个阶段，维护良性发展的状态，并对其最终利益负责。

### 2. 经销商实施产品+渠道复合管理的模式

**（1）从战略上整合产品和渠道结构**

①建立产品管理和渠道管理组织体系。其中，产品管理隶属于市场部门，渠道管理隶属于销售部门；产品管理组织是按照产品类型设置产品经

理或者产品管理人员，渠道管理是按照渠道类型设置渠道经理或者渠道管理人员，具体可根据经销商的规模大小来设计恰当的形式。

②从战略上确立产品和渠道管理者的权威地位。要使产品和渠道的专业化管理产生作用，就一定要赋予两个职能部门足够的责权利，要让他们真正承担起对产品和渠道全过程管理的重担，也要以此为核心来构建其他相关联的支持性职能，确保整体上的平衡。

**（2）市场部承担整体产品管理职能**

①职能定位。负责产品管理的部门或人员将承担某一产品的策略规划、促销推广和日常管理工作，全面照顾整个产品运营的过程，并对产品的良性发展和损益目标负责。

②业务运作。具体包括制定产品年度策略规划，制定产品营销计划，负责产品市场调研，收集分析产品营销信息并提供报告，推动新上市推广活动，制定产品整合推广计划并负责实施，协助业务人员开展促销推广活动，评估产品拓展成效，等等，承担起有关该产品所有方面的工作。

**（3）销售部承担整体渠道管理职能**

①职能定位。负责渠道管理的部门或人员将承担对某一渠道的策略规划、整体推广及日常管理工作，对该渠道的发展过程全面关注，并对渠道的维护和营销目标负责。

②业务运作。具体包括制定整体渠道策略规划，制定渠道管理制度和渠道开发计划，收集分析渠道信息并提供报告，对业务人员提供支持，评估渠道发展趋势和收益，与产品管理部门相互协作，评估渠道推广成效，等等，承担有关该渠道所有方面的工作。

**（4）实施分类绩效考核**

①产品管理绩效考核。一方面对专门的产品管理部门要实施绩效考核；另一方面要对业务人员实施产品分类的绩效考核。这样才能确保产品管理的整体性。产品绩效考核体系包括财务指标和管理指标，前者有销量（额）、利润额（率）、费用额（率）、销售（利润）比重等，后者有新产品铺货率、产品推广效果等，对于业务人员的考核没有这么复杂，主要考核销量、费用率和重点产品销售比重。

②渠道管理绩效考核。除了对专门的渠道管理部门实施考核外，也要

对业务人员实施渠道分类的绩效考核。整个考核体系包括财务指标和管理指标，前者有销量（额）、费用额（率）、渠道销售比重等，后者有铺货率、生动化建设、渠道推广成效等，对业务人员主要考核销售额。

## 第二节　专业化的渠道管理体系

要实现高效的渠道运营，不仅规划重要，过程中的管理也很重要。只有建立了规范化的渠道管理体系，经销商才能确保渠道规划的落地执行。所谓管理规范，就是对渠道的拓展过程进行系统的管理，也就是大家常说的市场维护。要想在市场竞争中胜出，单纯的结果导向已不能应对形势的要求，必须关注渠道的发展过程，确定关键环节的管理规范，从而打造一条顺畅的通路。在传统的渠道管理体系中，经销商并不重视对渠道过程的管理，都集中在总销量的短期目标上，往往会忽视影响长期优势的渠道建设。因此，必须对渠道的运营全程进行管理。

渠道管理体系的内容较多，笔者着重就以下几点进行阐述：

### 一、将渠道当作业务领域

渠道牵扯不同的商业利益体，产品在经过每一道渠道环节时都要对利益进行分配，实际上就是一种“商业生态链”。如果只是将其仅仅当作“通道”，那么就难以深入内部进行洞察，更无法对其进行有效管控。将每一类渠道都当作一个业务领域，情况就截然不同了，这意味着以前的渠道黑箱将完全浮出水面，因为每个渠道业务领域都有其特定的内在结构及运营规律，只有搞清楚才能将业务开展下去，一旦渠道成为业务领域，必将推动经销商渠道运营的专业化，渠道运作也就能深入下去。

#### 1. 每一类渠道都将得到足够的分析

当渠道成为业务领域，就意味着渠道不再是整体的一块，而是要细分出来分别考虑。原先渠道运作之所以粗放，是因为其被“掩盖”在了“渠道”这个整体概念中，经销商没有对其给予应有的重视。而渠道作为业务领域后，就具有了经营的特性，就不再是通道了，而是能够产生收入和利润的业务板块，并且需要系统的运营。这样一来，经销商就不得不对渠道进行细致的分析。一个业务领域的构成，包含消费需求、市场容量、竞争态势、产品结构、拓展方式、管理体系、费用投入及销售收入和利润，这就意味着经销商必须从上述每一个要素对渠道进行分析，并细化到每种业态或者购物方式，比如大卖场、连锁超市、便利店、折扣店、批发市场等，或者人员直销、专卖店直销、网络直销等，将每一种渠道业态拿到台面上来分析。由此一来，经销商可以清楚地知道大卖场业务适合的是什么消费需求，市场容量有多大，是否值得大力拓展，需要用什么样的产品结构去满足，面临着什么样的竞争态势，拓展这个业务领域需要投入多少，以及能够获得多少回报，并且需要构建何种配套体系。

以此类推，经销商对每一类渠道业务都应该进行系统而详尽的分析，通过对不同渠道业务领域的分析，再根据自己的战略定位对不同的渠道业务领域进行选择，从中确定恰当的渠道业务组合，并对其进行系统的规划。调味品行业与餐饮行业的关联度非常高，总体上有45%都是通过餐饮渠道销售出去的，其具体的渠道运作就是表现为批发市场自然流通。如果仅仅是从批发渠道的角度来看待调味品的渠道运作确实乏善可陈，除了在批发市场中铺铺货、造造势、给点政策外，也没有什么可做的。因此，只有重新理解调味品的渠道定义，才能实现渠道的创新破局，其要点就在于将那些到批发市场进货的餐饮用户提升到渠道业务的高度，或者说是将渠道下沉到最终的餐饮终端用户，这样就将原来“掩盖”在批发市场之下的餐饮终端全部暴露了出来。由此，经销商就可以重新将渠道定义为：中式正餐渠道、中式快餐渠道、西式正餐渠道、西式快餐渠道、烘焙糕点房渠道、休闲餐饮店渠道、流动餐饮点渠道及单位配餐渠道等，并从各个因素对每个渠道业务领域进行深入分析，这样就可以知道哪些渠道是重点业务、哪些渠道是辅助业务。一旦将渠道业务分析透彻，经销商就能针对重点渠道业务领域进行深入拓展，在新品推广、客情建设、产品规划、费用投入等方面加以强化。如此一来，经销商就能改变粗放的生意模式，强化对渠道的拓展掌控，自然就实现了对渠道的创新破局。

**2. 每一类渠道都必须进行系统规划**

当渠道作为业务领域后，经销商就再也无法像以前那样对其视而不见了，要想有效地拓展渠道业务，就必须对每一类适合的渠道进行系统规划，以此来确保对市场的充分渗透。以通常所说的流通渠道为例，应该如何规划其业务的拓展呢？如果只是给一些政策来刺激经销商和批发商的进货，并不能实现对渠道的有效掌控，只是做到库存的转移而已，经销商应该从根本上进行改变。

首先，经销商应该将流通渠道下的各类渠道或终端细分出来。通常而言，有批发市场、农贸市场、杂货店、中小型超市等，这些渠道和终端基本上都具有覆盖面广或者数量多、零散的特点，对其拓展需要进行系统的规划。在传统的操作模式下，经销商对流通渠道的规划根本不会落实到每一类细分的渠道上，而只是按照笼统的流通渠道来进行考虑。实际上，这些渠道或终端都具有不同的特性，在产品组合、拓展模式、时间顺序和渠道政策上都有所不同，需要经销商针对性地进行规划才能保障拓展成效。

其次，经销商需要对每类渠道的运作进行规划，使业务人员能够明确了解每类渠道拓展的方向和要点及相关的资源投入。目前之所以不少经销商的渠道拓展成效不佳，就是与整体渠道运作的策略不清晰有关，要么凭经验，要么各行其是，导致整个渠道运作非常零散和低效。

### 3. 每一类渠道的运作都将得到管控

将渠道提升为业务领域，更是为了强化对渠道的管控，当前很多经销商的渠道运作之所以成效不高，在于采取了利益驱动的政策导向型模式，对渠道是缺乏掌控力的。每一类渠道如果都转化成了独立的业务领域，为了要使这些业务能够有效运作并带来效益，经销商就必须对这些渠道业务的整个过程进行管控，也就大大减少了渠道“黑箱”的存在。同时，经销商还能够为每一类渠道业务特性设计不同的运作模式，有的可以直营，有的可以直供，有的则可以分销。总之，渠道业务独立出来后，经销商就能够更清晰地了解其运作特性，并能够找到恰当的模式来进行运作，整体的渠道运作水准就能得到大幅提升。

### 4. 经销商能针对性地为不同的渠道配置资源

一方面，每一类渠道作为业务领域后就会清晰地体现出与经销商战略规划的匹配程度到底是强或弱，这就为资源投入的方向提供了充分的依据，其中要遵循的是聚焦法则，并非每一类渠道业务都要获得同等比例的资源投入，核心的渠道业务可以获得最大化的资源投入，而有的渠道业务则无须投入资源；另一方面，经销商通过对资源的投入确定相应的要求和标准，就可以对业务人员的行为进行引导和约束，使资源能够按照规划的方向来使用，这样才能真正强化对渠道的掌控。在实践中，优秀的经销商总是能够有效地使用资源，其实道理也很简单，谁能将资源运用到位，自然就能取得更好的成果，关键在于能否规划和管控到位。

## 二、渠道巡访管理

在“车销”模式下，经销商发现自己陷入一个尴尬的境地：如果按照下级客户的要求进行配送，势必会造成配送成本的居高不下；如果只挑选进货量大的客户进行配送，则无法最大化覆盖市场。因此，经销商必须将“车销”模式转变为“订单预售”式的巡访模式，增加对下级客户的服务内容，加强对市场的掌控力，从而大幅提高配送效率。

在“预售”模式中，经销商需要建立固定行程计划，要求业务人员按照固定行程计划来开展巡访服务。这种模式具有以下两个好处：

①让客户拜访更有规律。对下游客户来说，最讨厌的就是业务人员“神龙见首不见尾”，想起来了来一趟，想不起来就不来，想找人的时候找不到，要钱的时候一定提前到。在经销商的竞争优势中，客情关系是最核心的，要形成良好的客情关系不能单纯依靠业务人员的自觉性，而是要构建固定行程巡访体系，以体系来推动人，使其形成固有的习惯，这样才能使客情得到切实的保障。

②对客户开展建议订单。在订单预售模式中，业务人员能够根据每个客户固定时期的进销存数据，按照1.5倍的安全库存原理向客户建议订单，从而让客户销售产品时既不断货也不积压，同时阻断竞争对手的乘虚而入。这项工作可以分成两个阶段：第一阶段，可以让业务人员快速熟悉各客户的基本情况，开展简单的沟通和推介工作，这个阶段的时间较短，重点在于熟悉和习惯；第二阶段，必须按照固定行程计划开展巡访，在每个网点核查进销存数据，并向客户建议订单，这个阶段花费的时间较长，业务人员必须与各客户建立牢固的客情关系，要让他们都能产生认同感。通过一定阶段的工作，在下级客户适应这种方式后，经销商就可以将主动权完全掌握在自己手里，充分挤占批零客户的资源。

## 三、管理协调渠道冲突

渠道冲突是市场竞争中无法回避的一种状态，其本质是渠道间对利益的一种争夺，引发这种争夺的因素是价格，而直接表现主要是冲流货、降价、促销等。可以说，渠道冲突是不同渠道竞争的必然产物。渠道冲突是一种非常普遍的现象，无论是传统批发渠道，还是现代零售渠道，抑或是线上渠道对线下渠道，在利益的争夺中使得冲突范围和程度非常激烈，经销商需要尽力从整体的角度予以统筹协调。

在市场竞争中，控制协调渠道冲突的意义并不在于消除它——有竞争就有冲突，而是控制渠道冲突的程度，使冲突处于一种平衡的状态，成为渠道竞争中的一种润滑剂，一种对市场活力和权力的制衡。现实中，渠道冲突往往表现出一种悖论，冲突范围小、程度低的产品，在市场中一定处于弱势；而强势的产品，则渠道冲突的范围和程度一定很突出，但是冲突一旦升级或处于激烈的程度和过广的范围，其危害程度甚至会毁掉一个企业。因此，经销商必须通过对渠道体系的良好设计，确定系统的策略规划，制定合适的渠道销售政策，确立责权利相等的渠道激励和管理规范，使渠道冲突维持一种良性的平衡，尤其需要解决好现代渠道在区域扩张和竞争中产生的冲突问题。

大部分的渠道冲突，都是在发生之后才采取一些处理措施，却无法从根本上加以解决。经销商要有效避免渠道冲突，必须建立一套事前—事中—事后的管控体系。这个过程，应该通过和厂家共同联合——必须得到厂家坚决支持——进行规划和管理，制定符合战略目标的长期销售政策，降低返利政策的力度，或者采取模糊返利。经销商有必要与渠道成员建立战略联盟关系，确立价格利益同盟，同时明确违约处罚措施，在政策导向上引导渠道竞争朝向良性发展的方向。

另外，经销商还需要制定出渠道过程管理的规范，对渠道冲突状况定期评估、分析、协调并加以指导，使区域渠道冲突处于一种稳定、良性的状态。

## 四、注重对终端门店的维护

随着渠道运营成本的不断提高，以及渠道的细分化趋势，现在经销商对于渠道的拓展已经不能只用“精细化”来要求了。如果没有构建一套盈利性的渠道拓展模式，经销商将难以获得持续发展。要做到渠道运营的精益化，经销商就必须改变原来粗放化的拓展模式，即从传统批发型的商业模式转型为运营型的商业模式，必须系统规划区域市场内渠道结构的合理性和联动性，不能再用简单的最大化铺货来应对了。对于当前的市场环境，并非一个市场一定要进入所有的渠道，而是在整体上要形成盈利性的渠道结构，否则对厂商资源的消耗将难以支撑持续地拓展。

笔者始终倡导经销商要打造“精益化终端运营模式”，将自己视同为零售商，彻底改变原有业务型的模式，将重点放到对零售终端的经营上，其主要涵盖以下七大关键环节：

①终端 SKU 组合。经销商在终端运营中经常出现 SKU 进场后缺乏维护的现象，条码不齐全，也存在条码因销售不好而出现“锁码”甚至被清场的状况，这些都直接影响销售目标的达成，并造成费用率的超标。经销商必须树立终端单品（SKU）管理的观念，将销售目标的达成落实到每个 SKU 上，要做到所有的 SKU 进入一个、存活一个，尽量减少因 SKU 入码或维护不当而造成的损失。

②终端位置抢占。一些经销商对于如何在终端门店抢占有利位置缺乏足够的意识，要知道终端门店的商品分区一定要遵循消费群的购买行为，因此在每个门店都存在吸引消费者的“磁石区”，如何充分利用这些区域就是经销商必须思考的问题，在购买特殊陈列位置时尤其重要。

③货架高效陈列。经销商比较重视特殊陈列，但是对正常货架陈列的关注较为薄弱，货架陈列才是真正长期产生销售的地方，而且不需要额外投入费用，这也是经销商必须改善的。笔者在走访市场时，常常看到产品在终端货架上的陈列零散，缺乏足够的集中陈列和垂直陈列，主导产品在货架上也没有分配到足够的陈列面，这几项关键要素都是经销商必须改善的。

④零售价格管控。由于不同零售业态之间在价格上容易出现冲突，这会给市场秩序和零售商的合作关系带来严重的后果，必须加强与终端门店的客情关系和整体调控；要与厂家进行充分沟通和协调，特别是跨区域零售系统对区域带来的价格冲击，这些都要由厂家与零售商总部进行协商才

能有效解决。

⑤终端库存管控。终端运营中提高订单满足率是极其重要的，也就是说，必须降低终端门店的缺货率，否则经销商受到的损失并非销售额减少这么简单。要做到这一点，就必须对终端实施固定行程巡访，通过定期对终端的走访来动态了解产品的销售状况，尤其重要的一点就是对货架库存和后备库存的掌控。现实中，有的经销商在这方面做得较为粗放，对开展终端巡访并不重视，因此总是在门店发生断货现象后才忙着补货，效率极其低下。对此，必须通过强化终端巡访来掌控。

⑥终端高效助销。在终端门店吸引消费者有两种手段：推式和拉式。从助销的角度讲，推式可以采用导购推介，而拉式则可以采用终端 POP 的氛围营造，经销商在这两方面都需要做到位。

⑦终端高效促销。尽管经销商一般对终端促销都还是很重视，但基本上都停留在程咬金的“三板斧”上：品尝、特价、买赠。这几招已经被无数厂商用滥了，实在没有新意，对产品销售的促进作用十分有限，只能起到抗衡竞争对手的类似行为罢了。经销商在终端促销上缺乏策略性和系统性，各区域在开展促销时根本没有考虑到对其他区域的影响，由于多以特价形式为主，往往给其他区域带来严重的价格冲突，必须改变这种粗放化的促销模式，采用更多能够与消费者进行情感沟通的推广组合。

## 第三节　有计划的销售需求管理体系

### 一、为什么产品会断货或积压

每个经销商都有这样的经验：在向厂家下订单要货的时候却被告知产品缺货或断货，或者仓库还有货的时候厂家却要求下更多的订单。这种状况每年都会发生多次，而经销商就在这反反复复的断货、压货中损失了利润：断货自然会少赚钱，而压货会导致折价销售，还会投入更多费用，同样会少赚钱，甚至会亏钱。不过，当经销商不满时，厂家也有着自己的烦恼：当要求经销商上报下月销售计划的时候都不准确，要货又突然又零碎，完全没有规律，生产和采购很难协调，经常出现断货和积压的现象。

目前经销商在和厂家合作的过程中，始终有一个问题没有得到解决：销售需求计划，也就是销售预测。有的经销商可能会说，这和我们有什么关系呢？客户向我们要货，我们就向厂家要货，这不需要做什么预测，谁能预测得准啊。这个问题和经销商的关系很大，厂商是拴在一条绳上的蚂蚱，如果经销商没有销售预测，那么厂家就很难做出销售计划，也无法有效指导生产部门、采购部门和物流部门去制定他们的计划，大家都只能猜下个月可能会卖多少货，结果往往造成产供销不协调，所以缺货、断货、迟发货的现象常常发生，这让厂商都感到非常苦恼。

这涉及厂商经营过程中的供应链，问题往往是这样的：厂家的销售部门只是单纯接受订单，但缺乏销售需求预测，导致生产部们无法做出准确的生产计划；生产部门只能靠自己的判断和标准来制订生产计划，可能造成设备利用率低，不能高效生产，出现品种不齐全的现象；采购部门没有生产计划进行指导，容易造成原料采购不及时，影响高效生产；物流部门不知道销售计划，容易导致车辆安排仓促，物流响应速度慢，配送不及时；财务部门缺少设备采购和原辅料采购计划的指导，可能造成资金筹集不及时，不能满足日常经营需要……而这些问题的源点在哪里呢？在于经销商没有做出市场预测和销售需求计划，只是零散地下达订单，这造成厂家只能靠猜来备货。

这样的供应链运营是缺乏弹性的，对于调味品这样的日用消费品，只能采用基于库存的供应链方式，只有像家具、家电这样的大宗耐用消费品才有可能采用订单制的供应链方式。所以，厂商都必须建立安全库存来作为蓄水池，以灵活应对变化不定的消费需求，关键在于从渠道源头提出销售需求计划，为蓄水池的储存量提供充分的依据，并以此来高效协调生产、采购和物流。

## 二、建立有计划的销售需求管理体系

有的经销商会说："我们不是都有订单吗?"其实，订单只是订单，不能解决销售需求预测的问题。现在不少经销商都安装了内部信息化管理及管理软件，能够将仓储、物流和销售订单都通过 IT 系统融为一体，业务人员只要通过一部手机就可以简单操作了。这是一个很大的进步，确实有助于经销商订单效率的提升，不过软件只能解决订单问题，并不能完全替代销售需求计划，前者代表了实际交易的产生，后者则是一种判断，目的是为了有效衔接厂商之间的产供销物链条，减少订单实现过程中的大幅波动。

现在，一些有规模的厂家都会要求销售人员每月与经销商共同协商确定出下个月度的销售需求计划，这个计划综合考虑了厂家的销售目标、市场趋势、发展阶段、市场环境变化及竞争对手的行动等因素，同时符合经销商的资金运作状况；作为厂家，有了销售人员和经销商的订单需求计划做指导，就可以预先统筹采购、生产和物流系统，为即将产生的实际订单做好准备。随后，销售人员将依据这份月度订单需求计划，同时结合经销商的库存数据和配送周期，督促经销商在恰当的时候及时打款。

这个环节的重点是产销衔接，而问题往往是厂家区域和总部、销售和生产部门之间的衔接出现了断层。在部分管理体系不完善的厂家，甚至出现一到供货紧张时期，区域销售人员不在市场一线反而蹲在总部抢货的“怪”现象；还有的厂家销售人员拼命讨好总部的订单处理人员和发货人员，希望他们能够手下松一松，多处理点订单、多发点货。为此，销售人员一天可以拨打几十个电话，甚至不惜一切飞回总部拉关系抢货。厂家的产销体系缺乏统筹，一方面经销商和销售人员拼命抱怨，同时不断增加订单数量，造成“啤酒游戏”中出现的订单泡沫现象（也叫作牛鞭效应）；另一方面总部的相关人员一片忙乱，工作时间长、工作压力大、出错多，工作效率大幅下降。更可怕的是，有的厂家因为产销衔接断层而造成的损失高达上千万元，这已经成为厂商所不得不共同重视和解决的关键问题。

要改变这种状况，经销商和厂家销售人员都要共同关注订单的顺利实现。一方面经销商要推动业务人员根据向下游客户提出的建议订单来制定每周和每月的销售需求计划，建议订单是一种很好的方法，可以将终端客户的零散随机订单转化为有一定规律的订单，从而避免订单波动太大的情况。如果经销商设立有产品管理部门，还要做好产品策略规划，以增加需求预测的准确性，减少变动的数量和幅度。另一方面经销商还要协同厂家销售人员做好销售需求计划，并以此统筹采购、生产、物流系统的运作，强化与销售人员的沟通对接，并且在订单处理方面建立快速的反应机制。

要做好以上工作，经销商必须对各个环节的进销存数据都要了如指掌，尤其包括联盟商、KA 系统/门店和重点 BC 店，只有掌握这些渠道成员的进销存信息，经销商才可以维持产品良好的销售态势，推动产品在渠道中的分销速度，提高产品在各个渠道的覆盖率。

具体而言，经销商可以实施以两个月为周期的双月滚动销售计划，也就是在每个月底同时做出下两个月的月度销售需求计划，然后根据下游客户的实际订单、销售季节及厂商资源投入等因素，在下月月底的时候对再下个月的销售需求进行修订，同时再做出第三个月的销售需求计划，以此类推。这样就可以始终使下一个月的需求计划保持在较为准确的状态。如图 8 –1 所示。

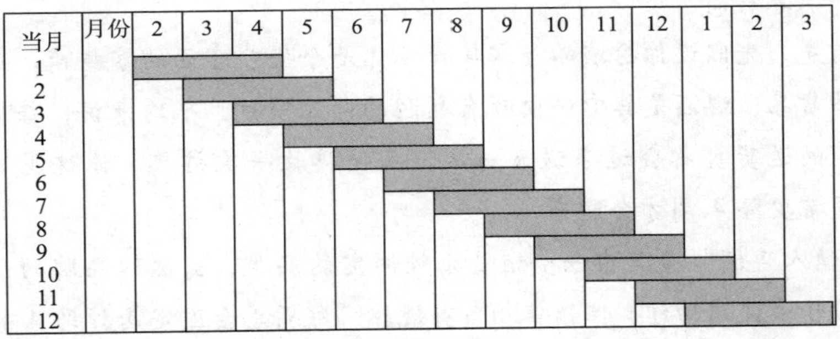


**图 8 –1　双月滚动销售计划修正示意图**

通过厂商共同努力，将原来零散随意的下订单方式，调整为根据销售需求计划比较均衡地下达订单，比如每月可以设定三四个固定的下单时间节点，从而使订单和销售需求计划达到一定的平衡。除了直接来源于终端客户的订单，构建了分销联盟的经销商，还要同时关注下游联盟商有没有及时向终端进行分销，推动联盟商及时对零售终端进行铺货，并且做好其后的服务和推广工作。同时，经销商还需要与厂家总部订单处理人员保持顺畅沟通，了解总部的库存和生产动态，从而做到对需求计划和订单下达心中有数。在这个环节，只有经销商、厂家区域销售人员和厂家总部保持一致，将注意力集中到产供销物的高效统筹上，消除内耗，消灭无效行为，才能做到订单满足的高效化，减少乃至消除断货问题的发生。

**附：“啤酒游戏”案例（本文摘编自网络）**

啤酒游戏，是19世纪60年代美国麻省理工学院的史隆管理学院所发展出来的一种类似“大富翁”的策略游戏。游戏是这样进行的：由一群人，分别扮演厂家、经销商和零售商三种角色，彼此只能通过订单/送货程序来沟通。各个角色拥有独立自主权，可决定该向上游下多少订单、向下游销出多少货物。至于终端消费者，则由游戏自动来扮演，而且只有零售商才能直接面对消费者。很多人玩这个游戏，相同的危机还是一再发生，得到的悲惨结果几乎一样：下游零售商、中游经销商、上游厂家，起初都严重缺货，后来却严重积货，然而消费者的需求变动，也只有第二周那一次而已。

一、零售商

首先，先假设你扮演的是零售商。你是个安分守己的零售商，店里卖了许多货品，啤酒是其中一项颇有利润的营业项目。平均来说，每周上游经销商的送货员都会过来送货一次，顺便接收一次订单。你这周下的订单，通常要隔4周才会送来。

“情人啤酒”是其中一个销量比较固定的品牌，虽然这品牌的厂商似乎没做什么促销动作，但销售相当有规律，每周总会固定卖掉约4箱的情人啤酒，消费者多半是20多岁的年轻人。

为了确保随时都有足够的情人啤酒可卖，你尝试把库存量保持在12箱。所以，每周订货时，你已把“订4箱情人啤酒”视为下意识的反射动作。

（1）零售商1~6周

第1周：风平浪静。第1周，一如往常，卖出4箱、进货4箱、结余12箱。所以，你也一如往常，向经销商订货4箱。

第2周：多卖了4箱。第2周比较奇怪，情人啤酒突然多卖了4箱，变成8箱。因此，店里库存就只剩下8箱。虽然你不知道为什么会突然多卖了4箱，也许只是有人举办宴会多买了一些啤酒。为了让库存量恢复到12箱，你这周向经销商多订了4箱，也就是订了8箱。

第3周：还是一样。这一周跟上一周一样，还是卖出了8箱。经销商的送货员来了，送来的情人啤酒数量，正是4周前向他所订的4箱。情人啤酒的库存量只剩4箱了，如果下周销量还是这样，下周结束时，就要零库存了。为了赶快补足库存，你本来打算只订8箱，但是怕销量会再上升，为了安全起见，你多订了一点，订了12箱。

第4周：原来如此。这一周，还是跟上一周一样，卖了8箱情人啤酒。有一天，你抽空问了一下买情人啤酒的客人，才知道原来在第二周时，有个合唱团的新专辑的主打歌里，结尾是一句“我喝下最后一口情人啤酒，投向太阳”的歌词。可能因为这样，所以销量就变多了。“奇怪，如果这是啤酒厂家或经销商的促销手段，为什么他们没先通知我一声呢?”这一周进货量为5箱，经销商也开始反应增加的订单了。你预期销量可能还会上升，而且库存也只剩下1箱了。所以，这一次一口气订了16箱。

第5周：库存没了。本周还是卖了8箱。进货7箱，表示上游经销商真的开始响应了。不过，库存没了。望着空空的货架，你决定跟上周一样，订16箱，以免落得“流行啤酒没货”的窘状，影响商誉。

第6周：开始欠货。真惨！本周只到了6箱情人啤酒。还是有8箱啤酒的消费者需求量，但库存已然耗尽。你只好跟两位预约的老消费者说：“下次一有货，一定先通知你们……”望着空空的货架，想着：要是还有货，不知道可以多赚多少……真可惜……好像在方圆百里，只有你这一家才有卖情人啤酒。照消费者预约的情况看来，抢手程度好像还会增加；以前可从来没有人会预约的……本来想再多订一点，但一想到前几周多下的订单，可能就快送过来了。于是，你抑制住冲动，还是维持原状：订了16箱。希望本周欠2箱的惨状能赶快解决掉。

(2) 零售商7~9周

第7周：依旧。这一周，还是只进货5箱。5箱情人啤酒，刚把其中2箱卖给上周预约的消费者，不到两天，剩下的又卖完了。更惨的是，有五位消费者留下他们的联系方式，希望你一有货就通知他们。结果，本周欠了5箱货。你另外订了16箱，并祷告说下周会真正开始大量到货。

第8周：火大。还是只进货5箱。火大了！“该不会是厂家的生产线还没赶上增加的需求量吧！真是的，反应这么慢！”本周，你订了24箱，以免欠货量越来越大，生意就做不下去了。

第9周：先别急，让我们换个角色，看看经销商的情况。

二、经销商

(1) 经销商1~8周

你是个安分守己的经销商，代理了许多品牌的啤酒，情人啤酒也是其中之一。比较特别的是：你是本地的情人啤酒独家经销商。你本周向厂家下的订单，通常约4周后会送过来。因为情人啤酒销量一向很稳定，每周销给零售商的总数量都差不多是4卡车的量，所以你固定每周向厂家订4卡车的情人啤酒，维持12卡车的库存。

第1周：一如往常。第1周，风平浪静，所以你还是向厂家订4卡车啤酒。

第2周：有一两个零售商多订了一点情人啤酒，不过，总订单数量还是一样。所以，你还是向厂家订4卡车啤酒。

第3周：小波动。好像多一点的零售商多下一点订单了，所以你多销出2卡车的情人啤酒，库存也减少了2卡车的量。为了恢复原先所维持的库存量，你向厂家多订了2卡车，也就是订了6卡车的情人啤酒。

第4~6周：持续畅销。情人啤酒的销量越来越好，零售商给的订单越来越多。但是，上游厂家给的货还没增加，没办法同时满足所有零售商的需求，所以只能一边给他们比平常多一点点的情人啤酒，一边向厂家下多一点的订单。等到厂家送过来多一点的数量，才能把零售商给的订单消化光。

第6周的某一天，你偶然听到一首流行歌曲有“情人啤酒”的字眼，恍然大悟！可能这种畅销趋势还会持续好一阵子……

第7周结束，库存量变负的了，总共积欠了8卡车的数量。真惨！赶紧向厂家下20卡车的订单！

第8周：越来越惨。零售商的订单持续增加，厂家的进货却还没反应过来。对零售商积欠的数量也一直增加，到-40了。你开始着急了，打电话和厂家联络，突然发现他们居然两周前（也就是第6周）才增加生产量！“我的天！他们真是反应迟钝！我要怎么跟下游零售商交代呢？只好先比照上周的数量给他们了……”从零售商传过来的订单越来越多看起来，情人啤酒的销售成绩似乎真的一直成长，一咬牙，把向厂家下的订单提高到30卡车，但愿能赶快把积欠订单消化掉。

（2）经销商9～17周

第9～13周：订单持续增加、存货持续赤字、进货缓慢增加。总之，持续恶化！你开始害怕接听零售商打来的抱怨催货电话了，而情人啤酒厂家也跟你有一样的逃避想法，因为你也开始找不到他们的区域销售人员。

第14～15周：进货终于大量增加了，欠货数字也终于可以开始减少了。这时，零售商送来的订单也减少了，你想可能是这两周送给他们的货，让他们可以少订一点了吧。

第16周：你几乎已收到前几周所下的订单的数量——55卡车量。望着成堆的啤酒箱，你想，这些东西很快就可以卖出去了，终于可以痛痛快快地大赚一笔。可是，零售商送过来的订单，怎么一个个都变成零了呢？怎么搞的？前几周，他们不都一直嚷嚷着要多一点啤酒吗？怎么有足够的货，他们却都不要了？一股寒意涌上心头，你赶紧取消向厂家发出的订单。

第17周：厂家送来60卡车的情人啤酒，但零售商仍然没再下订单。上周的55卡车量，加上这礼拜的60卡车量，真糟糕！堆积如山了！可恶！那首情人啤酒歌不是还正流行吗？怎么这些零售店都不再要求进货了？……之后，零售商还是没再下订单。该死的厂家，却仍然送来60卡车的情人啤酒。可恶的厂家！干什么还一直送货进来？

三、厂家

你刚被这家啤酒厂家雇来作为销售经理，情人啤酒是其中一项产品，从制造到出货约2周的时间。它的品质不错，但拓展不太出色，公司希望你予以加强。

第6周：订单急剧上升。就任才6周，情人啤酒的订单突然急剧上升。运气真好！怎料到一首带有"情人啤酒"字眼的流行歌曲，刚好在你上任时就冒出来，更想不到的是，它还会让订单猛然变得那么多。真是无心插柳柳成荫。因为从制造到完成共需约2周的时间，所以工厂要赶快增加生产线。

第7～16周：成为英雄。订单持续增加，但生产线才刚扩大一点，库存量又有限，很快就耗光了。于是，你又扩大生产线，希望能赶快消化订单。此时，你已成为公司里的英雄。老板也开始给员工奖励，以鼓励他们加班，并考虑招募新的人手。订单不断增加，你开始盘算自己的年终奖金会增加多少。不过，产量仍然赶不上订购量。直到第16周，才真正赶上未交的欠货数量。

第17周：生产量赶上了，但经销商送来的订单变少了。

第18周：奇怪，他们怎么都不订货了？有些订单还可以看出打个大叉叉的删除痕迹……

第19周：订单还是零，可是生产好像开始过剩了……你战战兢兢地向主管解释：也许是断续现象，可能是消费者需求暴起暴落……几周过去了，情况依旧，面对堆积如山的过剩生产量，你叹口气，准备递上辞呈……

四、检讨

这位销售经理推测原因是“消费者需求暴起暴落”，他的推测是正确的吗？如果仔细看看消费者的购买行为，可以发现：只有在第2周购买量变成8箱，尔后就一直维持8箱的购买量。自第2周起，购买量一直稳定不变，并没有所谓的“消费者需求暴起暴落”现象。那么，问题出在哪里呢？该怪罪谁？零售商起初怪罪经销商不快点增加进货，后来却抱怨经销商进过多的货让他们库存自第16周起开始暴增，所以不再订货。

经销商一方面怪罪下游零售商，一开始时拼命增加订单，到第16周却又取消订单；另一方面他也怪罪上游厂家，一开始一直缺货，第17周起却一直进太多的货。厂家也怪经销商一会儿要太多货，到后来却不再要任何货，只好推测是“消费者需求暴起暴落”导致。

这就是牛鞭效应。“牛鞭效应”是经济学上的一个术语，指供应链上的一种需求变异放大现象，是信息流从最终消费者端向原始供应商端传递时，无法有效地实现信息共享，使得信息扭曲而逐级放大，导致了需求信息出现越来越大的波动，此信息扭曲的放大作用在图形上很像一个甩起的牛鞭，因此被形象地称为牛鞭效应。

但是，从这三个角色看到，每个人都在自己的岗位上以自己的理性，尽力做好行动与判断决策。那么，到底该怪谁？

五、启示

“啤酒游戏”的核心是系统思想，它提醒厂商在进行决策的时候，一定要站在整体的高度，从更广泛的角度来全面看待一个问题，要了解这个问题在整个结构中所处的位置，以及和其他因素之间存在的相互关系。在全面掌握整个局面后才能找到最根本的解决方法（销售需求计划），而不仅仅是解决表面问题（订单），从而陷入“见树不见林”的误区。

## 第四节 以现金流为核心的资金管理体系

### 一、现金流比利润更重要

严冬时候什么最重要？是棉被！对于厂商来说，现金就是度过经济严冬的“棉被”，没有了现金就会陷入被冻死饿死的危险境地。对于那些早就经历过冬天的厂商而言，他们深知这一点，有“现金为王”的深刻体会。在进入这个冬天的时候，厂商一定要稳住自己的现金流，千方百计要保持住现金流的顺畅，可以毫不夸张地说，现金流比利润重要。在传统的观念中，厂商赚钱是第一位的，实际上维持住稳定的现金流才最重要。没有现金流会产生什么后果？会死！

在食品行业中因现金流枯竭而衰败的事例很多，比较知名的有当年的“五谷道场”方便面和湖南太子奶乳酸菌，前者因资金链断裂导致破产，其后被中粮集团重组，现在被克明面业所收购；后者则被外资股东高盛及摩根士丹利接收，再后被株洲高科重组。这些例子都足以令我们引以为戒！

2020 年年初，一桩突如其来的“黑天鹅”事件让每个人都体会到了现金流的重要性。新冠肺炎来得猛烈而迅速，各地政府的应对也是果断而强硬，随着历史上的首次“封城”，全国各地的大型商业活动及居民的日常活动戛然而止。此次疫情对于餐饮行业的影响在短期内确实很大，原本餐饮企业在年前都预先购置了大量的食材，以应对居民传统年夜饭的旺盛需求，但是在疫情公布之后，防控一天比一天紧，原先有预订年夜饭的居民纷纷取消了聚餐，这就造成了食材的过剩，大量的饭店干脆就直接向居民卖起了菜，这样还能减少一点损失。关键是，为了严格防控疫情，国家发布了延长春节假期的规定，从原先的 1 月 30 日延长到 2 月 3 日，而部分地方政府还出台了延长更多时间的规定，如上海市政府规定所有用工单位不得早于2月9日24时复工，湖北则规定不得早于2月13日24时复工，在此期间如果用工单位要求员工上班，将按照2倍金额发放工资。这样一来，许多餐饮企业就受不了了。西贝老板贾国龙在接受中投网记者采访时就深深表达了担忧，当前西贝全国400家线下门店都已停业，只保留了100多家外卖业务，不过外卖量只能达到正常营收的5%~10%，预计春节前后一个月时间将损失营收7亿~8亿元，其2万多名员工目前待业在家，但按照国家政策规定工资要继续发放，这样一个月的薪资支出就在1.5亿元左右，如果疫情在短时间内得不到有效控制，西贝账上的现金撑不过三个月。连经营不错的西贝都面临这种窘迫，何况大部分普通的餐饮企业呢？经历此次疫情危机，相信每家厂商都会更加重视现金流，以避免再次遭遇这样的危机。

## 二、影响现金流的关键要素

### 1. 资金结构

这个因素指的是经销商流动资金和固定资金的占比，流动资金占比越高，表明现金流就越充沛。当然，严格讲流动资金还需要减去流动负债，也就是经销商在外部借的钱，这才是净流动资金。对经销商来说，流动资金占比通常都比较高，这一点和厂家不一样，厂家还要投资建厂，会产生很高的固定成本，但是经销商产生的固定投入并不多，一般主要就是房产或租金、人力成本、车辆购置、开户费等，其他都是流动资金。按照经销商的正常资金结构来看一般是没有什么问题的，除非将钱投进了大量房产中而难以及时变现，就会造成流动资金的短缺。

### 2. 利润水平

虽然现金流比利润重要，但是利润本身对于现金流来说也起着重要的贡献作用，而投资回报率本来也就是经销商追求的核心目的。经销商的利润绝对值水平和两个要素有关：利润率和资金周转率。在资金周转率相同的前提下，一家利润率能够达到10%的经销商，肯定要比只有5%利润率的经销商拥有更多的现金流。除了资金周转率过低外，较高的利润率都有助于经销商获得更多的现金流。因此，经销商在经营产品和品牌的时候，需要在利润率和资金周转率两个要素之间进行综合判断，两者都高自然是最佳状态；如果利润率低、资金周转率高，这种产品或品牌可能获得利润不多，但能够保障足够的现金流，对经销商没有危险；如果利润率高、资金周转率低，就要看其具体占有的流动资金量和周转天数是多少。如果在整个存货中的占比较高、周转天数也较长，就要尽快予以减少；如果两者都低，自然要毫不犹豫地进行调整，甚至淘汰。

**3. 资金周转率**

在经销商的经营过程中，资金周转率是最关键的要素，具体包括如下几个方面：

**（1）存货**

存货周转是整个资金周转的核心，也是经销商经营是否成功的关键。对于这一点，电视剧《大染坊》中陈寿亭对以前的竞争伙伴孙明祖所说的一段话非常精彩："所谓贸易行，就是从这门里买了东西，把它卖到另外一个门里，不用水、不用电，用人也少，还不少赚钱……但这些钱不能让它老老实实躺在那里睡觉，得让它转，这一转，利就来了；贸易行切忌一件事情：囤货。十家倒闭的贸易行，有九家倒在囤货上，这货要是囤好了，能狠赚一笔，要是囤不好，把钱全变成了货，货再囤死了，到时候哭都来不及。"其中的关键就是存货周转的问题。如果存货周转率低，就意味着有大量的货放在仓库里，就是把流动资金给冻结了，对现金流会产生很大的风险。

**（2）账期**

这主要是指经销商从厂家那里获得的账期或者授信，简单说就是厂家允许经销商先进货，可以晚一些时间付款。这对经销商来说也非常重要，尤其在旺季来临之前，如果能够得到厂家的授信，经销商一定可以赚大钱。生意规模大的经销商都有过这样的经历。笔者在服务厂家时也会建议，针对部分信誉好、基础好、有网络、敢于冲量的经销商给予短期授信，支持他们迅速冲量，对厂家提升市场份额大有好处，风险还不大，还能得到经销商的感激。当然，能够获得这种待遇的经销商并不多，如果有条件，就一定要争取。

**（3）资金代垫**

这指的是经销商帮助厂家代垫的市场投入费用。这是一种常态，大多数厂家的市场投入都是由经销商先行垫付，然后厂家再以相应金额的产品进行弥补，或者冲抵下一笔货款。这就意味着经销商在正常的经营外，能够有额外的资金能力来帮助厂家，而厂家对这笔代垫资金的核销时间，也就决定着经销商的现金流。有的厂家在管理上存在问题，对经销商代垫费用的核销周期较长，就会造成潜在的资金风险。对此经销商需要从几个方面进行推动：第一，与厂家销售人员共同制定市场拓展的方案，并得到厂家总部的签字盖章，不能仅凭销售人员的口头之言；第二，在费用使用过程中，要保证各种凭证的齐全，包括合同、票据、照片、报表等，在这个方面要完全按照厂家的规定予以提供；第三，与厂家区域销售人员密切沟通，了解费用核销的进度，有必要将信息及时反馈到总部的销售管理部或相关部门；第四，对于费用核销流程存在问题的厂家，要督促其总部相关部门及时进行改善。做好了这几步，有助于经销商减少厂家对自己流动资金的占用，确保有充足的现金流。

**（4）赊销**

这是经销商下游客户产生的欠账，主要包括大型商超、大型餐饮店和部分中小终端。三者的具体情况还有所不同，具体如下：

①大型商超。这类客户组织化程度高，有着自己的一套规范管理规则，经销商与其打交道都要按照它的游戏规则来执行。大型零售商基本上对经销商都有账期，如30天、45天、60天等，一旦与零售商签订了供货合同，就意味着经销商的资金必定要被零售商所占用。对于部分以“后台毛利”为盈利模式的零售商，对经销商的资金占用还要更多更长，如家乐福就是这种模式，因为他们要用供应商的资金来开新店，增加门店数量，反过来又向供应商收取更多的费用，占用更多的资金，这就是零售商的商业模式。对此，经销商必须通过各种社会关系和大型商超的关键人员建立良好的人脉，以此来获得最少的资金占用。

②大型餐饮店。这类终端客户的生意规模较大，也拥有较大的话语权，经销商与其合作也会产生欠款，但是餐饮店的规范程度不如大型商超系统，所以经销商需要与餐饮老板及财务人员建立良好的关系，并且保持

适度的持续拜访，既能了解其经营动态，又能巩固关系，对及时回款起着重要作用。经销商对餐饮店必须时刻保持着敏感度，对其经营过程中的细节要特别注意，现实中餐饮店老板突然消失的情形也时有发生，一定要加以防范。

③部分中小终端。对于这类客户，经销商的合作也分两种：一种是只收现金，绝不赊销，那么这类经销商的现金流肯定就不会出现问题，但从市场角度来看，也可能会造成终端的覆盖会存在空白点，给竞争对手留出机会；另一种则可以赊销，这类经销商通常很注重服务，在对终端有一定了解的前提下，他们会通过一定时间的赊销来体现服务的周到，以争取更广泛的终端覆盖和更好的客情。当然这也会给经销商的现金流带来一定隐患，一旦遇到中小终端倒闭就会产生死账，从而减少现金流。究竟应该采用哪一种方式，需要经销商根据下游客户的具体情况来进行判断，最好还是在能控制资金风险的前提下来扩大终端覆盖。

**4. 外部融资**

外部融资也是提高现金流的一种路径，包括长期负债和短期负债。虽然借钱要还，但是能在一定程度上有效解决经销商资金短缺的问题。总体来看，经销商主要依靠自有资金，从外部进行融资的途径不多，这也是国内中小企业所遇到的共同问题。

①银行借款。除了自己直接向银行借款，部分厂家还可以为经销商解决信用担保的问题，由此能够增加经销商向银行多借款的额度，这种方式也是巩固厂商关系的良好措施，经销商可以根据实际情况来决定是否接受。

②小额贷款。这是一种向中小企业提供的额度较小的持续信贷服务，其基本特征是额度较小、无担保、无抵押，其合理地将一些民间资金集中起来，规范了民间借贷市场，有效地解决了中小企业融资难的问题。小额贷款具有方式简便、高效快捷的特点，还款方式灵活，可采用按月等额还本付息、按季结息到期还本、到期一次还本付息或分两次还本付息等灵活的还款付息方式，有利于中小企业及时获得信贷支持，缓解短期融资困难的问题。

③民间借款。这种方式比较自由，完全靠经销商自身的人脉关系，但

是这种借款通常时间都不长，而且利息较高，只适合于短期融资。

## 三、通过各个环节提升现金流水平

### 1. 进货环节

**（1）制定合理的产品结构及品牌结构**

①品牌侧重。通常经销商都经营着多个品牌，每个品牌的投资收益和资金周转率都有差异，所以一定要重点拓展资金周转率相对较高的品牌，对此可以按照品牌分类的标准来选择。

②品类侧重。经销商要按当地市场消费水平和消费结构划分来组合品类结构，保证资金投向的有效性，对此可以按照品类组合的标准来选择。

③品项侧重。经销商需要重点关注资金周转率高和毛利率高的产品，先注重资金周转较快的品项，再注重毛利率高的品项，对此可以按照产品组合的标准来选择。

④季节性产品侧重。季节性产品对经销商的资金需求是不均衡的，因此要计划好季节性产品与常规产品的资金使用状况，在旺季来临时一定要保证充足的现金流，否则就会丧失销售良机。

**（2）制定合理的销售需求计划**

能否制定较准确的销售需求计划，关系到经销商的资金周转效率，多要货则容易占用周转资金，降低资金周转效率；少要货可能因缺货被终端客户锁码和经济处罚，得不偿失。许多经销商没有规范的销售需求计划流程，或者非常随意，有的由仓库管理员做，有的由业务人员做，也有让财务人员来做，这都是非常片面的。

合理的做法应该是：首先由业务人员做出下两个月度的双月销售需求计划；其次由仓库管理员结合现有库存状况进行部分产品的需求量调整；再次由财务人员根据上期或去年同期实际销售数据以及财务资金状况进行修正；最后由经销商老板通盘考虑进行确认。

### 2. 销售环节

每个客户对资金周转的要求都不同，经销商应该对每一个客户的资金周转需求进行评估，要遵循“现金为王”的经营理念，将资金周转率高的客户比例保持在一定的水平，淘汰结算信誉差的客户，虽然终端覆盖也重要，但不能以丧失资金安全为代价，这需要经销商掌握好度。

产品卖得越快，资金周转率就越高。因此经销商在销售中一定要聚焦运用费用资源，并采用恰当有效的推广方式，促进产品销量的提升，形成品牌氛围，最终提升资金周转效率。

**3. 仓储环节**

加强仓储管理，采用“先进先出”法，使旧批号的产品能够尽快实现销售。现在消费者对于生产日期越来越关注，就算一批产品是上一年12月31日生产的，他在心理上也倾向于购买下一年1月1日生产的产品，虽然这两批产品仅仅相差一天。“先进先出法”不仅仅是经销商要采用的方式，在零售商中更是产品在货架上进行陈列的基础准则，这一切都是为了顺应消费者的购物心理，销售越快自然有利于经销商现金流的回转。经销商需要严格仓库的码货要求，降低产品损耗；严格做到分区摆放，一要按品种分区，二要进行批号分隔，进货时间相同的堆放在一起，工人搬货一定要按照生产日期的先后顺序，先搬日期早的货，再搬日期晚的货，仓管人员必须管控到位。

**4. 物流环节**

经销商对配送管理得好不好，会直接影响物流效率，也会因此而影响资金周转率。如果不能够为客户及时配送，除了会断送交易机会，还会对客户关系产生负面影响。比如经销商给大型商超的订单是每周一、周三下达，次日送货，如果周三的订单延误一次，即使不处罚，也要到下周一重新下订单，下周二送货。这期间一共要耽误四天销售，就意味着这批产品多了四天的库存期，实际操作中肯定还不止四天；如果经销商又错过了商超的固定结账期，这批产品就要延迟到下月结算，更是大大降低了资金周转率。所以，经销商对于物流配送环节一定要密切关注和管控，马虎不得。

**5. 售后环节**

每个经销商都存在滞销产品，有的经销商是对此不理不睬，就等着厂家来解决，所以我们可以看到不少经销商的仓库里还有一两年前的货。经销商想的都是低价处理会亏钱，并等着厂家给补贴，但没想到滞销产品不及时处理就会占用资金，还会贬值，这是更大的隐性损失。所以，经销商一定要改变这种思维，要时刻注意对滞销产品的处理，不要积压，不要等着厂家来处理。一方面要及时和厂家沟通，取得厂家的费用支持；另一方面也要想办法，只要产品稍有滞销就马上采取消化措施，如调换区域、调换渠道等，不要等到完全卖不动了再想方法，那时就晚了。

# 第九章

## 公司化法则七：追执行

## 第一节　以目标管理推动规划执行

在调味品经销商公司化转型的过程中，战略规划是整个公司经营价值链的源头与核心，整个经营活动和运营体系都要在战略规划的原则下开展。不过，战略规划要真正发挥出价值，在于能够落实到位。笔者一直强调的一个思想就是“知行合一”，它的正确含义是：“知”与“行”一定是合一的。也就是说，能够“行”才算得上是“知”，如果不能“行”，那就说明还是“不知”。战略或策略要得到有效执行，就不能只考虑规划本身，要同时考虑执行。在经销商的整个经营活动中，可以说规划和执行也是一体化的，绝不应该规划是规划、执行是执行，应该规划中有执行、执行中有规划。所以，经销商在制定好整体规划之后，还必须将精力放在如何推动规划的有效执行，不能认为有了规划就万事大吉了，规划自己并没有脚，不会自己落地执行。为此，经销商有必要导入目标管理体系，以此作为整体规划的推动机制，确保其在经营过程中得到高效执行。

### 一、目标管理的本质是战略执行体系

管理学大师德鲁克在其名著《管理实践》中最先提出了“目标管理”的概念，并且提出“目标管理和自我控制”的主张。他认为并不是有了工作才有目标，而是相反，有了目标才能确定每个人的工作。所以“企业的使命和任务，必须转化为目标”，一项关键活动没有目标，必然被忽视。

因此，经营者应该通过目标对组织成员进行管理，当最高领导者确定了组织目标后，必须对其进行有效分解，转变成各个部门及个人的目标，并根据目标的完成情况对每个人进行评估、考核和奖惩。

目标管理从本质上讲就是战略执行体系。目标是战略规划的成果体现，是评估公司价值实现程度的标准，而目标管理作为有效的工具，将与整个战略规划的实施过程结合起来，使整个经营价值链的各项活动都能够在目标的指引下高效运行。目标管理的一大特点就是追求在经营过程实现自我控制，组织中的各个部门和成员通过明确自身的目标，可以通过比较实际结果和目标的差距来评估自己的绩效，以便做进一步改善。在工作中实现自我控制，以此代替上级主管命令式的单调管理，能充分发挥组织成员的积极性和创造性。正如德鲁克所说，目标管理的主要贡献就是运用自我控制式管理来代替自上而下进行统治的管理。

总体而言，目标管理能够起到如下作用：

①通过制定有挑战性的目标来提高组织成员的积极性和绩效。由于目标的制定具有一定的先进性和挑战性，在实际工作中必须通过一定的努力才能达到，因而有利于激发人们的积极性和创造性。同时，在目标实现以后，由于组织成员的愿望和追求得到了实现，也看到了自己的预期结果和工作成绩，因而在心理上会产生一种满足感和自豪感，会激励大家以更大的热情和信心去承担新的任务以达到新的目标。

②将每个人的工作与整个组织的发展目标联系起来。清晰的目标有助于各部门及个人明确自己的工作方向和重点，在公司目标的指引下制定自己的目标，使团队中的每个人都和组织产生同频共振。

③作为组织成员绩效考核的客观依据。目标作为战略规划的成果体现，自然能够用于评估组织成员的工作绩效。当然，目标要切实可行和富有挑战性，无法实现的目标使人消极沮丧，而没有挑战性的目标也难以有效激励团队。

④明确对每个组织成员的要求，促进各个部门及岗位之间的沟通与协调。目标管理能够将各部门之间的不同活动和任务通过有关联的数字连接起来，比如销售、物流、仓储、推广、人员、费用等，从而将整个组织的活动都整合在统一的方向之下，产生最大化的协同价值。

## 二、目标管理的核心在于关键活动

目标管理与公司的整体战略规划密不可分，其并非孤立于规划而存在，目标就是规划的关键成果体现。目标管理不同于“目标”，“目标”只是一个点，而目标管理是一个过程，是对“目标”如何有效落地的管理保障。目标存在的意义，就是给整个团队指明了奋斗的方向，而规划就是如何达成目标的路径。在对目标进行管理的过程中，就是对关键活动的成果进行管理，要确保其符合公司整体规划的要求。

目标产生于整个经营活动价值链的关键环节，因此目标管理的重点也是针对这些关键活动，比如产品推广、渠道覆盖、终端生动化、客户拜访、价格管理、费用管控等，只要将这些关键点的目标管控好，就意味着整体规划得到了有效贯彻。所以，目标管理是一项具有战略性的管理行为，并非面面俱到的细节管理，这一点经销商必须有清晰的认识。

## 三、目标制定的“聪明”法则

制定一个切实可行的目标十分重要，其应该遵循“SMART”法则（也就是“聪明”法则，英文 SMART 的意思就是聪明），具体内容如下：

S（SPECIFIC）：具体。目标能准确说明每个人要达到的最终结果，而不是工作本身。

M（MEASURABLE）：可衡量。目标是有考评的绩效标准，也就是要确立执行标准或关键性成果，以便把握达标的进度，比如第一季度销售目标是 500 万元，与之相关的关键性成果是：拓展两个新渠道，铺货率达到 50%，开展 20 场产品试吃活动等。

A（ACHIEVABLE）：具挑战性。目标要具有一定的挑战性，并不是轻而易举能达到，要能够充分调动起团队内心深处的激情。

R（RELEVANT）：现实性。目标要根据市场调研结果及各种资源和能力来综合设定，不能完全看主观意愿。如果资源和能力能够支撑，可以增加目标的挑战性。

T（TIME FRAMED）：时间限制。目标要有完成的日期，对每一项目标都设定达标期限，从客观上是为了抓住市场机会或领先竞争对手，从主观上则是为了最大化调动团队成员的潜能。

## 四、目标制定的分解落实

目标分解就是将总体目标在纵向、横向或时序上分解到各层次、各部门以至每个人，形成立体化的目标体系。目标分解是明确目标责任的前提，是使总体目标得以实现的基础。

### 1. 目标分解的要求

①目标分解应按整分合原则进行，也就是将总体目标分解为不同层次、不同部门的分目标，各个分目标综合体现为总体目标，并保证总体目标的实现。

②分目标要保持与总体目标方向一致，内容上下贯通，保证总体目标的实现。

③目标分解，要注意各分目标所需要的条件及其限制因素，如人力、物力、财力和协作条件、后勤保障等。

④各分目标之间在内容与时间上要协调、平衡并同步发展，不能影响总体目标的实现。

⑤各分目标的表达要简明、扼要、明确，有具体的目标值和完成时限要求。

### 2. 目标的构成

①硬性目标。包括销量目标、利润目标、费用目标、铺货率目标等，对硬性目标的管理容易衡量。在这些目标中，有的能反映结果（如销量和利润目标），有的能反映过程（如铺货率和费用目标）。良好的目标管理，关键在于对目标进行综合评估，但在实际过程中，很多经销商只关心销量目标，也相应地要求业务人员只看中销量，忽视了其他目标的实现，反而会制约销量目标的达成。

②软性目标。包括客户拜访、价格体系、市场秩序、终端表现等。这些目标可以说是达成硬性目标的保障，如果说硬性目标是结果，那么软性目标就是过程，只有将过程管理起来，才能确保结果的有效达成。

### 3. 目标的分类管理

①分阶段目标管理。根据整体规划的阶段来分解实施过程，按照要求

设定相应的目标，并规定完成的时间进度。阶段可以按照市场发展阶段来分解，也可以按照产品拓展的阶段来分解，比如淡季目标和旺季目标，其目的在于使各个阶段的衡量标准能够统一。

②分时期目标管理。将目标的完成阶段分成不同的时期，在每个时期设定相应的标准，比如月度目标和季度目标，然后对这些目标进行管理和评估。

③分项目目标管理。分项目是指设置一些项目类型，比如费用和销量项目，推广项目如广告和促销，将每类项目的目标完成状况进行整理统计，分析各项目在整个规划中所占的比例是否合理，是否满足了整体规划的要求。

④分产品目标管理。对产品实行类别目标管理，衡量每类产品为公司带来的利益，可以按新老产品分类，也可以按产品性质分类，衡量的目标有销量、利润、费用、时间、完成率等。

⑤分渠道目标管理。对不同类型的渠道实行分类管理，衡量不同渠道为公司带来的效益，比如批发流通渠道和商超渠道、餐饮渠道和特殊渠道等，评估各种渠道的价值，为公司制定渠道拓展策略和管理政策提供依据，同时为整体规划的有效实施提供明确的指导。

## 五、评估目标落实

目标管理的关键在于过程推动，其方式主要是评估，对此经销商一定要掌握充分沟通的原则，尤其上下级之间要对目标达成一致并共同推行。

①目标评估。对整体规划执行过程中各项目标的完成程度进行评估，随时掌握规划的实施进度。

②过程评估。对组织成员的工作方式和效率进行评估，了解工作中存在的问题，并提供针对性的指导。每位主管每个月都要和下属人员进行二三次面谈，目的在于评估其目标达成状况，并分析可能影响目标实现的问题。这种面谈为上下级之间提供了良好的沟通机会，可以帮助下级人员及时发现问题并找出原因，及时调整工作重点。

③投入产出评估。对整体规划执行的效率进行评估，同时衡量公司获得的利益，并且对这种利益所体现的价值程度进行判断。

④执行政策评估。对公司销售政策的有效性进行评估，一方面是了解下游客户对销售政策的认同程度；另一方面是了解业务人员对销售政策是否明确，同时评估政策是否有助于业务活动的开展。

⑤竞争对比评估。对竞争对手的经营活动进行评估，重点是树立标杆，对经营活动的关键环节与竞争对手进行对比，找到真正的差异或差距，进一步提高市场竞争的针对性。

### 六、目标达成奖惩

经销商在目标评估结束后，将组织成员取得的工作成果与原先确定的目标进行比较，以此为依据对其进行适当的奖励和惩罚，以便在更高的起点上，开始新一轮的目标管理循环。

①对结果目标的绩效管理。其衡量绩效的重点是将结果与目标对比，通过这种差异性来判断目标的完成程度。如果经销商的目标包含结果型和过程型两种，那么这种结果与目标的差异，就可以反映出一定的原因；如果只采用结果型的目标，那么绩效考核就不一定反映出真实的状况。

②对过程目标的绩效管理。其衡量绩效的重点是将过程与目标对比，看看规划所要求的工作有无做到位，有什么因素影响到硬性目标的实现，这种软性目标的绩效考核，能够比较真实地反映实际状况。但是它在促进组织成员动力方面不如硬性目标直接，因此最好是将其与硬性目标绩效考核结合起来，更全面地反映每个人的绩效。

③对结果予以奖罚。经销商可以根据公司制定的薪酬激励制度以及内部竞赛机制，对组织成员的目标达成进行相应的奖罚，对于表现好的成员要树立标杆，以优促差，对于表现差的成员则要进行帮扶，同时给予限期改进的压力，通过团队之间的相互影响来落实目标管理。

## 第二节　建立 OGPM 业绩追踪体系

团队执行力薄弱是许多经销商都非常头痛的问题，为了扭转这种局面，使目标管理落到实处，经销商可以导入“OGPM”的业绩追踪体系，包括 O（Objectives）目的、G（Goals）目标、P（Plan）计划/方案、M

（Measures）衡量/评估，动态对整体经营活动中的关键事项进行追踪推动，评估和改善战略执行成效。因此，OGPM 业绩追踪体系就是目标管理的具体实施方法。

## 一、O（目的）

每个人做任何事情都有一个目的，公司也是如此，这就是所谓的“初心”。实际上业务人员往往做不到，尤其当公司缺乏整体战略规划的指导下更是如此，大家都是闷着头做业绩，但是忘了最终要达成的目的是什么。OGPM 体系看起来和 PDCA 循环有些类似，但在思考的层面上更高，关键就在于 O（目的）上。在这套业绩追踪体系中，要求从领导到基层人员的每一个人，随时都要问一问，做某件事的目的是什么。所谓“做什么比怎么做要重要”，如果目的不明，方向就会有问题，事情做错了，效率再高也没有用，只会起到反作用。因此，每个团队成员都必须搞清楚，每个月要实现的目的到底是什么，如铺货、新品上市、狙击对手、造势、压货、消库等，然后才能决定要做哪些事情和怎样去做。

## 二、G（目标）

有了清晰的目的，就能够确定出做事的具体目标，每个目标都必须“不忘初心”，围绕着做事的目的来制定。组织成员应该基于各关键项目的策略目的确定具体的目标，其中包含两类：一类是结果性目标，如销量、回款额、费用率等；另一类是过程性目标，如铺货率、终端生动化、厨师推广、价格管控等，这些都要具体制定。（这部分内容详见上一节中的“目标制定的分解落实”）

## 三、P（计划）

组织成员需要基于阶段性目的和目标，制定具体的工作计划和实施方案，还需要将季度计划转化为具体的月度计划，对季度计划进行动态调整。需要强调的是，制订计划和方案时必须符合“6W2H”原则，以使方案具有可执行性。

Why：为何做。为什么要做这个计划/方案？计划/方案的目的和意义是什么？

What：做什么。计划/方案的宗旨和主题是什么？核心内容是什么？

Whom：针对谁。计划/方案针对的对象是谁？

Where：在哪里做。计划/方案要在什么场所实施？

When：何时做。计划/方案要在什么时候执行？什么时候结束？

Who：谁来做。计划/方案要由谁来执行？由谁来辅助配合？各人的职能是什么？

How to do：怎样做。计划/方案的具体内容？实施步骤？实施标准？规定的流程和制度？过程如何管控？

How much：多少费用。计划/方案的费用预算是多少？

## 四、M（衡量）

针对制定的计划和方案，组织成员必须针对执行的过程进行动态衡量和评估，每个月对结果性目标和过程性目标进行分析，根据其完成程度和成效来分析背后的原因到底是什么、存在什么样的问题、原因是什么、下一步又该如何做，这些都需要定期开展。经销商应要求各部门每周都要组织召开检讨会议，对各个阶段的实施成果进行评估，然后找出解决方案，再转化到下一阶段的计划中去完成，如此不断循环往复，使公司战略得以稳步推进。在这个阶段，经销商还可以绘制各部门的“行动追踪表”，是用来检核谁在什么时候该完成什么，这尤其对管理跨部门的活动特别有用，可以促进各部门的责任感和提高组织的行动效率。

总体而言，OGPM 系统地将规划、目标、计划、方案、绩效、竞赛等整个经营过程融在一起，建立起这套体系，意味着整个公司拥有了一套高效的自我驱动机制。在著名的《基业长青》一书中，有一个非常重要的观点：“造钟而非报时。”经销商过去依靠老板个人的判断和指令来经营，做得再好也只不过是“报时”，始终都存在不确定性；有了 OGPM 这套体系，就能将经销商老板个人的力量转化为整个组织的力量，更有利于公司实现持续稳定的发展。

# 第三节　基于关键业务过程制定管理制度

## 一、基于关键业务制定管理制度

有的调味品经销商在经营过程中会发现，即使构建了规范化的组织体系，明确了工作角色和职责，提炼了关键业务流程，在实际运行时各部门之间仍然会出现职责不明、缺乏沟通、流程推动不力、工作标准模糊等问题，这就影响了组织执行力的高效发挥。这表明经销商往往缺乏将工作职责和业务流程转化为管理体系的意识和技能，空有一套策略规划，执行过程还是一团糟。

调味品经销商应该根据整体策略规划和关键业务的要求，制定出系统的关键管理制度，通过严格的规范来明确业务运作过程中的工作标准，并对工作结果进行有效评估，从而保障策略规划和关键业务的正确执行。很多经销商制定的管理制度是一套大而全的制度，缺乏明确的指向性，与整体策略规划关联度不高，没有反映出关键业务的要求，在实际执行过程中难以推动。事实上，管理制度的推行不能事无巨细，一定要围绕关键业务来建立，什么都想抓反而什么都抓不住。

成功的厂商必定拥有强大执行力的组织，而失败的厂商，必然是由于组织无法有效执行整体战略。让一个人做好一件事情比较容易，要让一群人把同一件事情做好极为不易。人越多，想法就越多，行为方式也越多样化，结果也就大相径庭。实现战略目标的核心要素，归根结底都可以归结到人身上，如何让一群人按照同样的规范和标准做事，并且最终达到相似的结果，是经销商必须解决的问题。这个问题的关键在于必须制定规范化的管理制度，为整个团队建立一种明确的工作标准，从而使团队在工作中对战略和模式的认识高度一致，从而迅速提升战略执行力。

## 二、管理制度的认知误区

有的经销商认为不需要规范化的管理制度，而是需要个人对业务的灵活处理。在他们的思维中，规范与死板是同义词，一旦规范就意味着工作效率低下，无法应付多变的竞争环境。这是他们的误解，事实恰恰相反，只有规范才能真正提高组织的工作效率和执行力。传统粗放的方式已经不适应未来的发展，经营不再依赖个人技能，而转变为一种可以被管理、被复制的过程。如果上司与下级对同一件事的理解不同，总部与区域对战略执行的理解不同，其结果只会造成各人自行其是，结果如何实难预料。同时，由于人的技能有差异，要使经销商跳出对个人技能的依赖性，不至于因为人员的变动而造成市场的动荡和损害，就不得不依靠规范化的管理制度方能从根本上加以解决。

经销商应该制定出系统的关键管理制度，通过严格的规范来明确经营过程中的工作标准，并对工作结果进行有效评估，从而保障流程的正确执行。但是，经销商的制度体系必须与战略和模式相连接。笔者在实践中发现一些经销商尽管也制定了大量的制度来进行管理，但往往成效不佳。究其原因，陷入了“为制度而制度”的误区，只知道针对一些问题不断出台一个又一个制度，但是这些制度大都缺乏明确的指向性，与整体战略与模式之间的关联度不高，不知道究竟与整个组织发展战略和运营模式有什么关系，没有反映出关键价值链环节的要求，在实际执行过程中总是难以推动，非但发挥不了什么作用，还对战略和模式的运行造成了极大的阻碍。因此，制度体系的构建绝不能脱离战略和模式，一定要围绕价值链中的关键环节来建立，什么都想抓反而什么都抓不住。

管理制度在很大程度上是对业务流程执行准则的具体描述，每个部门和岗位都必须遵循业务流程的统一规范，每个人员都必须了解自己在每一个流程环节的工作内容是什么、什么时候完成、按照什么标准完成、产生什么结果、向谁汇报结果、对工作结果的评估标准、自己工作业绩如何考核等。另外，经销商在推行管理制度体系时，还应该遵循一条“计划—执行—控制”（其本质就是PDCA）的循环路径，使每项管理制度都能够相互关联、相互影响，从而在运营体系的运作过程中产生“自我造血”功能，动态评估管理制度执行的成效，并且及时加以调整。

### 三、分阶段制定关键管理制度

①计划阶段的管理制度。策略规划和实施计划是整个业务活动开展的

指导和前奏，该阶段的管理制度旨在从策略方向上确保核心业务的正确性，其核心是“做正确的事”。具体而言，经销商可以根据整体策略目标和规划的要求，将与计划阶段有关的关键业务转化为管理制度，引导公司团队的行为模式匹配策略规划的方向。

②执行阶段的管理制度。执行阶段是经营活动开展的具体过程，反映的是对整体策略规划内容的贯彻，该阶段的管理制度旨在确保策略目标和规划能够真正落实，其核心是“正确地做事”。这个阶段，经销商应该根据产品管理、渠道管理、费用管理、需求管理、资金管理等领域的要求，围绕关键业务制定出相应的管理制度，将整体策略规划的要求转化为具体的工作标准，使策略规划的执行真正落到实处而不是一句空话。

③控制阶段的管理制度。所谓控制，是指对经营活动过程的评估、检讨、修正和考核。这个阶段的管理制度，旨在引导和激励团队在前两个阶段中发挥出更积极的作用，同时对经营活动的执行效果与计划之间的差异进行评估，减少差异程度，力争经营活动的稳定发展，顺利达成整体战略目标。这个阶段的制度存在一种“刚性”的特征，实际上体现的是对人员切身利益的影响程度，往往决定着前两个阶段中的制度能否真正落实。很多经销商不能处理好控制阶段的制度与前两个阶段制度的协调，反而存在一些相互矛盾的地方，使制度没有得到绩效考核方面的保障，仅仅成为一种形式化的摆设。

## 四、经销商老板必须贯彻管理制度

管理制度的执行力还体现在经销商老板自身的倾力贯彻上，再好的制度，如果老板都不能以严谨的态度对待，势必无法维护制度的严肃性和权威性，执行力将消于无形。所以，管理制度一旦确定，经销商老板就必须全力推动，一定要从以往的行为习惯中尽快跳出来，做到“令行禁止”，严肃维护制度在整个团队中的权威性。制度只有在被执行时才会发生作用，通过对制度的严格推行，进而提升为企业文化，从根本上提高组织的执行力。

# 第十章

# 公司化法则八：强激励

## 第一节　经销商薪酬体系的构成

公司的发展本质上也是分配问题，一个强执行力的运营团队不仅仅在于人本身，还在于公司能否充分发挥团队成员的积极性，能不能在团队内部构建起一套富有激励的分配机制。分配机制的核心就是薪酬体系，许多经销商非常缺乏科学化、规范化的薪酬体系，往往凭借主观印象进行判断，容易在团队中造成不公平、不公开、不公正的感觉，影响团队积极性的发挥。

薪酬不仅仅是员工贡献的承认或回报，还是一套把公司的战略目标和价值观转化成具体行动，并支持员工实施这些行动的管理体系。它能够在公司内形成上下统一的局面。薪酬体系是公司与员工之间的联系纽带，它不只是给员工发工资，更要反映团队成员为公司做出的贡献，强化员工对公司的责任感。

薪酬体系并不是一个孤立存在的部分，它是公司战略和文化的核心组成部分，只有经过良好设计和管理的薪酬体系才是有效的，不但能够帮助组织吸引和留住表现卓越的优秀人才，还能够影响整个团队的责任感和他们为公司付出努力的程度。任何施舍性的、以惩罚为中心的，或者无责任要求的薪酬体系，永远都不可能对一个公司的持续发展做出贡献。如果一个员工的绩效支持了公司的使命、价值观和战略，同时帮助提高了公司的财务回报或经营绩效，他就必然应该因为自己的贡献而得到公平的薪酬回报，这能够让其产生成就、兴奋和满足感。为此，经销商必须基于公司的战略规划、商业模式和企业文化来构建与之相适应的薪酬激励体系，并且将其融入整个公司的经营活动中，使其充分发挥出价值。

经销商的薪酬激励体系是一套综合体系，通过深入研究，笔者认为其应该包含以下几个主要部分：

## 一、基本工资

### 1. 基本工资的性质

基本工资反映的是不同岗位对整个组织的贡献价值，是整个薪酬体系的基础。很多经销商对这一点并没有清晰的认知，往往将基本工资和整体薪酬混为一谈，尤其是在基本工资和绩效奖金之间没有建立合适的比例，使得团队的基本工资过低，既不利于对优秀人才的引进，也弱化了团队的凝聚力。要建立一套完善的基本工资体系，就必须对每个岗位进行科学的价值评价，在此基础上再确定不同岗位的基本工资标准。所谓岗位评价，就是根据统一的标准，将不同岗位对组织的贡献价值用数字表示出来，从而确定出不同岗位之间的价值比例关系，然后再根据不同的岗位评价结果，结合人才市场上的薪酬行情，最终确定出一套科学的、符合企业自身的基本工资体系，使每个岗位的价值都能得到恰当的体现。经销商应该将岗位评价与战略目标和商业模式结合起来，将岗位对组织的贡献程度与战略执行挂钩，在政策上进行引导，有利于吸引到适合公司发展的优秀人才。不过，岗位评价对经销商来说可能不太容易理解，有两种方法可以解决：一是从外部请专业公司来帮助建立；二是可以参照当地的人才市场行情，这样就可以确定出每个岗位的基本工资体系。

### 2. 基本工资的占比

在整个薪酬体系中，有一个很重要的问题要解决，那就是在整个薪酬结构中，必须确定基本工资应该占据的比例是多少，这对于团队的稳定至关重要。这要分以下两个方面来确定：

①根据不同岗位性质。从公司整个岗位的性质来看，越是偏重于业务性的岗位，基本工资占比就越低，比如业务人员岗位在所有岗位中的基本工资占比就是最低。一般来说，能达到50% ~60% 就已经很高了。如果基

本工资占比过高，就会削弱他的积极性，甚至产生惰性；不过业务性岗位的基本工资占比也不能过低，也要适应当地人才市场的工资水平，这是无法随便根据经销商自身的需求来决定的，其存在外部条件的制约，否则就难以招募到合适的人才。越是偏重于非业务性的岗位，基本工资占比就越高，比如办公室文员在所有岗位中的基本工资占比就最高，如果基本工资占比过低，就会产生极大的不安全感，因收入得不到保障而离职。发展到今天，重视人才、敢于付出高薪聘请人才的经销商逐渐变得越来越多，部分经销商还反向从厂家挖人，而以前那些只愿意去厂家的职业经理人，现在也开始接受经销商的邀约了。相较于厂家，部分优秀的职业经理人能够得到经销商老板的充分信任和重视，甚至可以获得比在厂家还要广阔的职业发展空间，这是一个很好的发展趋势。

②根据不同岗位层级。在整个公司的岗位中，岗位级别越高，其基本工资的占比就越低，比如总经理，其薪酬回报更多是来源于业绩贡献，而不是依靠基本工资，因为其拥有的资源、承担的职能空间非常大，给公司带来的价值也越高；而岗位级别越低，其基本工资的占比就越高，比如清洁工，其基本工资占比可以达到90%以上，因为其拥有的资源、承担的职能空间都很有限，给公司带来的价值相对不高，应该以基本工资为核心。

### 3. 设计“宽幅”工资等级

经销商在设计岗位基本工资体系时，需要遵循“宽幅”原则，为同一个岗位设计多个工资级别，以实现对员工的逐级激励，小步快跑，不升职可加薪，减薪不降职，对团队的激励更为灵活。比如一个岗位原来只有一个级别，假设是3000元，如果这个岗位上的人表现很好，要对他进行涨薪，就必须先升职才可以，否则他原来的岗位只有一个级别，无法直接在原岗位上涨薪；如果他达不到升职的标准，就不能涨薪，很有可能导致这个人因得不到更多回报而离职。实施“宽幅”薪酬体系后就不一样了，这个岗位的薪酬增加到了五个级别，每个级别的工资级差是500元，即2500元、3000元、3500元、4000元、4500元。表现好的人就可以将他的基本工资上涨一级，从3000元升到3500元，但岗位不变，这就实现了不升职也可以涨薪，这个表现好的员工就可以留住了。过了一年后他又表现得很好，还可以在不升职的前提下再涨薪，从3500元升到4000元，这样就能够不断适应员工的成长而带来的价值回报需求，使基本工资体系产生最大的价值。如表 10－1 所示。

**表 10－1　部分岗位宽幅基本工资表**

| 岗位 | 薪等 | 薪级 | 薪资/元 |
|---|---|---|---|
| 销售经理、市场部经理、销管部经理 | A | A5 | 8000 |
| | | A4 | 7000 |
| | | A3 | 6000 |
| | | A2 | 5000 |
| | | A1 | 4000 |
| 业务主管、推广主管、督导主管 | B | B5 | 6000 |
| | | B4 | 5500 |
| | | B3 | 5000 |
| | | B2 | 4500 |
| | | B1 | 4000 |
| 业务人员、订单专员、费用专员 | C | C5 | 4500 |
| | | C4 | 4000 |
| | | C3 | 3500 |
| | | C2 | 3000 |
| | | C1 | 2500 |

## 二、绩效奖金

### 1. 绩效奖金的性质

绩效奖金反映的是员工在岗位上维持了高质量水准，或者高效执行了公司战略和企业文化所要求的事项而获得的回报。绩效奖金反映的并非岗位价值，基本工资和岗位本身有关，而绩效奖金和岗位无关，而是和岗位上的人有关，侧重的是这个人做出了什么价值，然后根据这个价值来给予额外的奖励。

绩效奖金的发放跟每个岗位的绩效考核指标有关，对此经销商可以采用 KPI（即“关键绩效指标”的英文缩写）的方法，根据不同岗位的要求来设定相应的 KPI，然后定期（每月或每季度）对 KPI 进行考核，按照考核结果向员工发放绩效奖金。经销商在采用 KPI 考核时需要注意两个事项：其一，KPI 要能够衡量。每个岗位的 KPI 都应该用数字体现出来，用绝对数或相对数都可以，比如完成数量或者完成率，即便是定性的 KPI 也应该用相对数的方式来进行定量化，比如考核部门之间的协调成效就可以采用投诉率或好评率来衡量。其二，KPI 不能过多。一个 KPI 最多不要超过 5 项，过多就失去了“关键”的意义。笔者经常看到有的经销商为一个岗位列出了七八个考核指标，诸如完成领导交办事项、提交报表准时性等，这些根本就不是什么关键指标，直接用制度来要求就可以了，没有必要放到绩效考核中，过多的指标只会让员工无所适从，而且分散了考核的焦点，失去了 KPI 的意义。

**2. 绩效考核的导向**

经销商在绩效考核中需要注意把握导向，也就是正向或负向。现实中，绝大多数经销商采取的是负向考核，也就是事先设定好绩效奖金的数额，如果考核分数没有达到要求，就会按照规定相应地从员工的应得金额中予以扣除。负向考核的好处就是简单、直观，本来应该拿到这么多奖金，但是考核没有达标，所以要扣除一些，最后就只能拿到这么多了，这就是负向考核的逻辑。但是会出现一个问题，就是员工通常都不认同，一旦设立了绩效奖金的额度，他们就会认为这本来就是自己应得的收入，现在公司对这部分收入进行考核，无非就是不想多给钱而已。尤其在经销商的绩效考核出现难以衡量的情况，就会加剧员工的反感，原本是想通过考核来激励员工的，结果却适得其反。所以，笔者建议经销商可以增加一些正向考核，也就是不事先设定固定的奖金额度，而是根据需要单独设立，如此一来绩效考核的逻辑就变成了：你只要将这几样事项做好，就能够获得相应的奖金，达到什么程度就得到相应的奖金，完全达不到就什么都没有。这样就不会使员工产生“这些钱本来就是我应得的收入”的想法，而成了真正意义上的奖励。

**3. 绩效奖金的占比**

在整个薪酬体系中，绩效奖金和基本工资是每个岗位都有的项目，而且在薪酬占比中都比较重要，所以通常这两项会放在一起作为一个组合。如此，绩效奖金在薪酬体系中的占比就和基本工资的占比相反，基本工资占比高，自然绩效奖金占比就低，反之亦然。

**表 10－2　业务人员 KPI 考核表**

| KPI | 考核计算方式 | 基础分 | 目标值 | 实际值 | 考核得分 | 说明 |
|---|---|---|---|---|---|---|
| 销量达成率 | 得分＝实际销量/目标销量×分数 | 40 分 | ×万 | | | |
| 货架陈列 | 得分＝完成率×分数×合格率 | 30 分 | ×家 | | | |
| 试吃 | 得分＝完成率×分数×合格率 | 30 分 | ×场次 | | | |
| 合计 | 可以累计得分 | 100 分 | 实际得分合计 | | | |

注：完成率＝完成数/指标数；合格率＝合格数/完成数

## 三、业绩提成

### 1. 业绩提成的性质

业绩提成反映的是业务性岗位员工为公司经营目标达成做出贡献后获得的回报，非业务性的岗位一般都没有这项收入，不过有的经销商为了激励整个团队，也会在业绩达标后拿出一定额度来奖励非业务性岗位的员工。对于业务性岗位来说，业绩提成在整个薪酬体系中占据了绝大部分，是其最为重视的收入，因此对经销商来说这也是一项极其重要的激励内容。

### 2. 业绩提成的考虑因素

业绩提成通常是按照一定的比例和系数来进行计算的，方式很简单，但是在具体的设计上很复杂，需要考虑以下多种因素：

**（1）业绩构成**

业绩提成的关键在于定义哪些指标构成“业绩”，现实中大多数经销商都是以销量或者销售收入来作为业绩提成的核心。从经销商的实践情况来看存在以下几个问题：

其一，单纯以销量或者销售收入来衡量业绩，业务人员自然就会将重点放在成熟的产品和低毛利的产品上。前者具有市场基础，规模也大，要获得增长较为容易，业务人员耗费的精力也不会太多，后者则具有价格优势，容易走量，对完成总销量也有利；但是将业绩的重点放在销量上并不能为经销商带来最大化的利益，那些能够带来更多利润的新产品或高毛利产品反而得不到业务人员的重视，需要花很大精力去拓展，短期内不可能产生太多的销量。如此一来，这种业绩提成导向就和经销商的根本利益相背离了，销量提升越大，经销商的利润也不会增加太多，这是典型的事倍功半。

其二，以总体销量或收入来衡量业绩，业务人员只会将眼睛盯着总量，而不会关注到细分的产品、品牌或者渠道，很多问题就会被单纯的总体数字所掩盖，很有可能总量在增长，但是结构存在问题——产品结构、品牌结构或渠道结构，导致新产品、高毛利品牌或者潜力渠道的销量增长缓慢，同样也会造成经销商的利润减少，更会制约核心竞争力的巩固。

因此，经销商一定要用综合的眼光来看待业绩，不能一概简单地用销量作为指标。如果经销商的业务结构较为简单，产品和品牌都不多，以销量作为业绩指标没有太大问题，因为和利润之间存在一定的衡量关系；如果产品和品牌数量增多了，业务结构也变复杂了，比如渠道类型和模式都增加了，此时销量和利润之间的关系就没那么简单了，最好从多个因素来衡量业绩，还要划分产品、品牌或渠道，不能仅仅从总量上来衡量，这样才能抓住经营的关键。

经销商可以建立一个综合的业绩指标体系，不仅有销量或收入，还要增加费用或利润，不仅有总量，还要划分到核心产品、核心品牌或者核心渠道，将业务人员关注的焦点和整个公司的策略规划紧密结合起来，从而实现真正有价值的“业绩”。

**（2）提成比例**

经销商在提成比例的设定上要从两个方面来考虑，首先要考虑公司的整体费用预算和利润规划，其次要考虑业务人员的收入水平，必须在这两者中间达到平衡。在这个方面，业务人员是非常敏感的，一旦测算出他们的收入有所减少或者难以增长，就会产生心理波动，影响对市场的拓展。除非公司的经营状况出现了严重问题，否则经销商应该保证业务人员的总体薪酬收入不要低于上一年度，也就是将业务人员能够得到的所有薪酬项目全部加起来，如果提成变少了，那就需要在基本工资或者绩效奖金上面增加一些，这样才能使业务团队保持稳定。真的遇到了特殊情况，就要和团队进行充分沟通，请他们予以理解，然后再调整提成比例。

**（3）达标底线**

通常来说，经销商都会设定一个获得业绩提成的达标底线标准，有的经销商设定的是低于业绩指标的80%就没有提成，有的则设定为业绩指标的60%。实际上，达标底线并不是关键，关键是销售业绩指标本身的高低。如果业绩指标较高，比同期增长很多，业务团队就会感受到极大的压力，心理上会产生畏难情绪，而在执行中出现与指标相差较大的情况，甚至就会干脆放弃努力，既然拿不到奖金就随便做吧。如果真出现这样的情况就麻烦了，会导致经销商和团队之间的博弈，影响整体战略的有效执行。所以，经销商在制定业绩指标的时候一定要客观，不能盲目追求快速增长，一定要考虑市场的客观因素和资源的匹配，最好的方式就是保证一个相对稳定的增长，避免大起大落。同时，为了避免业务团队的心理波动，笔者还建议一些经销商变换提成达标的导向，和之前 KPI 考核一样，也是采取正向而非负向，不像过去那样先设定一个明年增长的指标，然后在这个指标下进行浮动，而是在去年业绩的基础上设定不同的增长坎级，为每个坎级确定一个提成比例，只要不低于去年的业绩，达到哪一个增长坎级，就按照对应的比例获得提成，这样会让业务团队将焦点放在如何增长上面，而不是总想着公司制定的指标能不能完成。另外，在业绩提成上还需要设立一个非业绩因素的达标底线，那就是公司价值观，业务团队只有在没有违背公司价值观的前提下完成业绩，才能具备获得提成的资格，经销商务必牢记这一点，没有什么比维护核心价值观更重要的事情，这才是决定公司未来能够走多远、活多好的根本。

**（4）提成系数**

经销商在设定业绩提成比例的时候，还需要考虑业务人员的达标程度，这就意味着他们对公司的贡献存在差异，为了体现出这种差异，也为了充分激励业务人员，经销商应该增设一个提成系数，划分不同的坎级，以此更加客观地体现业务人员的贡献程度和薪酬回报。如表 10－3 所示。

表 10-3　不同业绩达成率的提成系数

| 业绩达成率 | 70% > 业绩达成率 | 70% ≤ 业绩达成率 ≤ 80% | 80% < 业绩达成率 ≤ 90% | 90% < 业绩达成率 ≤ 110% | 110% < 业绩达成率 |
|---|---|---|---|---|---|
| 业绩提成系数 | 0 | 0.8 | 1 | 1.1 | 1.2 |

**（5）业绩差异**

经销商在确定业绩提成方案的时候，还需要考虑业务人员之间的业绩差异问题。有的业务人员业绩基数大，但是增长的空间有限，而有的业务人员虽然增长迅速，但是业绩基数较小，如果都采用一样的提成标准，这两类业务人员就会产生不满。如果以业绩增长率高低来设定提成比例，那前者就会喊冤，我的业绩基数那么大，但是还不如基数小的人拿的多，太不公平了。如果按照业绩增长的绝对值多少来设定提成比例，后者也会喊冤，我的增长比例那么高，但提成很少，这不公平。为了平衡这种业绩差异造成的矛盾，经销商就需要在提成比例之外再设定一个系数，用来调节业务人员业绩差异带来的不平衡，可以以业绩基数为标准，设定不同坎级，然后每个坎级都有一个提成系数，比如0.8、0.9、1.0、1.1、1.2，业绩基数越大，系数就越小，基数越小则系数就越大，这样就能够在一定程度上减弱业绩基数差异而造成的不平衡，使得激励更加公平。如表 10-4 所示。

表 10-4　不同业绩基数的调节系数

单位：元

| 业绩基数等级 | 100 万以下 | 100 万 ~ 200 万 | 200 万 ~ 300 万 | 300 万 ~ 400 万 | 400 万以上 |
|---|---|---|---|---|---|
| 调节系数 | 1.2 | 1.1 | 1.0 | 0.9 | 0.8 |

**（6）考核时间**

对于业务人员的业绩提成，还必须体现出一定的时效性，提成的周期不能太长，否则就难以激发业务人员的积极性。因此，经销商需要实施长短期相结合的业绩提成。通常来说，以月度作为短期，以季度作为中长期，使业务人员的业绩回报每月都能够得到体现，既能够使业务人员获得更多的薪酬来承担各种个人开支，又能够有效引导业务人员落实公司的规划和目标。对于业绩提成的考核时间，还有一点是需要特别关注的，有的经销商制定的业绩提成只有短期而没有长期，也就是只有月度考核，达标了就能拿到，不达标就拿不到，这种方式是有问题的。一方面给业务团队带来的都是短期思维，只看当月能不能拿到提成，不管以后市场能不能建立牢固的根基；另一方面还会给团队留下老板不愿分享的看法，与公司的价值观背离，不利于打造一支紧密合作的团队。实际上，经销商给员工业绩提成的目的是为了推动整体策略的有效执行，并不是为了少给员工薪酬。既然如此，为什么不给员工一个补过的机会呢？如果月度业绩指标没有达成，拿不到当月的提成，这没有问题；如果员工在后续的几个月中表现很好，不但后几个月的当月指标都完成，而且累计的业绩指标也都达标，是否可以将之前未能拿到的月度提成再补发给他呢？逻辑上是非常合理的，也能充分体现以人为本的核心理念，有利于经销商的持久发展。

## 四、年终奖励

除了上述薪酬项目，有的经销商还会在年终给予团队一定的奖励，具体数额不确定，这要根据经销商当年的经营状况来决定，可能会多发一个月薪水，也可能会给每个人大小不等的红包。总之，对员工来说完全就是额外的收入。也有经销商会将年终奖励作为一个固定的制度，明确规定奖励的额度、方式和时间，这种方式就更好了，能够让团队感受到公司的关怀和规范性，从而增加凝聚力。

## 五、津贴福利

只要上了一定规模的经销商，都会给员工提供一定的津贴和福利，诸如工龄补贴、通信补贴、交通补贴、职务补贴及礼品、旅游等福利，这些项目的金额一般不会太高，但是会给员工带来良好的心理感受，能够体会到公司给予的关怀，铜臭味少一些，人情味多一些，这也可以理解是团队建设的一个重要内容。有的经销商不重视这些，认为只要钱给到位了就没问题，其实这种做法和给的钱多钱少没有多大关系，和团队的心情有关系。当然，津贴福利不能代替正常的薪酬，不能说因为有津贴福利就可以减少基本工资、绩效奖金和业绩提成，但是在正常的薪酬基础之上，津贴福利确实可以带给团队更好的感受和更高的积极性。有的经销商在这个方面做得非常巧妙，他们对于表现优秀的员工，不但给予其本人奖励，还会直接单独给其直系亲属一份同等的奖励，从而产生出意想不到的效果。员工的老婆某一天突然收到了1000元，被告知是公司对优秀员工家属的奖励，一定很高兴，一定会对自己的老公大加赞赏和鼓励，同时惦记着下个月还能够收到这份大礼；假如下个月没有收到，一定会问老公为什么，老公心里肯定不舒服，暗暗给自己鼓劲下个月必须得到奖励。一份小小的福利，不但体现了公司的关怀，还能从另一个角度激励员工，这是多么有价值的事情啊！

## 六、利润分红

某些经营规模较大的经销商，通常有数千万元的营业额，还会采用利润分红的方式来激励骨干员工，甚至会以“干股”的形式将其制度化，将骨干员工与公司发展紧密地捆绑在一起。这种方式能够改变骨干员工的理念和格局，看问题跳出个人的视角，站在整个公司经营的角度来思考，既强化了凝聚力，又提升了员工经营能力，可谓一举两得。

**表10－5　某经销商业务人员的薪酬体系**

<table>
<tr><th>序号</th><th colspan="2">项目</th><th>内容</th></tr>
<tr><td>1</td><td colspan="2">基本工资</td><td>每月1800元，按月发放</td></tr>
<tr><td>2</td><td rowspan="3">绩效奖金</td><td>业绩达成：60%</td><td>每月制定销售目标，按照达成率发放</td></tr>
<tr><td>3</td><td>市场表现：20%</td><td>每月进行市场检核，出现问题每次扣罚业务人员和司机各50元</td></tr>
<tr><td>4</td><td>专项考核：20%</td><td>根据规划的重点内容制定，如新品销售目标、铺货率、生动化等</td></tr>
<tr><td>5</td><td colspan="2">业绩提成</td><td>按单件提成，60%给业务人员，40%给司机，根据毛利高低分产品设定比例，低毛利产品单件提成0.1元，高毛利产品单件提成0.6元</td></tr>
<tr><td>6</td><td colspan="2">手机补贴</td><td>每月补贴50元</td></tr>
</table>

续表

| 序号 | 项目 | 内容 |
| --- | --- | --- |
| 7 | 团队竞赛 | 每月开展团队竞赛，总销售目标达成率在前三名的，淡季时每月分别奖励 500 元、400 元、300 元，旺季时每月分别奖励 1000 元、800 元、600 元 |
| 8 | 制度奖罚 | 请假每天扣 50 元，迟到一次扣 50 元，开会时手机响一次扣 100 元 |
| 9 | 福利 | 中秋、春节等重大节日给予 300 ~ 500 元物品 |
| 10 | 交通补贴 | 车辆跑远路，每人给予 100 元补助 |

## 第二节　“过程—结果”双轮驱动绩效考核体系

有的调味品经销商认为业务人员的执行力不强，主要在于他们的技能有所欠缺，或者不愿意吃苦，因此总是寄希望于通过培训来改变业务人员的想法，殊不知，这种做法既不能治标，更不能治本。在一个缺乏公平体现贡献价值的环境中，业务人员对于公司要求他们不断上进的做法是无法有效接受的，培训完之后他们仍然是该干什么干什么，培训费白扔了。事实上，经销商忽略了业务团队执行力的真正动力来源——绩效考核，这套体系若没有建立起来，执行力不会自动产生。绩效考核向来是业务团队建设乃至整个企业建设中的一大难点，在经销商的实践过程中，对业务团队进行绩效考核的问题主要在于未能掌握一些基本原则，因此不知道应该设计哪些绩效考核指标，以及应该如何掌握绩效考核的过程。

传统的绩效考核观念始终强调“结果”，其结果就是充斥着短期行为，再好看的“数字”也只能使经销商高兴一时，而无法推动公司获得持续成长。到底什么才是经销商真正希望看到的“结果”？实际上，经销商当前所追求的“结果”并不是最终希望看到的结果，而推动公司持续成长的“过程”才是真正的“结果”。正确的观点应该是激励行为而非结果，通过正确的行为来构筑企业成长的过程，并由此产生良好的长期结果。

## 一、绩效考核的结果导向误区

经销商在绩效考核上的结果导向主要体现在财务数字上，比如销量、销售额、利润额、市场份额等指标，而对于如何达成这些数字则不进行考核。那么，经销商追求财务数字有错吗？没有错。问题不在于是否追求财务数字，而在于用什么样的态度来追求。结果导向有三个含义：一是以财务数字为核心；二是追求短时间内的财务数字；三是对如何达到这些数字毫不关心。经销商在绩效考核上的结果导向误区就是：对结果的认识表面化，对结果的态度短视化。

### 1. 误区一：对结果的认识表面化

一提到结果，经销商直接将其与销售有关的一系列财务数字联系起来，从而形成“财务数字就是结果”的观念。这种认识把结果简单化了。一家经销商会把销售额达到5000万元作为绩效考核的指标，这是一个明显的财务数字，是一个结果，但是对于新产品的推广、产品的铺货率、终端的生动化、价格管控等指标，他们就不能作为结果被考核了吗？事实上，把这些指标纳入结果考核中，将会对最终的财务数字结果产生极大的促进作用。

由此可见，“结果”其实是综合性的概念，最终结果是“结果”，阶段性结果也是“结果”。在食品企业中实施的HACCP（危害分析和关键控制点）认证，其实就是一套非常好的阶段性结果考核体系，它在食品生产过程中通过对关键控制点有效的预防措施和监控手段，使危害降到最低，从而确保产品的优异品质。如果不重视阶段性结果，厂商就会丧失动态调整的机会，很多问题会被掩盖，成为危机爆发的“火药桶”。所以，经销商在开展绩效考核时，一定要把阶段性结果和最终结果整合起来，对阶段性结果的考核实质上就是对过程的考核，就是对行为的激励。

### 2. 误区二：对结果的态度短视化

很多经销商在进行绩效考核时，只盯着当年的财务数字指标，要求业务人员竭尽全力完成，对于其他过程指标都可以不考虑，仿佛只要今天吃饱了饭，至于明天能不能吃饱饭、能不能吃上好菜，都可以先放在一边，到时候再说。可这种考核的结果却会造成一种“今朝有酒今朝醉”的局面，业务人员为了能完成指标，拿到可观的奖金，往往“不择手段”，滥用返利、怂恿或默许冲货、空头许诺、不切实际地压货等，最终造成市场秩序混乱、渠道库存积压、客户一片怨言等严重的“后遗症”，使得经销商失去了业绩持续成长的基础。经销商看重财务数字指标是没有错的，如果不顾未来的成长而透支市场的果实，只会带来致命的打击。

为什么要激励行为而非结果？试着问一下自己：到底谁能决定最终结果？影响最终结果的因素又有多少？事实上，真正能掌控的只能是自己的行为，只能是过程，至于最终结果如何，也只能“成事在天”了。因此，经销商必须跳出对“结果”的认识误区，从过程、持续发展的角度来看待对结果的绩效考核。

## 二、绩效考核的战略导向

绩效考核与经销商的战略方向和规划密切相关，可以说，经销商的战略要得以正确有效地执行，必须通过绩效考核来加以引导。相反，如果绩效考核要发挥作用，就必须充分体现出战略规划的要求。具体而言，这种关联表现在政策导向和资源支持两个方面，如果未能将绩效考核与战略规划有效联系起来，将根本无法起到应有的效果。

### 1. 政策导向

经销商在进行绩效考核时，必须将考核指标纳入业务人员的相关政策之中，重点包括薪酬政策、奖励政策、绩效政策、销售政策等，要让业务人员明确知道公司的总体原则和方针。经销商如果希望依靠推出新产品来提升业绩，那么就必须将新产品推广纳入公司绩效考核政策；如果希望通过稳定市场价格体系来提高客户的积极性和销售业绩，那么就必须将价格管理纳入绩效考核政策中。其他亦然。没有政策引导，光喊口号是没有用的。

### 2. 资源支持

政策导向还要转化为实实在在的资源投入，否则绩效考核也容易流于形式。比如经销商在销售政策中设立了产品铺货率的考核指标，如果没有在区域市场增加业务人员和铺货费用，那么这项考核指标等于白设。巧妇难为无米之炊。业务人员不可能在缺乏资源的情况下开展工作，又要马儿跑又要马儿不吃草是行不通的。

## 三、绩效考核的层次性

目前经销商在绩效考核中还存在一个问题，就是在设置绩效考核指标时缺乏层次性，这也是由结果导向引发出来的。所谓绩效考核的层次性，是指不同级别岗位的业务人员，在承担绩效考核方面的责任性质和范围是不同的，越高级的岗位所承担的绩效考核指标越倾向于最终结果，越下级的岗位所承担的绩效考核指标则越倾向于过程。比如总经理考核销售部经理，可能主要就是销售额指标，但销售部经理考核业务人员，除了销售额指标之外，还必须考核新产品推广、产品铺货率、冲流货和客情关系等过程指标。

经销商的问题就在于，不管岗位高低和承担责任的性质和范围，一律以最终结果作为考核指标，表面上看起来是对考核指标进行了层层分解，但这种形式忽略了绩效考核指标对不同岗位的针对性。越上层的岗位越倾向于最终结果考核，因为只有他们才具有利用各种资源来影响结果的能力，但他们无法直接掌控一线操作过程；越下层的岗位越倾向于过程考核，是因为他们在利用资源方面缺乏影响力，只能通过实际的操作来掌控业务运作的过程。因此，绩效考核指标必须体现出对不同层级岗位的针对性和有效性，角色不能发生错位。如果一个人对某件事情不具备足够的影响力，你再如何去考核他、激励他，也不能产生良好的结果。

另外，绩效考核的层次性还体现在考核政策的上下一致性。尽管不同层级的考核指标各有侧重，但有一点非常关键：为了确保某些关键业务能够执行到位，对某些过程指标的考核政策可以贯穿上下各层级，以避免有的主管不重视而造成下级业务人员难以有效执行。假设经销商针对业务人员的考核政策是提高产品的铺货率，如果针对销售部经理没有铺货率的考核，那么他就可能对铺货工作不以为然，从而导致业务人员也无法有效进行铺货，将铺货率指标纳入销售部经理的考核政策，他才会真正对这项工作重视起来。因此，绩效考核政策必须确保业务人员的行为上下一致。

## 四、绩效考核的 KPI 体系

KPI 的绩效考核体系是一种非常实效、易于操作的体系。之所以要设立 KPI，主要是经销商不能把握绩效考核指标的“度”，要么是考核指标单一，只考核财务指标，要么就是矫枉过正，考核指标一大套，多得让人眼晕。两种极端的方式都不可取。经销商既要设定明确的考核指标，又不能对业务人员职责范围内的所有事项进行考核，还要考虑操作上的便利性，因此通过设立 KPI，可以让业务人员将 80% 的注意力放在推动战略有效实施的核心环节，使绩效考核更富有针对性。

经销商要构建针对业务人员的 KPI 体系，必须遵循以下几项基本原则：

**（1）KPI 必须来源于公司的整体策略规划**

KPI 必须对经销商整体策略目标和规划进行转化，抓住其中的关键业务环节，通过 KPI 直接表现出来，一一对应。假如关键业务是新产品拓展，那么对新产品推广的考核必然是 KPI 指标之一；假如关键业务是深度分销，那么对铺货率和生动化的考核又必须成为 KPI 指标。为了充分体现绩效考核指标的关键性，KPI 最好控制在五个以内，以重点突出，利于操作。

**（2）KPI 必须将过程与最终结果联结起来**

设立 KPI 时，不能仅仅考虑最终的财务数字指标，必须通过对关键业务环节的分析，设立相对应的 KPI，使销售业务过程能够有效推动销售目标的实现。一般而言，销售额都是直接的最终财务指标，但仅仅考核它是不够的，因为无法有效引导业务人员的合理行为。如果对新产品推广进行考核，那么业务人员必然关注新产品推广成效，或者对铺货率进行考核，则业务人员必然努力推动产品进入更广泛的渠道。这些工作，其实都将直接导致销售额的增加，一旦将过程与结果联结起来，产生的推动力将起到倍增的效应。

**（3）KPI 必须根据不同层级进行分解**

在对整个业务团队的绩效考核中，KPI 的设立必须体现出对不同层级的针对性，然后在此基础上对 KPI 层层分解。比如对整个业务团队设立的 KPI 包括销售额、费用率、新产品推广、铺货率、生动化价格管控等。那么，在具体的分解中，销售部经理应以销售额、费用率、新产品推广和价格管控为 KPI，而业务人员则应以销售额、铺货率和生动化为 KPI，这样各级业务人员都能在自己的能力范围内承担起对业绩的推动作用，对业务人员的激励作用也就越明显。

**（4）KPI 必须进行动态监控和分析**

与目标管理的管理过程一样，KPI 在执行中也应该按照“P－D－C－A”的循环对各项考核指标进行监控和分析，绩效考核并不仅仅是体现业务人员的业绩贡献，还在于对业务人员工作效率的推动，不断改善工作方式和成效。因此，KPI 不应该成为静态的数据，应该采取动态的方式来引导业务人员的行为。

## 五、绩效考核的执行——目标卡

绩效考核不仅仅要在设立的时候考虑过程导向和对行为的激励，在执行的时候也必须切实地加以推动，绩效考核的运用应该是“活”的而不是“死”的。经销商必须树立对绩效考核的正确认识，它不只是一种政策，更是一种体系，它不只是静态地反映业务人员的贡献，更重要的是引导和激励业务人员的行为，由此必须依靠有效的执行来推动。

根据 KPI 体系的特点，在绩效考核执行时采取“目标卡”（注：在目标管理体系中进行应用）的形式比较有效。“目标卡”的实质是将绩效考核变成双向互动的过程，而非单向的“自上而下”，经销商可以将它视作一份经双方协商签订的“协议书”。它的推行将消除业务人员对绩效考核的对立情绪，因为它真正体现了改善业务人员工作效率的特性，而不单纯是一种压力。

### 1.“目标卡”的运用方式

“目标卡”是在每个业务人员与他的上司或者下属之间建立一种定期（一般为月度）的追踪检讨体系，要求每个主管都必须与他的下属共同协商确定下个月的销售目标或指标，并用书面形式表现出来。即便公司已经制定了较高的目标任务，每个主管也应该帮助下属进行分析，并且尽量合理地进行分解。一旦目标卡的内容确定，每个主管应该为下属提供支持和激励，定期（每周和每月）对目标卡的执行情况进行检讨，及时解决销售过程中出现的问题，不要让下属觉得上司对自己不闻不问。通过“目标卡”的执行，要在业务人员之间形成一种积极主动的氛围，而非完全依靠单方面命令来执行目标。

**2. “目标卡”的主要内容**

在一张简洁的“目标卡”中，应该包括具体目标（指标）、目标权重、完成时间、实际结果、考核结果、改进措施等内容，每个主管都必须与下属进行充分沟通后，来帮助每个业务人员确定自己明确的销售目标。销售主管可以利用“目标卡”对下属的业绩表现进行动态评估和分析，然后通过相互沟通来调整或引导业务人员的工作方式，并对 KPI 时刻保持关注，从而有效提升销售业绩。

尽管绩效考核在实践中非常不容易，但经销商只要贯彻“激励行为而非结果”的基本原则，突破结果导向的短视考核模式，建立过程导向的 KPI 考核体系，必将真正实现经营业绩的持续增长。

## 第三节　让业务团队成为利润中心

### 一、以利润分成来激励业务团队

在整个团队的激励中，业务团队是最重要也是难度最大的，不但经销商面临这种挑战，厂家也同样如此。既是因为业务人员的工作成效直接关系到厂商的经营效益，也是因为业务人员的工作过程和销售业绩存在很大的弹性，多努力一点就会提升，少努力一点就会停滞不前。更关键的是，对业务人员的工作过程很难管控到位，常常出现一种“一管就死、一放就乱”的尴尬局面，所以谁能够将业务团队的能量充分激发出来，谁就能够获得快速的成长。

为此，众多厂商都将如何激发业务团队的执行力放在了极其重要的位置，各种培训、各种流程、各种制度、各种模式都被厂商大量尝试，但对业务团队产生最大激励效应的仍然是分配机制。老实讲，对于有能力的优秀业务人员来说，单纯的薪资对其是没有吸引力的，既然选择了业务人员这个职业，就意味着接受了一份辛苦、不安定、收入不确定的工作，也激发了他们得到更多回报的欲望。

如何给业务人员恰当的回报，这不是一件容易的事情，不仅仅是钱给得多少的问题，还有用什么方式给的问题。当然，钱给得少肯定是不行的，有时候业务人员赚钱太容易也并非好事，不意味着就一定能够激发出内心的激情，反而可能会产生不思进取的副作用。经销商还必须考虑公司的费用控制和团队中的平衡问题，既要充分激励业务团队，也不能缺乏合理的约束和要求，更要将激励和公司整体战略目标的达成结合起来，让业务团队和公司实现双赢。

为此，经销商可以采用“利润分成”的机制来激励业务团队，而不用传统按销量或者收入提成的方式。为什么呢？笔者在本章第一节“经销商薪酬体系的构成”中的“业绩提成”部分说到，在销量或收入的激励导向下，业务人员为了拿到更多的钱，会将重点放在成熟的或者畅销的产品上，尽管这些产品并不能给公司带来更多的利润，但业务人员对此是不关心的，他们不会关注公司赚了还是亏了，赚少了还是赚多了。如果是这样的结果，就意味着公司和业务人员没有实现双赢，而且公司不能有更多的利润，这种激励机制也不可能长期实施下去。

因此，为了在公司和团队中间找到平衡点，经销商就需要引入“利润分成”的机制，为业务团队设定利润考核的指标，如果能够达成规定的指标，就能够从利润中按比例获得较高的收入。这样一来，业务团队的角色在公司中也从原来单纯的“业务中心”转变成了“利润中心”，不但创造更多的收入，还能创造更多的利润，为公司的持久发展添加更多动力。

假设经销商年销售额为 3000 万元，销售部门创造的毛利率按 12% 计算，年毛利额就是 360 万元，公司的仓储物流费用是 150 万元（按销售额的 5% 计算），销售部门的运营费用是 90 万元，那么扣除仓储物流费用和运营费用后，销售部门能够获得的利润就是 120 万元。经销商可以制定三个级别的年度利润目标：基础目标 90 万元，保底目标 75 万元，冲刺目标 105 万元。如果销售部门达成基础目标，就可以获得 10% 的利润分成；如果只完成 75 万元的保底目标，就只能拿到 5% 的利润分成；如果完成 105 万元的冲刺目标，就能够获得 15% 的利润分成。这样一来，业务团队就实现了和公司共同的利润分享，从而将自己的命运和公司的命运关联在了一起。

相较于原来的“销量/收入提成”机制，“利润分成”机制有以下两大好处：

第一，将业务人员的行为与公司的业务结构结合起来。经销商的经营本质就是投资回报率，其中的关键指标就是利润额，反映的是经销商的赚钱能力；利润额和销量和毛利都有着直接关系，引导业务人员注重利润额就是要改变过去单纯注重销量一个因素，同时注重销量和毛利，要通过这两者的共同作用产生出最大化的利润额。在销量提成机制下，业务人员不会关心公司是赚还是亏，但采用利润分成机制，业务人员就会同时关注销量、毛利和利润，还能引导其主动选择推销高毛利产品，主动调整所负责区域内的产品结构，这就完全把风向扭转了过来，使业务人员的行动和公司目标丝丝入扣。

第二，推动业务人员从“要我干”转变为“我要干”。在原来的机制下，公司要反反复复地提醒和要求业务人员，要将注意力放到能够赚钱的产品上，但往往怎么说都没有用，还是你说你的、他做他的，无论老板怎么苦口婆心都没有用。但转变为利润分成机制后就会完全不一样，业务人员就会从过去“要我干”转变为“我要干”，现在不用老板说他都知道要卖毛利更高的产品，原来外部的压力已经完全转变为了其内心深处的动力，由此会释放出更大的能量。这就像现在的动车组高速列车，其速度之所以远远超过原来的普通列车，就在于从根本上改变了动力结构。传统的列车开动，首先要火车头的车轮转起来，火车头自己先开动起来，然后拖动列车。可是火车头独自的重量，毕竟比不上整列火车，是不能一口气直接带动整列火车的。实际上火车开动时，火车头要首先牵动第一节车厢，有了第一节车厢一同动起来，增大了火车头运动的能量，才能牵动第二节车厢……整列火车开动起来，其实是一节一节动起来的，有个相当长的过程。高铁却完全不同，动车组有牵引电动机的绝不只是火车头，每个车厢都有电动机，这样一来，动车组前进时是每节车厢的所有车轮都在一致地运转，不仅是机车带动，车厢也会“自己跑”，团结力量大，列车自然就能够高速运行了。于是，经销商轻松地解决了业务团队的内在动力问题，激发了团队能量，也大大提升了组织执行力。

“利润分成”机制的核心是将相关部门从“业务中心”或者“费用中心”转变为“利润中心”，将公司目标和个人利益有机地结合起来。这套机制并不仅仅只适用于业务部门，对于仓储物流部门这样需要节约费用或者提升效率的部门，也可以借鉴“利润分成”，最大化地激发团队的积极性。这就和海尔集团实施的市场链 SST（索酬、索赔、跳闸）机制一样，企业各部门都转变为了“利润中心”，相互之间都是提供价值和获取价值的独立核算关系，每个部门都有自己的“动力”，从而保持了组织的活力。

需要注意的是，经销商在运用“利润分成”机制的时候，一定要公开收入和费用项目，及时将财务数据及时客观地告知相关部门，要保持实施过程中的透明性，千万不要因数据出现问题造成团队猜疑，那就适得其反，也就失去了打造团队激情和执行力的根本意义。

## 二、基于规模发展适时导入“合伙人”机制

近几年流行一种“合伙人”的机制，就像海底捞、西贝、永辉超市这样的大型餐饮及零售企业都导入了“合伙人”机制。之所以会出现这样的机制，本质上还是为了激发团队活力，使团队能够与组织像血肉一样地紧紧相连。

### 1. “合伙人”机制产生的背景

在企业传统的生产关系中，股东、管理层、员工之间的关系是一种自上而下的指令关系和分配关系。企业管理决策从上向下传达，但被动接受指令的下级因理解能力、个人利益和主观动力等原因会导致执行力度层层递减，最终导致经营效率的损失。企业经营成果的分配完全由上级决定，并通过固定薪酬、绩效考核等一系列手段进行绩效评价和发放，下级同样处于被动消极的状态。

在“合伙人”思想指导下，员工不再是单纯的劳动力出卖者，而是成了自己的主人。新的生产关系极大提升了人才的内生动力，从根本上改变了人力资源利用效率。由于角色的转变，上下级之间单向命令式的被动管理所带来的消极作用被基本消除，各方开始主动提高工作配合、速度和质量，管理成本开始下降。在这种情况下，员工自己的付出，决定自己的收入，付出回报更紧密，具有更高的激励性，同样为员工开辟了一条收入通道。

### 2. “合伙人”机制的内容

从目前各类企业实施的“合伙人”机制来看，主要分为两种：事业合伙人和业务合伙人。

**（1）事业合伙人**

事业合伙人即常见的虚拟股份或项目跟投，员工出资认购公司虚拟股份，共同经营、共享利润、共担风险，但并不涉及法人主体或工商注册信息变更。其中又分为两类：第一类是公司拿出一项业务、产品、项目、区域（单店）等可独立核算的经营体与参与该经营体运营的员工共同投资、共享利润、共担投资风险，如万科的项目跟投、很多连锁企业的单店员工入股；第二类是公司不区分不同业务/项目/区域，其虚拟股份对应整体经营盈利情况，全体合伙人出资认购公司整体的虚拟股份，并根据公司整体盈利状况进行分红、承担风险，如华为的内部员工持股计划。

**（2）业务合伙人**

业务合伙人是基于业务层面而非公司层面。主要与公司的某一项具体业务有关，也分为两类：第一类是经营团队独立自主进行业务开拓与执行，享受团队经营所得的利润，这是合伙人制最早的形态，常见于智力服务机构，如管理咨询机构、会计师事务所、律师事务所、投资银行等轻资产运作的机构；第二类则类似于承包制的演化，即在公司确定的业绩、利润基础之上，对由经营团队通过努力实现的增值部分进行利润共享，适用于非轻资产运作但员工对业绩/利润起到较大作用、员工经济实力不足以进行资金跟投的企业，更多应用于基层员工的合伙人制改造，如永辉超市推行的一线员工合伙人制，不涉及法人主体及股份身份事宜。

相对而言，业务“合伙人”机制更适合经销商采用，对此可以借鉴一些厂家的实施方式。以海底捞旗下的颐海国际为例，其 2018 年导入的“合伙人”机制产生了良好的效果：销售人员以其负责的经销商作为业务单元，给其充分的费用使用权利，同时考核标准从已有的“完成收入”改为以“业务单元的净利润”，以利润的 5% 为销售业务人员核算奖金，不设上限。“合伙人”机制的实施，充分激发了销售人员的主观能动性，使企业员工达成目标和利益的一致，大幅提高了单位费用的使用效率，销售团队积极性也得到充分激发，同时规避了目标责任制中为了降低未来收入指标而刻意压低今年销售的短期行为。在新的激励机制下，相当数量的合伙人月收入3万元以上，2018年颐海国际的第三方收入（指通过经销商拓展市场）大幅提升106.1%，远高于营销费用增速，人均创收从2017年的18万元/月翻倍至2018年的36万元/月。颐海国际的改革成效斐然，其2019年的营业额已经高达42.83亿元，同比增长59.7%，净利润为7.95亿元，远远超过了天味、红九九等原来的领先品牌，成了火锅调料行业的第一品牌。

据笔者了解，目前一些营业规模较大的经销商已经准备导入“合伙人”机制，应该说这是经销商不断追求进步的良好表现，值得肯定。不过，笔者在此要提醒的是，经销商对此不应赶时髦，而要根据自身的情况选择恰当的员工激励方式。“合伙人”机制的本质就是“利润分成”，与前面所述的做法并没有本质的区别，都能很好地激励业务团队的积极性，只是叫法不同而已。“合伙人”机制只是薪酬激励方式的一种，并不能代替正常的薪酬体系，要发挥出作用也要建立在一定的管理基础之上，不能将其孤立出来看待。“合伙人”机制适合规模大的厂商，对大多数的经销商来说，更重要的是先将一套相对完整的薪酬体系建立起来，把原先零散、粗放、随意的激励方式逐步变得规范，同时使团队意识和行为得到转变。然后，随着公司经营规模的不断扩张，在各种基础条件都已经夯实的前提下，再逐步导入“合伙人”机制，就能够发挥较好的作用。

# 第十一章

# 公司化法则九：建联盟

## 第一节　厂商冲突背后的分歧点

商业合作是个永恒的话题，《三国演义》开篇即言：天下大势，分久必合，合久必分。国家如此，商业同样如此。商业的本质在于利益的交换，故此在商场上没有永远的朋友，也没有永远的敌人，只有永远的利益。为了利益，有时候商业伙伴需要联合在一起，利用双方的优势进行资源整合。同样是为了利益，有时候商业伙伴则需要分手，按照自己的想法和做法来发展。目的一样，但是方式不同，分分合合各取所需，这便是商业合作中的常态。不管如何分合，合作始终是商场上的主旋律，即便是双方分手了，但一转脸也会和其他人进行合作，离开了合作，谁都无法生存下去。

厂商之间的合作，是彼此经营过程中无法绕过的一环，厂商双方对于彼此的重要性，直接关系到商业利益的传递与实现。厂家能找到合适的经销商，就等于成功了一半。如果没找到合适的经销商，往往难以成功，反之经销商也是一样。尽管厂商合作如此重要，不过每个厂家和经销商在合作中都普遍存在相互冲突的现象，由此演绎着诸多的悲欢离合。

要了解厂商冲突的根源，就有必要了解清楚厂商双方各自的看法和利益点，由此方能解开症结。

### 一、经销商对厂家的抱怨

①过河拆桥。在厂商之间的冲突中，经销商对厂家最反感的就是“过

河拆桥”。在一些经销商看来，当初厂家找上门来寻求合作的时候，根本就没有市场基础，产品也没有特色，市场支持也不够；有的厂家根本就找不到商家合作，有的厂家虽然已经运作了一段时间，但是市场做得很差。在这种情况下，自己把产品接下来，耗费了大量精力，也投入了资源，帮厂家把市场做了起来，销售额逐年增长，品牌知名度也不断提高。结果销售规模做大了以后，厂家就不满足了，新推出的产品不找自己做，给了其他商家，甚至还要切分自己的经销区域或渠道，没有和自己商量就把下游的分销商直接开成经销商了，这种做法太令人寒心了。

②占用资源。在经销商看来，他们面临的压力已经够大了，市场运作的成本大幅提高，他们的资源也很紧张，但是厂家一味地让他们投入更多，这并非他们情愿的。他们认为，市场投入主要应该由厂家来提供，如果厂家在这方面比较保守而主要依赖经销商，是不可能将市场做好的。确实，有的经销商相当卖力地推广厂家的产品，原因就在于厂家愿意为其提供充分的费用补贴，使其在市场拓展上没有后顾之忧，能够全力而为，如果反过来要占用他们太多的资源，这就难以接受了。

③拼命压货。这也是经销商对厂家非常反感的一点，在厂商合作中会经常出现。厂家的实力越强，就越会向经销商压货，海天、太太乐、家乐等大品牌都是这样，这些品牌发展壮大的过程，始终伴随着向经销商的压货，可以说，没有压货就没有这些大品牌的今天。厂家是舒服了，但是经销商受不了，压货就是压资金，货压得越多，经销商的现金流压力就越大，碰上厂家大力疏通渠道、拉动销售还好，压得多就赚得多；如果厂家只顾压不管疏，那就麻烦了，库存一大堆，一年下来很有可能就是白干。再说市场容量都是有限的，年年都压又怎么可能年年都有大增长呢？

④缺乏帮扶。随着市场的日益复杂化，市场运作的难度也在增加，同时经营多个品牌的经销商，要让他们对每个品牌的经营都要非常专业是不现实的，这就需要得到厂家销售团队的专业支持。令经销商不满的是，不少厂家无法为其提供专业的销售指导，包括市场策略、产品规划、渠道规划、费用规划、推广方案等，只能依靠他们自身的经验行事，难以取得好的效果。因此，不少经销商在接产品的时候都非常关注厂家能够提供什么样的专业支持，他们不怕多花钱，而是怕厂家对他们不闻不问。

⑤只顾圈钱。经销商还对部分厂家招商圈钱的行为表示非常不满，一些厂家根本就没有多少实力，也不懂行业，对市场运作也缺乏经验，但就是善于炒作，产品不怎么样但是概念很吸引眼球，包装也设计得很漂亮，再加上提出了一堆看起来很诱惑人的合作政策，高力度的返利，进货送车、送电脑，从空中到地面的立体式传播造势，专业团队全程辅导，甚至还有可能给股份，未来可以享受上市增值的红利。其实，这些只不过是为了圈钱，一旦把款打过去，后面找人就很难了，之前承诺的那些条件很少做到位，最后还是经销商吃亏。

## 二、厂家对经销商的抱怨

①有奶就是娘。一些厂家认为经销商就是“有奶就是娘”，什么能赚钱就做什么，根本不考虑什么市场基础、品牌打造、渠道维护等，能赚钱就做，不能赚钱就甩货，完全不顾厂家的未来。有的厂家认为经销商目光太短浅，只顾着眼下能不能赚到钱，利差大的产品就重视，利差小的产品就忽视，而不管产品是不是品质好、有前景，理念太落后，根本就没有格局。

②吃费用。厂家对于部分经销商在合作中出现的“吃费用”现象也有抱怨，本来这些费用是要用于市场拓展的，结果这些经销商一面叫嚷着厂家要提供支持，一面又偷偷地从厂家的支持中克扣费用，将其装入自己的腰包，甚至经销商还和厂家的销售人员串通起来，一起做局来“吃费用”，失去了做大市场的机会，给厂家带来了极大损失。还有一些经销商虽然没有“吃费用”，但是会挪用资源，本来是厂家投入费用拿下的资源，结果被经销商挪用到其他厂家的产品上了，比如用厂家的钱购买堆头或挂网，上面却摆放着其他品牌，这也是一种变相的“吃费用”。

③乱用政策。有不少经销商的经营方式很粗放，他们习惯了靠低价来吸引客户，当获得了厂家提供的支持政策之后，往往不是将这些支持用于渠道的建设，而是用于降价销售。由于厂家基本上都是通过实物返利的形式来提供支持，经销商可以直接将这种返利转化为降价，以此来吸引客户大量进货。如此一来，经销商就破坏了厂家的价格体系，容易导致窜货，而且没有更多的资源来拓展市场和维护市场，这不利于品牌的良性发展，

所以厂家会认为这些经销商的眼光短浅，只看到眼前的利益，不能帮助厂家深入地拓展市场和维护市场。

④窜货。在厂商合作中，窜货应该是经销商最令厂家痛恨的行为了，这就是一场“猫捉老鼠”的游戏，老鼠不断偷吃东西，猫就不断去抓老鼠，双方抓来躲去，一面吵闹一面合作。不过，窜货并非整个经销商群体的共通行为，只能说是部分经销商的所作所为，规模越大的经销商，对窜货的行为就越不认同。所以，并不是只有厂家才痛恨窜货，那些被窜货的经销商也同样痛恨，都是窜货的受害者。但就是有这么一些“投机者”，把整个厂商合作的正常秩序都给扰乱了，令人头疼不已。

⑤不进取。厂家与经销商合作，都希望经销商能够全力配合，除了资源投入之外，还包括在能力和经营模式上的强化和调整，但是经销商通常依靠已有的经验和平台来开展经营，对于厂家希望他们强化能力或者调整经营方式，由于涉及的变动太大，而且投入也不少，一般都不愿意。这样就会影响厂家的市场拓展，使得厂家对经销商的不思进取非常反感，却无可奈何。

⑥不投入。厂家与经销商的合作，主要是希望利用经销商的资源与能力来拓展市场，而为了获取最大化的利益，经销商大多会不断地向厂家争取支持政策，从而减少自身投入的风险；厂家对此不满意的，并非经销商要求获得支持，而是获得支持后并没有共同投入。在厂家看来，拓展市场是厂商双方的事情，厂家投入了资源，商家也应该投入，而有的经销商主要是通过厂家提供的资源来运作市场，自己却不愿投入，无形中就削弱了市场拓展的力量，令厂家难以接受。

⑦不维护。目前在厂商合作中，经销商都明白仅靠自己是不行的，除了政策，还需要厂家派驻专业的销售人员来进行协助，为此一些经销商甘愿成为单纯的物流配送商，对于市场拓展和维护都希望由厂家派驻销售人员来实现；厂家苦恼的是，由于资源有限，大多数都不可能为每个经销商配置足够的销售人员来协助，否则销售团队将极其庞大，投入产出不成正比，管理难度也大幅增加。因此厂家希望经销商自己强化销售团队，而不是过于依赖厂家，但经销商往往也无法做到，这样就使市场难以得到维护。

从上述厂家与经销商各自对厂商冲突的看法可以发现，双方经营价值观和商业模式的不匹配，就是造成厂商冲突的根本原因。对于厂商双方而言，都希望能够按照自己的想法来拓展市场。商业合作之所以复杂，就在于每个合作方的利益诉求各不相同，每个厂商都希望按照自己利益最大化的方式来合作。在这种情况下，能否在最大程度上找到双方利益的平衡点，关系到双方合作的顺畅程度。如果没有找到利益的平衡点，就必然会产生冲突，越不平衡冲突就越大，也就要求厂商双方都从对方的角度出发来考虑问题，而不能仅考虑自身的需求，对双方的充分了解才是关键。

## 第二节　厂商合作必须跳出“囚徒困境”

### 一、何为“囚徒困境”

经销商和厂家的合作是需要智慧的，可惜仍有不少的厂商不明白这一点。在笔者看来，大家都陷入了零和博弈的“囚徒困境”。所谓零和博弈，就是一方赢而另一方就一定输。如果跳不出来，双方之间的矛盾冲突就始终得不到有效解决。

几乎在每次讲到厂商合作的时候，笔者都要说到“囚徒困境”的故事，因为太贴切，太能说明厂商合作的问题。那么，什么是“囚徒困境”呢？

这个故事说的是：有两个嫌疑犯被警察抓住了，被关在不同的牢房里接受审讯，无法见面也无法说话。警察知道两人犯了法，但缺乏足够的证据，于是想了一个办法，警察告诉嫌疑犯一个规则，需要他们做出选择，谁选择得好，就有机会出去。这个规则是这样的：

①一方主动交代，另一方拒不交代。在这种情况下，主动交代的嫌疑犯将马上被释放，而拒不交代的嫌疑犯则会因“抗拒从严”而将牢底坐穿。

②双方都交代。在这种情况下，由于人证物证俱在，两个嫌疑犯都将被判刑 5 年。

③双方都不交代。在这种情况下，由于缺乏足够的证据，两个嫌疑犯都将被判刑 1 年。

请问，如果你是其中一个囚徒，会选择主动交代还是拒不交代呢？

“囚徒困境”图示如图 11－1 所示。

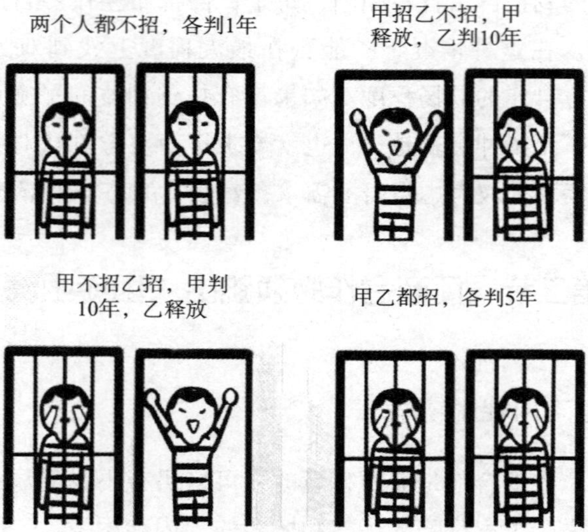


**图 11－1　“囚徒困境”图示**

笔者在为厂商做培训时都会让大家做现场的情景模拟，当问到谁会主动交代的时候，刚开始会有 5% 左右的人举手。然后笔者告诉大家这个选择和“道德”无关，不用担心成为“叛徒”，再让大家重新进行选择，此时主动交代的人会上升到 15% 左右。当问到谁会不交代的时候，就会有一片手齐刷刷地举起来，一般在 60% 左右。其余没有举手的人，都是比较谨慎的，搞不清状况时保持沉默。

此时笔者会开玩笑地告诉那些选择不主动交代的人：恭喜你们，你们将把“牢底”坐穿了！然后，笔者会提醒大家从概率的角度来思考一下，看看到底哪一种选择才是最有利的。此时大家的脑子逐渐开始清醒了，纷纷说道“选择主动交代有 50% 的概率放出去”，这就对了，为什么你们刚才要选择不主动交代呢？笔者告诉大家，这个选择从理性的角度来看并没有难度，就是根据概率进行选择，就应该选择主动交代。其中蕴含的道理就是经典经济学中的“理性人假设”，人之初性本恶，设定每个人都是利己的，都会寻求最大自身利益，而不关心其他人的利益。两名嫌疑犯由于被隔绝监禁，并不知道对方的选择是什么，即使他们能交谈，还是未必能够相信对方不会反口。按照这个“理性人”的思考逻辑，嫌疑犯只有选择主动交代，就有50%的概率得到释放，“万一那个人脑子一根筋真的拒不交代，那么我不就捡便宜了吗”？所以，对于两个嫌疑犯来讲，只能从概率的角度来进行选择，就是一定会选择主动交代。

按照理性人的逻辑，两个嫌疑犯都一定会选择主动交代，那么就会出现上述第二种状况，即两人各判5年。但是这在三种结局中并非最佳的，最好的结局是双方各判1年。此时“囚徒困境”的问题就来了，为什么每个人都是为了自身利益最大化来做出选择，但是结果并不是最好的呢？就像在日常的经营过程中，有的经销商为了追求自身利益的最大化而低价窜货，到头来反而是产品价格被卖穿，导致市场中谁都不愿意卖，最终窜货的人也没有赚到大钱。你为了赚钱而砸钱窜货，别人也会，只要你今天敢窜出去，明天别人也能窜进来，结果原本充足的渠道利润空间就这样活生生地被大家自己给砸没了。

在厂商合作中，这样的事例很多，大家都在追求自身利益的最大化，但结果为什么做不到利益最大化呢？这就是“囚徒困境”的现实表现！笔者一直在对经销商讲，千万不要对厂家管控价格和窜货有意见，这是为了保护大家共同的利益。哪个经销商不愿意有足够的利润空间？哪个经销商不愿意有稳定的利润？哪个经销商愿意把价格卖穿呢？在现实中，因为价格卖穿无利可图最终导致销声匿迹的品牌实在是太多了。既然如此，必须管控窜货，这件事情只有厂家来当“老大”，像警察一样制定规则，并要求所有的经销商都严格按规则执行，才能保障大家都有充足而稳定的利润空间。

这就是“囚徒困境”带给我们的启示，厂商都要深刻认识到这一点，一定要谋求各方共同的利益，而非只考虑自身的利益最大化，否则自己的利益也无法得到。

## 二、厂商的未来在于“强强合作”

有一次，笔者参加一家企业的重点经销商研讨会，一位经销商向笔者提出一个尖锐的问题：如何看待现在一些经销商“抱团”的做法，是否代表着未来经销商的发展趋势？这句话背后的意思就是，厂家给经销商的压力太大，还时不时发生一下所谓的“割喉”事件（注：在调味品行业中，2016年出现过东古酱油对河南经销商雁凌溢香的“割喉”事件，2019年又出现过颐海国际对郑州经销商绍芬食品的“割喉”事件，当时在业内产生了很大的影响），那么经销商无奈之下只能抱团，单个对付不了，就组合起来抵抗厂家的挤压。比如郑州阳明商贸就牵头成立了河南省调味品商会联盟，集结了108县市的大中小经销商，增强和厂家合作中的话语权。该经销商当着厂家老总的面向笔者提出这个问题，来者不善啊！笔者当即说道：“无论经销商抱团也好，不抱团也好，最终能够走得远、走得近、双方都有发展前途的方式，就是厂商双方的强强合作，过于偏向某一方的‘强弱合作’都不会有未来。”这个道理很容易理解。如果厂家很强但是经销商很弱，这样的合作会长久吗？像海天味业在业内位居老大，话语权很强，难道他的经销商都很弱吗？肯定不是。海天的经销商在每个区域市场几乎都是排名前列，经销商弱，海天也不允许。反过来，如果厂家很弱，经销商很强，这样的合作会长久吗？更不可能。厂家弱，产品造不好，推广做不好，市场维护不好，对商家支持不好，经销商强又有什么用呢？所以，只有厂商双方都强大，才有可能实现长久和良好的合作。

笔者所说的“强”，并不是指话语权的“强势”，而是指在专业运营水平上的“强大”。强势绝不是表面上做出来的，而是因为运营非常专业、能够帮助合作伙伴赚钱而体现出来的实力。笔者在为厂家提供咨询服务时，经常告诉厂家千万不要把经销商“切割”得太细了，虽然切细了容易对付，但是也限制了经销商做强的可能，经销商不强，厂家也不可能强。厂家运作市场一定要依靠经销商的资源和团队，弱的经销商是不可能具备公司化运营能力的，而厂家也不可能派驻大量人员来直接运作市场，在市场上又如何能够立足呢？所以，厂家不要怕经销商强，应该帮助经销商做强，只要厂家具有较高的专业化运营能力，就不怕经销商不听话，大家都是为了赚钱，生意场上是有规律的，是有道理可讲的，经销商也不可能无缘无故地向厂家找碴儿。经销商强了，反过来才能给厂家带来提升的压力，这都是相互的，就像零售商强大了，同样倒逼厂家和经销商。压力都是相互给的，有竞争也有合作，这就是市场发展的常态，调味品厂商都应该了解其中的道理，强强合作才有未来。

## 三、厂商合作必须在三个层面达成一致

厂商要形成良好的合作，就必须在以下三个层面上达成一致：

**（1）价值观一致**

这是厂商实现紧密合作的根源，如果价值观不一致，导致许多问题产生。就像两口子一样，一个金钱至上，另一个无欲无求，住在一个屋檐下不天天打架才怪，干什么事都会格格不入。关于此点，笔者对厂商都直言不讳，如果大家的价值观不一致，干脆就不要合作，国内的厂商很多，这家不合适就找另一家，干什么非往一块凑呢？既然要凑在一起，就要按照共同的价值观做事。比如经销商追求的是精耕细作，那选择的厂家也要具有同样的价值理念；如果经销商追求的是规模化增长，却选择追求高价值增长的厂家，就会产生矛盾。

**（2）商业模式一致**

这是厂商实现紧密合作的关键。仅有价值观是不行的，没有商业模式的支撑，大家就都变成耍嘴皮子的功夫了，只有在商业模式上一致，才能真正将双方的价值观执行落地。比如经销商的商业模式是批发型，却说自己的价值观是精耕细作，明显不匹配；或者经销商的商业模式是窜货型，却说自己的价值观是精耕细作，明显是口不对心。厂商双方的商业模式既要和各自的价值观一致，在双方之间也要一致，物流配送型的经销商可以选择市场主导型的厂家，渠道运营型的经销商可以选择渠道管控型的厂家和利益激励型的厂家，商业模式匹配了，双方的资源、人员、服务等方面才能紧密合作。

**（3）利益分配一致**

这是厂商实现紧密合作的保障。双方合作最终都是为了获得利益，价值观和商业模式一致，在利益方面就容易达成一致，比如销售任务、返利、费用支持、压货、价格管控等。现在很多厂商之间冲突严重，本质上都是因为在价值观和商业模式上有很大的差异，简单说就是大家都没选对人，自然在利益上会出现大量的问题。有一个经销商老板说得好，厂商之间要完全没有矛盾是不可能的，毕竟双方都有自己的角度和立场，厂商之间一定要在大的方面保持一致，小的方面只要没有原则性的冲突都是可以

解决的。

## 第三节 厂商合作必须在商业模式上有效整合

解决厂商合作冲突的关键在于厂商之间商业模式的有效整合，即对接或重组。所谓商业模式的对接，是指厂家和经销商双方的商业模式在总体上是相匹配的，不需要改变，但是要在规划、政策、流程、制度上将双方的商业模式连接在一起，从而实现整体性的运作；所谓商业模式的重组，则是指厂家和经销商双方的商业模式存在较大差异，不匹配，需要厂家或经销商的其中一方根据对方的商业模式来进行改变，使双方的商业模式能够实现良好的对接。厂商双方商业模式的整合在商业合作的过程中始终存在，通过合作中的冲突与磨合，各方都在不断调整着自己的商业模式，从而推动着彼此的共同发展。

### 一、厂家商业模式的类型

作为厂家，在与经销商合作时也存在几种不同的商业模式，认清自己的价值导向和商业模式特性，对于厂商合作具有重要的意义。

**1. 利益激励型**

①这种类型厂家的市场拓展能力较弱，更多需要利用经销商的资源和能力。

②厂家主要通过销售政策来激励经销商，以政策来代替管理。

③注重为经销商提供较大的价差空间。

④厂家在市场上配备的人员较少，只能服务于主要的经销商，不能服务下一级的客户。

⑤厂家对于经销商的经营过程不关注，只注重结果。

**2. 经营承包型**

①这种厂家的市场拓展能力很弱，也缺乏足够的资源。

②会采用底价卖断的方式将市场运作的权力完全交给经销商。

③厂家缺乏专业化的现代营销运营能力，更擅长生产制造。

### 3. 市场主导型

①市场主导型厂家的市场拓展能力较强，在合作中追求更多的话语权。

②厂家具有雄厚的资源，能够主导市场的拓展。

③除了关注结果，更加关注整个市场运作的过程。

④在市场拓展上，对经销商有更多的要求，尤其是资金和仓储。

⑤会主动投入资源拓展市场，并为经销商提供充分的支持。

⑥注重控制经销商的力量范围，不愿过分强化经销商的实力。

⑦为经销商提供的价差空间不大，但是自己会承担市场拓展的风险。

### 4. 渠道管控型

①渠道管控型厂家充分认可经销商的作用，希望能够借助经销商的资源和能力。

②厂家具有一定的市场拓展能力和资源。

③厂家注重投入产出比，会控制对固定费用的投入。

④厂家不仅关注结果，也关注过程。

⑤厂家会给经销商合理的价差空间，以及一定的政策激励。

⑥厂家会为经销商提供一定的人员支持，服务下级的部分重点客户。

## 二、厂商双方商业模式对接重组的要素

由于厂商各自的商业模式涉及厂家复杂的运营价值链，双方商业模式的整合并非易事，需要按照一定的方法来推进。要实现厂商商业模式的整合，就必须在以下四个方面进行清晰的界定和规划。

### 1. 角色定义

角色定义是厂商商业模式整合的第一步，各方都必须明确各自在渠道运营价值链中的角色。首先，厂家应该根据产品的定位来确定渠道的结构，然后经销商再按照厂家的规划进行落地，具体包括渠道长度（层级）、宽度（类型）和密度（数量），不同的产品定位需要不同的渠道结构来进行匹配。简单来说，就是高价值的产品定位要求较短的渠道层级、较窄的渠道类型和较少的渠道数量，而低价值的产品定位与之相反。

针对不同渠道层级的不同渠道类型，经销商可以采用能力－资源的双

因素模型来界定厂商各方在渠道运营价值链所承担的角色。以厂家的角色定义为例，可以分为以下几种：

①能力强—资源多。适合批发流通型、客户直供型、物流配送型和渠道运营型经销商，可以充分利用厂家的能力与资源，其中后三类经销商能够与具有实力的厂家进行良好配合。

②能力强—资源少。适合批发流通型、客户直供型、物流配送型、渠道运营型和品牌运营型经销商，可以充分利用厂家的能力，由于该类厂家更加重视经销商在渠道运营上的能力，后四类经销商可以利用自身的专业水平与厂家达成紧密合作。

③能力弱—资源多。适合批发流通型、客户直供型、物流配送型、渠道运营型和品牌运营型经销商，可以通过利用厂家的资源来获得更多的利益，但从合作中收获更大的应该是渠道运营型和品牌运营型经销商，能充分发挥自身的专业能力，并和厂家充足的资源互相结合起来。

④能力弱—资源少。适合渠道运营型和品牌运营型经销商，因为这两类商家的专业能力和资源很好。如果厂家的产品不错，即便能力弱、资源少，经销商也可以运用自身的实力来帮扶其实现增长，至于批发流通型、客户直供型和物流配送型都不适合，缺乏专业化的市场运营能力，只能和成熟的厂家进行合作，否则很难将市场做起来。

**2. 渠道功能**

明确厂商各自的角色后，接下来就要确定各方在渠道运营价值链的各个环节中分别承担什么功能。以渠道管控型角色的厂家为例，在厂商合作价值链的每一个环节中，都包含谁主导、谁辅助、谁参与、谁执行、谁监督几项关键内容，也就是厂商各方需要承担的功能角色。

①市场规划。需要明确由谁来制定规划，包括经营目标、政策、模式等，还要确定由谁来参与规划制定，并承担具体的职能，如信息提供、政策研讨等。

②渠道拓展。需要明确由谁来主导渠道拓展、谁作为辅助、谁负责执行、谁负责监督，以及需要通过何种方式来完成。

③渠道管理。需要明确在渠道持续运营的过程中由谁来主导、谁辅助、谁执行、谁监督。

④资源投入。通过上述渠道运营功能的界定，厂家需要明确各方需要投入多少资源，以及采取什么方式来投入。

**3. 利益分配**

根据不同的渠道层级、角色及功能定位，厂家应该合理制定整个渠道价值链中各方成员的利益分配额度及形式。通常而言，渠道成员的利益可以分为前台毛利和后台毛利，前者为产品价差，后者为市场运作的费用空间。对于前台毛利，需要确定渠道各环节的产品差价及毛利，包括零售商、批发商、分销商、经销商和厂家自身。在这个过程中，厂家首先需要确定零售价格，确保能为消费者接受并具有竞争力，在此前提下再根据每个渠道成员的利益诉求来确定渠道价差。一般来说，零售商追求较高的毛利率，批发商看重较高的毛利率，分销商需要稳定的毛利率，而经销商自身则需要必要的毛利率，厂家对于这些必须清晰地了解。最后，厂家再根据自己的战略规划来确定毛利率，并且基于毛利需求来确定成本标准，这是一个完全市场化的利益分配方式，而非厂家传统基于成本导向的利益分配方式，更有利于厂家对整个市场格局的掌控。对于后台毛利，重点在于确定费用类型和政策，对于渠道运营中所需要的费用类型，按照类型可以分为市场费用和销售费用，按照性质则可以分为固定费用和变动费用，而对于费用政策，则需明确什么费用由渠道成员自己承担，什么费用则由厂家承担。按照惯例，一般固定的平台类费用都由渠道成员承担，比如开户费、物流费、客情费、导购员工资、退货费等，而品牌特定的运营费用则需由厂家提供支持，比如条码费、特殊陈列费、DM 费和专职促销员等。

**4. 运营保障**

在确定了厂商合作中各方的角色、功能和利益分配后，经销商还必须明确各方都应该采用什么样的运营体系来确保执行，具体包括以下几点：

①组织设置。不同的角色和功能需要各方的组织体系进行相应的设置，否则功能难以充分发挥。一个批发流通型的经销商和一个渠道运营型的经销商，对于组织结构的设置和职能定位是完全不同的。前者较为粗放，后者则需要一定的专业化要求，而渠道运营型的经销商对于组织构建的要求最高，批发流通型的经销商要求最低。

②人员配置。根据组织设置来构建相应的团队成员，其中包括技能水

平和数量。通常来说，批发流通型经销商对人员配置的要求最低，经营最粗放，客户直供型和物流配送型的经销商较高，而渠道运营型和品牌运营型经销商则对人员配置的要求很高，团队规模最大，专业化水平也最高。

③硬件配置。除了人员，经销商还需要通过必要的硬件配置来实施经营的职能，包括办公条件、仓储条件、配送车辆等，这些都直接与上述组织设置与人员配置相关联。

④管理体系。厂商合作的各方都要在管理体系上进行对接和融合，从而将规划和功能通过具体的流程、制度和考核加以固化，不管是什么样的激励体系和管理制度，都必须与对方的整体战略规划及商业模式相匹配，不能为激励而激励、为制度而制度。有的战略模式只需要简单的激励和制度即可，而有的战略和模式则需要构建完善的激励体系和规范化的制度体系，必须因地制宜，不能一刀切。

## 三、批发流通型经销商与各类厂家的商业模式对接

①批发流通型经销商＋利益激励型厂家。批发流通型经销商最好有限制地与利益激励型的厂家进行合作，由于利益激励型厂家缺乏市场拓展能力，对经销商缺乏专业化的帮扶，而批发流通型经销商也缺乏市场拓展能力，如果过度追求短期利益，将会导致严重的冲流货，破坏价格体系，会影响经销商的公司化转型，这种合作更适合作为补充。

②批发流通型经销商＋市场主导型厂家。市场主导型的厂家通常不会选择批发流通型的厂家合作，因为其并不缺乏对于渠道网络的覆盖，只是对于个别偏远或不太发达的区域，当地的批发流通型经销商可以有机会与市场主导型厂家合作，在其整个经销体系中只起着补充的作用。

③批发流通型经销商＋经营承包型厂家。批发流通型经销商和经营承包型厂家无法产生双赢的合作，因为双方的实力都薄弱，经营承包型的厂家一般会给予经销商较低的出厂价，市场运作则完全交给商家负责，而批发流通型经销商的市场拓展和运营能力非常缺乏，常常会造成市场混乱。

④批发流通型经销商＋渠道管控型厂家。批发流通型经销商应该注重和渠道管控型厂家的合作，对于以后的公司化转型有好处，对于一些不太重要的区域或者级别较低的市场，批发流通型经销商可以帮助渠道管控型

厂家实现对渠道的广泛覆盖，正好可以在厂家的支持下提升自己的专业化能力。

## 四、物流配送型经销商与各类厂家的商业模式对接

①物流配送型经销商 + 利益激励型厂家。物流配送型经销商可以和利益激励型厂家合作，可以帮助厂家推动产品的渠道下沉，获得稳定的销量增长。由于物流配送型经销商缺乏市场拓展能力，所以更适合与处于成长期的厂家合作，在导入期则不合适，对于双方的发展不太有利。

②物流配送型经销商 + 市场主导型厂家。物流配送型经销商通常能够得到市场主导型厂家的青睐，可以有效配合其实施的深度分销模式，实现对于渠道的精耕细作，但这种合作模式对于经销商的未来发展并非有利，虽然能够获得稳定的配送利润，却丧失了市场运营的能力。

③物流配送型经销商 + 经营承包型厂家。物流配送型经销商可以和经营承包型厂家进行合作，不过通常会处于自然发展的状态，其根源还是物流配送型经销商和经营承包型厂家都普遍缺乏市场拓展能力，更多是借助于经销商现有的渠道资源，对于新产品的拓展不太有利。

④物流配送型经销商 + 渠道管控型厂家。物流配送型经销商是渠道管控型厂家的重要合作伙伴，由此可帮助厂家形成深度分销的渠道运作模式，但是这种模式适用的区域不能太广，只限于经济发达、配送方便的市场，否则厂家因成本过大难以支撑；与渠道管控型厂家进行合作对于物流配送型经销商较为有利，因为该类厂家不像市场主导型厂家那样强势，可以借助于厂家的能力来推动自身的公司化转型，这对于厂家来说也有好处，可以通过这种合作模式来拓展更广泛的区域市场。

注：客户直供型经销商与物流配送型经销商相似，故不单独阐述。

## 五、渠道运营型经销商与各类厂家的商业模式对接

①渠道运营型经销商 + 利益激励型厂家。渠道运营型经销商可以和利益激励型的厂家进行合作，如果厂家的资源较为丰富，可以充分利用自身良好的经营能力，加上利益的激励，实现有效的市场拓展，并获得最大化的利益。不过，和利益激励型厂家合作更适合作为一种补充，不能作为主

流的厂商合作方式，否则会制约经销商的公司化发展水平。

②渠道运营型经销商＋市场主导型厂家。渠道运营型的经销商对于市场主导型厂家来说是一个辅助，可以起到相互促进的作用。通常而言，渠道运营型商家都有自己的规划和方向，更倾向于直接掌控市场，不愿意让厂家有过大的话语权。如果能够找到合作意愿良好的渠道运营型经销商，市场主导型厂家可以提供更加充分的支持，从而实现强强联合。

③渠道运营型经销商＋经营承包型厂家。与利益激励型厂家相似，渠道运营型也可以和经营承包型厂家合作，厂家又可以提供最有利的价格和最大化的市场操作空间，经销商可以较强的市场运作能力来获得最大化的利益，不过这种方式也适合作为补充。

④渠道运营型经销商＋渠道管控型厂家。渠道运营型经销商与渠道管控型厂家的合作可谓强强联合，是最佳选择。双方在经营理念和商业模式上最接近，又都具有一定的专业能力和资源，可以赢得最佳合作成效。需要注意的是，这两种类型的厂商一定要在规划和沟通上加强合作，避免势均力敌而带来的零和博弈。

注：渠道运营型经销商与品牌运营型经销商相似，故不单独阐述。

## 第四节　构建一体化的厂商战略合作

在构建厂商合作核心竞争力的过程中，调味品经销商面临的一个瓶颈就是如何打破厂商之间的“囚徒困境”。尽管对于渠道运营的规划需要由厂家来完成，但是在具体运作时还需要借助于经销商的力量。中国厂家与经销商之间的合作关系，已经经历了分分合合的发展阶段，经过了这个轮回之后，厂家和经销商的意识和水平都提升了一个层次，双方对自己的角色进行重新定位。厂家既想充分利用经销商但又不想过分依赖经销商，而经销商既想得到厂家的帮助但又不希望丧失对渠道的控制权。在这样的背景下，“厂商一体化”的经营思想摆到了众多厂家的面前，打造新型的厂商战略合作模式已经成为当前调味品厂商极其迫切的一项重要任务。目前已经有一些厂家意识到要强化与经销商之间的合作，其中的一个重点就是推动经销商公司化运营体系的构建，从一种个体户式的自然经营状态发展到一种能够匹配市场系统拓展的经营状态，由此需要经销商在组织体系、团队配置和管理体系上构建起一套较为系统的运营体系，并与厂家的相关组织体系及管理体系相匹配，从而实现双方的一体化合作。不过，调味品厂家在推进这项工作时还存在几个问题，影响了“厂商一体化”合作的推行。

## 一、调味品“厂商一体化”合作存在的问题

### 1. 厂家在策略上缺乏与经销商的共同规划

尽管一些厂家已经开始推动经销商构建公司化的运营体系，但在具体的推进方法上较为欠缺，仍然停留在理念宣导和口头上。一个经销商的运营体系和一个厂家的运营体系从本质上讲是一样的，如果一个厂家在没有清晰的策略规划下就开始运营，必然会陷入低效的运作状态。因此，经销商公司化运营体系的构建，首先在于制定区域市场的策略规划，这需要由厂家与经销商共同完成。一些厂家的区域市场人员反映不少经销商非常难搞，总是不配合公司的要求；而这些经销商也对厂家区域人员有非常大的意见。之所以如此，其根源在于这些区域市场人员缺乏策略规划的能力，无法为经销商提供有价值的建议，因此经销商才认为这些市场人员没有用处。只要厂家区域市场人员做到这一点，得到经销商的认同并非难事。

### 2. 厂家的区域团队与经销商团队之间缺乏恰当的组织合作

调味品厂家在推进经销商公司化运行的过程中，存在两种不好的倾向：其一，有的厂家为了节省人员费用，只给区域市场人员支付基本工资，而将奖金的考核和支付交给经销商来实施。这样一来，区域市场人员就受制于经销商的工作要求，反而变成了经销商的人员，而非站在厂家的立场和高度来推进经销商的公司化运作；其二，有的厂家对区域销售人员的工资和奖金都予以承担，但是对于销售人员拓展市场的差旅费用则交由经销商来承担，而有的经销商为了节省费用，就不安排厂家销售人员的工作，最终影响了市场拓展。

这两种方式都不合适，厂商双方陷入了各自算“小账”的局面，不利于厂家对市场的有效拓展。厂商双方的组织体系必须实现对接，才能真正形成合力，一个有效的方式就是由厂家与经销商共同构建区域管理中心，

这个管理中心是虚拟的，实际上是厂商共同的联营机构。另外，厂家销售人员的工资、奖金及日常差旅费用都需由厂家自行承担，不给经销商带来负担，而这些销售人员则完全按照厂家的要求开展工作，从厂家的角度和高度推动经销商有效地拓展市场。这种模式非常有效，能从根本上打消经销商的顾虑，并从组织机制上使厂商实现一体化运作，而非厂家单方面地推动经销商。

**3. 厂家对区域团队缺乏一套规范化的管理体系**

不少调味品厂家没有建立起一套规范化的管理体系，其市场拓展基本上依靠政策导向和区域销售人员自身的经验来完成，造成战略难以落地的尴尬局面。调味品经销商需要推动厂家改变粗放化的管理方式，构建起一套规范化的市场拓展体系，体现战略重点和工作规范，将区域销售人员的工作纳入整体统筹的体系，而非按照个人经验进行零散化的操作；同时还应将针对战略执行的关键环节建立规范化标准，比如区域市场拓展、渠道拓展及管理等，如此方能有效推动战略的落地。

## 二、构建“厂商一体化”联营机制

真正意义上的“厂商一体化”合作，绝不是那种传统交易型的合作，而是厂商双方在整个渠道运作的价值链中，对渠道价值链各环节共同参与、共同建立合作关系的一种模式。要真正实现厂商一体化，不能仅仅依靠利益，需要通过一种组织形式来加以保障，并通过构建共同的使命来确保厂商联盟的持续发展。实施“厂商一体化”合作模式，就是要在整条渠道价值链上构建一种联营机制，使厂商双方都共同参与价值链，并且在价值链的各个环节分别确定各自应承担的功能，而不是分别承担价值链的一部分，这就是“厂商一体化”合作模式的本质。在这种模式下，厂商在整条渠道价值链上共同参与、共同分享，从而最大化地发挥自身的作用，实现渠道边际效应的最大化。

**1. “厂商一体化”联营机制之一：策略规划一体化**

“厂商一体化”绝不是空话，应该从一开始就要体现在厂商双方的运营过程中，这就意味着“厂商一体化”必须首先从策略规划一体化形成。如果按照现在的一般做法，都是厂家根据自己的构想先制定出策略规划，然后再要求经销商去执行，可以说这种做法给“厂商一体化”的实施制造了障碍。一体化要得以确实体现，就必须在双方的认识上达成一致。如果双方在出发点上都不能够达成共识，一体化的实施就必定大打折扣。

厂商在策略规划上的一体化要求双方共同参与，由厂家指导经销商规划自己的年度策略，从而将双方的整体策略有机整合起来。厂商双方由于自身角色的不同及各种利益因素交织在一起，想法上存在天然的差异，只有通过深入的沟通，才有可能在一定程度上消除这种差异对双方一体化战略合作的障碍，做到“求大同、存小异”，保证双方对利益的一致追求。因此，厂商双方应对各自的年度策略构想和目标进行事先沟通，对于市场状况、竞争态势、产品结构、渠道结构、价格体系、推广方法、销售政策及资源配置等方面进行分析和研讨，然后再对年度的销售目标和市场目标进行预测和规划。在这个过程中，双方还可以针对彼此构想的差异点进行分析沟通，尽量从一开始就消除潜在的不协调因素，统一思想，取得行为上的一致。

**2. “厂商一体化”联营机制之二：产品研发一体化**

一般厂家通行的方式是先把产品研发出来再交给经销商销售，其中部分厂家事先会去征求一些主要经销商的意见，但许多厂家对经销商的重视不够。经销商由于身处一线，对市场都有较强的敏感性，非常熟悉所在区域的消费特性和市场状况，这些都是厂家应该充分整合的资源。

在“厂商一体化”的组织化联营机制之中，厂家应该将经销商纳入产品研发的流程，通过这种方式来加强新产品在各区域市场的通用性和针对性。如此一来，厂商双方都是在做真正的营销，而不是等到生产出一个产品不适合区域销售后，再绞尽脑汁地通过各种方式去推动，导致事倍功半、劳民伤财。在一个新产品研发的规范化流程中，厂家应该在市场调研、概念提炼、概念测试、产品测试及试销几个关键环节中将经销商纳入进来，将经销商的经验和市场直觉再结合科学的市场研究充分整合，如此必将大大增强新产品成功的可能性。更重要的是，通过这种产品研发的共同参与，也真正从组织机制上实现了“厂商一体化”的具体运作，而不仅是口头上的表达。对于某些容量大的区域市场或者实力较强的经销商，厂家甚至可以为这个市场或经销商定制针对性的产品，这强化了“厂商一体化”的运行成效。笔者曾经服务的一家企业在推出一个新产品前，其总经理走访了多个不同类型的区域市场，每到一地都和经销商进行细致沟通，把即将研发的产品状况向他们详细介绍：产品概念、目标消费者、价格体系、预期销量等，然后与经销商们共同研讨，特别对经销商愿意接受的价差空间进行充分论证。经销商们认真对新产品的概念、价格体系和预期销量提供了自己的意见。事实证明，他们的意见非常有价值，不仅代表了他们的意愿程度，更代表了他们凭借多年一线经营的经验所做的判断。这家厂家的新产品一推出就销售一空，因为其包装规格、价格体系、销售政策已经获得了经销商的认同，卖一个自己参与了决策的新产品自然会全力以赴。

**3. “厂商一体化”联营机制之三：价格设计一体化**

在厂商合作的过程中，价格向来是一个敏感的要素，关系到双方的切身利益。因此，价格体系设计的好坏，直接关系到厂商双方合作关系的稳定性。不少厂家在设计产品价格体系时容易陷入一种理想化和一厢情愿的陷阱，在产品的零售价、批发商和出厂价之间顾此失彼，要么过于考虑了自身的毛利而忽视了渠道利益，要么就是高估了品牌的实力而使得产品零售价过高。因此，经销商在厂家价格体系设计过程中应该发挥重要的作用，因为经销商天生就是投资回报导向，在这点上极其敏感，只有在价格体系设计上也构建“厂商一体化”的协作机制，才能大大增强产品在市场上的接受度。

**4. “厂商一体化”联营机制之四：销售政策一体化**

与价格体系相似，销售政策也是厂商合作的关键要素，包括各种返利政策和奖励措施，都是“厂商一体化”联营机制中的关键环节。在整个营销运作的过程中，厂家需要运用特定的销售政策来对经销商进行激励和引导，而经销商也需要从厂家获得一定程度的支持来提升市场份额或者获得额外利益，这些都使得销售政策成为“厂商一体化”战略合作的重要因素。

但是实践中常常出现的问题就是，厂家在制定销售政策时与经销商缺乏充分的沟通，包括针对经销商的销售政策，也包括对于批发商和零售商的销售政策，其结果就是销售政策演变成厂商之间的一种博弈。厂家希望拥有掌控权，而经销商则希望能够从厂家获得更多的资源，但是对于市场究竟该如何运作，厂家希望通过提供销售政策达到什么目的，这些更重要的因素就在厂商之间的博弈中被忽视，最终受损害的还是厂商双方。

在“厂商一体化”的联营机制下，厂家和经销商必须站在同一个角度来看待销售政策，以获得最大化的协同效应。厂家必须将销售政策与整体营销策略结合起来，充分反映营销策略的要求，这就意味着厂家在设计销售政策时，同时要制定出相关联的一些规定，体现出厂家的渠道运作模式、渠道覆盖的广度、渠道维护的深度及销售业务的重点。厂家在制定这些规定时，还应该考虑现有经销商的资源和能力能做到何种程度，要尽量使政策符合经销商的经营管理水平，从而提高这些规定的操作性和实效性。厂家的销售政策不能只考虑对销量的拉动，还必须考虑市场拓展的基础建设。这些政策必须详细反映在经销商的年度合同中，要对经销商进行详细解释和充分沟通，要向经销商详细解释这种规定的理由和好处，让经销商明白，对销售政策进行规划并非厂家想方设法来限制经销商的利益，而是引导经销商重视市场良性发展的一种正向激励方法，其目的在于使整体营销策略得到有效落实。

**5. “厂商一体化”联营机制之五：渠道拓展一体化**

渠道拓展始终是厂商合作的核心，而厂商之间的合作焦点，最终都要直接体现在渠道的建设上。对于渠道拓展的一体化，在实践中是一个难点，厂商双方对于各自在渠道拓展中究竟应该承担什么角色往往很难分清，要么过于粗放，要么过于精细，很难把握平衡点。

厂商之间要做到渠道拓展的一体化，既不是传统的完全依赖经销商，也不是将经销商仅仅看成是物流配送商，而是要在厂商之间构建一个牢固的渠道联盟体，以实现双方在渠道拓展价值链上的共同合作。通过构建厂商联盟体，厂商双方在渠道价值链的各个环节展开共同协作，从而做到整合而非割裂。在联盟体模式中，实现了低成本高效率运作的分销和厂商双方边际效应的最大化，并解决了经销商的角色定位问题，将其转型为一个综合的渠道运营商，与厂家共同打造完善的渠道平台，由此实现对资源的高效整合。在共享渠道平台的基础上，经销商可以专注于渠道拓展、终端覆盖、物流配送、订单处理、销售预测、渠道维护、客情关系建设等，而厂家则可以在平台上开展渠道规划、政策制定、产品组合、渠道管控、终端管理、促销推广、售后服务、评估督导、销售培训等专业职能，从而与经销商达成一种整合、互补的效应，并使厂商之间的博弈程度降到最低。

**6. “厂商一体化”联营机制之六：费用规划一体化**

在常规非一体化的厂商合作中，厂家在费用规划上是不会和经销商沟通的，这在实践中存在较大的问题。一方面厂家销售人员多数偏向于业务导向，在经营上缺乏足够的意识和技能，因此对于区域市场的策略和费用难以规划到位，和经销商之间缺乏沟通，无法向经销商提供有效建议，从而使得费用成效不高；另一方面经销商熟悉区域市场，在经营层面上也有较丰富的经验，但对厂家的费用规划缺乏足够的了解，只能从自身出发，又无法和厂家的策略相匹配，造成厂家费用效率较低。

在厂商组织化的联营机制中，双方应该在费用的规划上实施一体化。调味品厂家可以根据整体营销策略规划，对整体营销费用进行系统而详尽的预算，并将其分解到产品、渠道、区域或项目上，再具体测算出整体的营销费用率。然后，厂家可以将费用规划的职能交给经销商，向其提供一个恰当的费用率空间，由经销商根据厂家规定的费用率进行详细规划，并向厂家申报具体的费用实施方案，再由厂家销售人员对经销商提供的费用规划方案进行评审和指导，最终共同制定出符合区域市场的费用方案并加以实施。通过这种费用规划一体化的合作，厂家赋予了经销商充分的权力空间，而经销商也充分利用了自身的优势。由此双方都能将焦点放在市场拓展上，而不是相互在利益上进行博弈，从而大幅度提升业绩和费用使用的成效。

**7. “厂商一体化”联营机制之七：组织设置一体化**

在组织化的“厂商一体化”联营机制中，厂商双方在组织设置上的一体化，就是确保双方战略合作顺畅运行的组织保障。有不少经销商都是从批发市场的个体户发展而来的，往往都是“夫妻店”再加上亲朋好友，凭借胆子大和善于抓机会打下一片江山。但是，这些经销商在规范的公司化运营上水平不高，缺乏对市场的系统分析和思考，在合作中往往难以达到厂家的要求，影响双方的合作关系。

调味品厂家应该在联营中致力于推动经销商自身组织和经营水平的提

升，一个较好的做法就是帮助经销商设立专业化的品牌经理或者产品经理组织体系，帮助经销商完善营销组织的建立和运作效率。同时，经销商在自己的组织体系中，设置一个专门的业务团队来管理重点厂家的品牌，从而形成品牌管理机制，既可以帮助经销商提升公司化的运营水平，又可以最大化地推动业绩提升。这种合作模式，也可以理解为厂商双方的组织体系有机地结合在了一起，实现了厂家品牌与经销商运营的无缝对接，从而顺理成章地使厂商双方在战略上保持高度一致，最终提升了经销商的整体运营水平。

对于经销商而言，必须转变陈旧的经营理念，跳出粗放的经营模式，强化内部管理和团队建设，这才是一条成功之路。调味品经销商要在市场上占据一席之地，只有自己做强、做大，比其他对手做得更专业，这才是和厂家共同构建组织一体化的意义所在。

**8.“厂商一体化”联营机制之八：管理流程一体化**

调味品厂家和经销商的组织运作需要有机整合在一起，与之相匹配的就是厂商双方在各自的业务流程上也要实施一体化，如此方能实现双方联营机制的高效运作。在当今市场竞争中，其本质不再是原有的单一环节的竞争，如产品的竞争、品牌的竞争、渠道的竞争、资源的竞争等，而是供应链和供应链之间的竞争。而厂家和经销商包括上游供应商，都在这条供应链上，这就意味着厂家和经销商必须共同打造一条高效反应的供应链，其中的关键就是管理流程的一体化。

在厂商合作的过程中，很多环节都存在密切的合作关系，比如销售预测、订单处理、信息反馈、进销存管理、费用报批及核销等，很多调味品厂商都未能有意识地在双方之间构建起顺畅的业务流程，常常造成市场运作的脱节。而组织化的“厂商一体化”联营机制则要求厂商将彼此之间的业务流程打通，包括利用现代化的技术手段，构建起厂商之间的 IT 平台，通过导入 ERP（企业资源计划）系统来实现厂商运营的一体化，同时对厂商之间的关键业务流程进行固化和优化，构建起高效的运营平台。唯有如此，才能持续推动“厂商一体化”的持续高效运转。

**9.“厂商一体化”联营机制之九：团队建设一体化**

在组织化的厂商联营机制中，人的因素也必须考虑进去。目前来看，调味品厂家营销人员的综合素质与技能普遍高于经销商的销售人员。在这种情况下实施“厂商一体化”，如果双方销售人员的素质和技能差距过大，将影响双方深入和持续的合作。因此，“厂商一体化”必须通过团队建设一体化来加以保障，即厂家和经销商的销售团队都应该按照相同的标准和要求来进行建设，以此确保双方在合作中的高度一致。

在厂商团队建设一体化的实施中，调味品厂家要协助经销商围绕整体营销组织体系，从人员配置、人员招聘、薪酬体系、考核体系、培训体系、人事管理及企业文化建设上进行全面辅导，结合厂家自身的人力资源建设，将经销商的团队建设也纳入进来。一方面向经销商输出专业化的人力资源建设理论和体系；另一方面推动经销商构建系统的人力资源体系，从而在双方团队的行为上谋求高度一致。

# 后　记

## 调味品经销商的未来在于“三分天下”

笔者在本书开篇就提到，许多经销商对自己的未来都很忧虑，担心未来没有前途，会被淘汰。如果经销商朋友能够看完这本书，相信这种担忧可以消除了，命运在你们手里，只要成功地实现公司化运营，你们就能够主宰自己的命运。

笔者认为，按照规律来说，经销商的未来将会和厂家及零售商一起“三分天下”，而且这三者都将是各自领域的优秀选手。在“三分天下”的格局中：一是厂家，随着市场集中度的不断提升（这是产业发展的规律），每个行业内最终只会留下少数的领先者，他们将占据整个产业将近一半的市场份额；二是零售商，随着零售业的日渐成熟，最终只会留下少数几家大型的连锁零售商（现在欧美日就是这样的局面）和电商寡头（类似于天猫、京东、苏宁、拼多多等少数几家），他们将共同占据整个零售产业三分之二以上的市场份额；三是经销商，在整个流通产业内，最终各地区域市场只会留下少数优秀的经销商，他们都是某一细分行业领域内的领先者，除了由优秀厂家掌控的市场份额外，他们能够连同行业内的第二及第三梯队厂家，共同占据细分行业内三分之一至二分之一的市场份额。这个世界很大，每个领域都有其运作的规律，术业有专攻，谁也无法通吃，共享价值链才是必由之路，这就是制造业、流通业和零售商“三分天下”的内在逻辑。

那么，到底谁能够成为“三分天下”的经销商呢？那就是能够实施公司化运营、成长为专业化渠道运营商或品牌运营商的经销商，只有达到了这个境界，才有可能实现基业长青，才有机会成为“三分天下”中的幸运一员。

要走到这一天，调味品经销商就要从今天开始努力，从改变自己开始，不断进步直至进化，像水一样，坚持下去就能“水滴石穿”。在此，笔者送给经销商朋友一个命运方程式：知识 × 欲望 × 习惯 = 性格 = 命运！这是笑星宋丹丹在参加央视的一个谈话节目中说到的，非常深刻，笔者也深受启发，特此向各位经销商做个推荐。宋丹丹说的大意是这样的：“人与人相差最多的是悟性，命运实际上掌握在自己手中，一个人失去了才知道自己错在哪儿，才知道曾经忽略了什么，才知道生命中什么东西最重要，才知道怎样调整自己性格中不好的部分。首先，对一个人最重要的是知识，知识会决定你做什么，决定哪些事情你做，哪些事情你不做；其次，还有一个东西在人的生命中很重要，就是欲望，你对金钱、对名、对性、对友情、对爱、对很多东西都有欲望，这个欲望决定着你想做的程度；最后，每一个人都有习惯，习惯决定着你会怎么做。知识、欲望和习惯，这是形成一个人性格的三个重要因素，这三个因素会形成一个人的性格，而性格最终会决定命运。要想改变命运，就要改变自己的性格，要想改变性格，就要改变自己的知识或者欲望，或者习惯，只是埋怨别人是毫无用处的，改变你自己，才能改变你的命运。”

如果经销商想要改变未来的命运，就要从这三个要素入手，一个一个地改变，假以时日，你的性格就会发生变化，也会进一步导致你的基因产生进化，最终会完全改变命运，成长为今天你想都不敢想的模样，成就一番能够持久传承下去的长青基业。

笔者要对广大的调味品经销商朋友说：“希望你们从本书中找到改变未来命运的方法，哪怕是一点点，若能如此，笔者也深感欣慰了！真诚希望你们的明天能更好，衷心为你们的成功而祝福！”

非常感谢中国调味品协会秘书长白燕女士、华糖云商董事及新食材总编梁剑先生、四川省川联川调商会秘书长刘君贵先生、成都祥云文化传播有限公司总经理杨姣平女士和上海荣进实业有限公司董事长裘晓民先生的倾情作序，你们的支持与鼓励，给了笔者持续为行业做贡献的动力。

感谢至汇咨询战略合作伙伴、成都祥云文化传播有限公司总经理杨姣平女士，为本书提出了很多有价值的建议，并且也在践行着推动行业发展的理念。

本书得以成功出版，还要再次感谢博瑞森的大力支持——笔者于2019年出版的《调味品企业八大必胜法则》就得益于博瑞森，特别是编辑马优女士对本书提出的专业意见，使本书在结构和文字上都更加清晰和流畅。

最后，笔者还要向给予过大力支持的相关协会、媒体、企业、投资机构、合作伙伴及广大业内人士致以最真诚的感谢！

一个令人终生难忘的2020庚子年春节　上海

| 老板·创业 | | | |
|---|---|---|---|
| 一、经理人 | | | |
| 书名 | 内容 | 书名 | 内容 |
| 老总有想法，高层有干法<br>王清华　著 | 企业将、帅之间的定位问题、角色问题、方法问题、思维问题、管理问题等 | 历史深处的管理智慧1：组织建设与用人之道<br>刘文瑞　著 | 通过历史鉴照当今企业选人用人、二代接班人、创业团队管理等问题 |
| 历史深处的管理智慧2：战略决策与经营运作<br>刘文瑞　著 | 通过历史鉴照当今企业决策、战略规划、战略冒进、决策监督等问题 | 历史深处的管理智慧3：领导修炼与文化素养<br>刘文瑞　著 | 通过历史鉴照当今企业的领导修养、用权、管理风格等问题 |
| 老板经理人双赢之道<br>陈　明　著 | 经理人怎养选平台、怎么开局，老板怎样选/育/用/留 | | |
| 二、用人 | | | |
| 用好骨干员工<br>王　敏　著 | 系统化分享关键人才打造与激励方法 | 领导这样点燃你的下属<br>孟广桥　著 | 领导者如何才能让员工积极主动地工作 |
| 让用人回归简单<br>宋新宇　著 | 帮助管理者抓住用人的要害，让用人变得简单 | | |
| 三、转型·创业 | | | |
| 创业要过哪些坎<br>董　坤　著 | 15年创业咨询经验总结的创业遇到的问题及办法 | 高潜牛人<br>董　坤　著 | 创业和事业发展中如何找到牛人 |
| 成为下一个SaaS独角兽<br>崔牛会　主编 | 19位SaaS领专家，7个不同的视角总结SaaS行业实践 | 创模式：23个行业创新案例<br>段传敏　著 | CEO社群23位企业家的思考与实践分享。 |
| 重生——中国企业的战略转型<br>施　炜　著 | 本书对中国企业战略转型的方向、路径及策略性举措提出了建议和意见。 | 7个转变，让公司3年胜出<br>李　蓓　著 | 企业估值、业务模式、营销、生产制造、客户服务、用户黏性到组织管理7个转变 |
| 企业二次创业成功路线图<br>夏惊鸣　著 | 五步骤给出了一幅企业二次创业经营突破、管理提升的成功路线图 | 跟老板“偷师”学创业<br>吴江萍　余晓雷　著 | 如何通过“偷师”学习与积累当老板的阅历 |
| 公司由小到大要过哪些坎<br>卢　强　著 | 企业成长路线图，现在我在哪，未来还要走哪些路，都清楚了 | 跳出同质思维，从跟随到领先<br>郭　剑　著 | 66个精彩案例剖析，帮助老板突破行业长期思维惯性 |
| 企业经营 | | | |
| 经营打造你的盈利系统<br>高可为　著 | 选择最有效的经营策略，打造属于自己的商业模式 | 中国企业的觉醒<br>王　涛　著 | 企业告别自私、野蛮，转向善良、爱，才会赢得消费者 |
| 成为敏感而体贴的公司<br>王　涛　著 | 未来有竞争力的企业，一定是那些敏感而体贴的公司！ | 有意识的思考<br>王　涛　著 | 对头脑中固有观念保持觉察，从而超越它们的局限 |
| 简单思考<br>孔祥云　著 | 著名咨询公司（AMT）CEO创业历程中的经验与思考 | 写给企业家的公司与家庭财务规划<br>周荣辉　著 | 以企业的发展周期为主线，写各阶段企业与企业主家庭的财务规划 |

续表

| 书名 | 内容 | 书名 | 内容 |
|---|---|---|---|
| **从10亿到100亿的企业顶层设计**<br>刘建兆 著 | 重新定义企业成长方式，有效益、有效率、有效能、有效果、有品质的良性成长。 | **活系统：跟任正非学当老板**<br>孙行健 尹贤 著 | 造活系统，使系统活，靠系统活，活得系统。 |
| **宗：一位制造业企业家的思考**<br>刘建兆 著 | 发展20年营业额近亿元制造业企业家的思考与心得 | **使命：驱动企业成长**<br>高可为 著 | 用大企业发展轨迹及企业家的心路历程，揭示企业成长的基因，做事的逻辑 |
| **让经营回归简单**<br>宋新宇 著 | 战略、客户、产品、员工、成长、经营者的经营法则 | **边干边学做老板**<br>黄中强 著 | 86个案例讲述中小公司成长过程遇到的问题和方法 |
| **盈利原本就这么简单**<br>高可为 著 | 跨越业务与财务边界，为企业提高盈利水平提供方法。 | | |
| **综合管理** | | | |
| **一、企业管理** | | | |
| **让管理回归简单**<br>宋新宇 著 | 从目标、组织、决策、授权、人才、老板自己等提供方案 | **管理的尺度**<br>刘文瑞 著 | 西医式的体检化验，又要施加中医式的望闻问切 |
| **管理：以规则驾驭人性**<br>王春强 著 | 人性驾驭角度权度运筹安排的可兑现性，管理有效性 | **看电影，学管理**<br>刘文瑞 著 | 十六部电影的解读，揭示电影内含的管理之道 |
| **好管理 靠修行**<br>曾伟 著 | 从佛法、道法思想中寻找管理智慧 | **公司大了，怎么管**<br>金国华 著 | 成长型企业发展中的共性问题，通过案例实录解开 |
| **低效会议怎么改**<br>王玉荣 葛新红 著 | 从梳理公司会议体系的层面改变低效会议的现状 | **年初订计划年尾有结果**<br>郭晓 著 | 总结七步落地方案让战略计划切实落地实现 |
| **分股合心**<br>段磊 周剑 著 | 围绕股权激励，详细介绍相关知识和实行方法 | **员工心理学超级漫画版**<br>邢磊 著 | 漫画形式对组织中个体心理的全面介绍和深入探讨 |
| **让投诉客户满意离开**<br>孟广桥 著 | 投诉法律法规，应对各种投诉技巧等提升客诉能力 | | |
| **二、管理思想** | | | |
| **管理学的奠基者**<br>刘文瑞 著 | 近代以来的管理思想发展揭示管理思想的演化奥秘 | **巴纳德组织理论研读**<br>郭威 著 | 深度研读巴纳德《经理人员的职能》，帮你理解和看懂 |
| **管理学在中国**<br>刘文瑞 著 | 科学看待管理学流入中国，对继承发展进行深入阐述 | **德鲁克管理学**<br>张远凤 著 | 以德鲁克管理思想发展为线展示20世纪管理学发展 |
| **德鲁克与他的论敌们**<br>罗珉 著 | 德鲁克与马斯洛、戴明等诸多管理大师论战的故事 | **德鲁克管理思想解读**<br>罗珉 著 | 作为德鲁克学生全面解构其思想的精髓与实践价值 |
| **治论：中国古代管理思想**<br>张再林 著 | 深入分析中国古代哲学基本精神的基础上，梳理分析了儒法墨三家的管理思想 | | |

续表

| 营销 · 销售 | | | |
|---|---|---|---|
| **一、企业销售** | | | |
| 书名 | 内容 | 书名 | 内容 |
| **大客户销售这样说这样做**<br>陆和平　著 | 大客户销售活动的十大模块，68 个典型销售场景 | **向高层销售**<br>贺兵一　著 | 销售人员与客户高层打交道需要重点掌握的知识、技巧 |
| **资深大客户经理**<br>叶敦明　著 | 将大客户经理必须具备的规划、策略、执行三种能力连通自如 | **成为资深的销售经理**<br>陆和平　著 | 让销售经理成功把握销售管理 6 个关键点，并提供工具 |
| **销售是个专业活**<br>陆和平　著 | 据客户采购流程拆分销售过程 10 阶段，讲解方法技巧 | **学话术　卖产品**<br>张小虎　著 | 手机、电动车、家电、食品等消费品的一线销售话术 |
| **二、企业营销** | | | |
| **新营销组织力**<br>迪智成　著 | 适应最新数字化外部环境，系统化协同组织能力建设 | **营销按钮**<br>老　苗　著 | 讲述存在于人性以及各个营销环节中的“按钮” |
| **精品营销战略**<br>杜建君　著 | “精品营销战略”核心逻辑与营销组合策略 | **360°谈营销**<br>王清华　古怀亮　著 | 营销是立体的，从不同角度观察不同企业的营销精髓 |
| **互联网精准营销**<br>蒋　军　著 | 互联网时代整 3 体策划、包装品牌和产品 | **招招见销量的营销常识**<br>刘文新　著 | 做好基本的营销动作都可以提高销量、减低成本 |
| **用数字解放营销人**<br>黄润霖　著 | 用数字说话覆盖营销工作的方方面面 | **用营销计划锁定胜局**<br>黄润霖　著 | 让营销计划落地，营销人员只需解决两个问题：基数与概率 |
| **我们的营销真案例**<br>联纵智达研究院　著 | 五芳斋粽子、诺贝尔瓷砖、利豪家具、保健品、娃哈哈 | **中国营销战实录**<br>联纵智达研究院　著 | 51 个案例，46 家企业，46 万字，18 年积淀 |
| **弱势品牌如何做营销**<br>李政权　著 | 产品与物流通道、服务通道、促销互动通路提供方法 | **解决方案营销实战案例**<br>刘祖轲　著 | 十大工业品作者实操案例解码解决方案营销 |
| **升级你的营销组织**<br>程绍珊　吴越舟　著 | 根据企业实际情况建立有机性营销组织 | **变局下的营销模式升级**<br>程绍珊　叶　宁　著 | 十年大量案例归纳三种核心驱动要素，三种升级方向 |
| **老板如何管营销**<br>史贤龙　著 | 以十六个招式，理论与案例相结合，高段位营销方法 | **孙子兵法营销战**<br>刘文新　著 | 理解《孙子兵法》原意的同时，还可体悟到营销之用 |
| **三、品牌** | | | |
| **中国品牌营销十三战法**<br>朱玉童　著 | 深度演绎最符合企业品牌营销策划的十三套实战战法 | **中小企业如何打造区域强势品牌**<br>吴　之　著 | 如何建立强势品牌的角度解析扩张难题 |
| **四、营销策划** | | | |
| **这样写文案，就没有卖不动的产品**<br>秦　剑　刘安丽　著 | 术、法、道三个层面由浅至深培养商业文案创作能力 | **洞察人性的营销战术**<br>沈　坤　著 | 介绍了 28 个匪夷所思的营销怪招，大部分甚至可以直接运用 |

续表

| 书名 | 内容 | 书名 | 内容 |
|---|---|---|---|
| 双剑破局：沈坤营销策划案例集<br>沈　坤　著 | 双剑公司8年来的实操案例，每个项目诞生过程、策划角度和方法 | | |
| 企业案例 | | | |
| 鲁花：一粒花生撬动的粮油帝国<br>余　盛　著 | 鲁花如何成长为优秀的带动农业产业发展的品牌，鲁花你一定学得会 | 金龙鱼背后的粮油帝国<br>余　盛　著 | 以金龙鱼为脉的一部中国粮油行业的史诗 |
| 你不知道的加多宝<br>曲宗恺　牛玮娜　著 | 以时间为轴线，详细叙述了加多宝品牌的发展历程 | 静水流深<br>黄治国　著 | 作者在美的十五年对何享健近内部讲话资料的整理 |
| 娃哈哈区域标杆<br>罗宏文　快车君<br>赵晓萌　寇尚伟 | 讲娃哈哈豫北市场如何成为娃哈哈全国第一大市场、全国增量第一的市场 | 借力咨询：德邦成长背后的秘密<br>官同良　王祥伍　著 | 德邦将自己积累的与咨询公司发展共赢的合作逻辑和盘托出 |
| 六个核桃凭什么从0过100亿<br>张学军　著 | 全视角深度解读养元企业的裂变成长，复盘十年蜕变轨迹 | 像六个核桃一样<br>王　超　著 | 六个核桃为什么卖得这么好，产品畅销的6大要义36条简明法则 |
| 中国首家未来超市<br>IBMG集团　著 | 对乐城超市的掌门人及内部员工的采访详细阐释了乐城的经验 | 三四线城市超市如何快速成长：解密甘雨亭<br>IBMG集团　著 | 甘雨亭的许多关键经营指标均高于行业标准，学习其成功的方法 |
| 集团化企业阿米巴实战案例<br>初勇钢　著 | 作者在某酒厂推行阿米巴经营模式的心得 | | |
| 经销商 | | | |
| 新经销：新零售时代教你做大商<br>黄润霖　著 | 探访近100位经销商在传统营销手法上的创新，传统营销微创新和新营销本地化 | 商用车经销商运营实战<br>杜建君　王朝阳<br>章晓青　著 | 对商用车经销商的经营与管理、4S店运营做了全方面的系统总结 |
| 跟行业老手学经销商开发与管理<br>黄润霖　著 | 从管理耐用消费品经销商角度提炼了48个代表性问题并给出解决办法 | 快消品经销商如何快速做大<br>黄润霖　著 | 经销商如何通过经营实现规模，通过管理实现规模效益 |
| 建材家居经销商实战42章经<br>王庆云　著 | 经营管理的心法和战法，帮助经销商成为“业务妙手”和“管理能手” | 成为最赚钱的家具建材经销商<br>李治江　著 | 针对建材家居行业的经销商，从销售模式、产品、门店、市场等方面给出方法 |
| 白酒经销商的第一本书<br>唐江华　著 | 经销商如何选择厂家、合作、运营品牌等问题给建议 | 快消品招商的第一本书<br>刘　雷　著 | 从招商理论到招商动作进行系列化分解，化繁为简 |
| 中小企业 | | | |
| 中小企业如何打造区域强势品牌<br>吴　之　著 | 如何建立强势品牌的角度解析扩张难题 | 用流程解放管理者<br>张国祥　著 | 8个板块构成，共66篇文章，14幅流程管理图 |
| 用流程解放管理者2<br>张国祥　著 | 对中小企业规范化流程管理进行系统的阐述 | 弱势品牌如何做营销<br>李政权　著 | 产品与物流通道、服务通道、促销互动通路提供方法 |

续表

| 书名 | 内容 | 书名 | 内容 |
|---|---|---|---|
| **本土化人力资源管理8大思维**<br>周　剑　著 | 用最贴近中国中小企业现实管理情境的案例去讲述周围人的"家事" | **中小农业企业品牌战法**<br>韩　旭　著 | 农业企业需要全产业链视野，更需要品牌实战方法 |
| **门店销售冠军复制系统**<br>王吉坤　著 | 门店型企业如何打造可复制的销售冠军系统，凡是门店型企业都可以使用 | **新零售动作分解与实操：建材·家居·家具**<br>盛斌子　著 | 对泛家居行业趋势、店面管理、团队管理、促销推广、五感营销等提供策略 |
| **家具建材促销与引流**<br>薛　亮　李永锋　著 | 对泛家居营销执行模式和工具、关键环节等进行汇总 | **建材家居门店6力爆破**<br>贾同领　著 | 产品力、导购力、形象力、推广力、服务力、组织力 |
| **家具行业操盘手**<br>王献永　著 | 总结家具终端门店发展的现状及问题并给出策略 | **手把手教你做专业督导**<br>熊亚柱　著 | 系统梳理督导的核心技能，岗位职责、工作流程及技能 |
| **手把手帮建材家居导购业绩倍增**<br>熊亚柱　著 | 针对建材家居门店的业务人员，案例故事还原场景教你成为好导购 | **10步成为最棒的建材家居门店店长**<br>徐伟泽　著 | 梳理店长管理的核心工作职责，店面管理规范和帮助销售人员成长 |
| **建材家居门店销量提升**<br>贾同领　著 | 9个板块讲述建材门店一个单店如何做到经营的良性循环 | **总部有多强大，门店就能走多远**<br>IBMG集团　著 | 五大方向综合阐述连锁零售企业总部如何提升管理能力 |
| **赚不赚钱靠店长，从懂管理到会经营**<br>孙彩军　著 | 注重专卖店的经营思路拓展，门店管理细节方面能力提升 | **新医改了，药店就要这样开**<br>尚　锋　著 | 从药店定位的思考，内部和会员管理等几个方面探讨中小型药店发展方向 |
| **门店管理** | | | |
| **电商来了，实体药店如何突围**<br>尚　锋　著 | 新时代药店经营三驾马车：药学专业服务、会员贴心服务和精准定向促销 | **引爆药店成交率1：店员导购实战**<br>范月明　著 | 药店人的零售工作怎样接待顾客，完善销售技巧 |
| **引爆药店成交率2：药店经营实战**<br>范月明　著 | 从药店经营角度如何建立改善门店现状的实用标准 | **引爆药店成交率：专业化销售解决方案**<br>范月明　著 | 从简单的拿药服务到提供多角度的专业解决方案 |
| **互联网** | | | |
| **一、互联网转型** | | | |
| **画出公司的互联网进化路线图**<br>李　蓓　著 | 18个"可以……吗"的问题作为你产品、客户和价值方面的指引牌 | **7个转变，让公司3年胜出**<br>李　蓓　著 | 企业估值、业务模式、营销、生产制造、客户服务、用户黏性到组织管理7个转变 |
| **重生战略移动互联网和大数据时代的转型法则**<br>沈　拓　著 | 四个重生战略对应四个法则告知传统企业的转型重生之路 | **创造增量市场：传统企业互联网转型之道**<br>刘红明　著 | 为读者提供了寻找这些互联网的切入点和接触点的具体方法，带来增量市场 |
| **互联网+变与不变**<br>本土管理实践与创新论坛　著 | 61篇精华文章，聚焦传统行业如何互联网+时代转型 | **今后这样做品牌**<br>蒋　军　著 | 顶层设计、营销创新、产品战略、渠道变革、品牌策略 |
| **移动互联新玩法**<br>史贤龙　著 | 立足现实，剖析新时代背景下的移动互联趋势与热点 | **互联网时代的成本观**<br>程　翔　著 | 多维组合成本的互联网精神和大数据特征及应用 |

续表

| 书名 | 内容 | 书名 | 内容 |
|---|---|---|---|
| **正在发生的转型升级实践**<br>本土管理实践与创新论坛　著 | 100 多位本土管理专家当年对最新一年的思考和实践 | **1000 铁杆女粉丝**<br>张兵武　著 | 如何让普通女性成为忠实追随的铁杆粉丝，磁力点、情感结、甜蜜区、信任圈 |
| **混沌与秩序Ⅰ：变革时代企业领先之道**<br>彭剑锋　施　炜<br>苗兆光　王祥伍<br>孙　波　夏惊鸣 | 新环境下企业面临变革应如何应对，作为企业家又应当如何坚守并与企业共同成长提出了深度思考 | **混沌与秩序Ⅱ：变革时代管理新思维**<br>彭剑锋　施　炜<br>苗兆光　王祥伍<br>孙　波　夏惊鸣 | 对处于时代变革下的企业管理新机制、人力资源管理新思维，组织与人的新型关系，结合案例提出优化建议 |
| **消费升级：实践·研究**<br>本土管理实践与创新论坛　著 | 从经营、管理、行业三个方面记录消费升级下的实践 | **互联网精准营销**<br>蒋　军　著 | 互联网时代整体策划、包装品牌和产品 |
| **二、抖音、微信微商、电商** | | | |
| **抖音营销系统**<br>刘大贺　著 | 抖音系统的实战营销知识，上百个从 0 做大的案例 | **金牌微商团队长**<br>罗晓慧　著 | 微商团队长创业实操的指导工具书 |
| **微商生意经：真实再现 33 个成功案例操作全程**<br>伏泓霖　罗晓慧　著 | 精心挑选的 33 个微商成功案例，阐述具体操作过程 | **快速见效的企业微信营销方法**<br>孙　巍　著 | 站在微信生态的立体高度系统讲述企业微信快营销方法论 |
| **阿里巴巴实战运营：14 招玩转诚信通**<br>聂志新　著 | 产品定位、阿里巴巴排名因素、数据分析，标题优化等如何做好阿里巴巴 | **阿里巴巴实战运营 2：诚信通热卖技巧**<br>聂志新　著 | 打开诚信通运营的金钥匙，10 大具体运营技巧 |
| **三、行业新营销** | | | |
| **餐饮新营销**<br>杨　勇　程绍珊　著 | 聚焦餐饮企业转型，系统的餐饮企业营销管理体系 | **新零售进化路径**<br>李政权　著 | 预先复盘新零售及商业的未来，找到方向 |
| **珠宝黄金新营销**<br>崔德乾　著 | 珠宝业新营销/新品牌/新产品/新零售/新连接/新场景/新服务/新传播/新管理 | **新经销：新零售时代教你做大商**<br>黄润霖　著 | 探访近 100 位经销商在传统营销手法上的创新，传统营销微创新和新营销本地化 |
| **新零售动作分解与实操：建材·家居·家具**<br>盛斌子　著 | 对泛家居行业趋势、店面管理、团队管理、促销推广、五感营销等提供策略 | **新营销**<br>刘春雄　著 | 让品牌商和渠道商掌握获得独立流量的能力，能够与平台商博弈 |
| **快速见效的企业网络营销方法　B2B　大宗 B2C**<br>张　进　著 | 数据和案例 90% 来自作者服务的中小企业，快速全面地学习企业网络营销方法 | **移动互联下的超市升级**<br>联商网专栏　著 | 超市未来的发展趋势，对社区超市、生鲜、全渠道建设、O2O 等提出观点 |
| **百货零售全渠道营销策略**<br>陈继展　著 | 零售行业的竞争重点、行业本质，战略转型、未来趋势、经验和案例 | **互联网时代的银行转型**<br>韩友斌　著 | 银行业在互联网金融变革浪潮中所做的积极应对和转型布局 |
| **触发需求：互联网新营销样本·水产**<br>何足奇　著 | 通过鲜誉案例解读阐述水产行业如何进行互联网转型 | **新农资如何弯道超车**<br>刘祖轲　著 | 从农业产业化、互联网转型、行业营销与经营突破四个方面阐述农资企业转型 |

续表

| 书名 | 内容 | 书名 | 内容 |
| --- | --- | --- | --- |
| 新零售 新终端<br>迪智成 著 | 将新零售系统打法做梳理并落地在新终端建设上 | | |
| 医药医疗 | | | |
| 一、药店 | | | |
| 新医改了，药店就要这样开<br>尚 锋 著 | 从药店定位的思考，内部和会员管理等几个方面探讨中小型药店发展方向 | 电商来了，实体药店如何突围<br>尚 锋 著 | 新时代药店经营三驾马车：药学专业服务、会员贴心服务和精准定向促销 |
| 引爆药店成交率1：店员导购实战<br>范月明 著 | 药店人的零售工作怎样接待顾客，完善销售技巧 | 引爆药店成交率2：药店经营实战<br>范月明 著 | 从药店经营角度如何建立改善门店现状的实用标准 |
| 引爆药店成交率：专业化销售解决方案<br>范月明 著 | 从简单的拿药服务到提供多角度的专业解决方案 | | |
| 二、药品销售 | | | |
| 医药第三终端：从控销到动销 诊所 基层医疗<br>王祥君 张芳文 著 | 用大量案例来梳理药企落地动销的策略、方法和技战术 | 医药营销：诊所开发维护与动销<br>张江民 著 | 从六个方面系统阐述基层诊所市场营销攻略 |
| 处方药合规推广实战宝典<br>赵佳震 著 | 对处方药推广体系搭建、推广人员岗位内容等六个方面进行阐述 | 医药代理商经营全指导<br>戴文杰 著 | 从产品选择、价格体系设计、路径管理等维度描述代理商产品操作的基本策略 |
| 处方药零售这样做<br>田 军 著 | 处方药零售的重要性及做市场的具体措施和方法 | OTC医药代表药店开发与维护<br>鄢圣安 著 | 一位从初级OTC医药销售代表成长起来的销售经理的经验分享 |
| OTC医药代表药店销售36计<br>鄢圣安 著 | 以《三十六计》为线，写OTC医药代表向药店销售的一些技巧与策略 | | |
| 三、药企转型 | | | |
| 药企战略·运营与医药产业重构<br>杜 臣 著 | 对医药产业的深度认知与发展趋势结合，战略思考与经营操作相统一 | 医药行业大洗牌与药企创新<br>林延君 沈 斌 著 | 围绕着创新介绍医药行业，介绍近百家医药企业创新实践案例 |
| 医药新营销<br>史立臣 著 | 从药企最关心的八个方面阐述制药企业、医药商业企业营销模式转型 | 医药企业转型升级战略<br>史立臣 著 | 商业模式转型、管理转型、定位转型、运营模式转型和跨界转型五方面阐述转型 |
| 新医改下的医药营销与团队管理<br>史立臣 著 | 立足新医改相关政策的解读，为中小医药企业出谋划策 | 在中国，医药营销这样做<br>段继东 著 | 时代方略在医药营销领域思想、方法文章的精选合集 |
| 四、新医疗 | | | |
| 成为医疗器械领军者<br>王 强 著 | 中小型医疗器械生产企业和代理商怎样转型 | 新型诊所经营与创新<br>动脉网 著 | 对新型诊所从标准化管理、经营方式、团队建设、连锁模式四个方面进行解读 |

续表

| 书名 | 内容 | 书名 | 内容 |
| --- | --- | --- | --- |
| **医美新风口：颜值经济下的亿万市场**<br>动脉网　著 | 详细介绍中国医疗美容行业的发展趋势，现状以及医美产业链等 | **互联网医院：正在发生的医疗新变革**<br>动脉网　著 | 介绍互联网医院的建设与运营、管理，发展模式和市场布局，以及发展规律 |
| **快消品** | | | |
| **一、快消案例** | | | |
| **中国快消品营销这些年**<br>史贤龙　著 | 一本书浓缩快消品营销15年的实战历程与前沿思考 | **这样打造大单品**<br>迪智成　著 | 通过13个大案例帮助企业梳理打造大单品的路径 |
| **你不知道的加多宝**<br>曲宗恺　牛玮娜　著 | 以时间为轴线，详细叙述了加多宝品牌的发展历程 | **娃哈哈区域标杆**<br>罗宏文　快车君<br>赵晓萌　寇尚伟 | 讲娃哈哈豫北市场如何成为娃哈哈全国第一大市场、全国增量第一的市场 |
| **六个核桃凭什么从0过100亿**<br>张学军　著 | 全视角深度解读养元企业的裂变成长，复盘十年蜕变轨迹 | **像六个核桃一样**<br>王　超　著 | 六个核桃为什么卖得这么好，产品畅销的6大要义36条简明法则 |
| **5小时读懂快消品营销**<br>陈海超　著 | 20年快速消品市场风云洞察解码，丰富的案例解析 | | |
| **二、快消品区域经理** | | | |
| **快消品营销团队管理**<br>刘　雷　伯建新　著 | 快消品团队管理相关的20余个工具+20余个案例 | **这样打造快消品区域标杆**<br>罗宏文　牛玉龙　著 | 分为两篇解决如何成功打造标杆市场和进行持续增量管理两大问题 |
| **成为优秀的快消品区域经理（升级版）**<br>伯建新　著 | 作为区域经理的“速成催化器”，升级版增加11篇内容 | **快消老手都在这样做：区域经理操盘锦囊**<br>方　刚　著 | 一线成长起来的资深快消品营销人“压箱底”绝活亲囊而授 |
| **快消品营销人的第一本书**<br>刘雷　伯建新　著 | 针对一线厂家业务员工作中常遇到的问题给予建议 | **销售轨迹：一位快消品营销总监的拼搏之路**<br>秦国伟　著 | 一个普通营销人的故事，16年背井离乡的职场拼搏之路 |
| **快消品营销：一位销售经理的工作心得2**<br>蒋　军　著 | 从市场操作、团队管理、传播推广、营销的具体策略和战略等方面提供方法 | | |
| **三、快消品动销** | | | |
| **动销：产品是如何畅销起来的**<br>余晓雷　著 | 怎么被消费者买走和竞争对手是谁这两个原点解决动销问题 | **动销操盘：节奏掌控与社群时代新战法**<br>朱志明　著 | 用七个章节阐述关于动销操盘的要诀，节点、节奏、主次、条件匹配性等问题 |
| **动销四维：全程辅导与新品上市**<br>高继中　著 | 从产品、渠道、促销和新品上市四个方面详细讲解提高动销的具体方法 | | |
| **四、快消品渠道** | | | |
| **深度分销**<br>施　炜　著 | 流道价值链、模式选择、渠道策略与管理、零售经销商管理、最佳实践、团队建设 | **通路精耕操作全解周俊**<br>陈小龙　著 | 对康师傅制胜法宝通路精耕进行系统介绍与说明，图表和完善入微的操作方法 |

续表

| 书名 | 内容 | 书名 | 内容 |
| --- | --- | --- | --- |
| **酒水饮料快消品餐饮渠道营销手册**<br>朱伟杰　著 | 对餐饮渠道深入挖掘，建立适合餐饮渠道发展的服务模式和组织保障措施 | **快消品经销商如何快速做大**<br>杨永华　著 | 经销商如何通过经营实现规模，通过管理实现规模效益 |
| **快消品营销与渠道管理**<br>谭长春　著 | 解决日常涉及的渠道管理、市场、产品等营销事务 | **快消品招商的第一本书**<br>刘　雷　著 | 从招商理论到招商动作进行系列化分解，化繁为简 |
| **采纳方法：化解渠道冲突**<br>朱玉童　著 | 21个最新的渠道冲突案例立体地介绍渠道冲突的现象和方法 | | |
| 五、快消品企业战略 | | | |
| **重构：快消品企业重生之道**<br>杨永华　著 | 从战略，品牌，市场，产品，营销，系统，管理7个方面进行重构 | **变局下的快消品实战策略**<br>杨永华　著 | 从5个角度针对快消品企业如何应对行业变局给出答案 |
| **新营销**<br>刘春雄　著 | 让品牌商和渠道商掌握获得独立流量的能力，能够与平台商博弈 | **采纳方法：破解本土营销8大难题**<br>朱玉童　著 | 破解困扰营销人的八大难题变给出解决方法 |
| **白酒营销培训宝典：复制高业绩**<br>刘孝鞅　著 | 总结白酒营销人员系统运作市场的要点，转化为易学可复制的动作和工具表单 | **酒水饮料快消品餐饮渠道营销手册**<br>朱伟杰　著 | 对餐饮渠道深入挖掘，建立适合餐饮渠道发展的服务模式和组织保障措施 |
| **白酒营销的第一本书**<br>唐江华　著 | 多角度阐释白酒一线市场操作的最新模式和方法 | **白酒经销商的第一本书**<br>唐江华　著 | 经销商如何选择厂家、合作、运营品牌等问题给建议 |
| **白酒到底如何卖**<br>赵海永　著 | 多角度地阐释了白酒一线市场操作的最新模式和方法 | **白酒到底如何卖2：从市场培育到动销**<br>赵海永　著 | 系统化、标准化、模式化的促成动销的实战操作方式和方法 |
| **变局下的白酒企业重构**<br>杨永华　著 | 白酒企业重构期的营销战略与实操策略6大方法 | **酒业转型大时代**<br>微　酒　著 | 酒水营销、新闻资讯及行业分析、预测的知识宝典 |
| **区域型白酒企业营销必胜法则**<br>朱志明　著 | 以36条法则从战略、营销、推广、产品线、品牌、市场、战术、等方面提供方法 | **10步成功运作白酒区域市场**<br>朱志明　著 | 从市场攻守、产品攻略、新品上市、占领渠道、促销等十个层面阐述 |
| 茶·调味品·油·乳业 | | | |
| **营销中国茶：2小时读懂茶叶营销**<br>史贤龙　著 | 中国茶营销的“困局”“破局”和“创举” | **中国茶叶营销第一书**<br>柏　龑　著 | 纵览中国茶叶市场的全局，并且有针对性地提出问题并阐述解决方法 |
| **调味品营销第一书**<br>陈小龙　著 | 15年监控中国市场50个中外著名调味品品牌市场运作、管理等得到的经验总结 | **调味品企业八大必胜法则**<br>张　戟　著 | 提炼了调味品企业八大规律性的关键成功要素 |
| **食用油营销的第一本书**<br>余　盛　著 | 从小包装油行业概述到产品的基本知识，从基本执行动作到品牌整体策划等 | **鲁花：一粒花生撬动的粮油帝国**<br>余　盛　著 | 鲁花如何成长为优秀的带动农业产业发展的品牌，鲁花你一定学得会 |

续表

| 书名 | 内容 | 书名 | 内容 |
|---|---|---|---|
| 金龙鱼背后的粮油帝国<br>余　盛　著 | 以金龙鱼为脉的一部中国粮油行业的史诗 | 乳业营销的第一本书<br>侯军伟　著 | 区域型乳品企业如何才能够稳健的发展 |
| 工业品 | | | |
| 一、工业品销售 | | | |
| 大客户销售这样说这样做<br>陆和平　著 | 大客户销售活动的十大模块，68个典型销售场景 | 销售是个专业活　B2B<br>陆和平　著 | 据客户采购流程拆分销售过程10阶段，讲解方法技巧 |
| 成为资深的销售经理：B2B　工业品<br>陆和平　著 | 让销售经理成功把握销售管理6个关键点，并提供工具 | 一切为了订单：订单驱动下的工业品营销实践<br>唐道明　著 | 以订单流程的三个环节为主线讲述工业品营销管理新思路 |
| 二、工业品营销 | | | |
| 工业品营销管理实务(第4版)<br>李洪道　著 | 是信任导向工业品营销体系的深化版、工业品营销管理体系优化咨询升级版 | 工业品企业如何做品牌<br>张东利　著 | 为当下中国制造的品牌化转型提供经过实践证明的理念、方法和体系 |
| 工业品市场部实战全指导<br>杜　忠　著 | 解决职能不清、市场部五大职能如何运作、职业发展路径等具体问题 | 解决方案营销实战案例<br>刘祖轲　著 | 十大工业品作者实操案例解码解决方案营销 |
| 资深大客户经理：策略准　执行狠<br>叶敦明　著 | 将大客户经理必须具备的规划、策略、执行三种能力连通自如 | | |
| 三、工业品企业 | | | |
| 变局下的工业品企业7大机遇<br>叶敦明　著 | 探索工业品企业成长的新机会，7大战略与战术性机会 | 两化融合管理体系贯标流程与方法<br>戴　勇　著 | 融合五十多家企业在两化融合贯标过程的经验，总结重点与举措 |
| 丁兴良讲工业4.0<br>丁兴良　著 | 多角度阐述中国在工业4.0的机遇和挑战 | | |
| 建材家居 | | | |
| 一、建材家居门店 | | | |
| 家居建材促销与引流<br>薛　亮　李永锋　著 | 对泛家居营销执行模式和工具、关键环节等进行汇总 | 新零售动作分解与实操：建材·家居·家具<br>盛斌子　著 | 对泛家居行业趋势、店面管理、团队管理、促销推广、五感营销等提供策略 |
| 家具行业操盘手<br>王献永　著 | 总结家具终端门店发展的现状及问题并给出策略 | 手把手教你做专业督导<br>熊亚柱　著 | 系统梳理督导的核心技能，岗位职责、工作流程及技能 |
| 手把手帮建材家居导购业绩倍增<br>熊亚柱　著 | 针对建材家居门店的业务人员，案例故事还原场景教你成为好导购 | 10步成为最棒的建材家居门店店长<br>徐伟泽　著 | 梳理店长管理的核心工作职责，店面管理规范和帮助销售人员成长 |
| 建材家居门店销量提升<br>贾同领　著 | 9个板块讲述建材一个单店如何做到经营的良性循环 | 建材家居门店6力爆破<br>贾同领　著 | 产品力、导购力、形象力、推广力、服务力、组织力 |
| 二、建材家居经销商 | | | |
| 新经销：新零售时代教你做大商<br>黄润霖　著 | 探访近100位经销商在传统营销手法上的创新，传统营销微创新和新营销本地化 | 建材家居经销商42章经<br>王庆云　著 | 经营管理的心法和战法，帮助经销商成为“业务妙手”和“管理能手” |

续表

| 书名 | 内容 | 书名 | 内容 |
|---|---|---|---|
| 成为最赚钱的家具建材经销商<br>李治江　著 | 针对建材家居行业的经销商，从销售模式、产品、门店、市场等方面给出方法 | | |
| 三、建材家居企业 | | | |
| 定制家居黄金十年<br>韩　锋　翁长华　著 | 对中国定制家居行业20年发展历程深度、系统、专业的解读 | 建材家居营销：除了促销还能做什么<br>孙嘉晖　著 | 探索家居建材行业营销的革命，回顾和思考来发现行业"营销天花板"的突破口 |
| 建材家居营销实务：新环境、新战法<br>程绍珊　杨鸿贵　著 | 针对建材家居市场特点提出以客户价值为基础的整体营销价值链 | | |
| 零货·超市·百货 | | | |
| 新零售进化路径<br>李政权　著 | 预先复盘新零售及商业的未来，找到方向 | 新零售　新终端<br>迪智成　著 | 将新零售系统打法做梳理并落地在新终端建设上 |
| 移动互联下的超市升级<br>联商网　著 | 超市未来的发展趋势，对社区超市、生鲜、全渠道建设、O2O等提出观点 | 百货零售全渠道营销策略<br>陈继展　著 | 零售行业的竞争重点、行业本质，战略转型、未来趋势、经验和案例 |
| 超市卖场定价策略与品类管理<br>IBMG集团　著 | 零售企业的市场拓展与商品定位、商品结构与商品陈列、毛利分析与库存分析 | 连锁零售企业招聘与培训破解之道<br>IBMG集团　著 | 围绕零售企业组织架构、培训体系建设等内容进行深刻探讨 |
| 总部有多强大，门店就能走多元<br>IBMG集团　著 | 五大方向综合阐述连锁零售企业总部如何提升管理能力 | 三四线城市超市如何快速成长：解密甘雨亭<br>IBMG集团　著 | 甘雨亭的许多关键经营指标均高于行业标准，学习其成功的方法 |
| 中国首家未来超市：解密安徽乐城<br>IBMG集团　著 | 对乐城超市的掌门人及内部员工的采访详细阐释了乐城的经验 | 零售：把客流变成购买力<br>丁　昀　著 | 通过大量的实际案例对中国零售业态的升级转型之路提出思考 |
| 餐饮·服装·影院 | | | |
| 餐饮新营销<br>杨　勇　程绍珊　著 | 聚焦餐饮企业转型，系统的餐饮企业营销管理体系 | 电影院的下一个黄金十年<br>李保煜　著 | 介绍了中国电影产业的运作模式以及电影院的开发、设计思路 |
| 餐饮企业经营策略第一书<br>吴　坚　著 | 阐述餐饮企业产品之道、市场之道、顾客之道及盈利之道 | 赚不赚钱靠店长，从懂管理到会经营<br>孙彩军　著 | 注重专卖店的经营思路拓展，门店管理细节方面能力提升 |
| 农牧业 | | | |
| 一、农资 | | | |
| 饲料营销有方法<br>陈石平　著 | 饲料营销的7大核心命题 | 农资营销实战全指导<br>张　博　著 | 深度营销在农资市场行之有效的营销策略和工具 |
| 新农资如何弯道超车<br>刘祖轲　著 | 从农业产业化、互联网转型、行业营销与经营突破 | | |

续表

| 书名 | 内容 | 书名 | 内容 |
|---|---|---|---|
| 二、农牧企业 | | | |
| 中国牧场管理实战<br>黄剑黎　著 | 牧场管理标准、管理制度、操作规程做出剖析和指引 | 中小农业企业品牌战法<br>韩　旭　著 | 农业企业需要全产业链视野，更需要品牌实战方法 |
| 变局下的农牧企业 9 大成长策略<br>彭志雄　著 | 为农牧企业量身打造了 9 个立足现在、展望未来的成长策略 | 农产品营销实战第一书<br>胡浪球　著 | 针对 33 个农产品营销的核心问题提供具体招数 |
| 地产·汽车 | | | |
| 一、地产 | | | |
| 中国城市群房地产投资策略<br>吕俊博　刘　宏　著 | 挖掘主要城市群的现状特征、发展因子、演化趋势、竞争关系等，给出分析建议 | 产业园区/产业地产：规划、招商、实战运营<br>阎立忠　著 | 认知、规划、招商、运营四方面系统解读产业园区的建设精要和运营技巧 |
| 人文商业地产策划<br>戴欣明　著 | “全球化视野（创意）”+“人文+”思维 | | |
| 二、汽车 | | | |
| 商用车经销商运营实战<br>杜建君　著 | 对商用车经销商的经营与管理、4S 店运营做了全方面的系统总结 | 汽车配件这样卖<br>俞士耀　著 | 适合轮胎、机油、维修、快保、美容、洗车等汽车服务业态销售实操办法 |
| 润滑油销售：这样说，这样做更有效<br>张金荣　著 | 总结润滑油销售面对三大客户常遇到的 200 余个营销问题解决方法 | | |
| 投资理财·收购资本 | | | |
| 交易心理分析<br>马克·道格拉斯<br>【美】　著 | 一语道破赢家的思考方式，并提供了具体的训练方法 | 财报背后的投资机会<br>蒋　豹　著 | 零基础轻松掌握财务报表的相关知识，快速入门 |
| 写给企业家的公司与家庭财务规划<br>周荣辉　著 | 以企业的发展周期为主线，写各阶段企业与企业主家庭的财务规划 | 分股合心<br>段　磊　周　剑　著 | 围绕股权激励，详细介绍相关知识和实行方法 |
| 成功并购 300 问<br>浩德并购军师联盟　著 | 系统学习资本运作和企业并购知识的金融工具书 | 并购名著阅读指南<br>叶兴平　著 | 全球 5000 多本并购图书中精选 200 本并进行评价 |
| 阿米巴 | | | |
| 阿米巴经营的中国模式<br>李志华　著 | 基于阿米巴经典理念提出了适合中国本土的员工自主经营的“1532”模型 | 集团化企业阿米巴实战案例<br>初勇钢　著 | 作者在某酒厂推行阿米巴经营模式的心得 |
| 中国式阿米巴落地实践之激活组织<br>胡八一　著 | 划分原则、裂变与整合、组织管控、重新定位、巴长竞聘和组阁 | 中国式阿米巴落地实践之从交付到交易<br>胡八一　著 | 从 6 个方面阐述经营会计，从交付到交易是成功实施阿米巴的标志 |
| 中国式阿米巴落地实践之持续盈利<br>胡八一　著 | 企业做平台、平台做成阿米巴、阿米巴做成合伙制 | | |

续表

| 人力资源管理 | | | |
|---|---|---|---|
| 一、绩效·薪酬 | | | |
| 书名 | 内容 | 书名 | 内容 |
| 回归本源看绩效<br>孙　波　著 | 从目的和概念帮助企业梳理绩效管理与经营的关系 | 走出薪酬管理误区<br>全怀周　著 | 7个常见薪酬误区入手为企业提供一套系统解决方法 |
| 曹子祥教你做绩效管理<br>曹子祥　著 | 作者核心授课课程的还原，掌握绩效管理的核心内容 | 曹子祥教你做激励性薪酬设计<br>曹子祥　著 | 作者28年咨询经验总结，如何进行科学的薪酬体系设计 |
| 二、招聘·面试·培训 | | | |
| 把招聘做到极致<br>远　鸣　著 | 多年人力资源资深招聘经理多年工作心得提炼 | 把面试做到极致<br>孟广桥　著 | 一套实用的确定岗位招聘标准、提升面试官技能方法 |
| 人才评价中心漫画版<br>邢　雷　著 | 用漫画形式写成的人才测评专业书籍 | 世界500强资深培训经理人教你做培训管理<br>陈　锐　著 | 从构建培训体系、培训组织、培训文化、开发培训资源教你做培训管理 |
| 三、HR高管·劳动法 | | | |
| 经营型HRD<br>黄渊明　著 | 总结企业HRD如何支撑企业经营成功抓好七件关键事情 | 人才供应链：实现高绩效均衡的人才管理模式<br>许　锋　著 | 打造人才供应链的四大支柱，十项修炼的完整体系 |
| 新任HR高管如何从0到1<br>新　海　著 | 到互联网创业型企业担任HRVP，从0到1建立较完善的HR体系 | 人力资源体系与e－HR信息化建设<br>刘书生　陈　莹<br>王美佳　著 | 6大框架、28个关注点、5大目标、6大优势、166个交付物咨询体系和盘托出 |
| 集团化人力资源管理实践<br>李小勇　著 | 针对集团型企业人力资源管理急问题，提出科学建议 | 我的人力资源管理笔记<br>张　伟　著 | 第三方咨询视角跳出“技术方法”看人力资源管理 |
| 人力资源的5分钟劳动法<br>李皓楠　著 | 入职管理、在职管理、离职管理中遇到的劳动法问题及应对 | | |
| 四、HRBP | | | |
| HRBP是这样炼成的之菜鸟起飞<br>黄渊明　著 | 作者在初步转型HRBP两年时间里摸索实践的亲身经历与总结 | HRBP是这样炼成的之中级修炼<br>黄渊明　著 | 结合作者亲身从事HRBP的工作经历，总结HRBP的作战故事 |
| HRBP高级修炼<br>黄渊明　著 | 故事方式，HRD角度深度呈现运用HRBP的思维、方法 | | |
| 企业文化 | | | |
| 企业文化落地本土实践<br>王祥伍　著 | 华夏基石“知信行”模型描绘企业文化落地路线图 | 企业文化的逻辑<br>王祥伍　著 | 从文化起源深刻剖析文化、效率、企业、企业文化联系 |
| 企业文化定位·落地一本通<br>王明胤　著 | 企业文化理念传播和落地聚焦的17种方法，解读了近100个实战案例 | 36个拿来就用的企业文化建设工具<br>海融心胜　著 | 汇集整理了36个通用的企业文化实践工具 |

续表

| 书名 | 内容 | 书名 | 内容 |
| --- | --- | --- | --- |
| **企业文化激活沟通**<br>宋杼宸　安　琪　著 | 系统阐述沟通与企业文化的关系，给予企业提升沟通效能的企业文化解决方案 | **企业文化建设超级漫画版**<br>邢　雷　著 | 用漫画形式写成的企业文化建设专业书籍，理论体系和29个具体的操作方法 |
| **在组织中绽放自我**<br>朱仁建　著 | 个人与组织之间的关系，文化对组织化形成的影响 | | |
| **流程管理** | | | |
| **营销·研发·供应链业务架构与流程管理**<br>谭勋晖　著 | 对营销、研发、供应链这三大业务流程变革实践经验总结 | **打造集成供应链**<br>王春强　著 | 第一用力在"集成"上，梳理内外部各相关模块及其依赖关系 |
| **人人都要懂流程**<br>金国华　余雅丽　著 | 50幅流程管理漫画，内部对流程价值理念的高度共识 | **用流程解放管理者**<br>张国祥　著 | 8个板块构成，共66篇文章，14幅流程管理图 |
| **用流程解放管理者2**<br>张国祥　著 | 对中小企业规范化流程管理进行系统的阐述 | **跟我们学建流程体系**<br>陈立云　罗均丽　著 | 在《跟我们做流程管理》基础上丰富了标杆实践案例 |
| **16949质量管理体系落地与全套文件汇编**<br>谭洪华　著 | 对IATF16949每个条款讲解采用理解、作用、落地、模板、成功案例四个模块解析 | **ISO9001：2015制造业文件模板全集**<br>贺红喜　著 | 五篇内容组成的完整的质量管理体系工具文件 |
| **精益质量管理实战工具**<br>贺小林　著 | 四个方面对精益质量管理进行了全方位介绍和解读，并提供大量方法工具 | **五大质量工具详解及运用案例**<br>谭洪华　著 | APQP、FMEA、MSA、SPC、PPAP这五大质量工具的具体运用 |
| **IATF16949质量管理体系详解与案例文件汇编**<br>谭洪华　著 | 针对IATF16949的标准原文做详细解说，同时提供大量表单案例 | **SA8000：2014社会责任体系认证实战**<br>吕　林　著 | 将SA8000多版本及10多年的体系实战经验汇编成书 |
| **ISO9001：2015新版质量管理体系解读与案例文件汇编**<br>谭洪华　著 | ISO9001：2015新版标准理解和运用操作进行详细解读 | **ISO14001：2015新版环境管理体系解读与案例文件汇编**<br>谭洪华　著 | ISO14001：2015改版后的差别和操作运用进行详细讲解 |
| **精益生产** | | | |
| **一、精益·JIT·IE** | | | |
| **精益思维**<br>刘承元　著 | 作者二十余年企业经营和咨询管理的经验总结 | **比日本工厂更高效**<br>刘承元　著 | 管理提升无极限+超强经营力+精益改善里的成功实践 |
| **计划与物流精益改善之道**<br>于晓光　著 | 围绕"计划与物流战略咨询的方法论"进行解析，提供方法论和案例 | **300张现场图看懂精益5S**<br>乐　涛　著 | 通过日本丰田、上市企业案例，用300张现场图系统讲解5S管理 |
| **3A顾问精益实践1：IE与效率提升**<br>党新民　苏迎斌<br>蓝旭日　著 | 系统、全面地介绍IE工厂管理技术，提高效率创造价值 | **3A顾问精益实践2：JIT与精益改善**<br>肖智军　党新民　著 | 系统、全面地介绍JIT生产方式，并加入实践案例 |
| **高员工流失率下的精益生产**<br>余伟辉　著 | 从三方面论述推行精益管理时如何应对员工流失 | | |

续表

| 书名 | 内容 | 书名 | 内容 |
|---|---|---|---|
| 二、生产管理 | | | |
| 化工企业工艺安全管理实操<br>黄　娜　著 | 围绕化工工艺安全14要素来展开分析 | 手把手教你做专业生产经理<br>黄　娜　著 | 生产经理如何在信息流、物流、资金流三大流中开展工作 |
| 欧博心法：好工厂　靠管理<br>曾　伟　著 | 从管人篇和管事篇帮助读者解决人难管、事难控 | 欧博工厂案例1：生产计划管控对话录<br>曾　伟　曾子豪　著 | 工厂管理生产计划管控模块的8个全景细节大案例 |
| 欧博工厂案例2：品质技术改善对话录<br>曾　伟　曾子豪　著 | 工厂管理品质、技术、效率管理模块的10个全景细节大案例 | 欧博工厂案例3：员工执行力提升对话录<br>曾　伟　曾子豪　著 | 工厂管理人员管控模块的5个全景细节大案例 |
| 工厂管理实战工具<br>曾　伟　著 | 中国传统文化指导下的工厂管理工具 | | |
| 全能型班组：城市能源互联网与电力班组升级<br>国网天津电力公司　著 | 从互联网时期的班组转型升级出发，对新型班组组织模式和运行机制进行设想 | 国网天津电力全能型班组建设实务<br>国网天津电力公司　著 | 聚焦天津电力公司在探索全能型班组转型升级时的优秀实践 |
| 车间人员管理那些事儿<br>岑立聪　著 | 小事入手把基层车间管理者头疼的事务打包解决 | | |
| 咨询·培训师 | | | |
| 培训师事业长青之道<br>廖信琳　著 | 培训师自我管理的“洋葱模型”，十项内容与五个层级 | 管理咨询师的第一本书<br>熊亚柱　著 | 深度剖析初级入行咨询师在工作中会遇到的问题 |
| 资深管理咨询顾问工作心得<br>张国祥　著 | 使用手册讲述咨询师如何操作项目，老板如何选择咨询师，企业如何自主落地 | 手把手教你做顶尖企业内训师<br>熊亚柱　著 | 从开、控、收、编、制、用的角度去践行培训师的职责 |
| TTT培训师精进三部曲上<br>廖信林　著 | 手把手教您“深度改善现场培训效果”的一招一式 | TTT培训师精进三部曲中<br>廖信林　著 | 建构一整套培训课程设计与开发的认知架构和方法体系 |
| TTT培训师精进三部曲下<br>廖信林　著 | 通过“沉淀职业功力的六度模型”，帮助培训师在职业技能上的持续精进 | | |
| 产品·研发 | | | |
| 研发体系改进之道<br>靖　爽　陈年根<br>马鸣明　著 | 取材数十家企业研发改进的咨询实践，提炼一套实操的改进步骤与工具 | 新产品开发管理，就用IPD（升级版）<br>郭富才　著 | 把产品经营的思想凝结在新产品开发管理机制中，升级版更丰富 |
| 产品开发管理：方法·流程·工具<br>任彭枞　著 | 结合超过300家企业的实际研发管理方法，总结问题和方法，大量表格 | 资深项目经理这样做新产品开发管理<br>秦海林　著 | 采用过程管理方法，对新产品开发的四大过程进行分析，主要针对小电器产品 |
| 产品炼金术Ⅰ：如何打造畅销产品<br>史贤龙　著 | 如何打造畅销产品的四个方法 | 产品炼金术Ⅱ：如何用产品驱动企业成长<br>史贤龙　著 | 经营者视角重新认识产品，对产品现状快速诊断 |
| 中东历史与现状二十讲<br>黄民兴　著 | 对中东几千年的历史和动荡的现状进行了一个白描 | 非暴力抵抗的诞生<br>甘　地　著 | 甘地南非21年为印度侨民争取政治权利的艰苦历程 |

续表

| 书名 | 内容 | 书名 | 内容 |
|---|---|---|---|
| **中国古代政治制度上：皇帝制度与中央政府**<br>刘文瑞　著 | 探究中国古代政治制度的规则和机制，论证古代皇帝制度的形成和演变历程 | **中国古代政治制度下：地方体制与官僚制度**<br>刘文瑞　著 | 探究中国古代政治制度的规则和机制，论证古代地方政府的发展演变过程 |
| **两晋南北朝十二讲**<br>李文才　著 | 分12个专题对两晋南北朝的历史进行阐述 | **每个中国人身上的春秋基因**<br>史贤龙　著 | 透过真实的春秋历史，看到人性里的黑暗与光明、卑劣与高尚 |
| **二、哲学** | | | |
| **车过麻城·再晤李贽**<br>张再林　著 | 用游记的方式，展示李贽独到的学术眼力和理论建树 | **王阳明万物一体论**<br>陈立胜　著 | “万物一体”是王阳明思想的基本精神。大人者，能与天地万物为一体 |
| **自我与世界：以问题为中心的现象学运动研究**<br>陈立胜　著 | 对现象学运动之中的“意向性”“自我”“他人”“身体”及“世界”进行深入分析 | **作为身体哲学的中国古代哲学**<br>张再林　著 | 对中国古代哲学之性质内容给予一种全新的理论解读 |
| **中西哲学的歧义与汇通**<br>张再林　著 | 揭示中西哲学“你中有我，我中有你”之旨 | | |
| **三、传统文化** | | | |
| **与老子一起思考·道篇**<br>史贤龙　著 | 一本将《老子》思想本义、思想价值、思想史地位、文明史意义讲透的著作 | **与老子一起思考·德篇**<br>史贤龙　著 | 考、释、译、论四个方面的工作对《老子》进行解读 |
| **国富策：读管子知天下财富**<br>翟玉忠　著 | 《管子》轻重十六篇为核心的轻重术，深刻阐发并从中汲取有益时代的经验教训 | **说服天下：鬼谷子的中国沟通术**<br>翟玉忠　著 | 为纵横家正名，对纵横术进行了系统总结 |
| **中国商道**<br>翟玉忠　著 | 对中国先秦和明清时期商业典籍系统整理和诠释 | **梁涛讲孟子之万章篇**<br>梁　涛　著 | 对《万章》的讲解通俗、富有新意 |
| **中国思想文化十八讲**<br>张茂泽　著 | 中国宗教文化课程10年基础上撰写而成，介绍中国古代宗教思想 | **孔门心法，中道而行：史幼波中庸讲记**<br>史幼波　著 | 史幼波讲的《中庸》提炼出中华传统心性之学的精髓 |
| **大学之道，圣学纲目：史幼波大学讲记**<br>史幼波　著 | 史幼波讲的《大学》帮助我们在自己身上找到一个精神的皈依处 | **史幼波《周子通书》《太极图说》讲记**<br>史幼波　著 | 根据史幼波围绕这两篇儒学经典的系列讲座整理而成 |
| **四、书法·太极·教育·英语** | | | |
| **跟陈忠建学写名家书法Ⅰ**<br>陈忠建　著 | 用视频跟陈忠建学名家书法之楷书·行书 | **跟陈忠建学写名家书法Ⅱ**<br>陈忠建　著 | 用视频跟陈忠建学名家书法之隶书·楷书·行书 |
| **郑子太极拳理拳法**<br>杨竣雄　著 | 作者14岁入郑子太极之门，用故事性的方式讲述教学 | **内功太极拳训练教程**<br>王铁仁　著 | 训练方法及练习，用内气演练过程予以详析，有视频 |
| **别让你的执着毁了孩子**<br>廖信林　著 | 复盘与孩子互动过程中的关键时刻，有效的亲子教育 | **像美国人一样讲话**<br>马方旭　著 | 美国最常用的800句习惯用语搭配场景例句，有视频 |